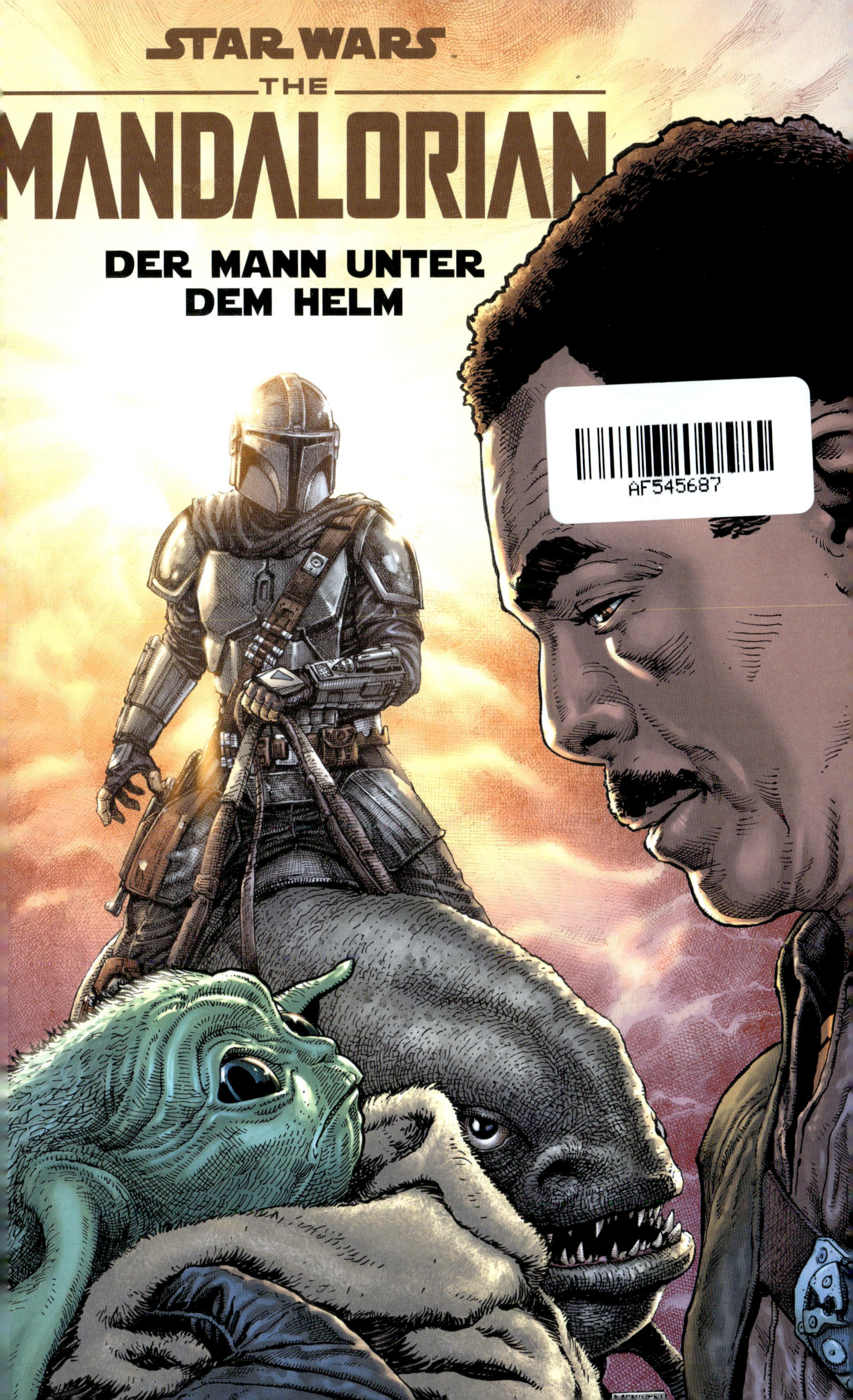
STAR WARS
THE
MANDALORIAN
DER MANN UNTER
DEM HELM

EINLEITUNG

Die TV-Serie *„The Mandalorian“* wurde als Prestigeprojekt für den Start des Streamingdienstes Disney+ ausgewählt und ab dem 12. November 2019 weltweit ausgestrahlt. Als Präsentationsform wurde die Veröffentlichung einer neuen Episode pro Woche gewählt, eine Strategie, die darauf ausgelegt ist, den Hype zu maximieren, den die erste jemals produzierte *Star Wars*-Live-Action-Fernsehserie seit ihrer Ankündigung im Jahr 2017 und der Veröffentlichung des ersten Trailers im August 2019 auf der D23 Expo ausgelöst hat.

Bereits nach der ersten Episode waren sowohl Zuschauer als auch Kritiker begeistert. Diese Begeisterung nahm von Episode zu Episode dank des Interesses an der Geschichte des Mandalorianers und des Kinds sowie der erstaunlichen Besetzung der Co-Stars weiter zu.

Als Marvel 2022 seine Comic-Adaption von *The Mandalorian* ankündigt, beschließt das Unternehmen, für jedes der acht Kapitel, aus denen die erste Staffel besteht, ein eigenes Heft zu veröffentlichen. Um die Kapitel adäquat zu adaptieren, erhalten die Autoren Rodney Barnes und Georges Jeanty dreißig Seiten anstelle der kanonischen zwanzig, die heute in US-Comics Standard sind.

Im ersten Band lernen wir den mandalorianischen Kopfgeldjäger Mando kennen, und sind dabei, als sich sein Leben grundlegend ändert, nachdem er beschließt, den ihm erteilten Auftrag nicht auszuführen: ein machtsensitives Kind der gleichen Spezies zu der auch Yoda gehört zu einem ehemaligen Imperialen zurückzubringen, was nicht nur die Reste des Imperiums gegen ihn aufbringt, sondern auch die Kopfgeldjägergilde und ihren Anführer auf Nevarro, Greef Karga. Auf seinen Wanderungen durch die Galaxis findet Mando jedoch Freunde, denen er vertrauen kann: den geschickten Ugnaught Kuiil und die mächtige Cara Dune, die früher bei den sogenannten Schocktruppen der Rebellenallianz war.

Impressum: Die deutsche Ausgabe von ***STAR WARS* Sonderband 153: THE MANDALORIAN – Der Mann unter dem Helm** wird von der Panini Verlags GmbH herausgegeben, Schloßstraße 76, 70176 Stuttgart. Geschäftsleitung: Hermann Paul, Head of Editorial: Jo Löffler (v.i.S.d.P.), Redakteure: Gunter Nickel, Jürgen Zahn; Übersetzung: Text der TV-Serie; Head of Marketing: Holger Wiest (E-Mail: marketing@panini.de); Lettering & Grafik: Brightstar Studio, Ludwigsburg; Druck: Printed in Italy; PR & Presse: Steffen Volkmer;

Panini-Nachbestell-Service: Bezugsmöglichkeiten für ältere Ausgaben unter www.paninicomics.de.

1. Auflage, Oktober 2023

YDSTWS153

ISBN: 978-3-7416-3566-3

Digitale Ausgaben:
ISBN 978-3-7369-0238-5 (PDF)
ISBN 978-3-7369-0239-2 (EPUB)
ISBN 978-3-7369-0240-8 (MOBI)

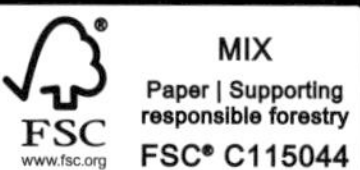

Text	RODNEY BARNES
Zeichnungen	GEORGES JEANTY
Tusche (#5, 7-8)	DEXTER VINES
Tusche (#6, 8)	KARL STORY
Tusche (#6-8)	WAYNE FAUCHER
Farben	RACHELLE ROSENBERG
US-Redaktion	DANNY KHAZEM MIKEY J. BASSO MARK PANICCIA C.B. CEBULSKI

Nach der TV-Serie von JON FAVREAU und Skripten von JON FAVREAU, DAVE FILONI, CHRISTOPHER YOST und RICK FAMUYIWA

Für Lucasfilm	MICHAEL SIGLAIN ROBERT SIMPSON TROY ALDERS PHIL SZOSTAK
Lucasfilm Story Group	PABLO HIDALGO MATT MARTIN EMILY SHKOUKANI JAMES WAUGH
Chefredaktion	JO LÖFFLER
Redaktion	JÜRGEN ZAHN
Übersetzung	MATTHIAS WIELAND
Grafik/Lettering	HARDY HELLSTERN

Nach dem Fall des Galaktischen Imperiums herrscht in der gesamten Galaxis Gesetzlosigkeit. Der Mandalorianer ist Kopfgeldjäger und folgt seinem unerschütterlichen Ehrenkodex.
Das ist der Weg ...

STAR WARS
THE MANDALORIAN

Kapitel 5: Der Revolverheld

Kapitel 6: Der Gefangene

Kapitel 7: Die Abrechnung

Kapitel 8: Erlösung

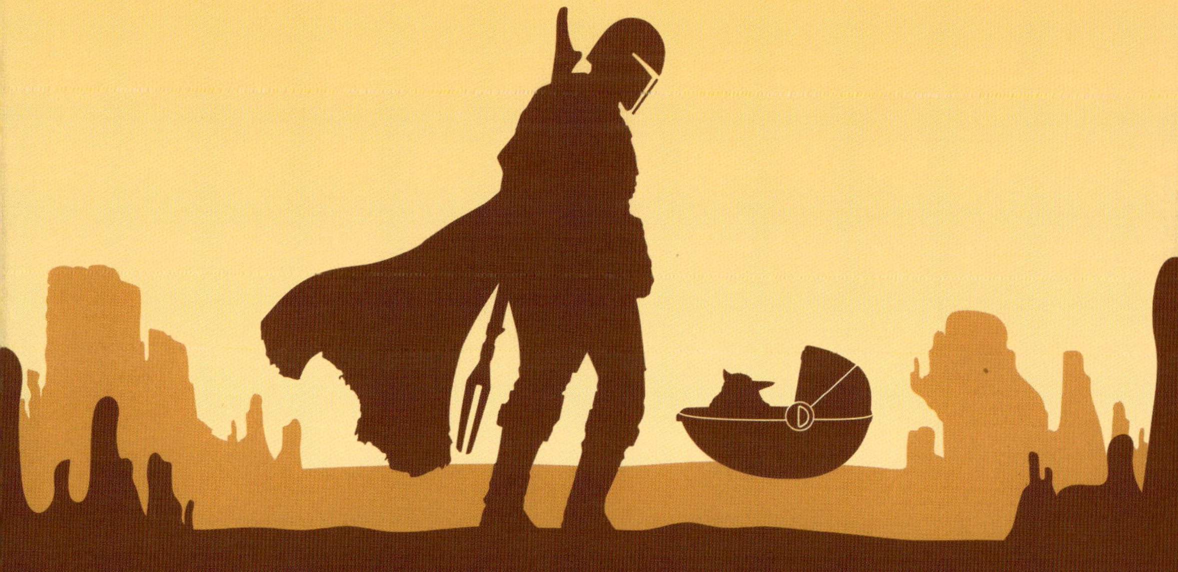

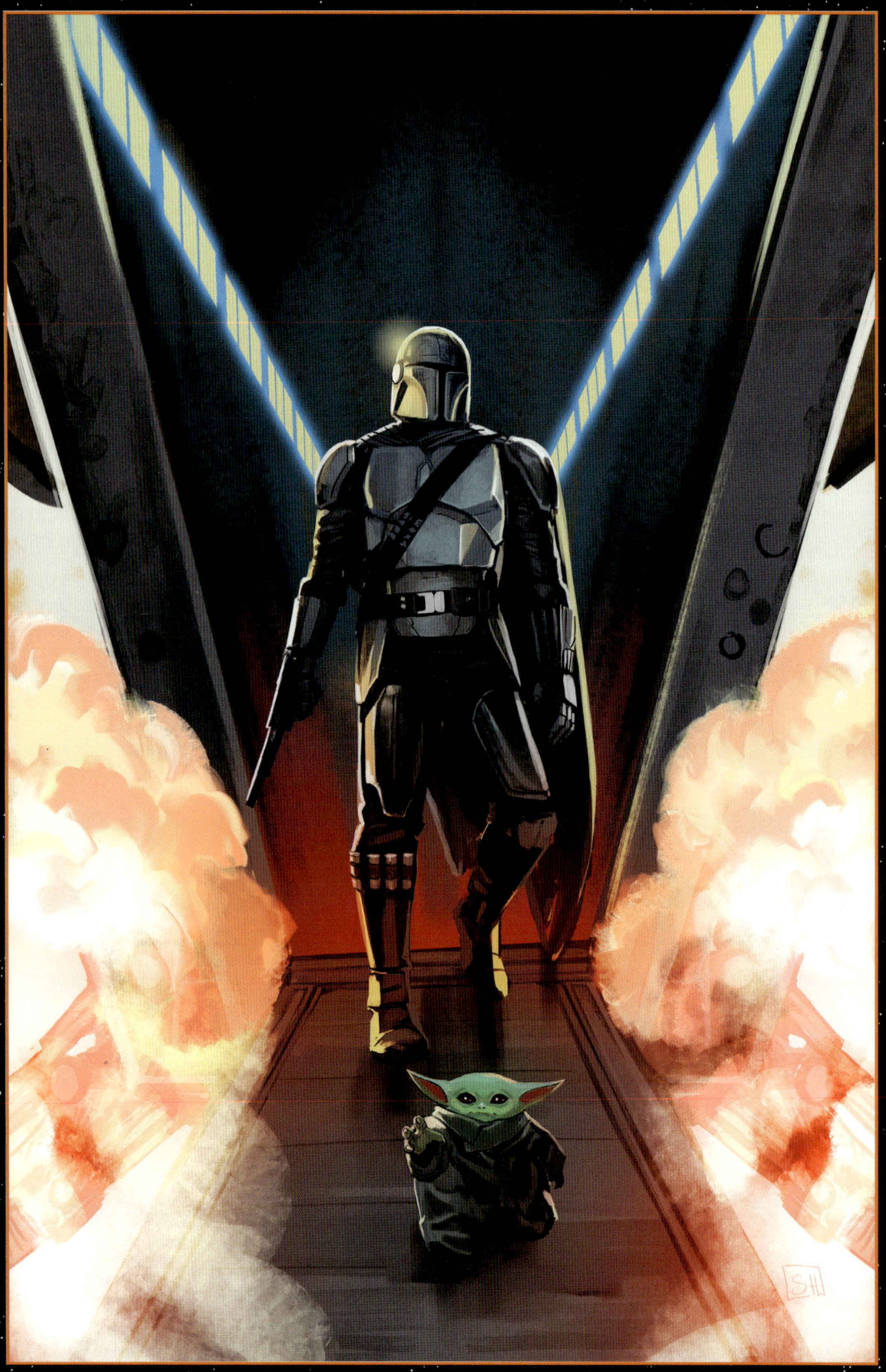

US-*Star Wars: The Mandalorian* #5,
Cover: **STEPHANIE HANS**

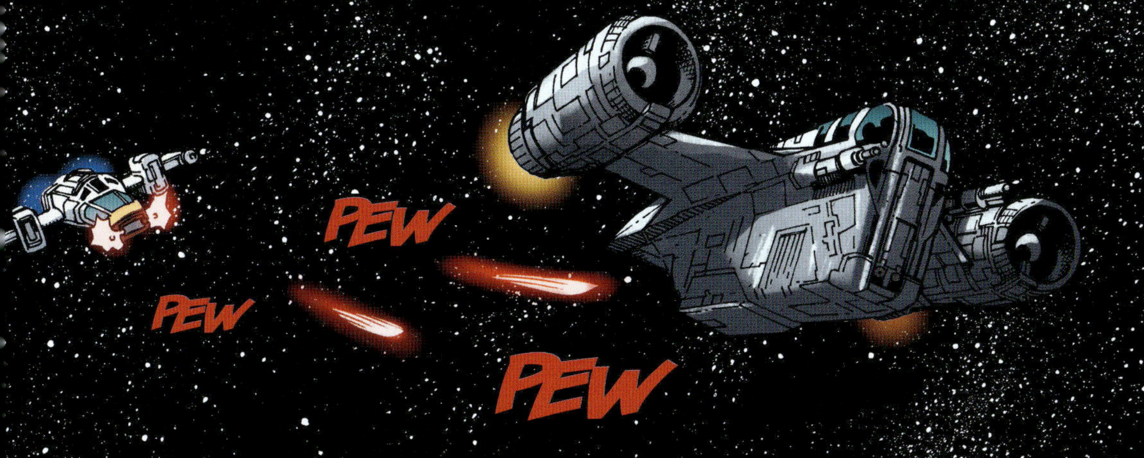
PEW
PEW
PEW
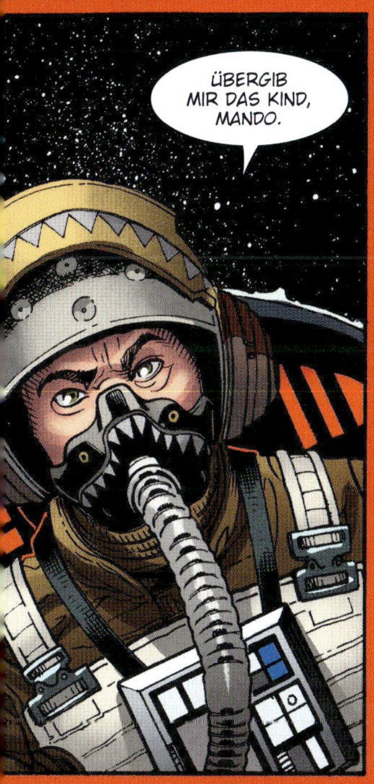
ÜBERGIB MIR DAS KIND, MANDO.
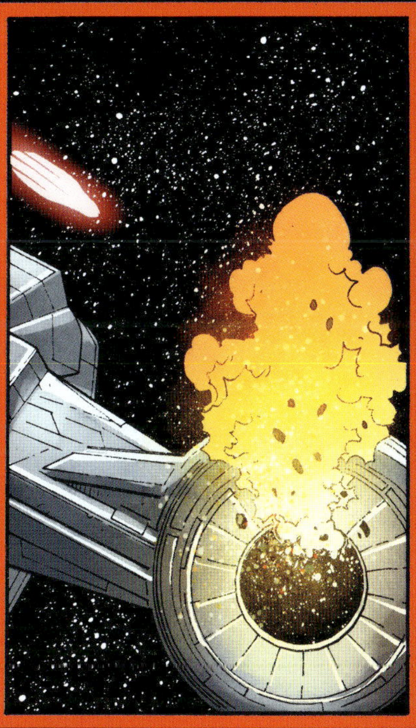
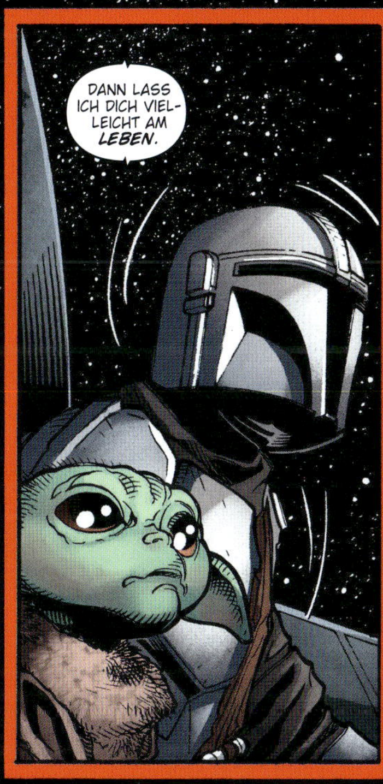
DANN LASS ICH DICH VIELLEICHT AM *LEBEN*.
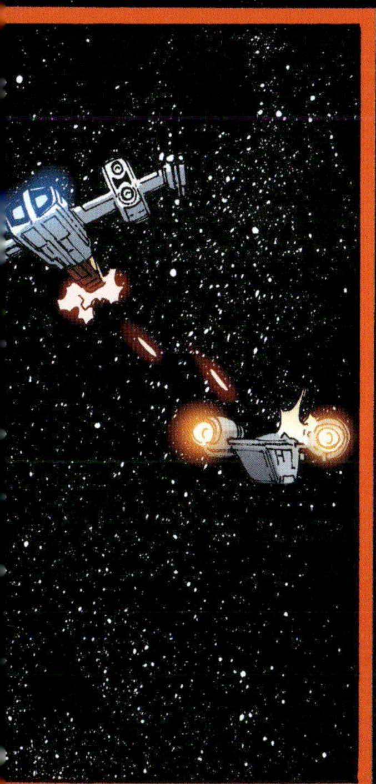
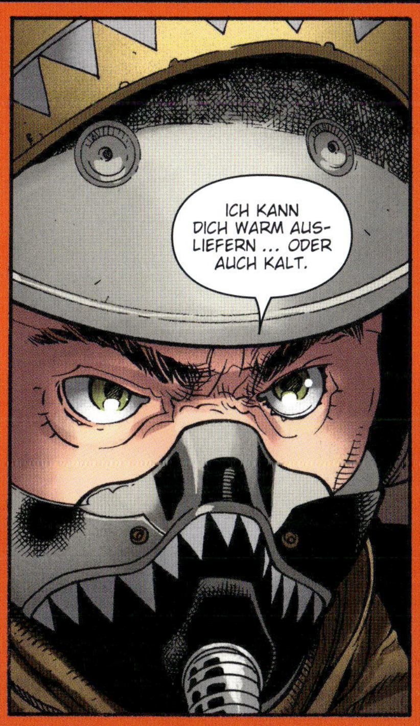
ICH KANN DICH WARM AUSLIEFERN ... ODER AUCH KALT.
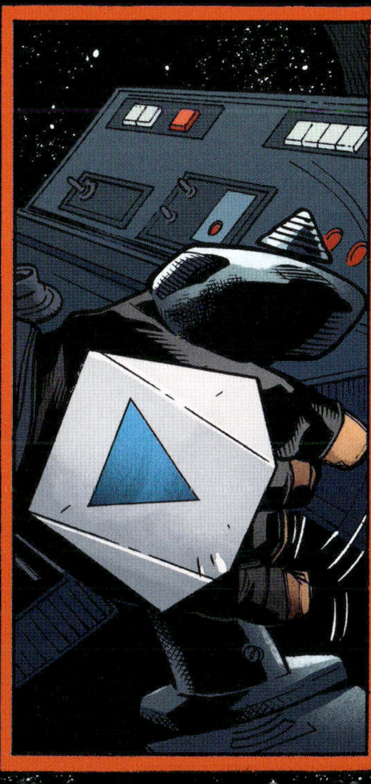

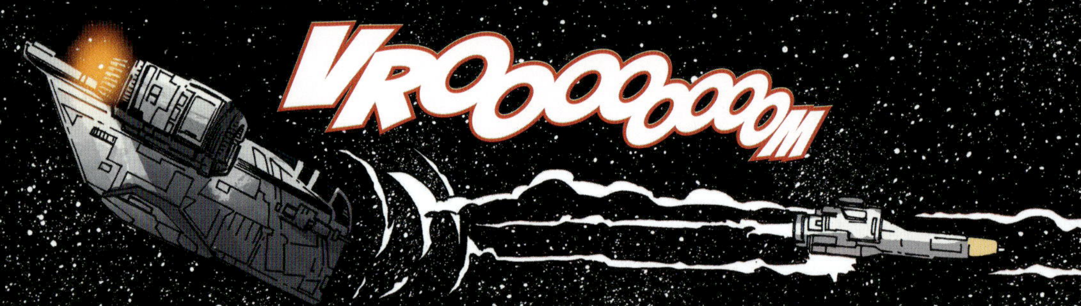
VROOOOOOOOM

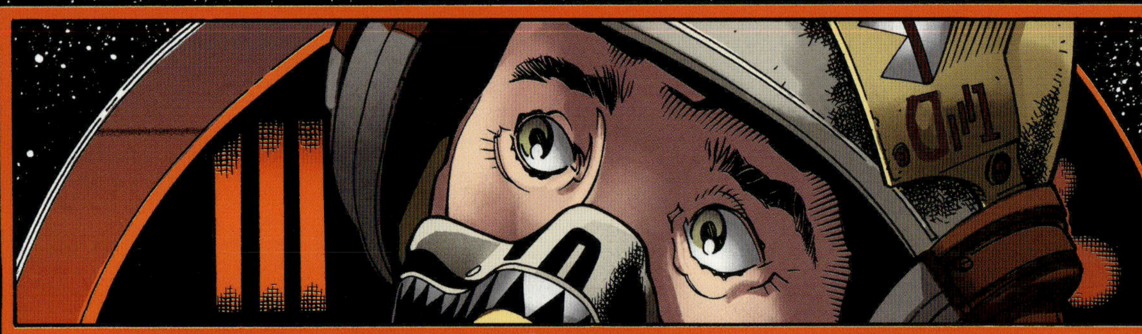

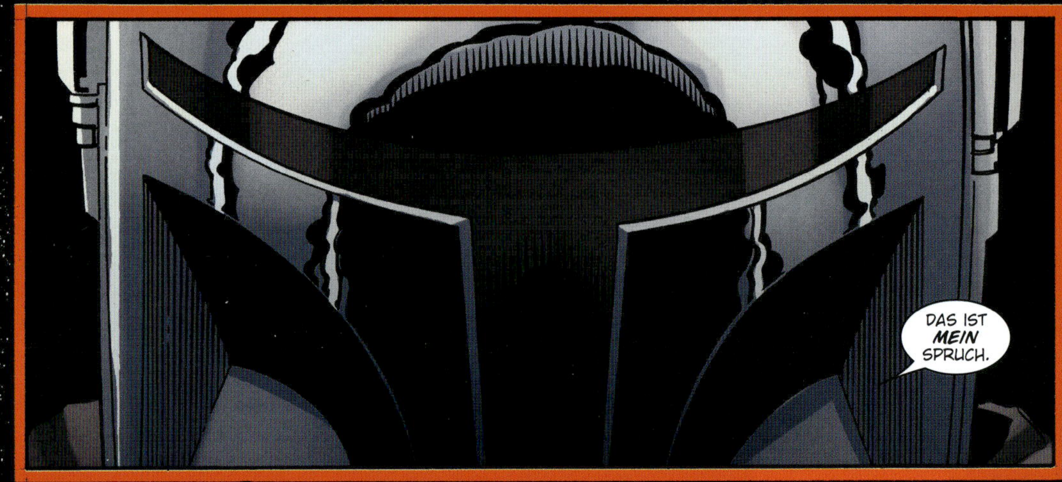
DAS IST *MEIN* SPRUCH.

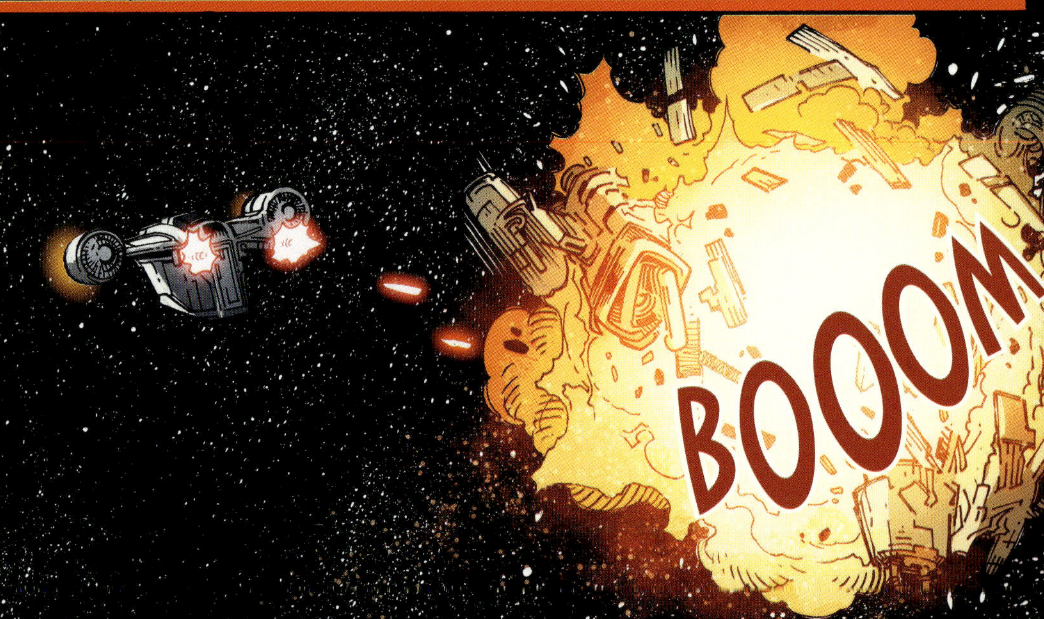
BOOOM

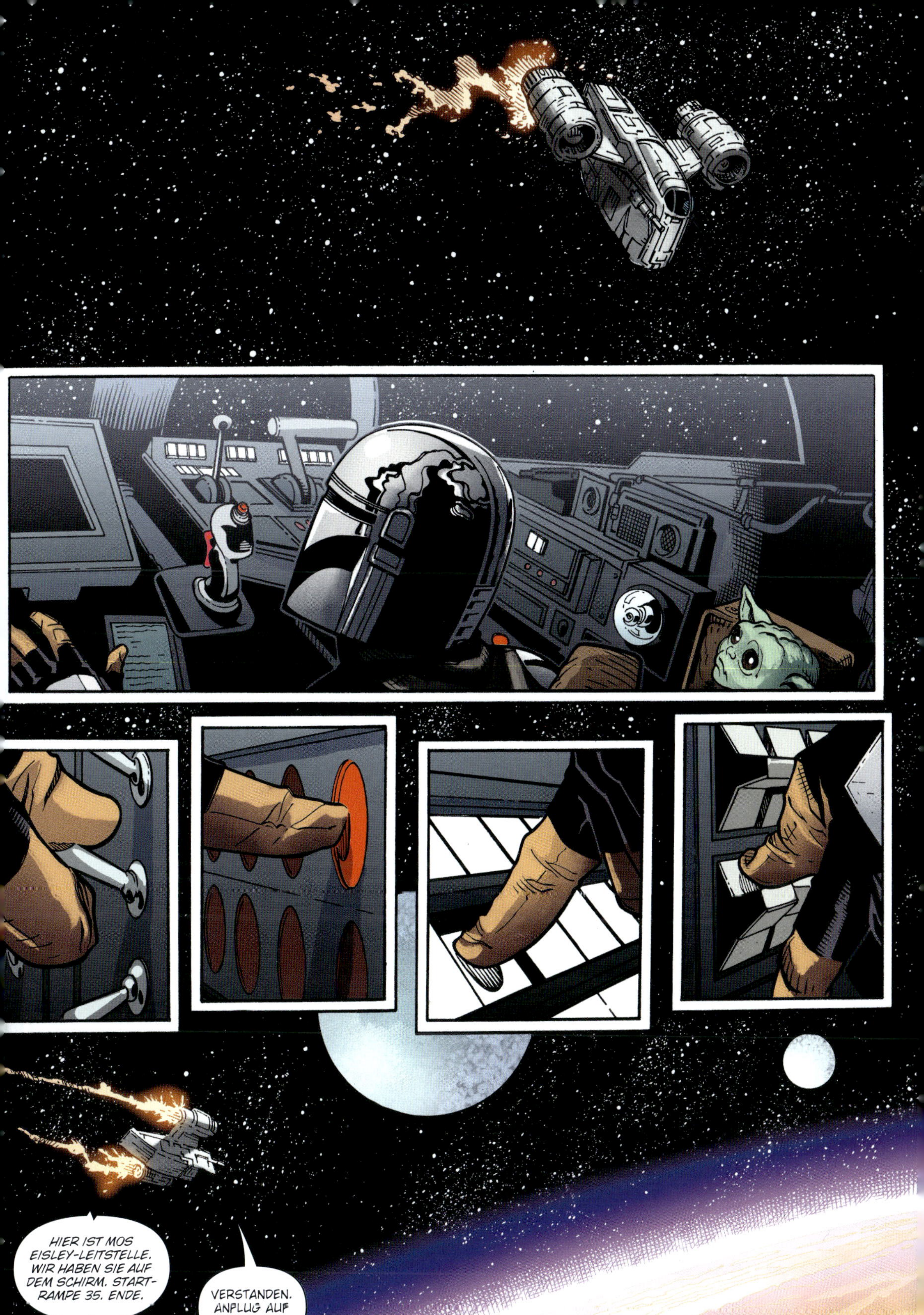
HIER IST MOS EISLEY-LEITSTELLE. WIR HABEN SIE AUF DEM SCHIRM. START-RAMPE 35. ENDE.
VERSTANDEN. ANFLUG AUF DREI-FÜNF.

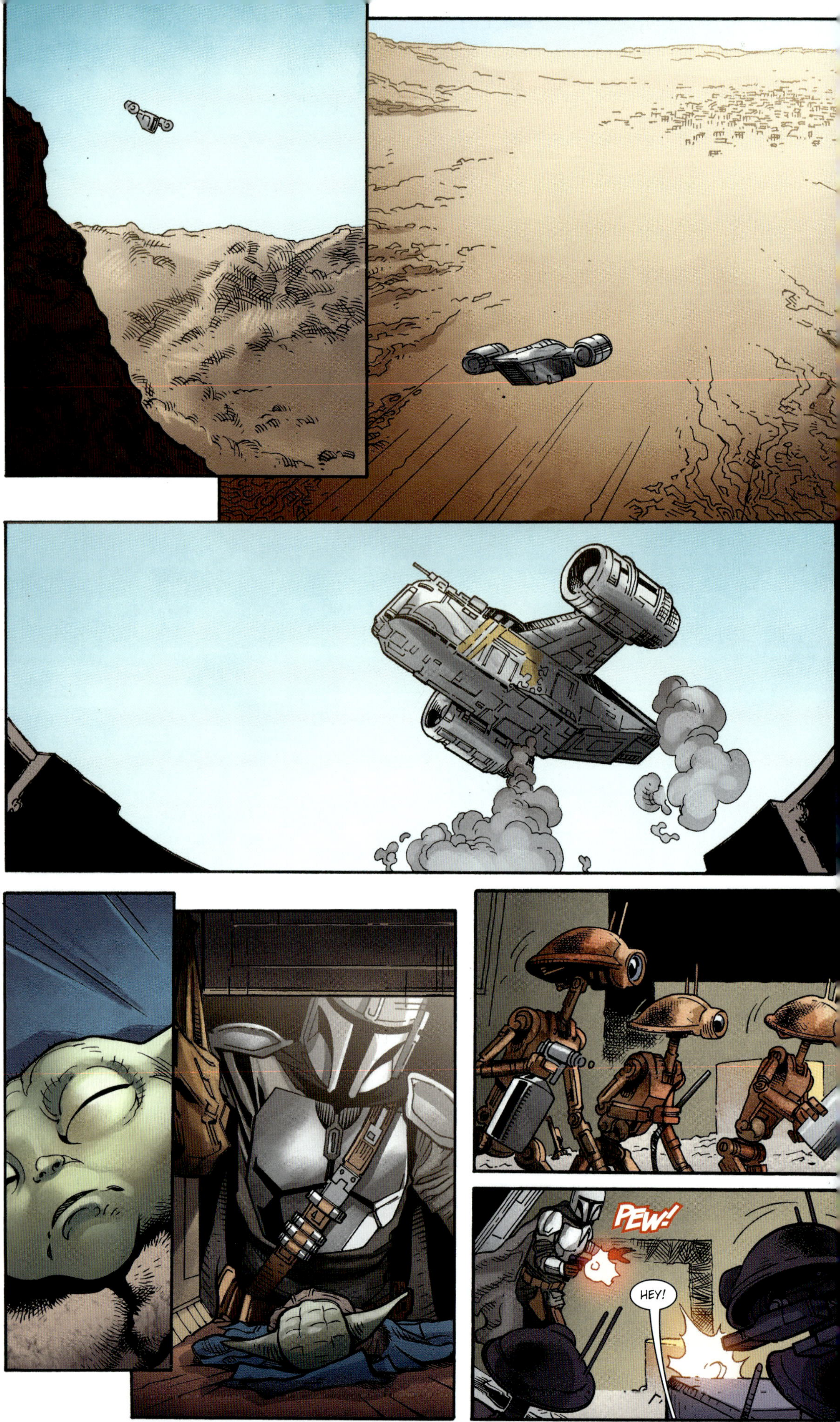

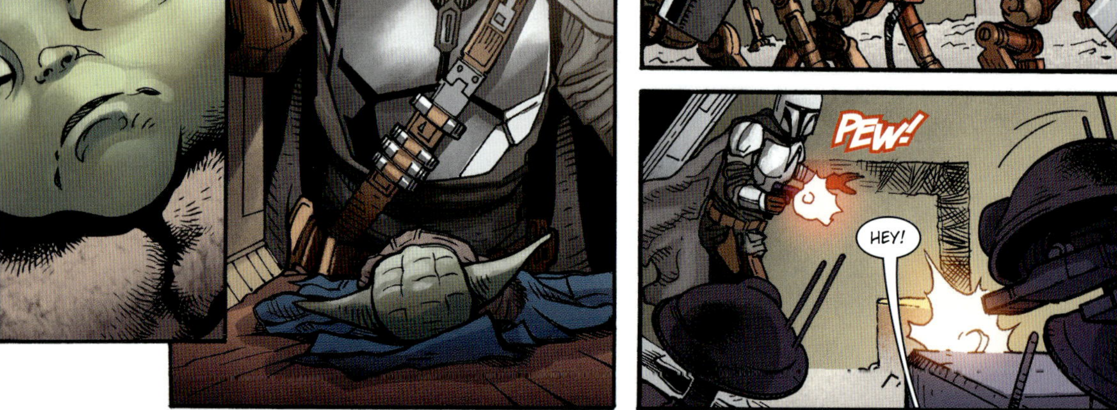
PEW!
HEY!

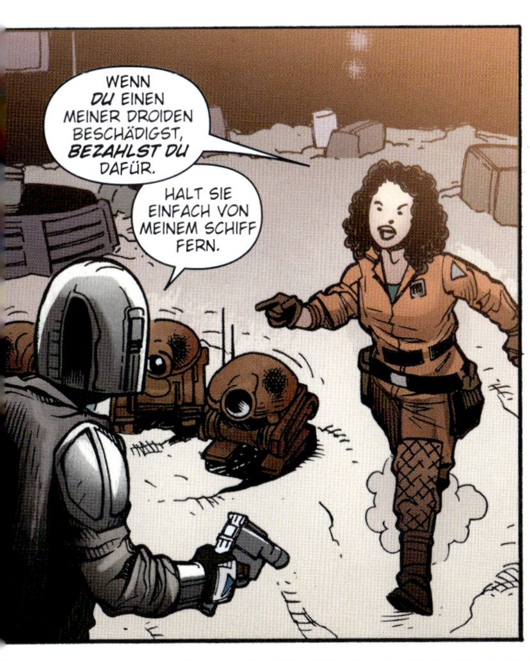
WENN **DU** EINEN MEINER DROIDEN BESCHÄDIGST, **BEZAHLST DU** DAFÜR.
HALT SIE EINFACH VON MEINEM SCHIFF FERN.

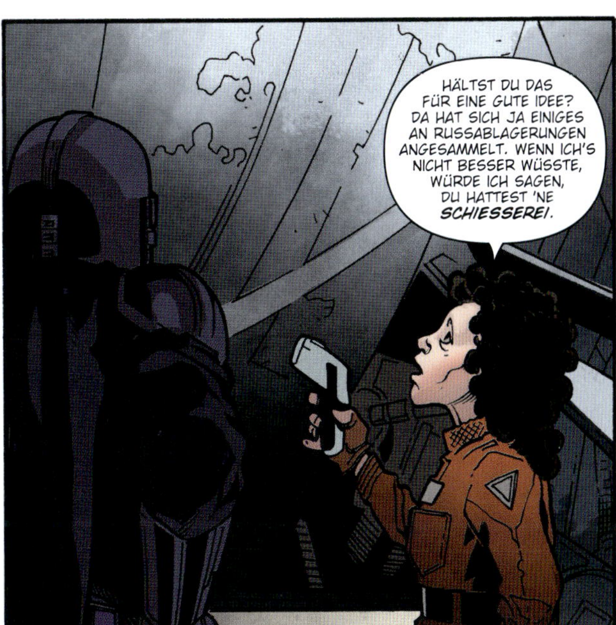
HÄLTST DU DAS FÜR EINE GUTE IDEE? DA HAT SICH JA EINIGES AN RUSSABLAGERUNGEN ANGESAMMELT. WENN ICH'S NICHT BESSER WÜSSTE, WÜRDE ICH SAGEN, DU HATTEST 'NE **SCHIESSEREI**.

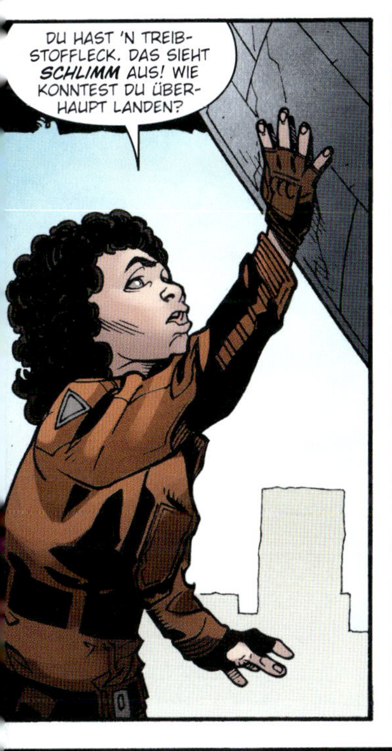
DU HAST 'N TREIBSTOFFLECK. DAS SIEHT **SCHLIMM** AUS! WIE KONNTEST DU ÜBERHAUPT LANDEN?

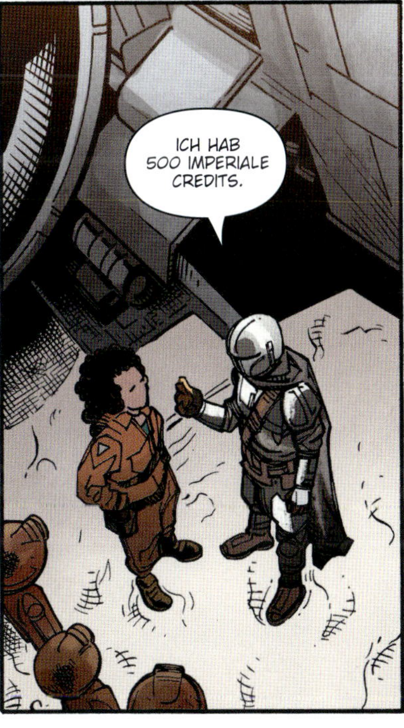
ICH HAB 500 IMPERIALE CREDITS.

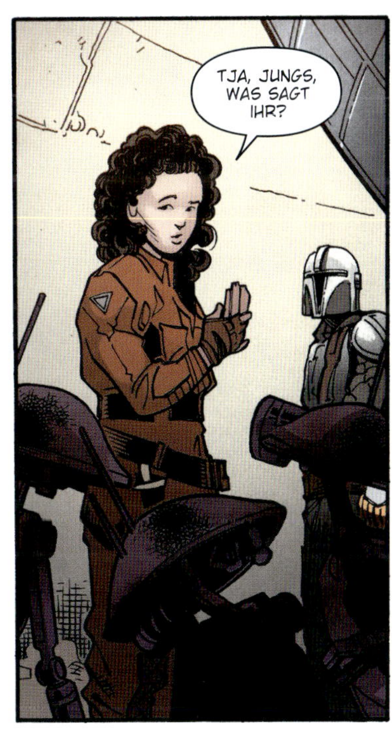
TJA, JUNGS, WAS SAGT IHR?

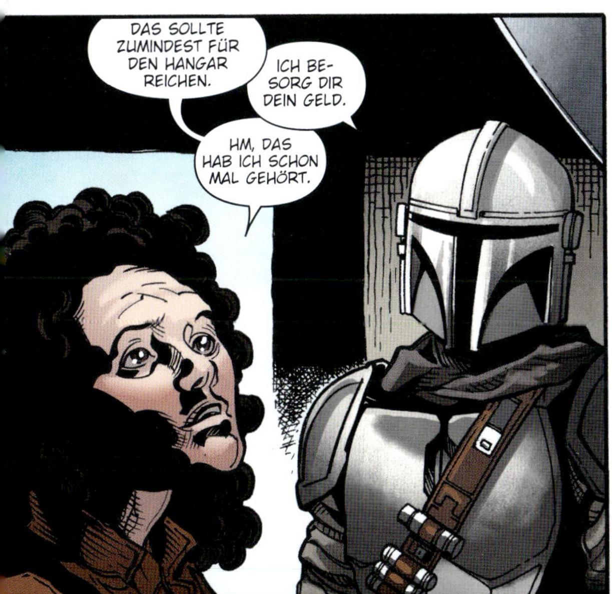
DAS SOLLTE ZUMINDEST FÜR DEN HANGAR REICHEN.
ICH BESORG DIR DEIN GELD.
HM, DAS HAB ICH SCHON MAL GEHÖRT.

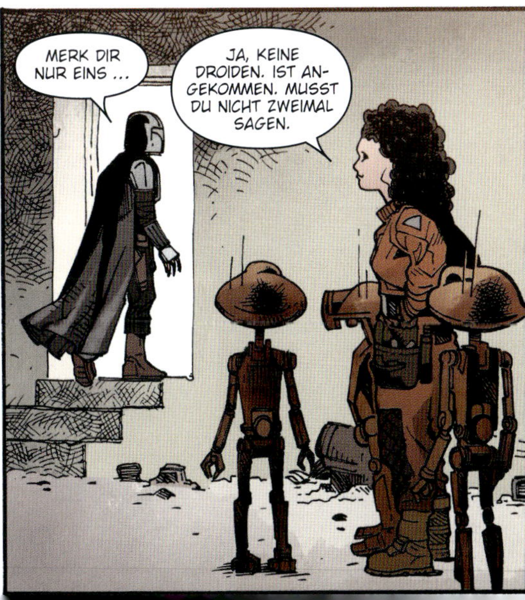
MERK DIR NUR EINS ...
JA, KEINE DROIDEN. IST ANGEKOMMEN. MUSST DU NICHT ZWEIMAL SAGEN.

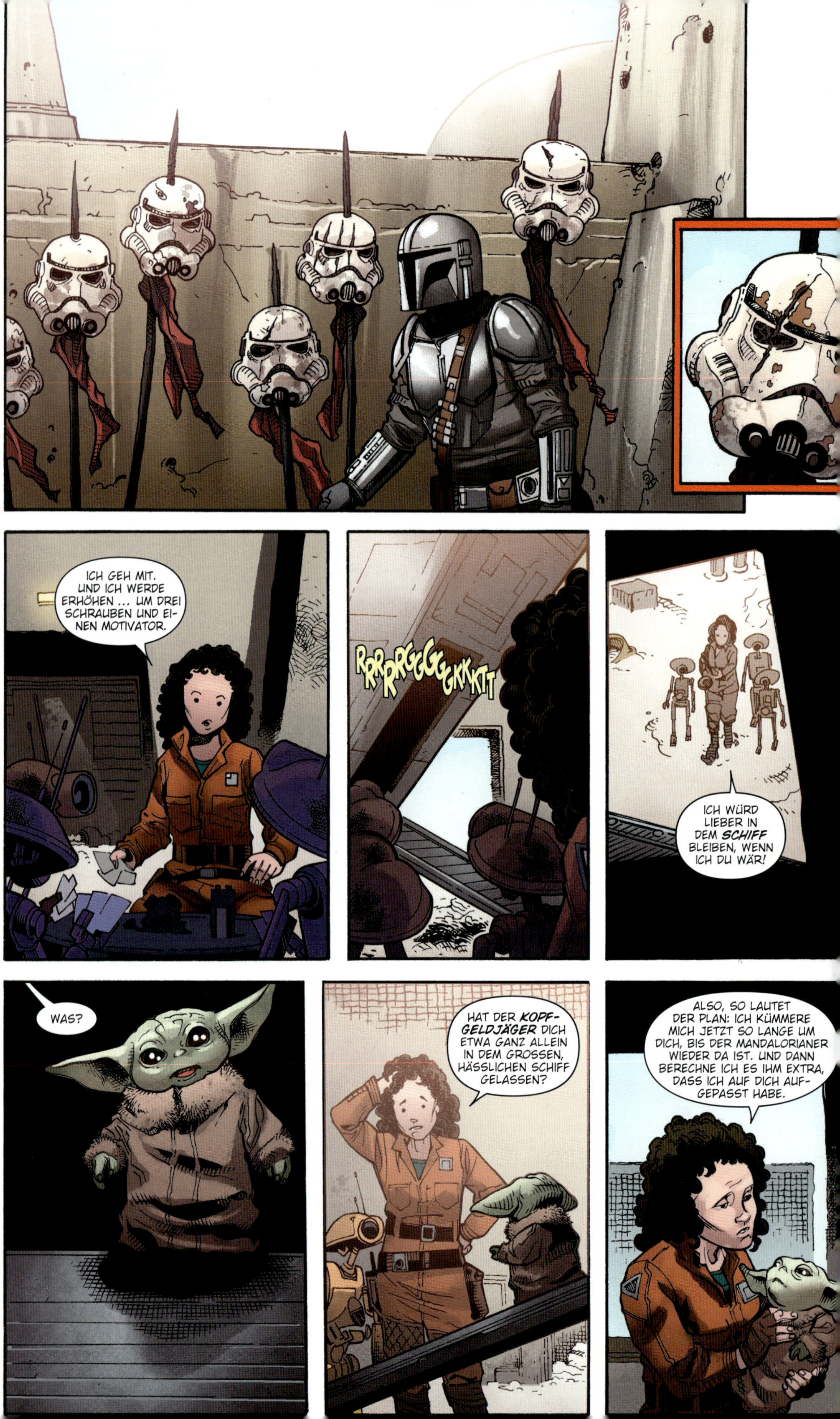

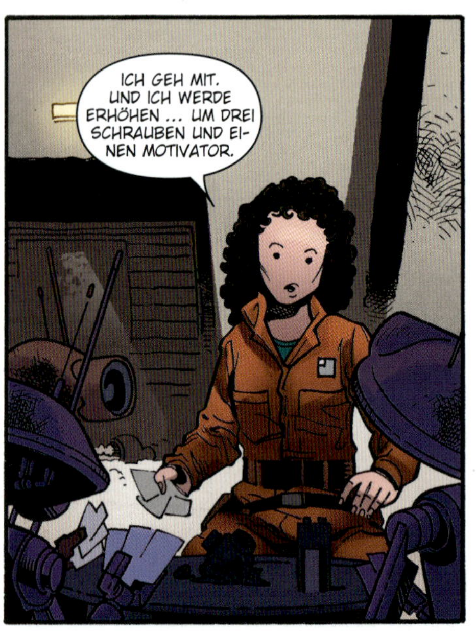
ICH GEH MIT. UND ICH WERDE ERHÖHEN ... UM DREI SCHRAUBEN UND EINEN MOTIVATOR.

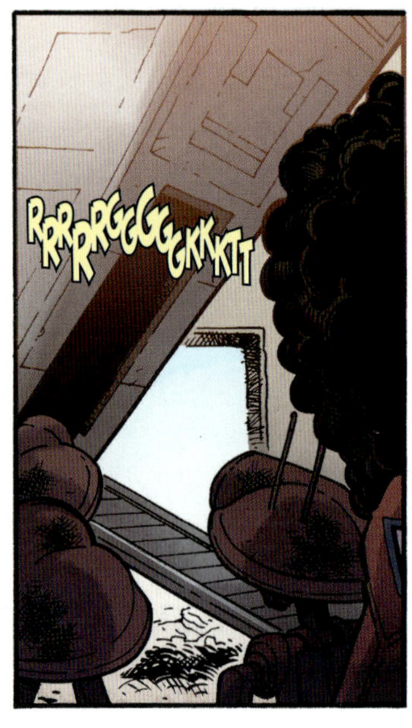
RRRRRGGGGKKKTT

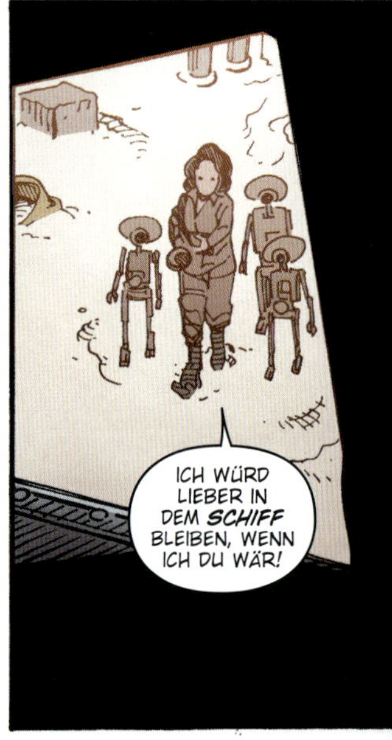
ICH WÜRD LIEBER IN DEM *SCHIFF* BLEIBEN, WENN ICH DU WÄR!

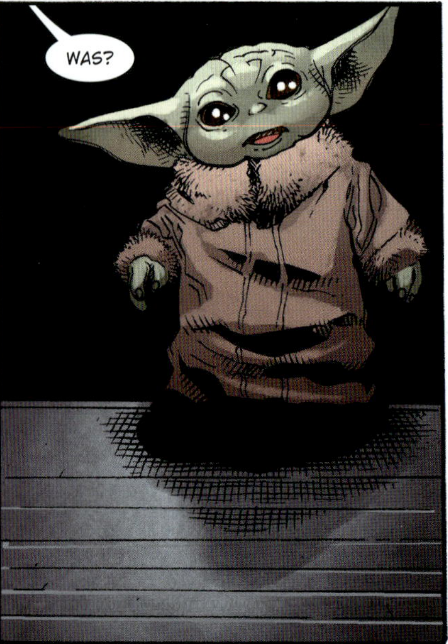
WAS?

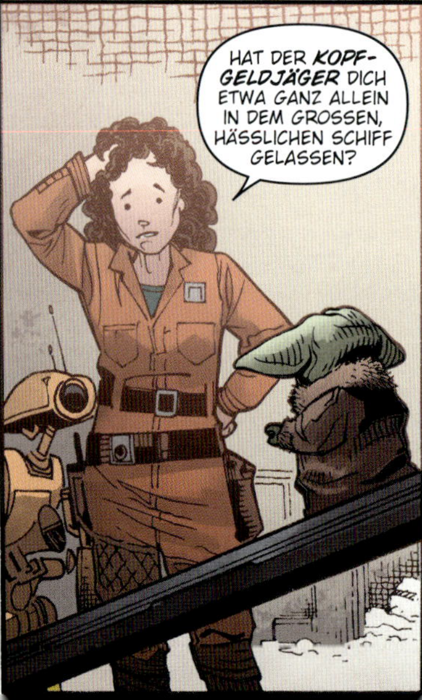
HAT DER ***KOPF-GELDJÄGER*** DICH ETWA GANZ ALLEIN IN DEM GROSSEN, HÄSSLICHEN SCHIFF GELASSEN?

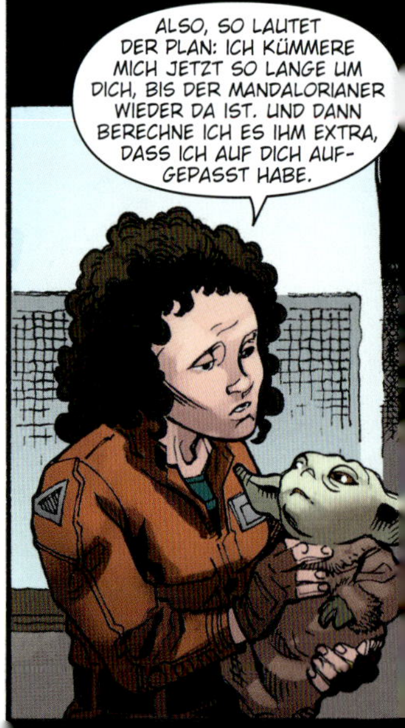
ALSO, SO LAUTET DER PLAN: ICH KÜMMERE MICH JETZT SO LANGE UM DICH, BIS DER MANDALORIANER WIEDER DA IST. UND DANN BERECHNE ICH ES IHM EXTRA, DASS ICH AUF DICH AUFGEPASST HABE.

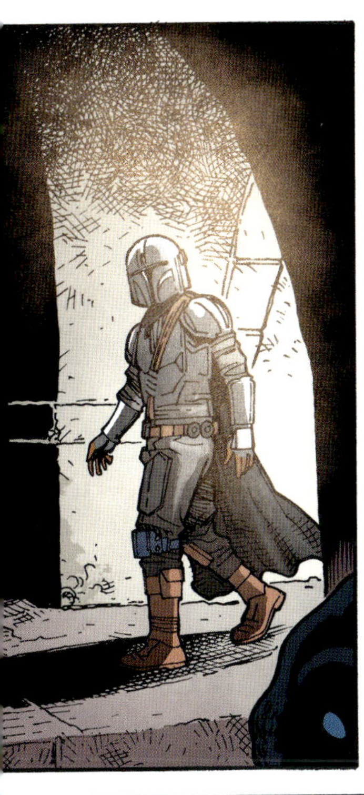
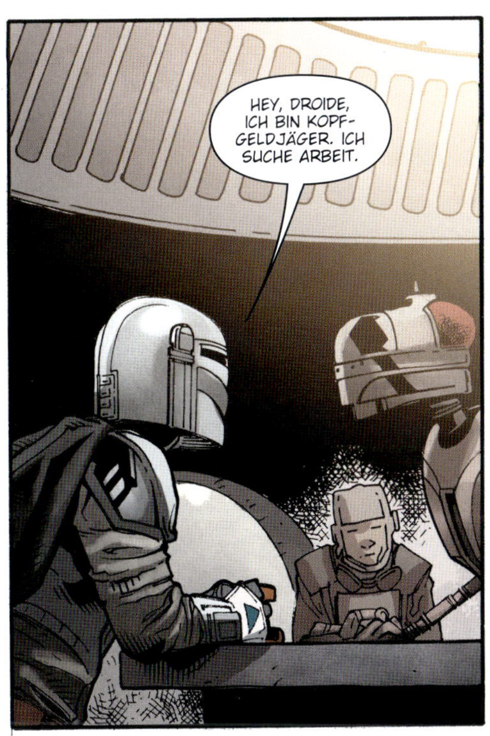
HEY, DROIDE, ICH BIN KOPF-GELDJÄGER. ICH SUCHE ARBEIT.
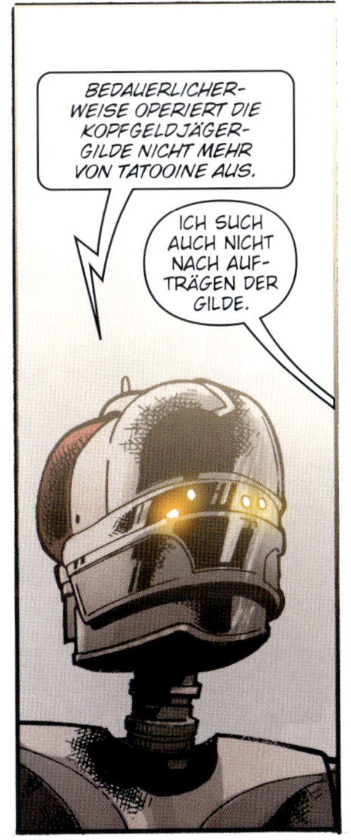
BEDAUERLICHER-WEISE OPERIERT DIE KOPFGELDJÄGER-GILDE NICHT MEHR VON TATOOINE AUS.
ICH SUCH AUCH NICHT NACH AUF-TRÄGEN DER GILDE.
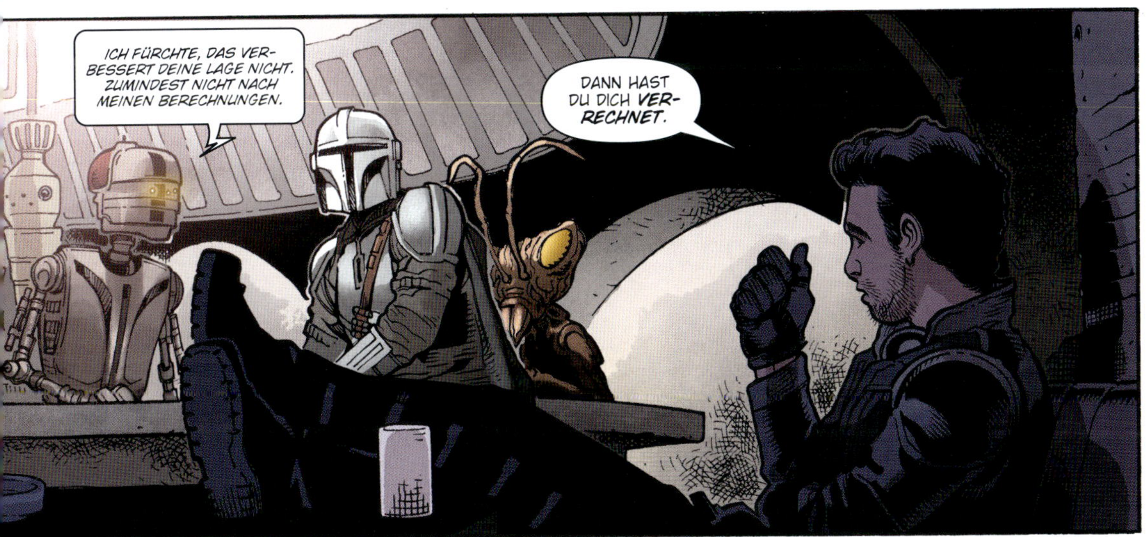
ICH FÜRCHTE, DAS VER-BESSERT DEINE LAGE NICHT. ZUMINDEST NICHT NACH MEINEN BERECHNUNGEN.
DANN HAST DU DICH **VER-RECHNET**.
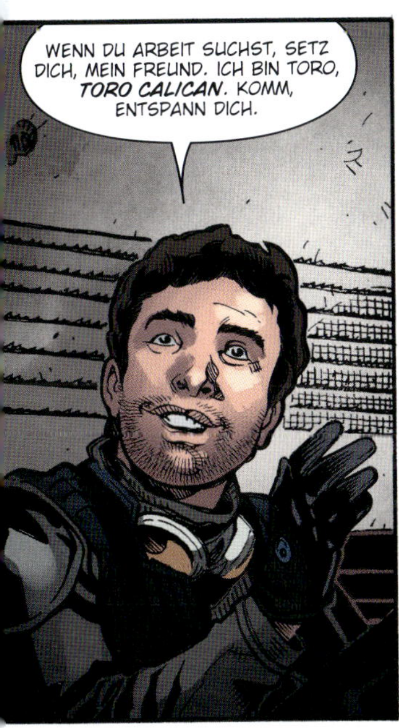
WENN DU ARBEIT SUCHST, SETZ DICH, MEIN FREUND. ICH BIN TORO, **TORO CALICAN**. KOMM, ENTSPANN DICH.
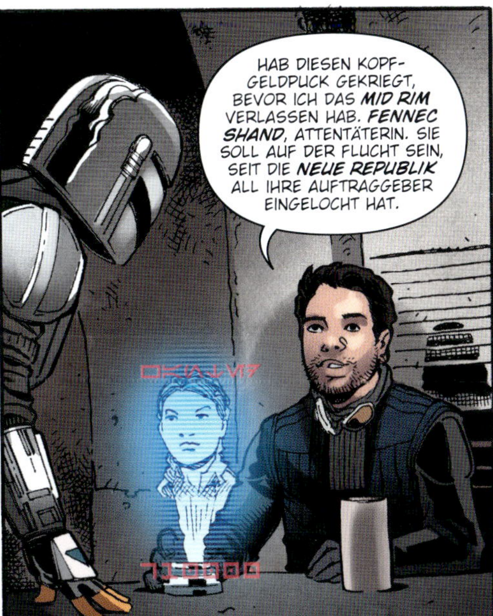
HAB DIESEN KOPF-GELDPUCK GEKRIEGT, BEVOR ICH DAS **MID RIM** VERLASSEN HAB. **FENNEC SHAND**, ATTENTÄTERIN. SIE SOLL AUF DER FLUCHT SEIN, SEIT DIE **NEUE REPUBLIK** ALL IHRE AUFTRAGGEBER EINGELOCHT HAT.
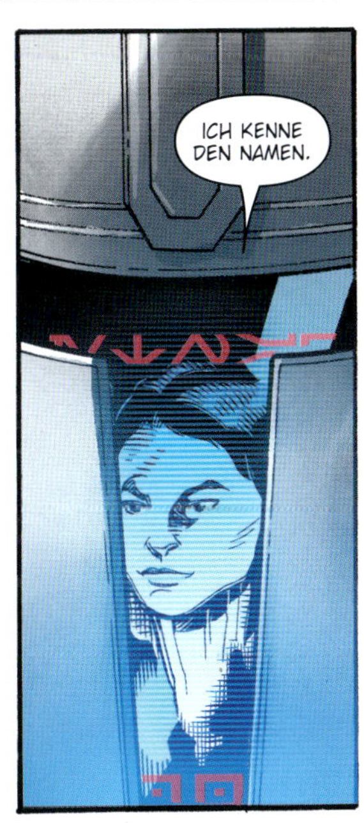
ICH KENNE DEN NAMEN.

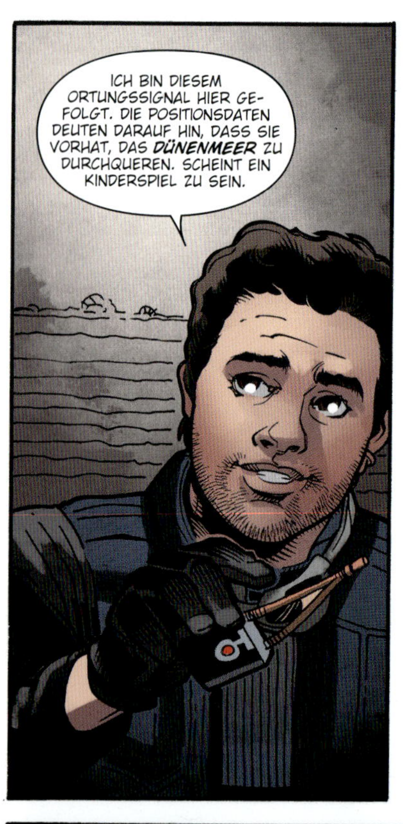
ICH BIN DIESEM ORTUNGSSIGNAL HIER GEFOLGT. DIE POSITIONSDATEN DEUTEN DARAUF HIN, DASS SIE VORHAT, DAS DÜNENMEER ZU DURCHQUEREN. SCHEINT EIN KINDERSPIEL ZU SEIN.

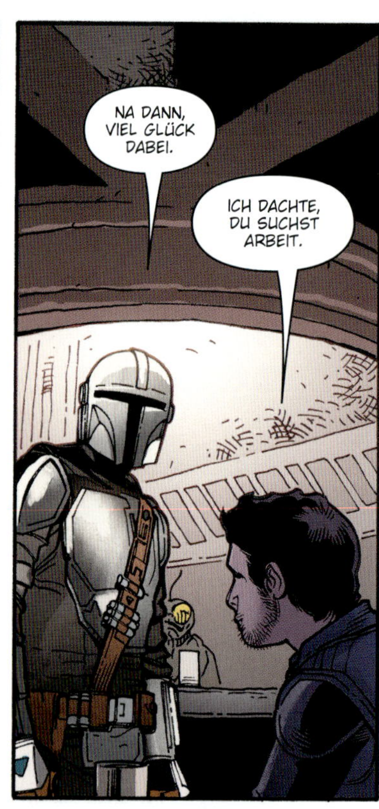
NA DANN, VIEL GLÜCK DABEI.
ICH DACHTE, DU SUCHST ARBEIT.

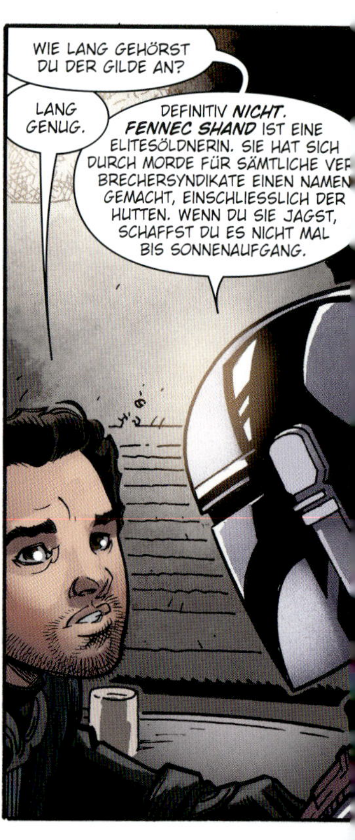
WIE LANG GEHÖRST DU DER GILDE AN?
LANG GENUG.
DEFINITIV NICHT. FENNEC SHAND IST EINE ELITESÖLDNERIN. SIE HAT SICH DURCH MORDE FÜR SÄMTLICHE VERBRECHERSYNDIKATE EINEN NAMEN GEMACHT, EINSCHLIESSLICH DER HUTTEN. WENN DU SIE JAGST, SCHAFFST DU ES NICHT MAL BIS SONNENAUFGANG.

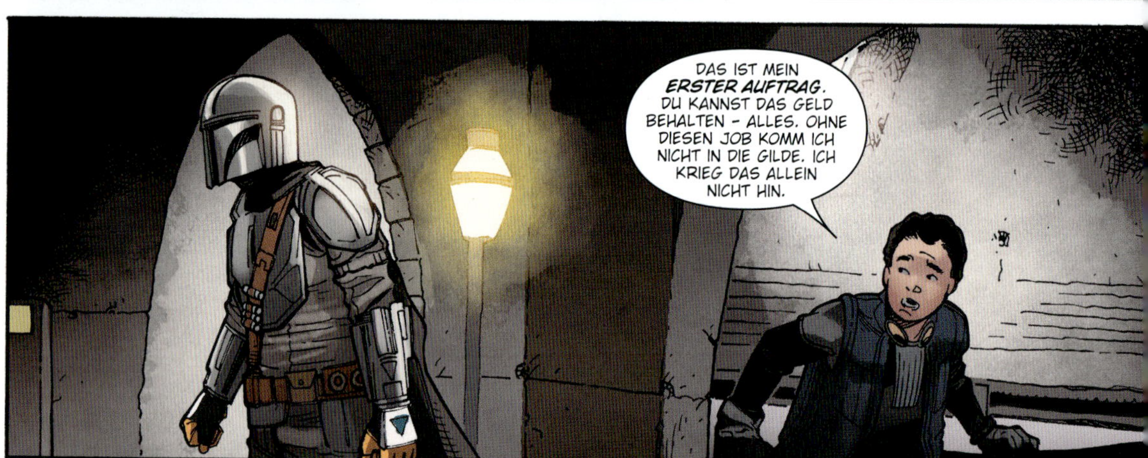
DAS IST MEIN ERSTER AUFTRAG. DU KANNST DAS GELD BEHALTEN – ALLES. OHNE DIESEN JOB KOMM ICH NICHT IN DIE GILDE. ICH KRIEG DAS ALLEIN NICHT HIN.

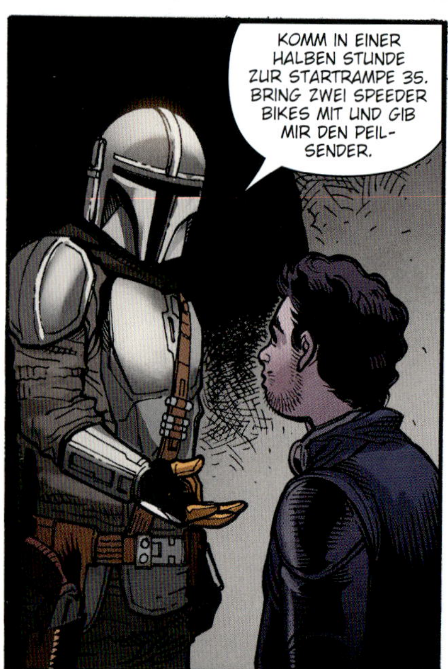
KOMM IN EINER HALBEN STUNDE ZUR STARTRAMPE 35. BRING ZWEI SPEEDER BIKES MIT UND GIB MIR DEN PEILSENDER.

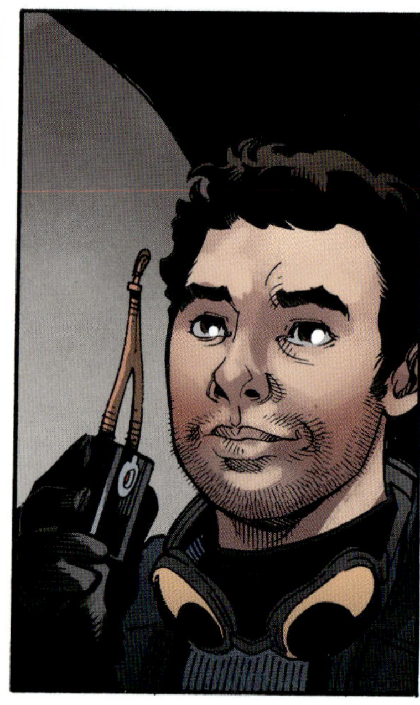

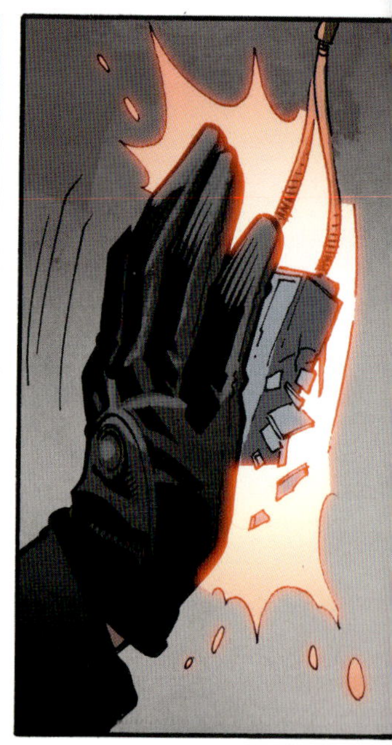

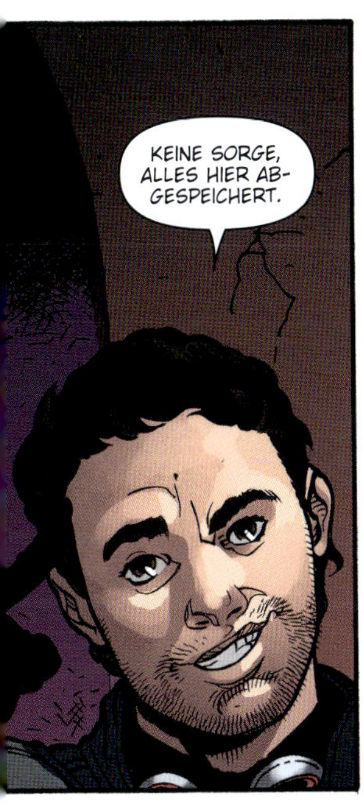
KEINE SORGE, ALLES HIER AB-GESPEICHERT.

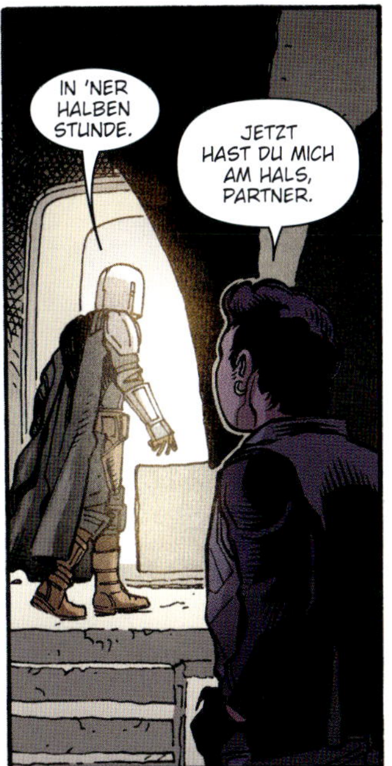
IN 'NER HALBEN STUNDE.
JETZT HAST DU MICH AM HALS, PARTNER.

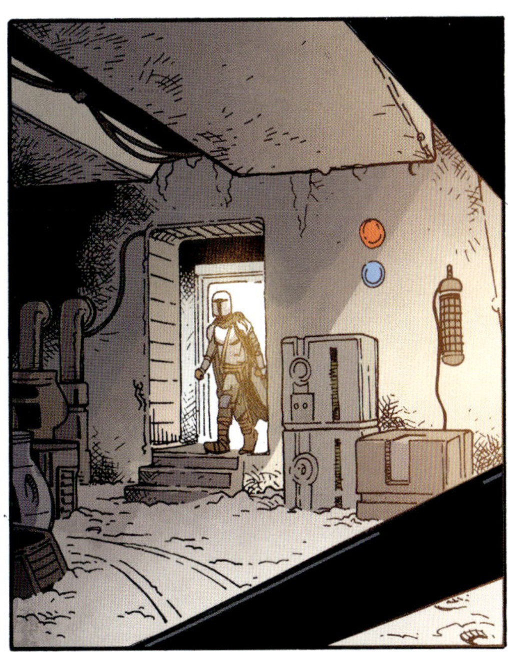

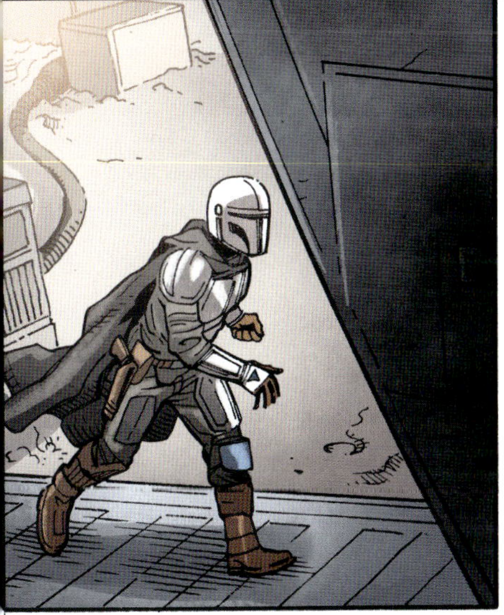

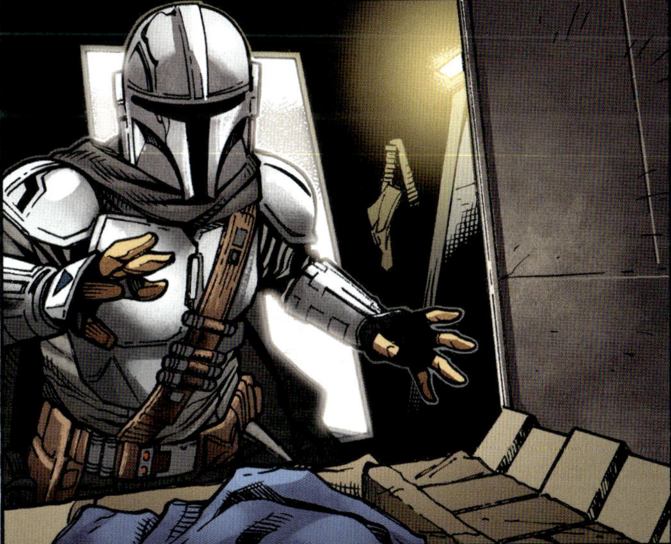

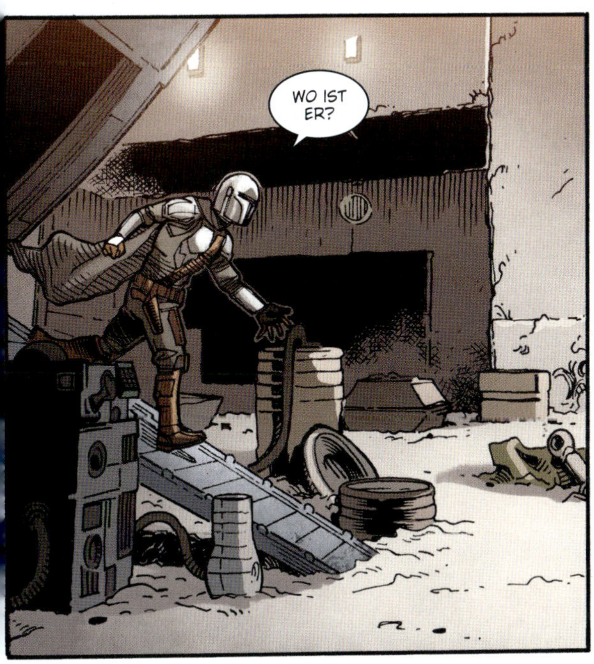
WO IST ER?

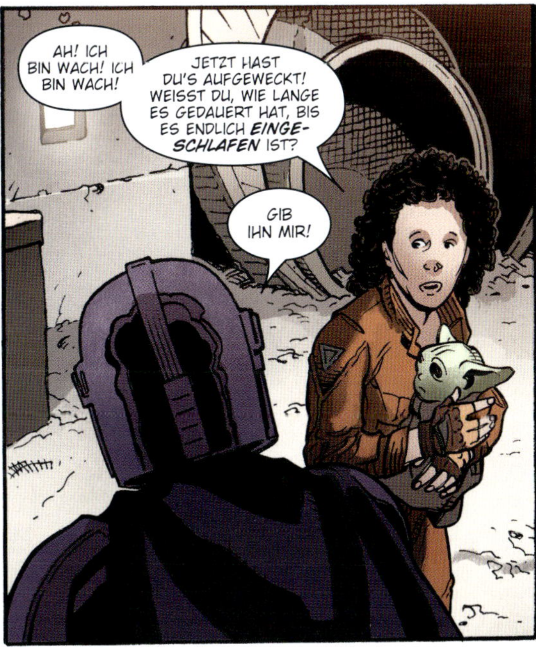
AH! ICH BIN WACH! ICH BIN WACH!
JETZT HAST DU'S AUFGEWECKT! WEISST DU, WIE LANGE ES GEDAUERT HAT, BIS ES ENDLICH **EINGE-SCHLAFEN** IST?
GIB IHN MIR!

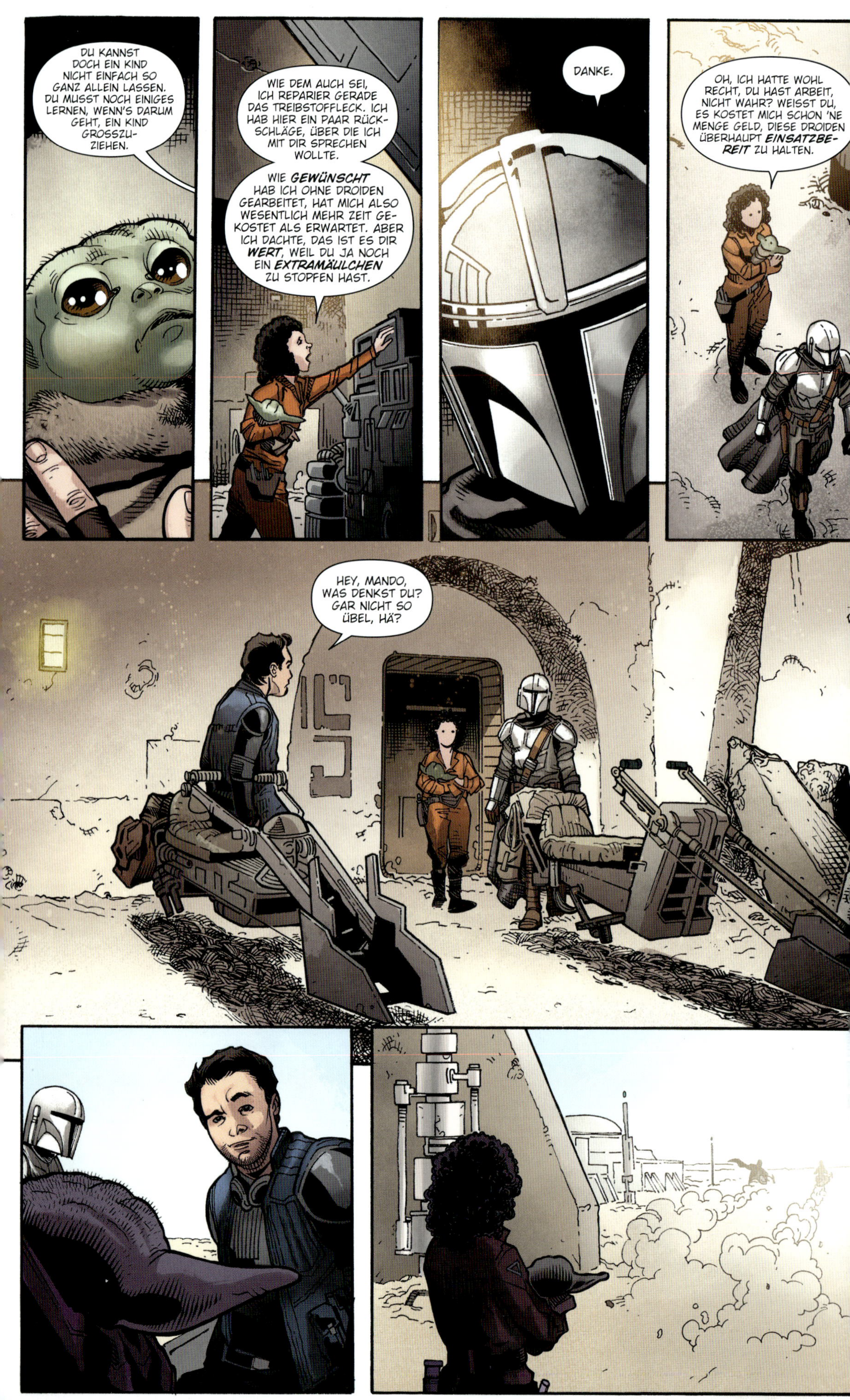
DU KANNST DOCH EIN KIND NICHT EINFACH SO GANZ ALLEIN LASSEN. DU MUSST NOCH EINIGES LERNEN, WENN'S DARUM GEHT, EIN KIND GROSSZUZIEHEN.
WIE DEM AUCH SEI, ICH REPARIER GERADE DAS TREIBSTOFFLECK. ICH HAB HIER EIN PAAR RÜCKSCHLÄGE, ÜBER DIE ICH MIT DIR SPRECHEN WOLLTE.
WIE GEWÜNSCHT HAB ICH OHNE DROIDEN GEARBEITET, HAT MICH ALSO WESENTLICH MEHR ZEIT GEKOSTET ALS ERWARTET. ABER ICH DACHTE, DAS IST ES DIR WERT, WEIL DU JA NOCH EIN EXTRAMÄULCHEN ZU STOPFEN HAST.
DANKE.
OH, ICH HATTE WOHL RECHT, DU HAST ARBEIT, NICHT WAHR? WEISST DU, ES KOSTET MICH SCHON 'NE MENGE GELD, DIESE DROIDEN ÜBERHAUPT EINSATZBEREIT ZU HALTEN.
HEY, MANDO, WAS DENKST DU? GAR NICHT SO ÜBEL, HÄ?

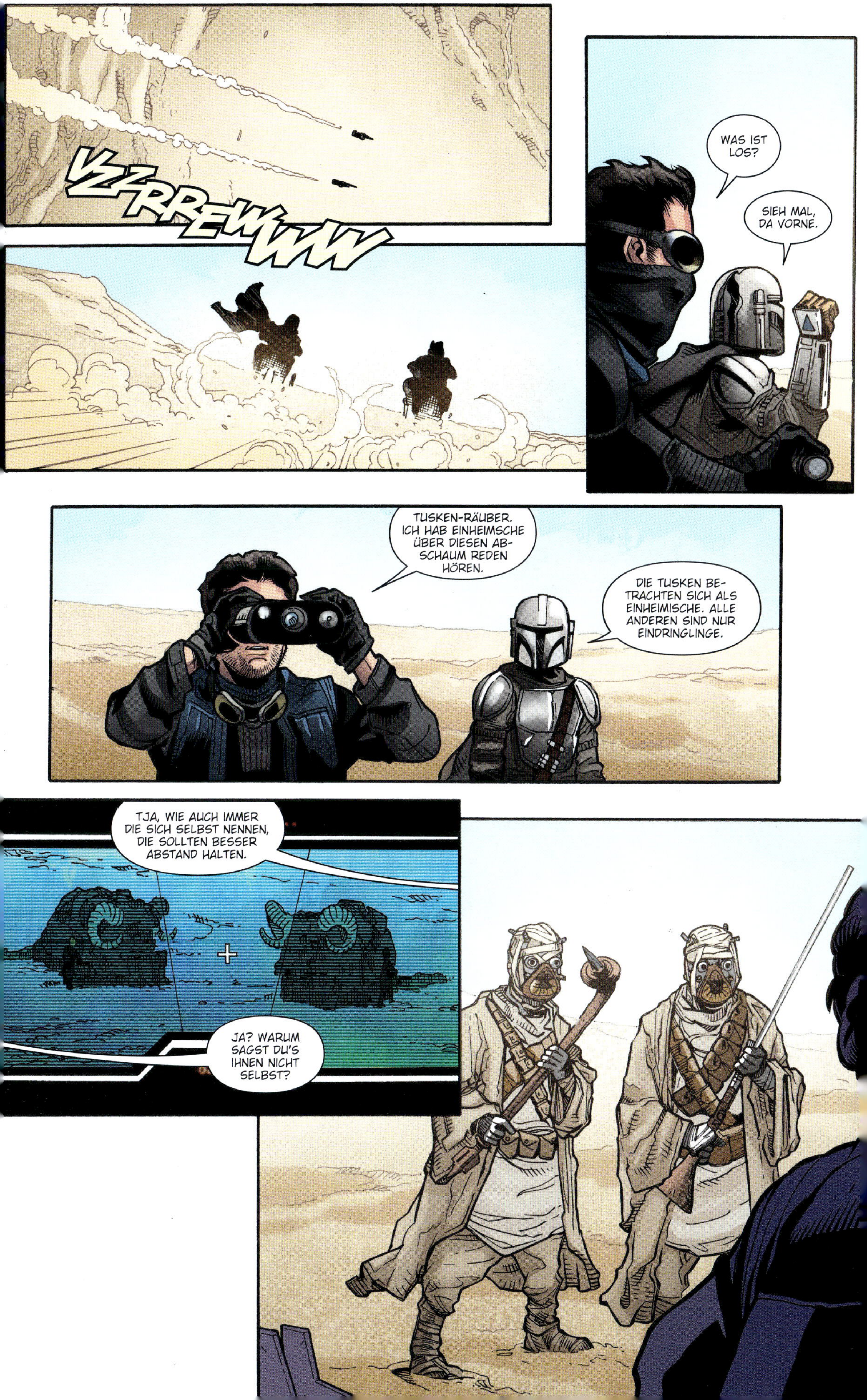

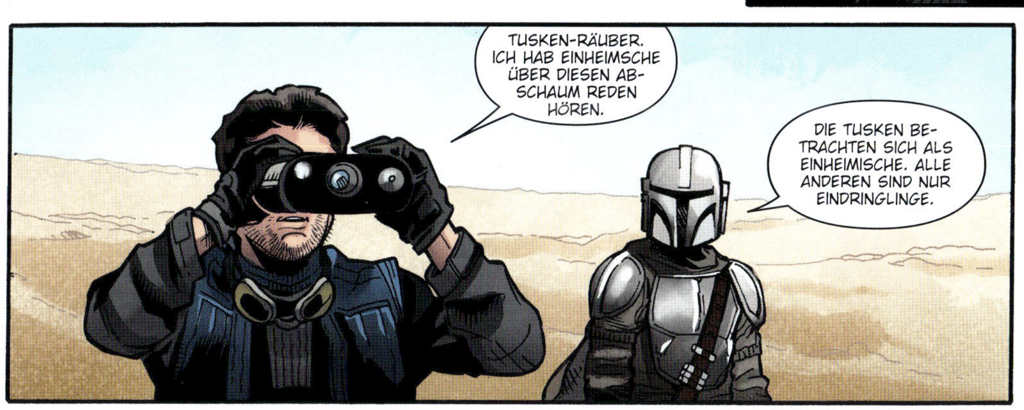
VZZRREWWW
WAS IST LOS?
SIEH MAL, DA VORNE.
TUSKEN-RÄUBER. ICH HAB EINHEIMSCHE ÜBER DIESEN ABSCHAUM REDEN HÖREN.
DIE TUSKEN BETRACHTEN SICH ALS EINHEIMISCHE. ALLE ANDEREN SIND NUR EINDRINGLINGE.
TJA, WIE AUCH IMMER DIE SICH SELBST NENNEN, DIE SOLLTEN BESSER ABSTAND HALTEN.
JA? WARUM SAGST DU'S IHNEN NICHT SELBST?

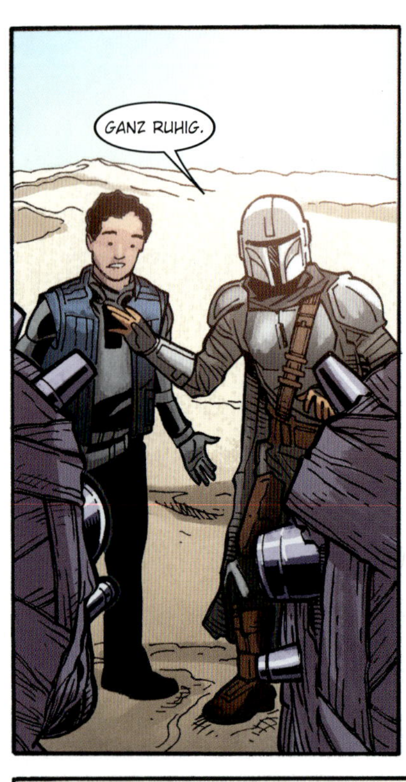
GANZ RUHIG.

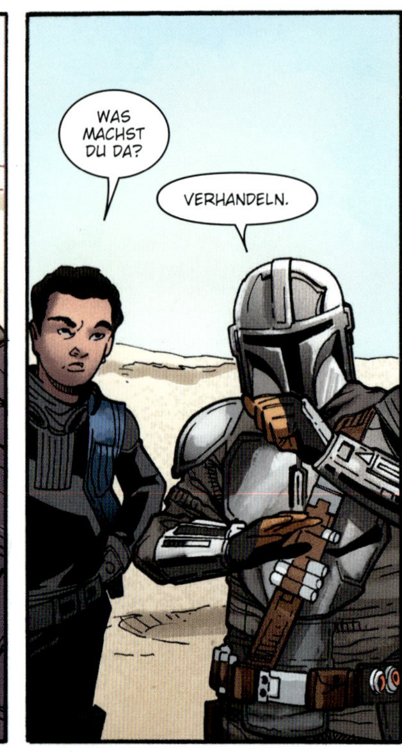
WAS MACHST DU DA?
VERHANDELN.

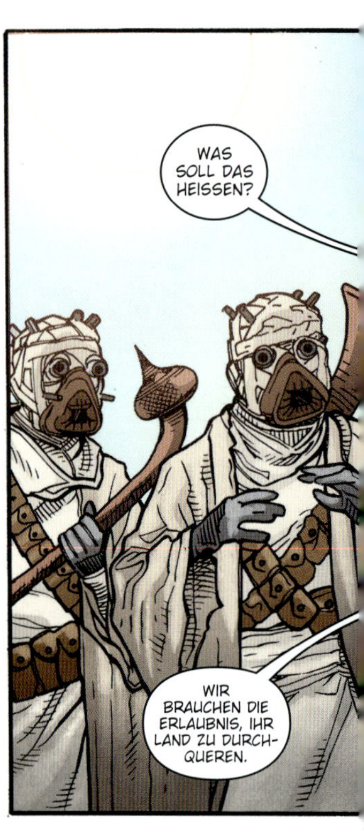
WAS SOLL DAS HEISSEN?
WIR BRAUCHEN DIE ERLAUBNIS, IHR LAND ZU DURCH-QUEREN.

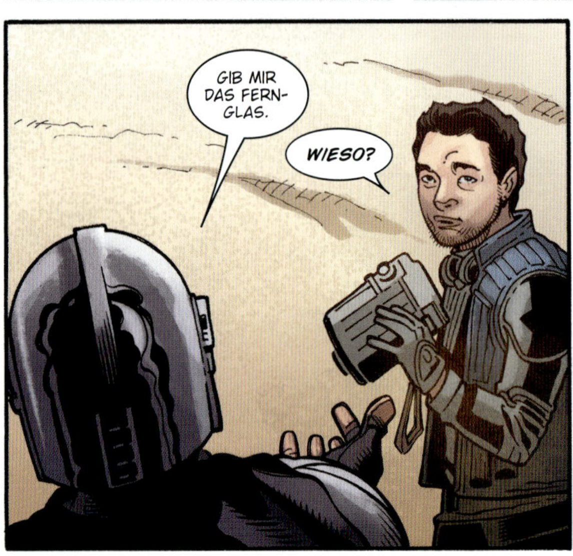
GIB MIR DAS FERN-GLAS.
WIESO?

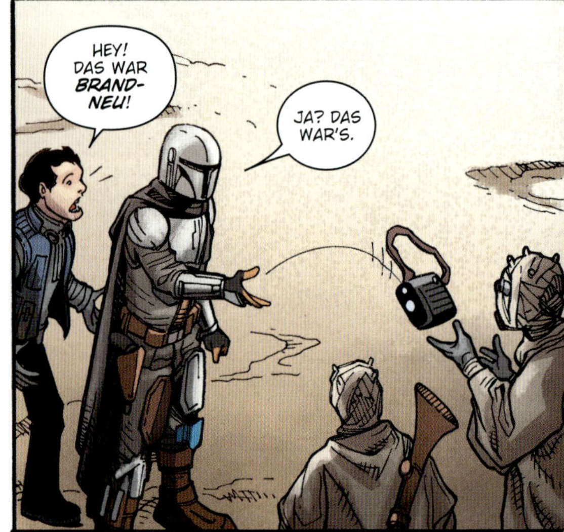
HEY! DAS WAR *BRAND-NEU*!
JA? DAS WAR'S.

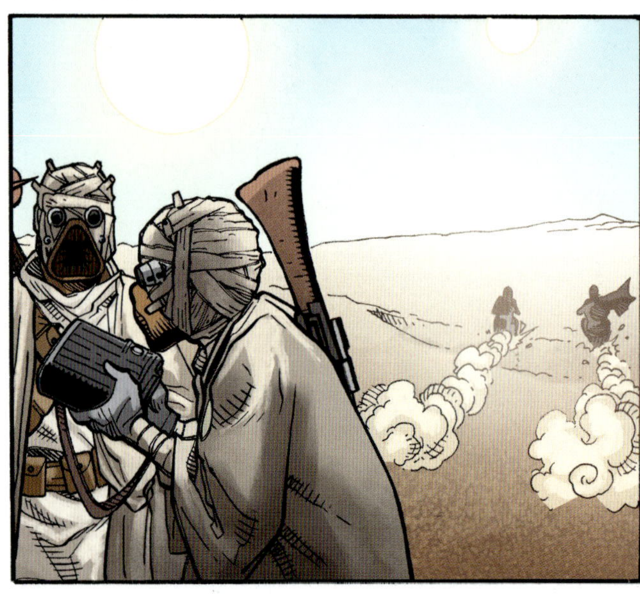

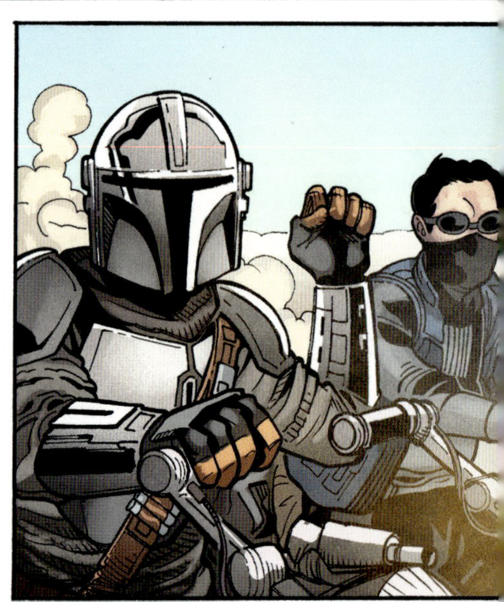

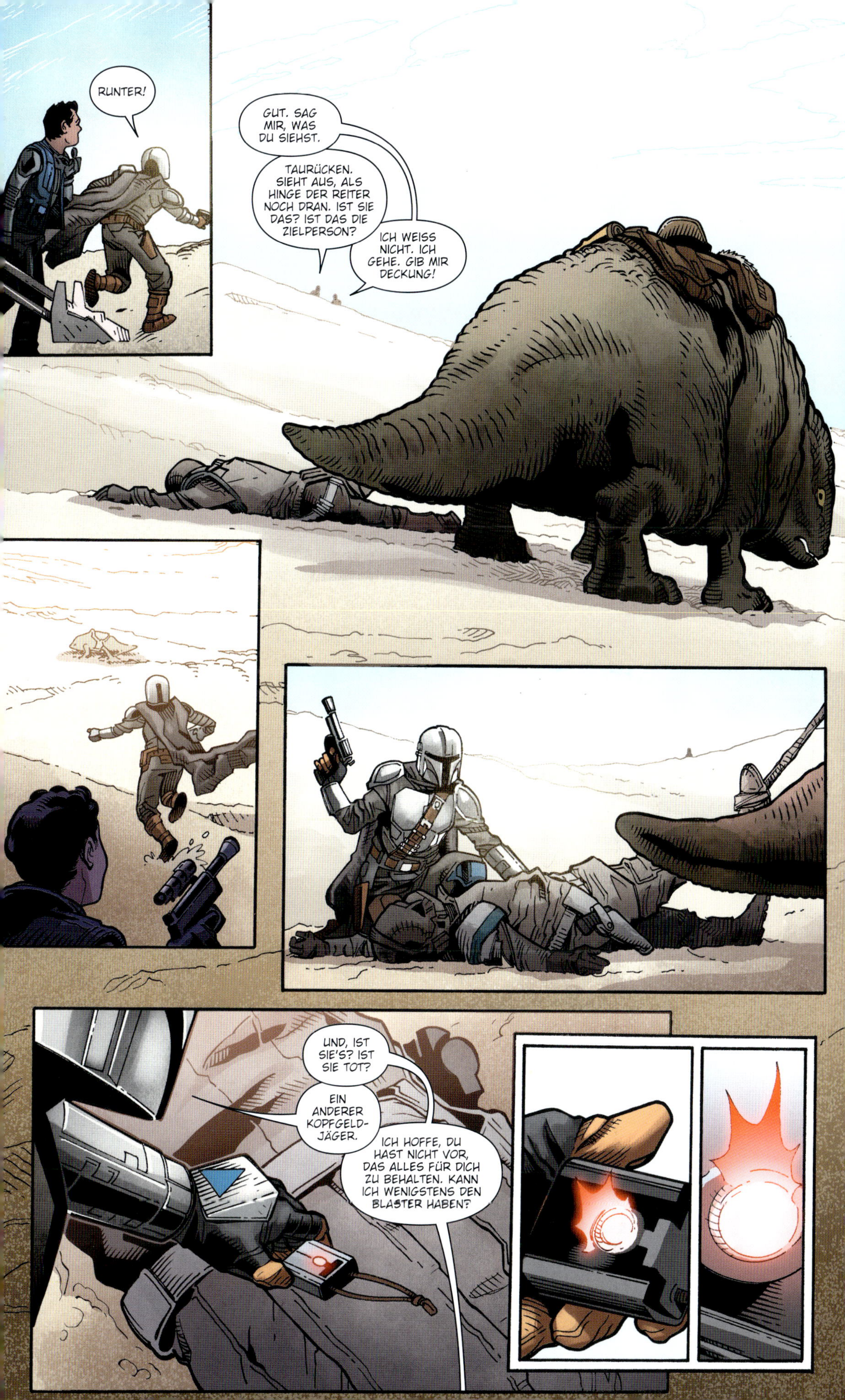
RUNTER!
GUT. SAG MIR, WAS DU SIEHST.
TAURÜCKEN. SIEHT AUS, ALS HINGE DER REITER NOCH DRAN. IST SIE DAS? IST DAS DIE ZIELPERSON?
ICH WEISS NICHT. ICH GEHE. GIB MIR DECKUNG!
UND, IST SIE'S? IST SIE TOT?
EIN ANDERER KOPFGELD-JÄGER.
ICH HOFFE, DU HAST NICHT VOR, DAS ALLES FÜR DICH ZU BEHALTEN. KANN ICH WENIGSTENS DEN BLASTER HABEN?

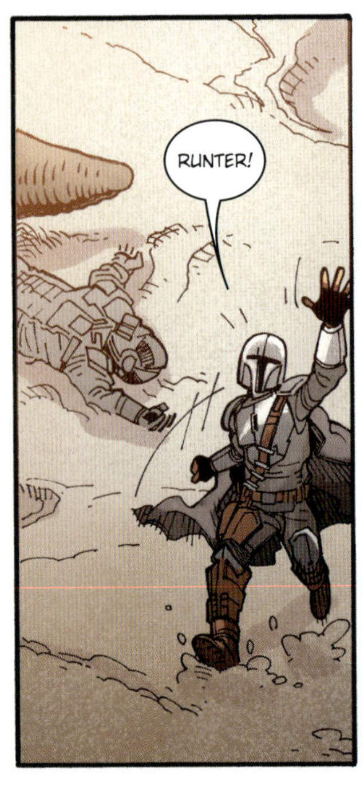
RUNTER!

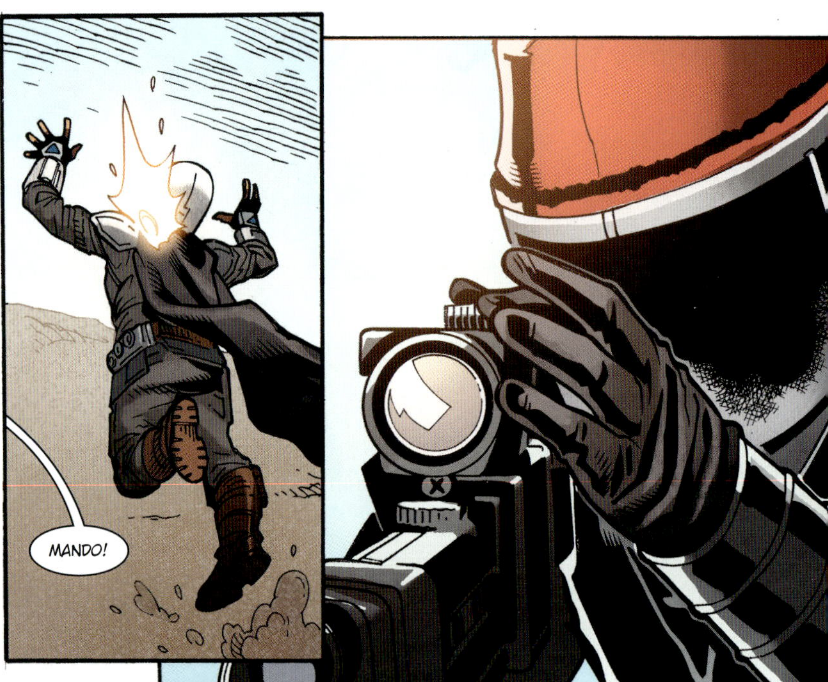
MANDO!

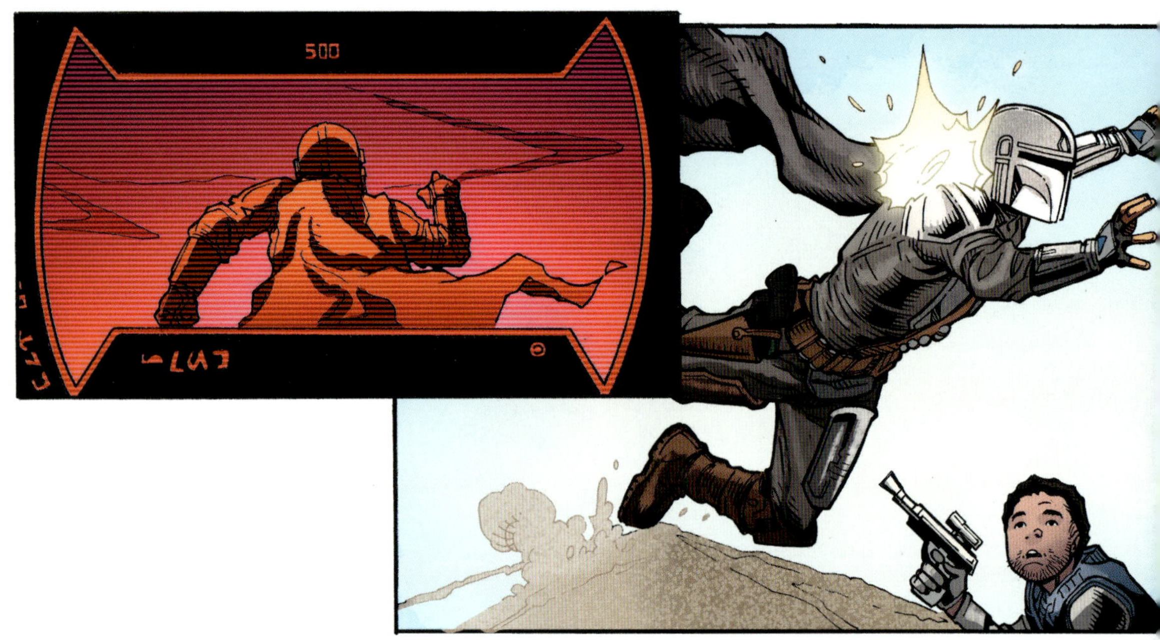
500

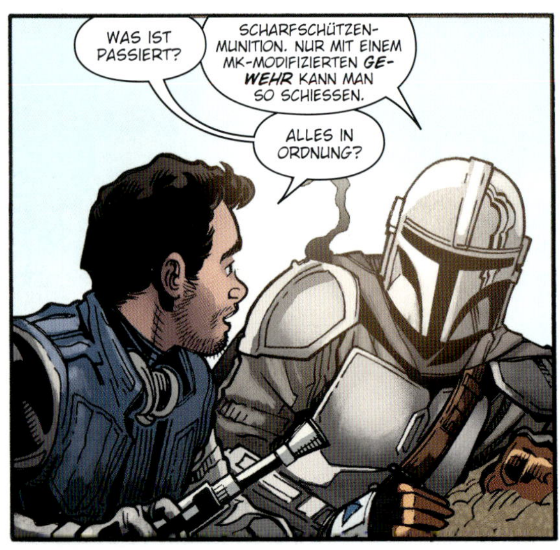
WAS IST PASSIERT?
SCHARFSCHÜTZEN-MUNITION. NUR MIT EINEM MK-MODIFIZIERTEN **GE-WEHR** KANN MAN SO SCHIESSEN.
ALLES IN ORDNUNG?

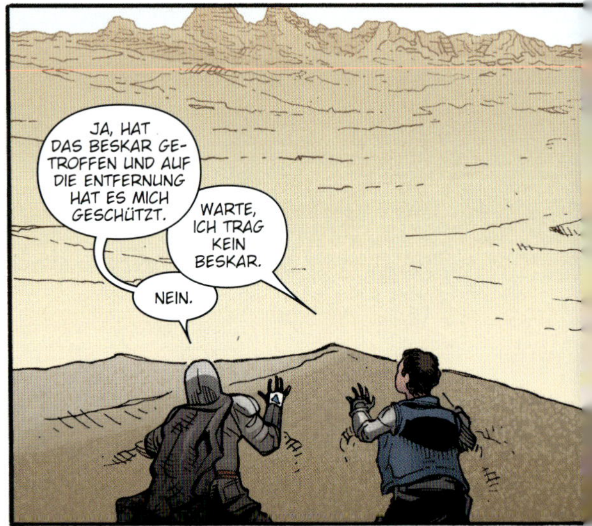
JA, HAT DAS BESKAR GE-TROFFEN UND AUF DIE ENTFERNUNG HAT ES MICH GESCHÜTZT.
WARTE, ICH TRAG KEIN BESKAR.
NEIN.

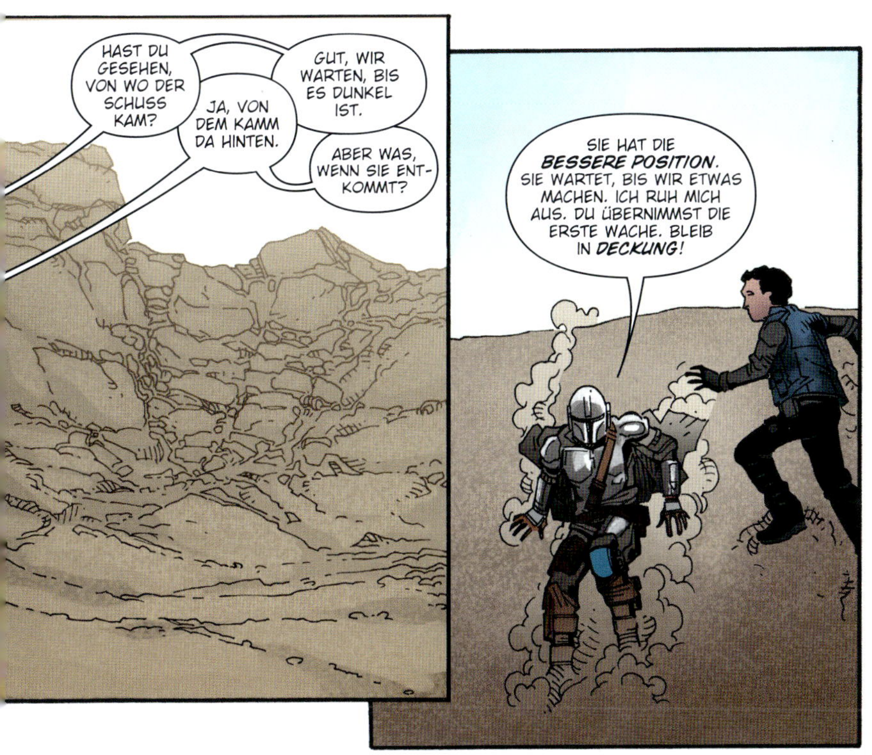
HAST DU GESEHEN, VON WO DER SCHUSS KAM?
JA, VON DEM KAMM DA HINTEN.
GUT, WIR WARTEN, BIS ES DUNKEL IST.
ABER WAS, WENN SIE ENTKOMMT?
SIE HAT DIE ***BESSERE POSITION***. SIE WARTET, BIS WIR ETWAS MACHEN. ICH RUH MICH AUS. DU ÜBERNIMMST DIE ERSTE WACHE. BLEIB IN ***DECKUNG***!

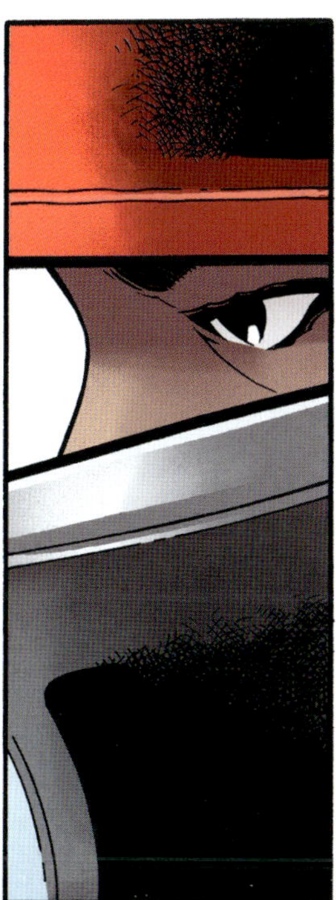

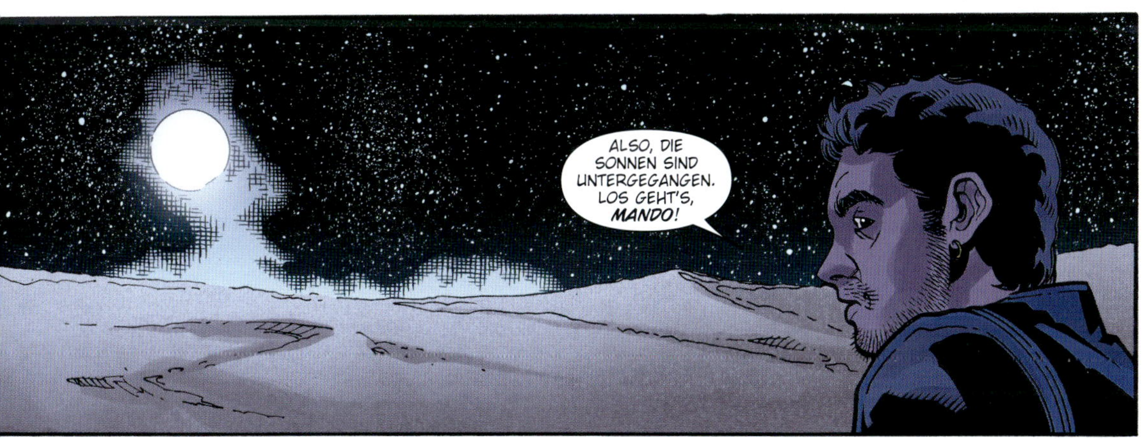
ALSO, DIE SONNEN SIND UNTERGEGANGEN. LOS GEHT'S, ***MANDO***!

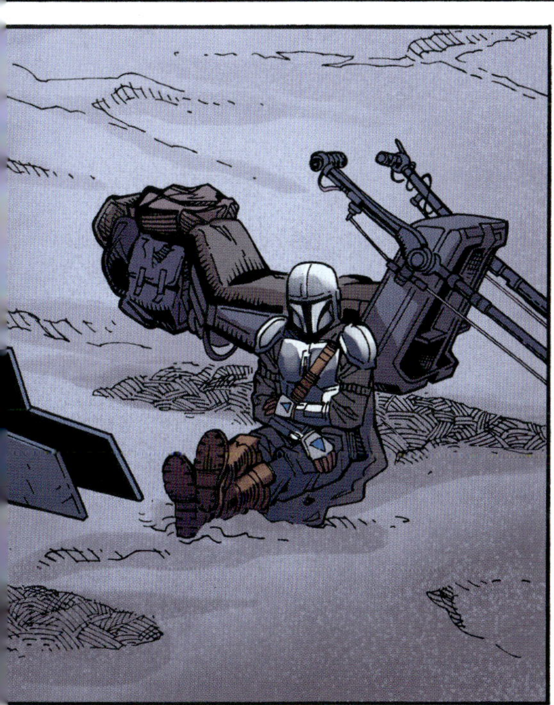

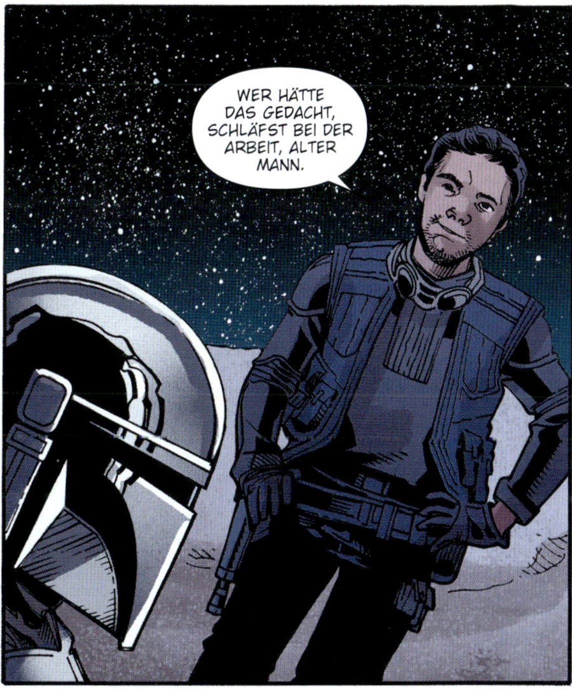
WER HÄTTE DAS GEDACHT, SCHLÄFST BEI DER ARBEIT, ALTER MANN.

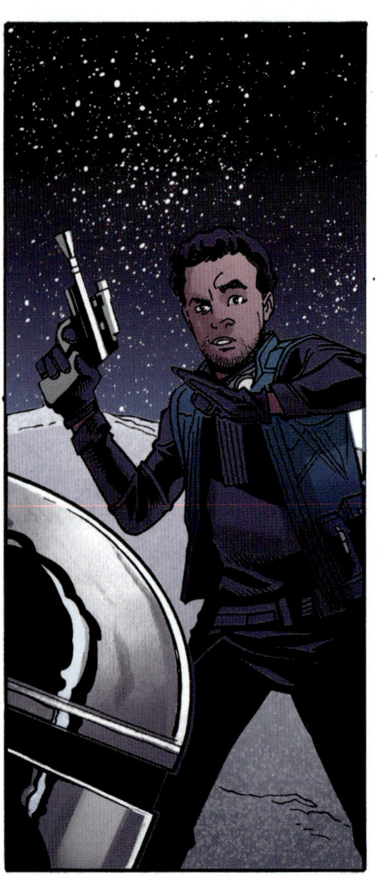
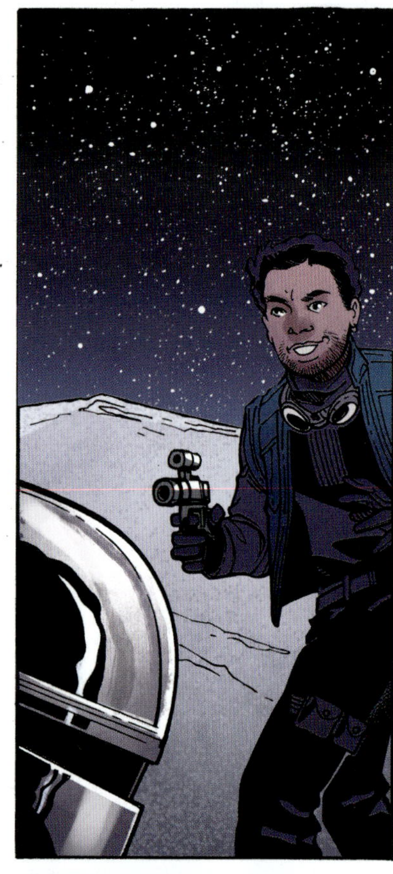
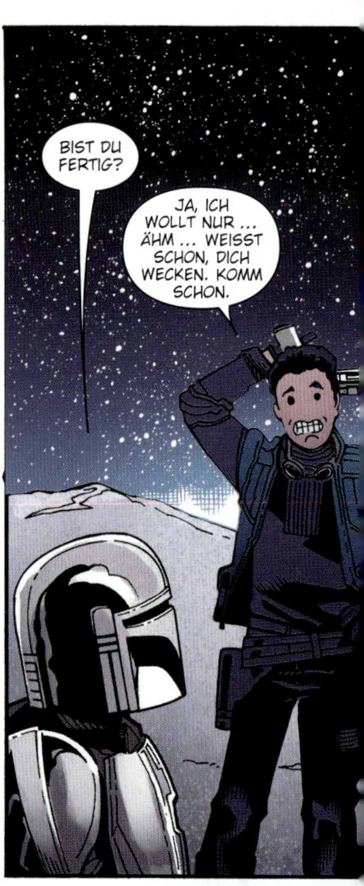
BIST DU FERTIG?
JA, ICH WOLLT NUR ... ÄHM ... WEISST SCHON, DICH WECKEN. KOMM SCHON.
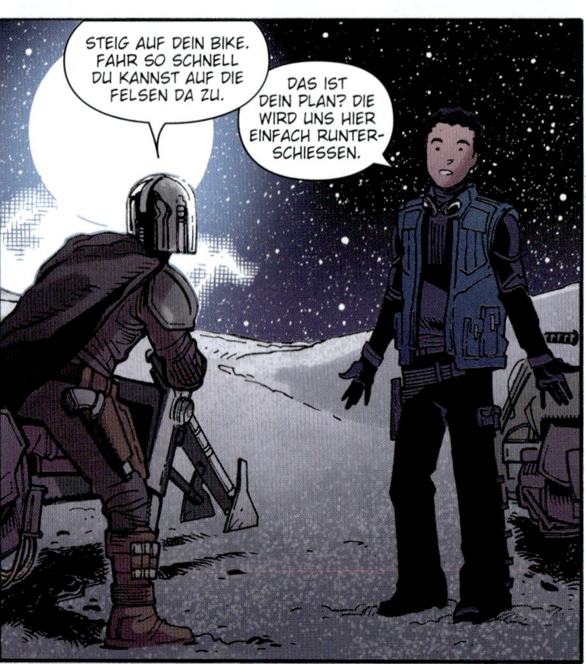
STEIG AUF DEIN BIKE. FAHR SO SCHNELL DU KANNST AUF DIE FELSEN DA ZU.
DAS IST DEIN PLAN? DIE WIRD UNS HIER EINFACH RUNTER-SCHIESSEN.
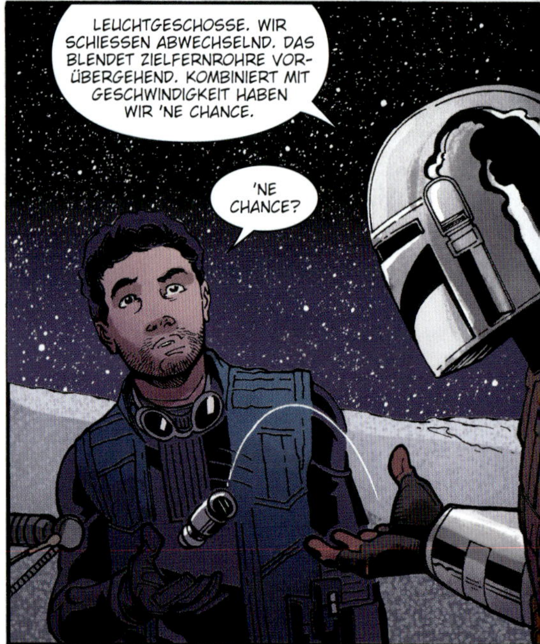
LEUCHTGESCHOSSE. WIR SCHIESSEN ABWECHSELND. DAS BLENDET ZIELFERNROHRE VOR-ÜBERGEHEND. KOMBINIERT MIT GESCHWINDIGKEIT HABEN WIR 'NE CHANCE.
'NE CHANCE?
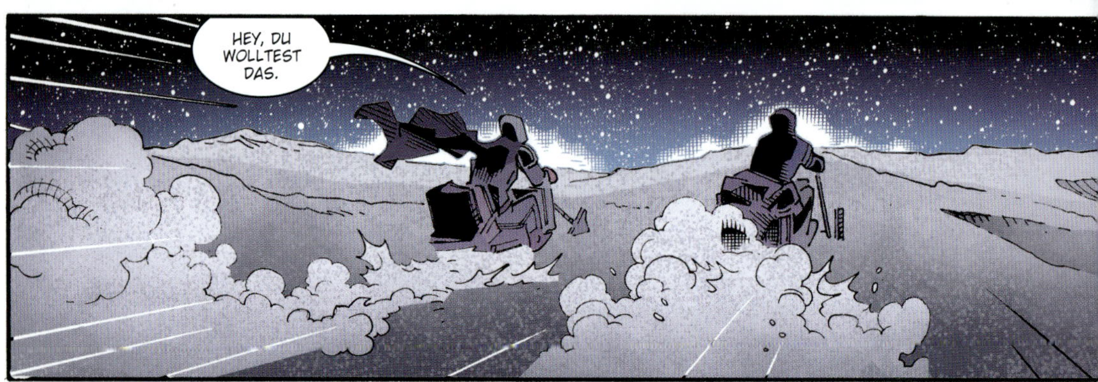
HEY, DU WOLLTEST DAS.

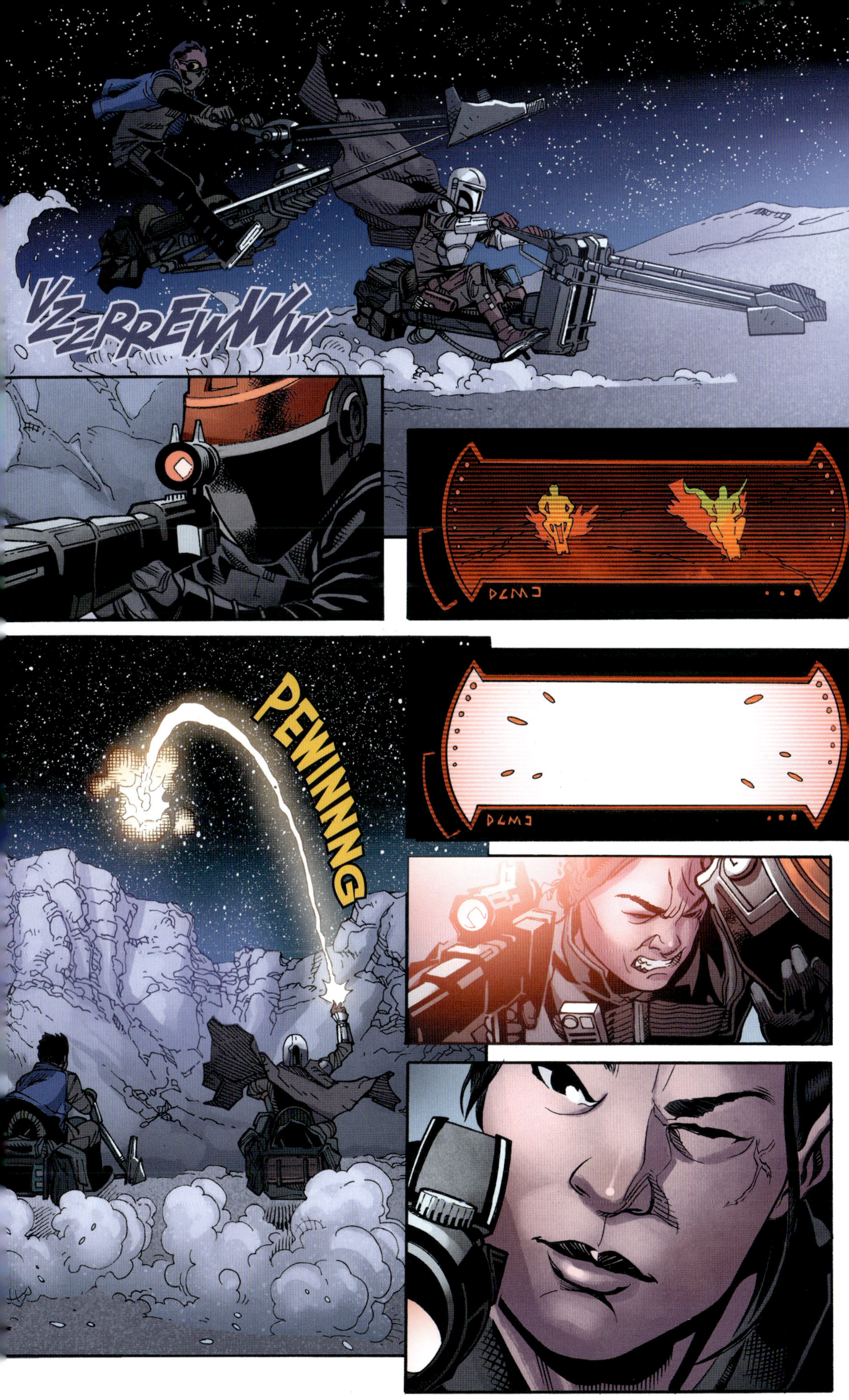
VZZRREWWW
PEWINNNG

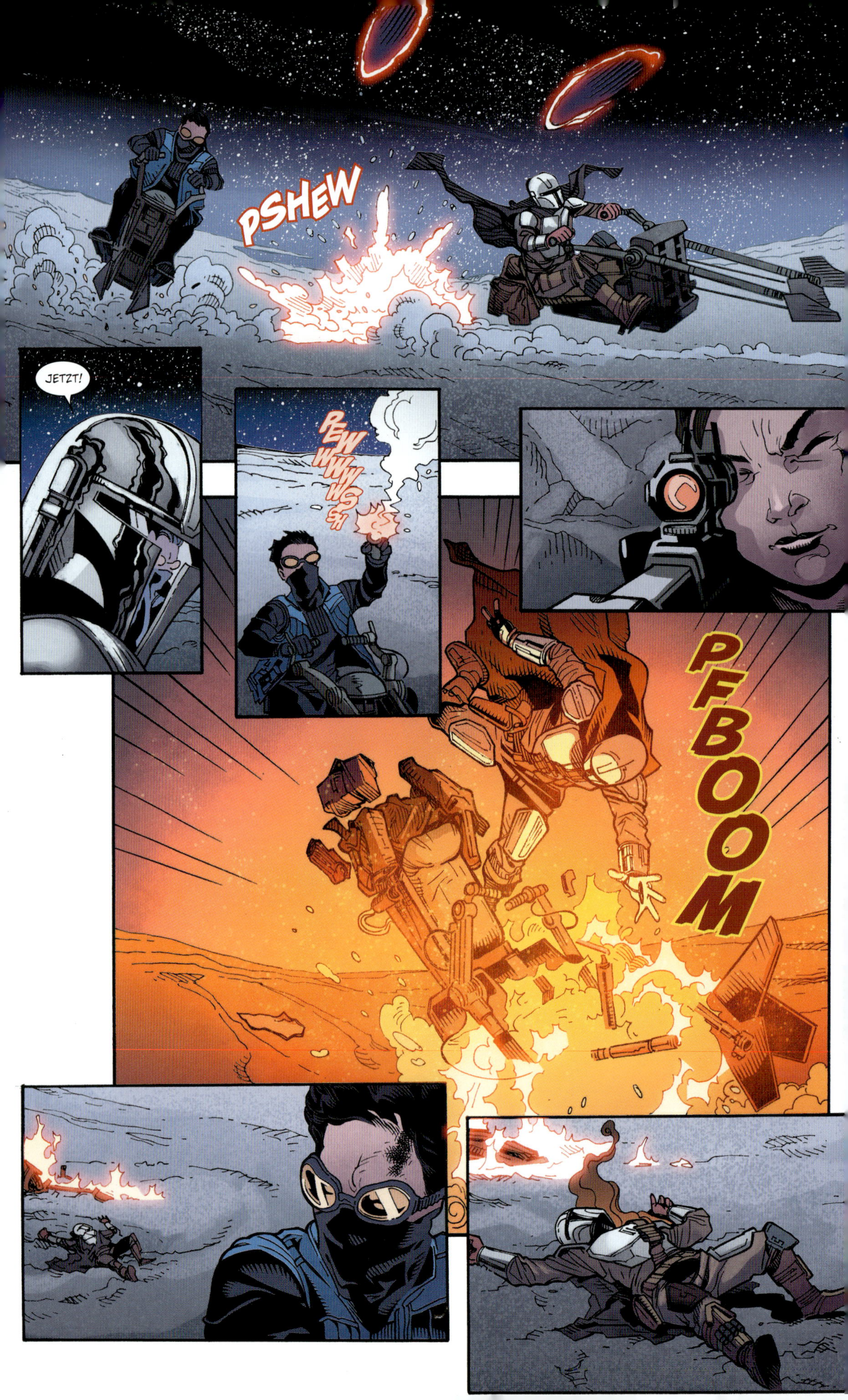
PSHEW
JETZT!
PEWWWWSH
PFBOOM

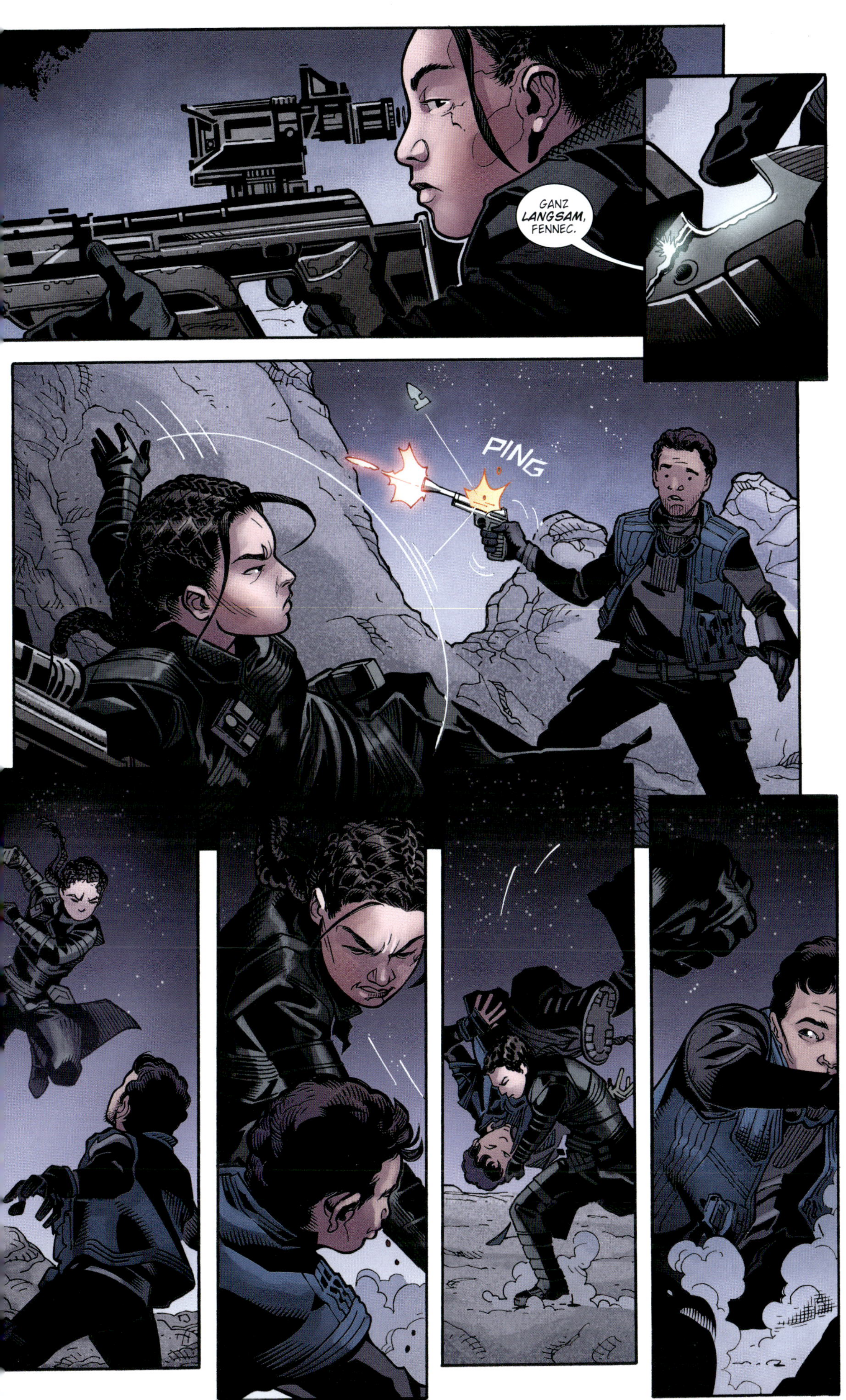
GANZ LANGSAM, FENNEC.
PING

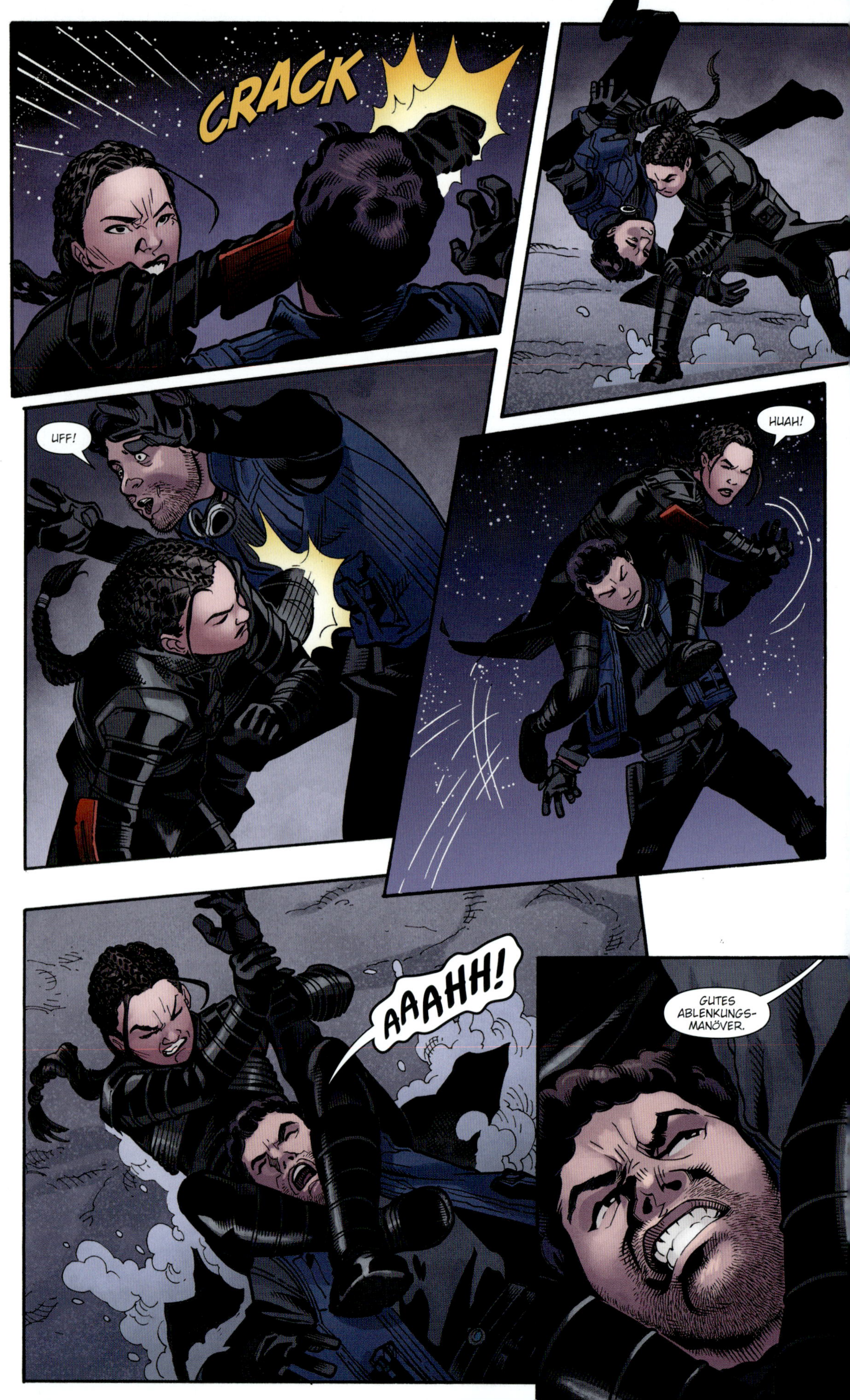
CRACK
UFF!
HUAH!
AAAHH!
GUTES ABLENKUNGS-MANÖVER.

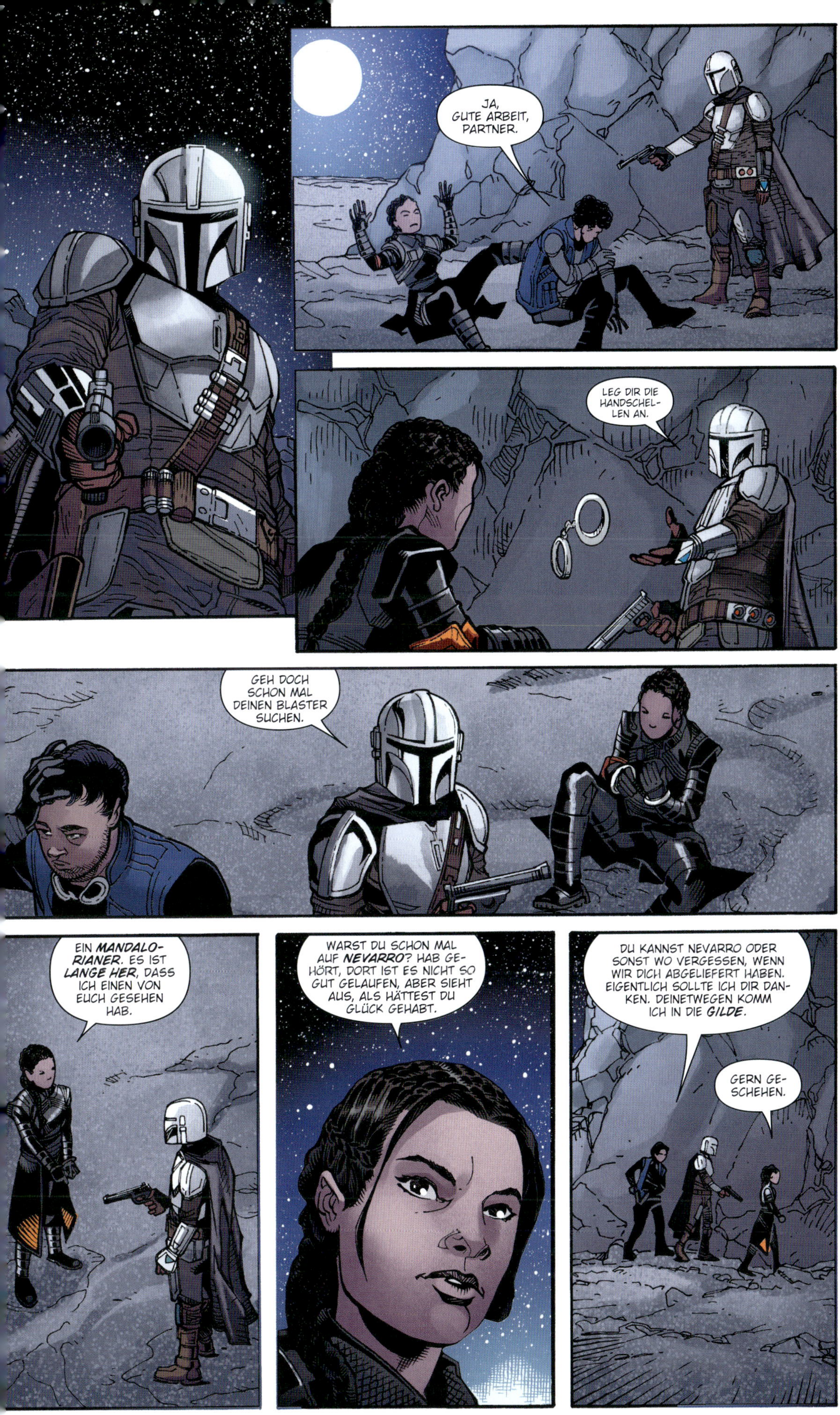

JA, GUTE ARBEIT, PARTNER.

LEG DIR DIE HANDSCHEL-LEN AN.

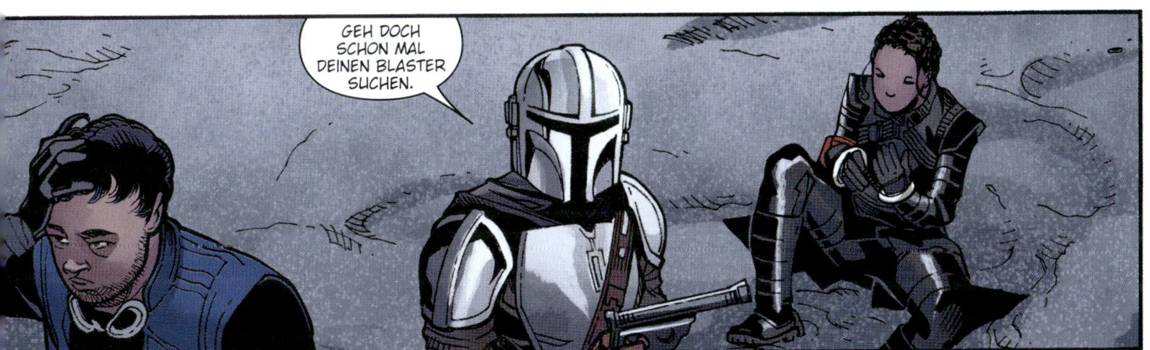

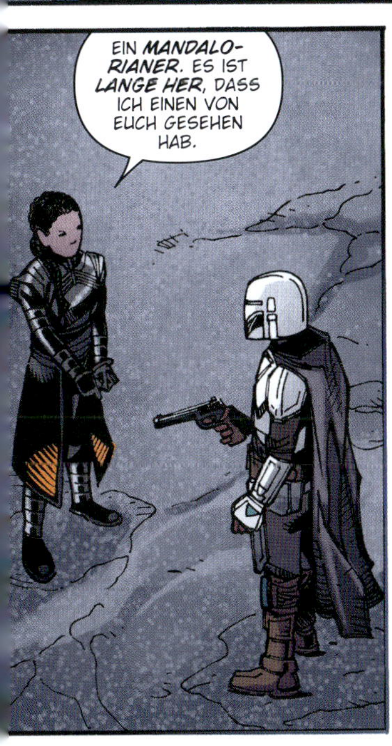

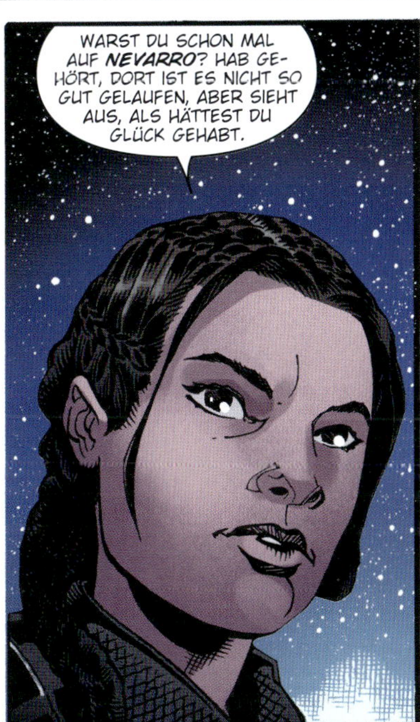

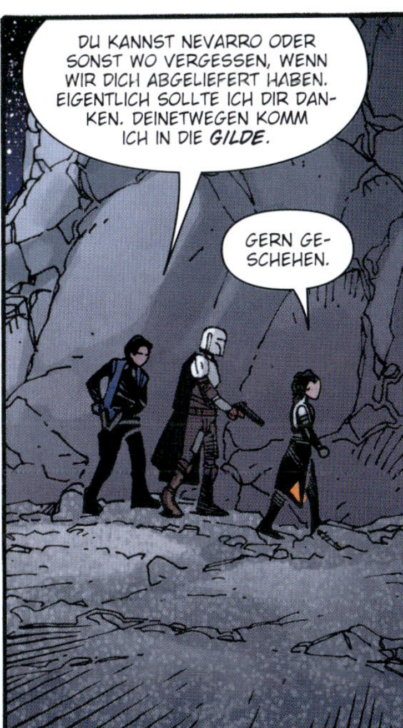

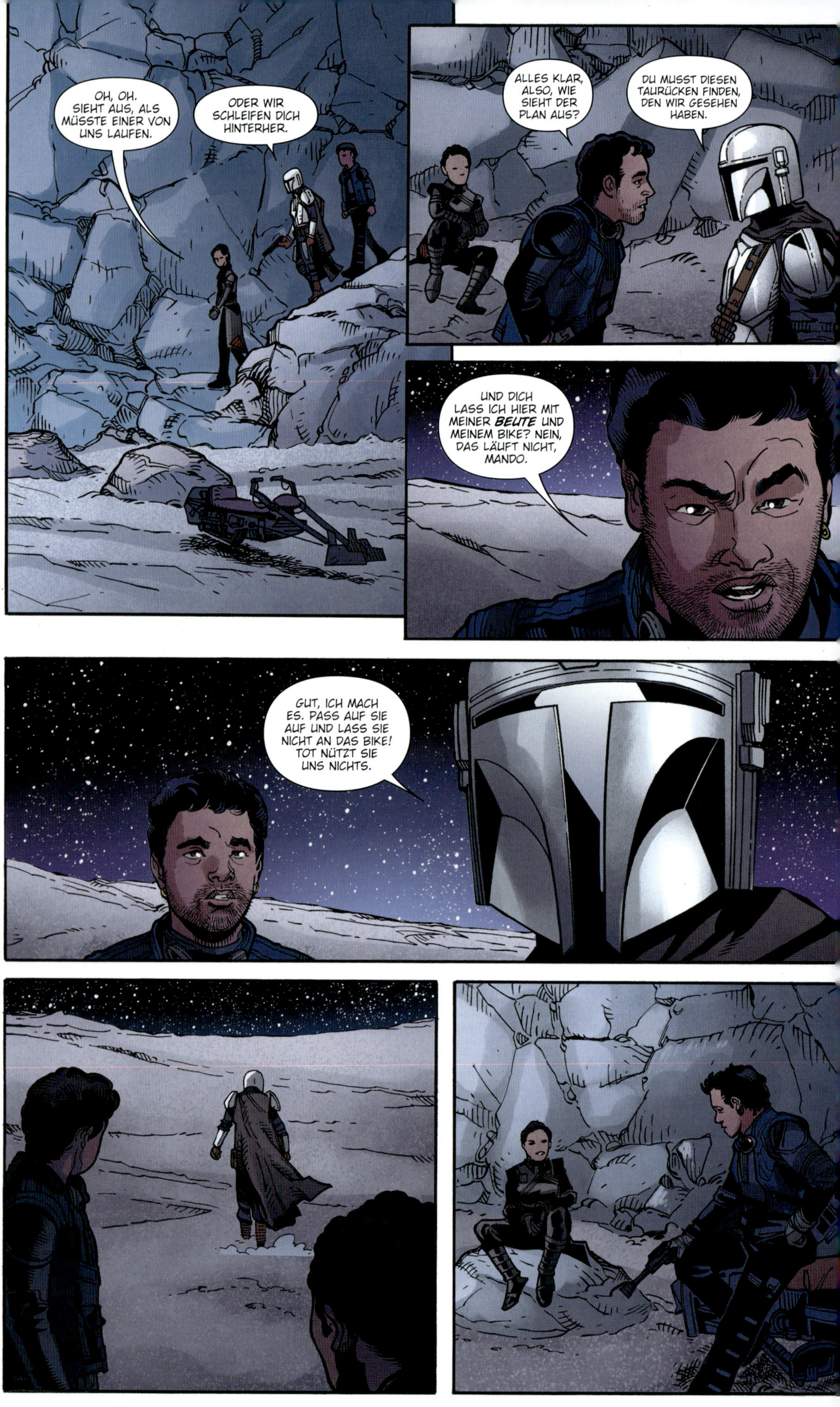

OH, OH. SIEHT AUS, ALS MÜSSTE EINER VON UNS LAUFEN.

ODER WIR SCHLEIFEN DICH HINTERHER.

ALLES KLAR, ALSO, WIE SIEHT DER PLAN AUS?

DU MUSST DIESEN TAURÜCKEN FINDEN, DEN WIR GESEHEN HABEN.

UND DICH LASS ICH HIER MIT MEINER ***BEUTE*** UND MEINEM BIKE? NEIN, DAS LÄUFT NICHT, MANDO.

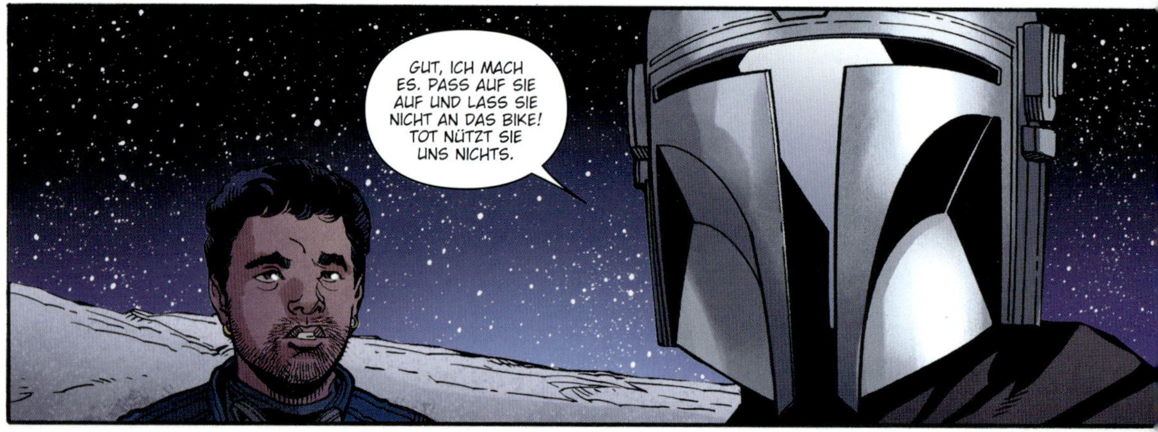

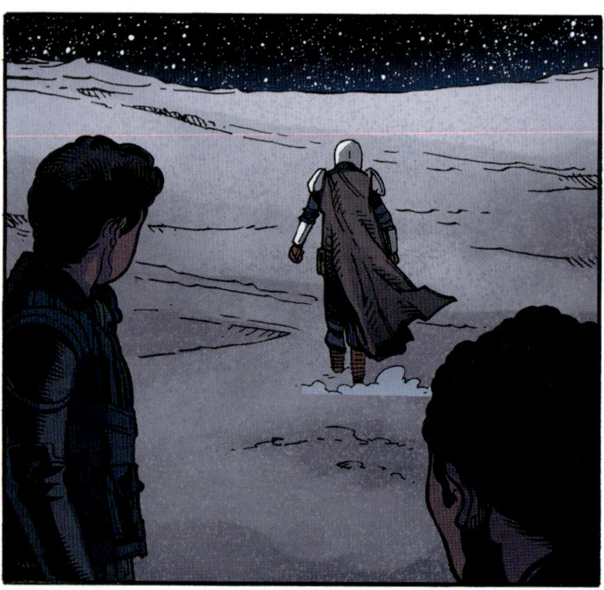

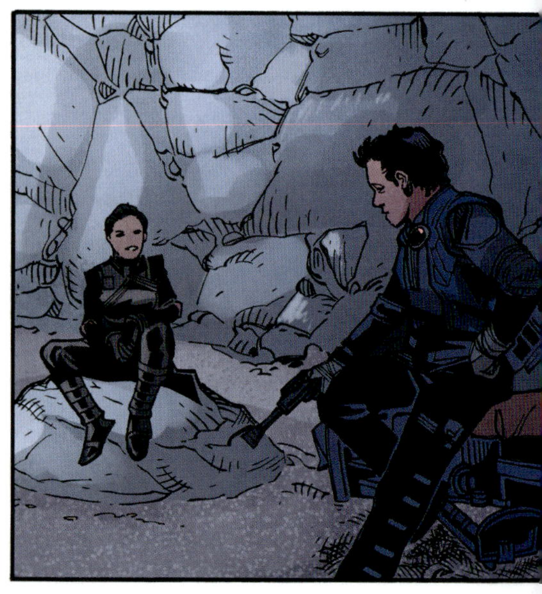

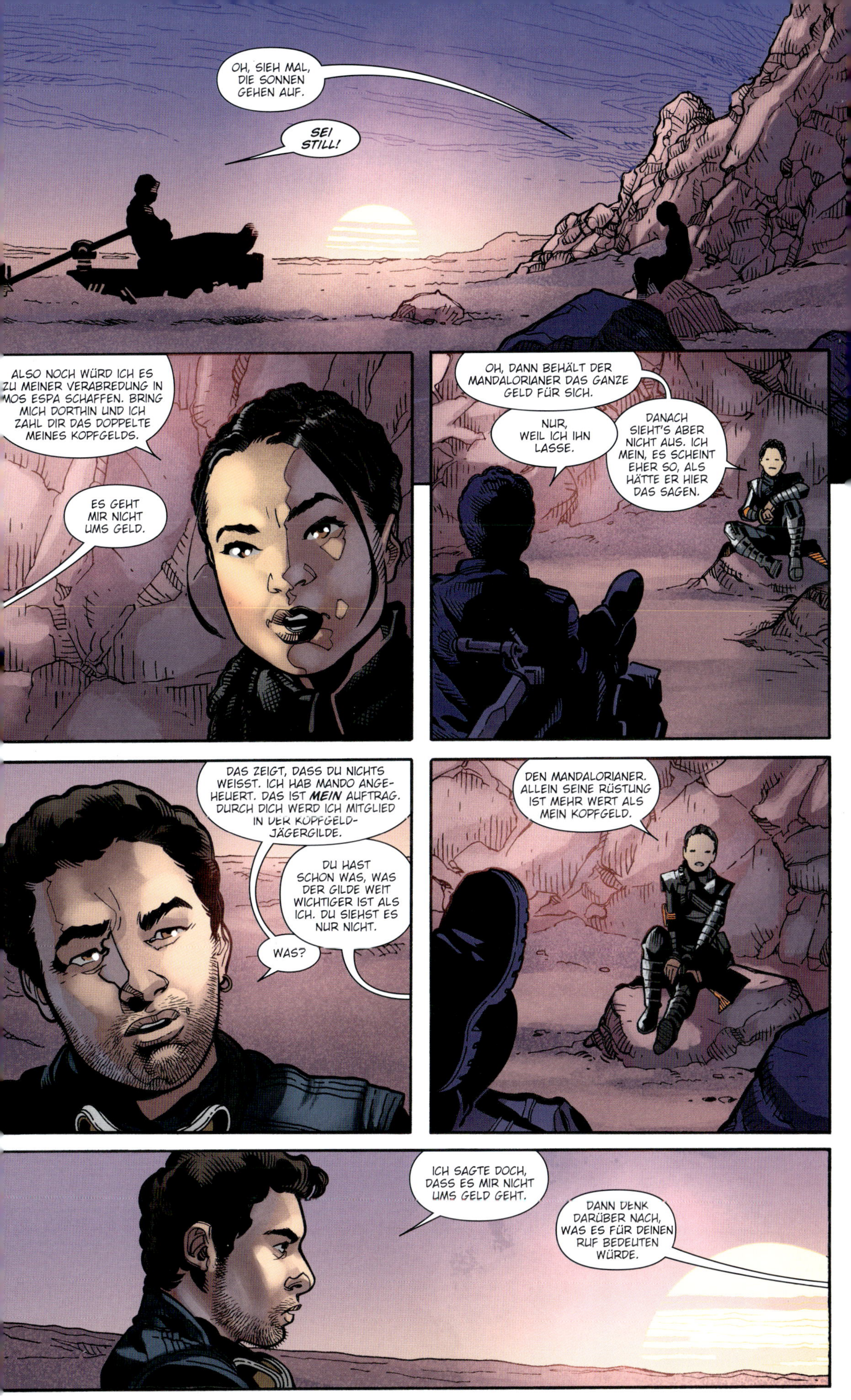

OH, SIEH MAL, DIE SONNEN GEHEN AUF.
SEI STILL!

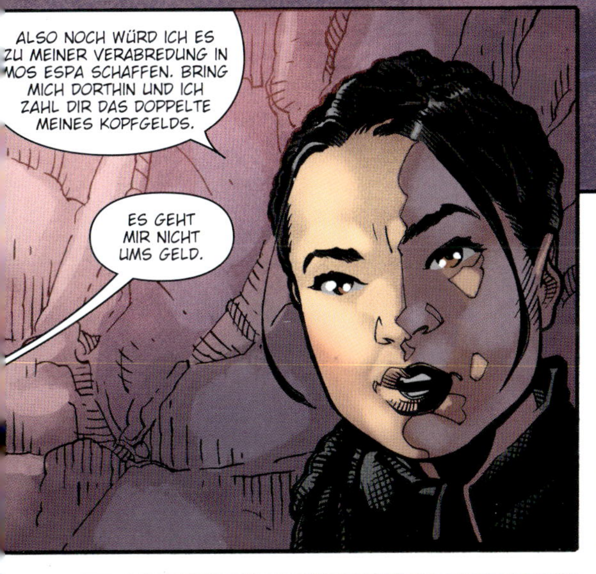

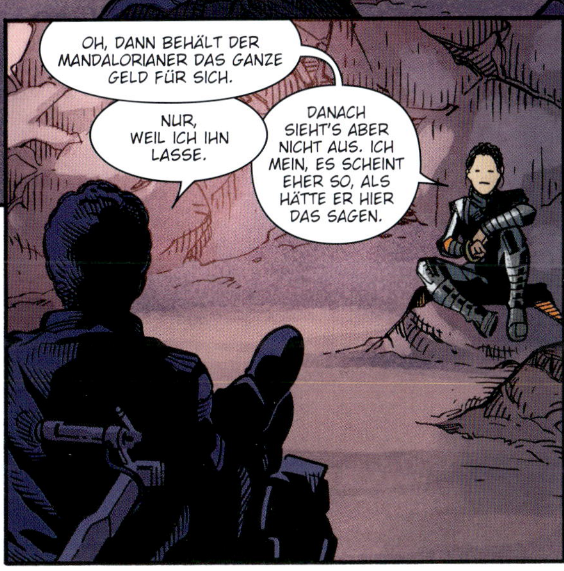

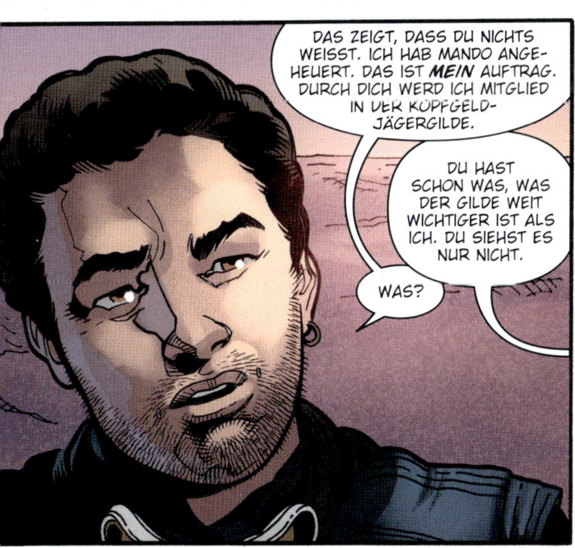

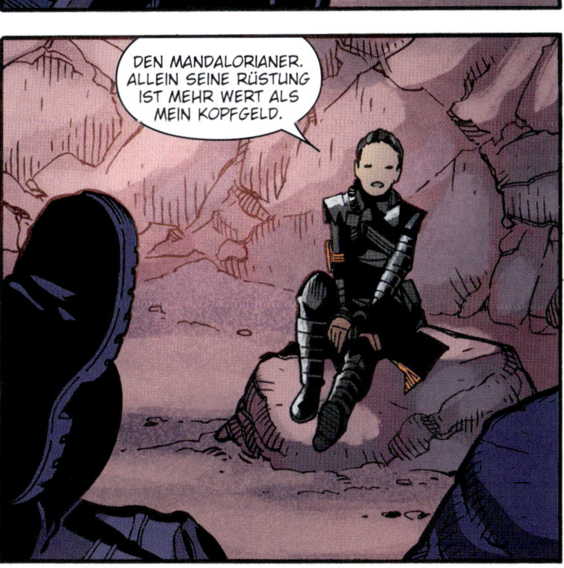

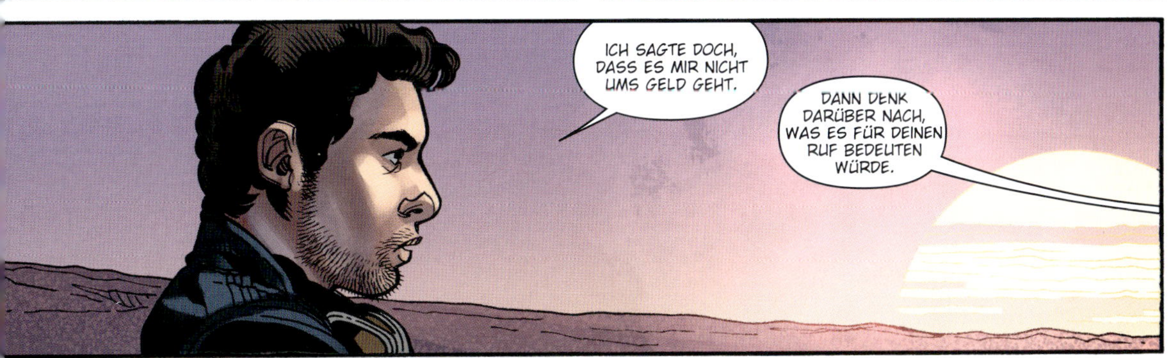

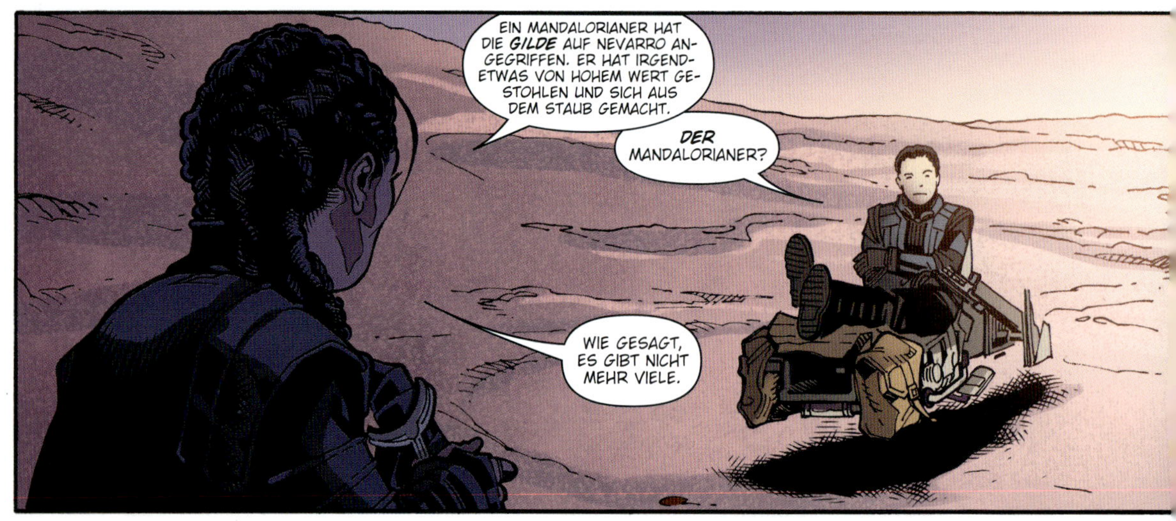
EIN MANDALORIANER HAT DIE GILDE AUF NEVARRO ANGEGRIFFEN. ER HAT IRGENDETWAS VON HOHEM WERT GESTOHLEN UND SICH AUS DEM STAUB GEMACHT.
DER MANDALORIANER?
WIE GESAGT, ES GIBT NICHT MEHR VIELE.
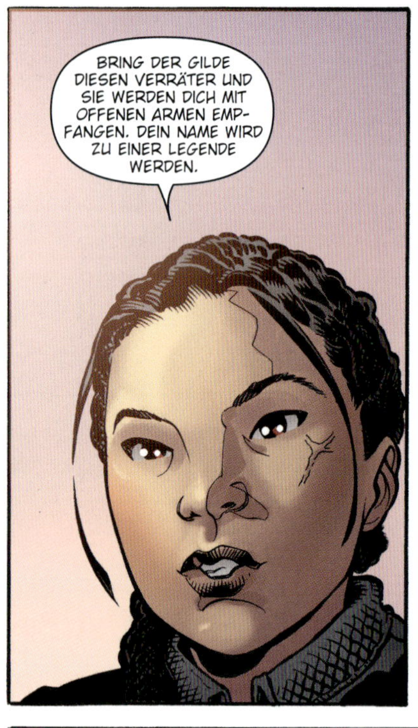
BRING DER GILDE DIESEN VERRÄTER UND SIE WERDEN DICH MIT OFFENEN ARMEN EMPFANGEN. DEIN NAME WIRD ZU EINER LEGENDE WERDEN.
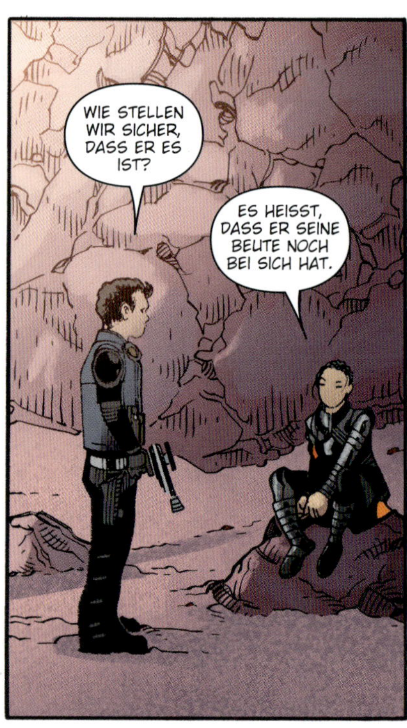
WIE STELLEN WIR SICHER, DASS ER ES IST?
ES HEISST, DASS ER SEINE BEUTE NOCH BEI SICH HAT.
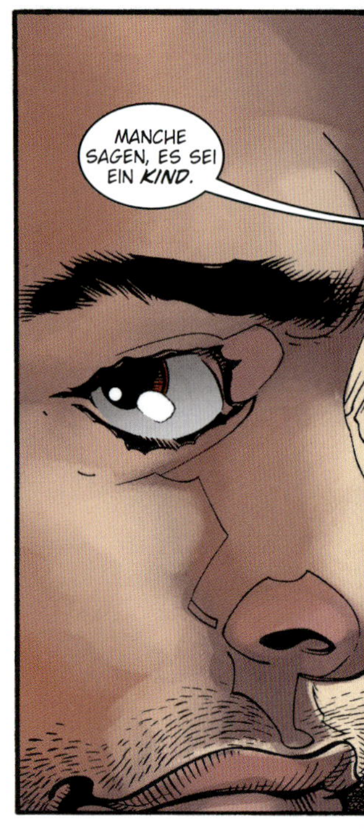
MANCHE SAGEN, ES SEI EIN KIND.
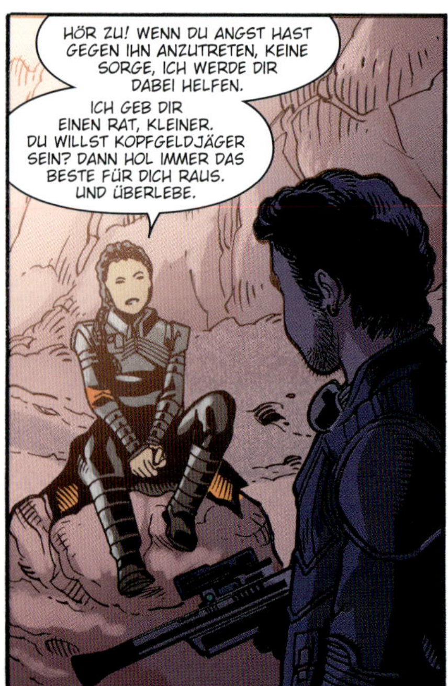
HÖR ZU! WENN DU ANGST HAST GEGEN IHN ANZUTRETEN, KEINE SORGE, ICH WERDE DIR DABEI HELFEN.
ICH GEB DIR EINEN RAT, KLEINER. DU WILLST KOPFGELDJÄGER SEIN? DANN HOL IMMER DAS BESTE FÜR DICH RAUS. UND ÜBERLEBE.
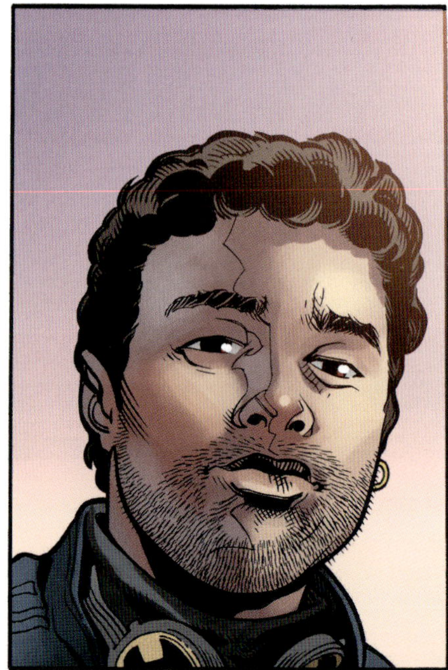
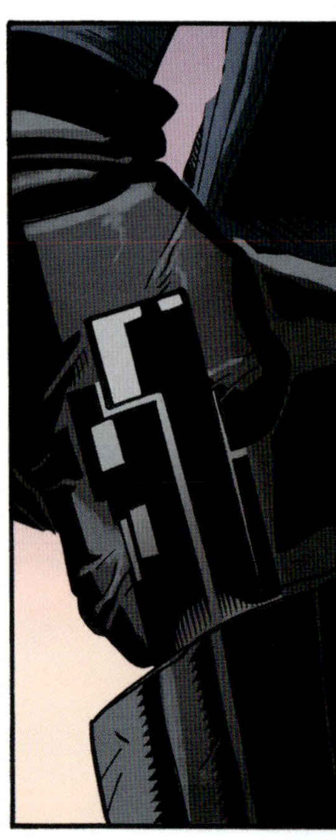

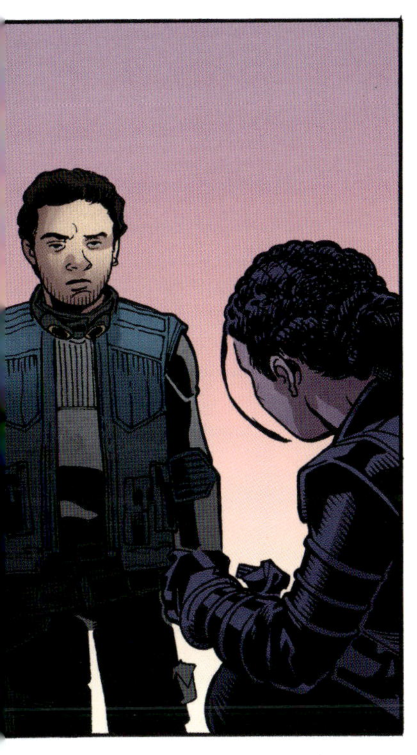

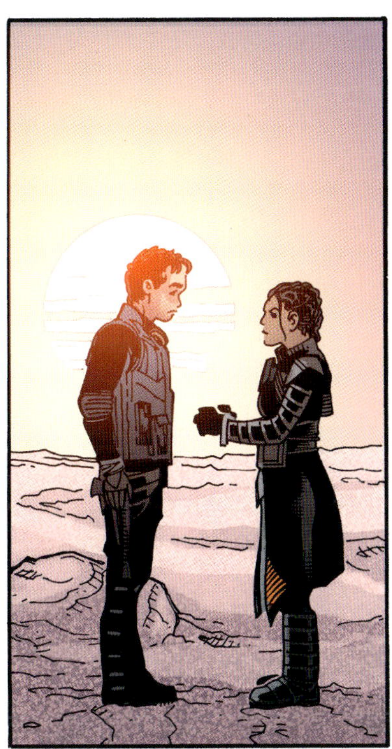

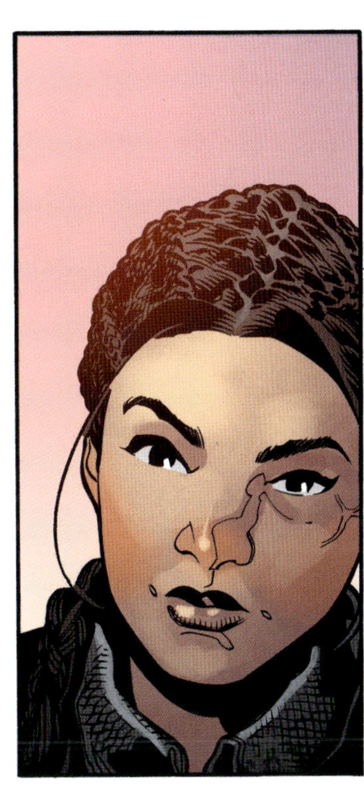

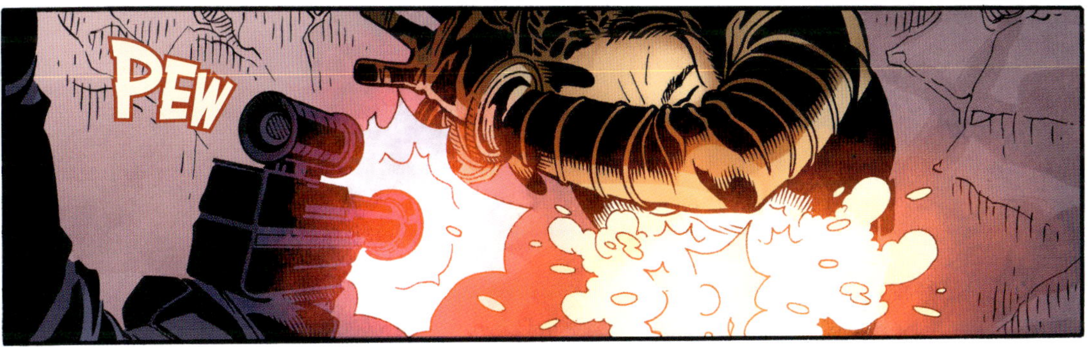
PEW

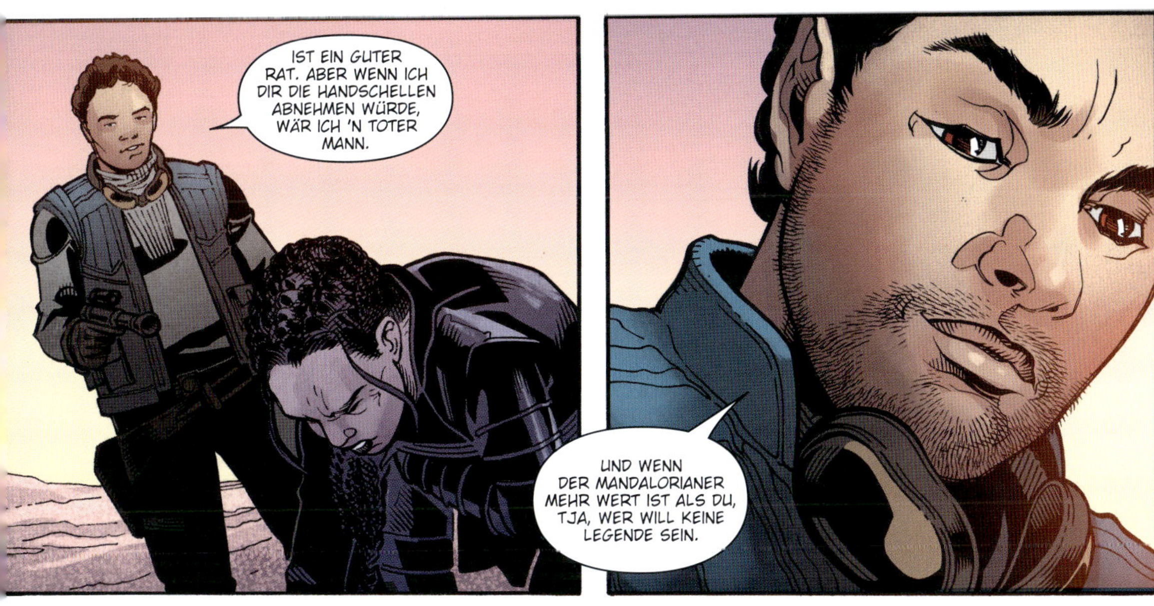
IST EIN GUTER RAT. ABER WENN ICH DIR DIE HANDSCHELLEN ABNEHMEN WÜRDE, WÄR ICH 'N TOTER MANN.
UND WENN DER MANDALORIANER MEHR WERT IST ALS DU, TJA, WER WILL KEINE LEGENDE SEIN.

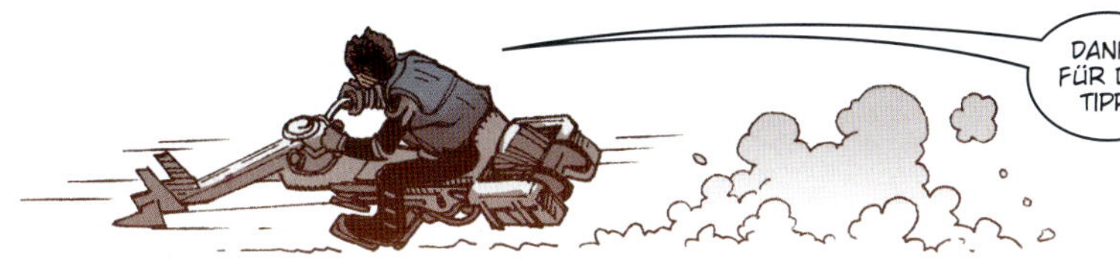
DANKE FÜR DEN TIPP!

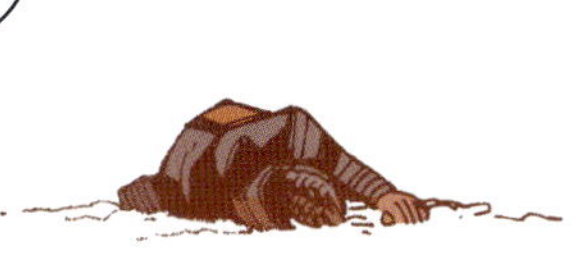

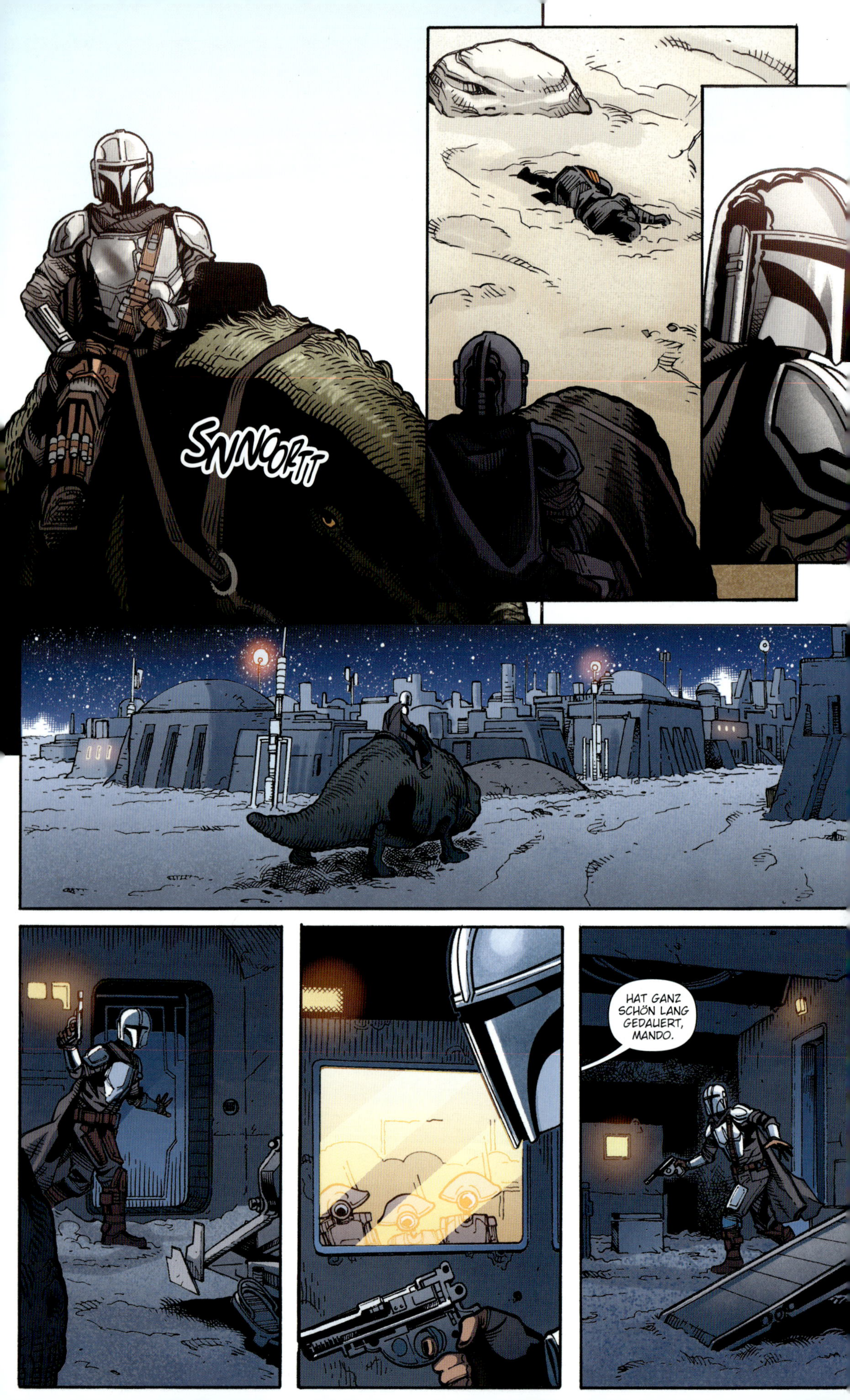

SNNORTT

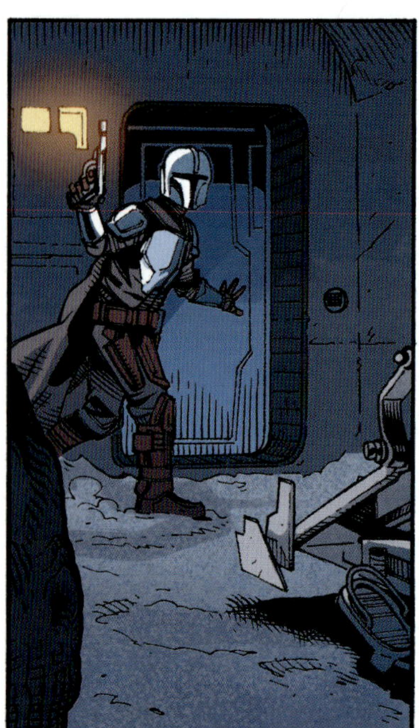

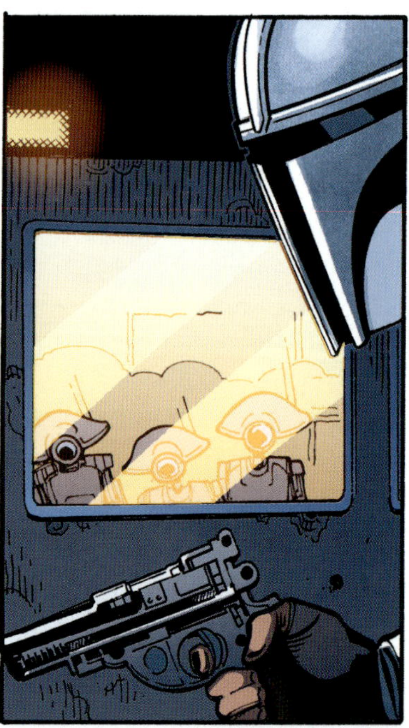

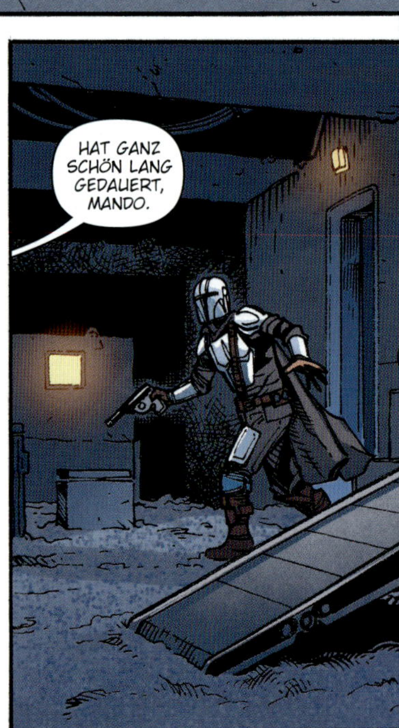
HAT GANZ SCHÖN LANG GEDAUERT, MANDO.

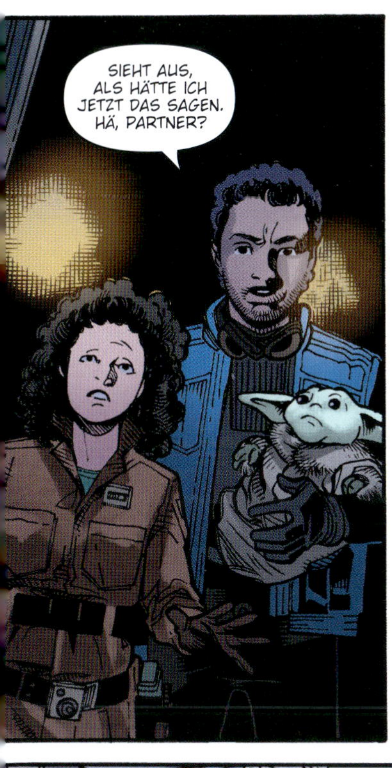
SIEHT AUS, ALS HÄTTE ICH JETZT DAS SAGEN. HÄ, PARTNER?

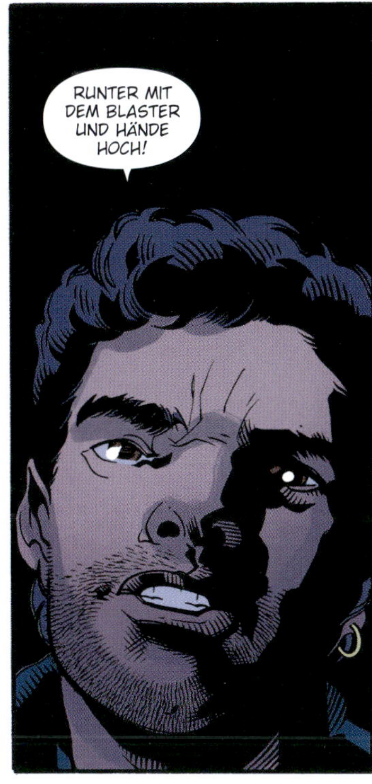
RUNTER MIT DEM BLASTER UND HÄNDE HOCH!

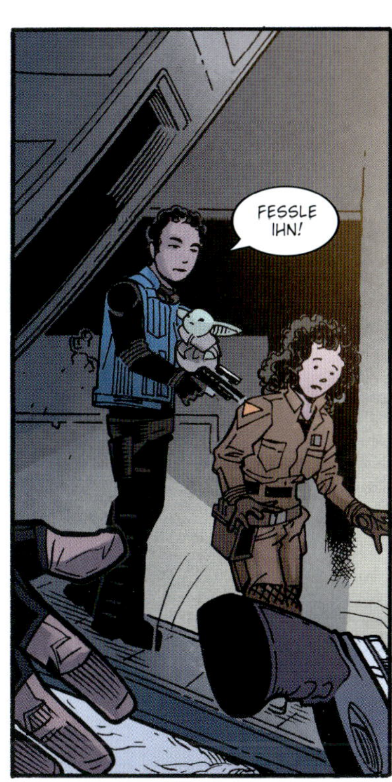
FESSLE IHN!

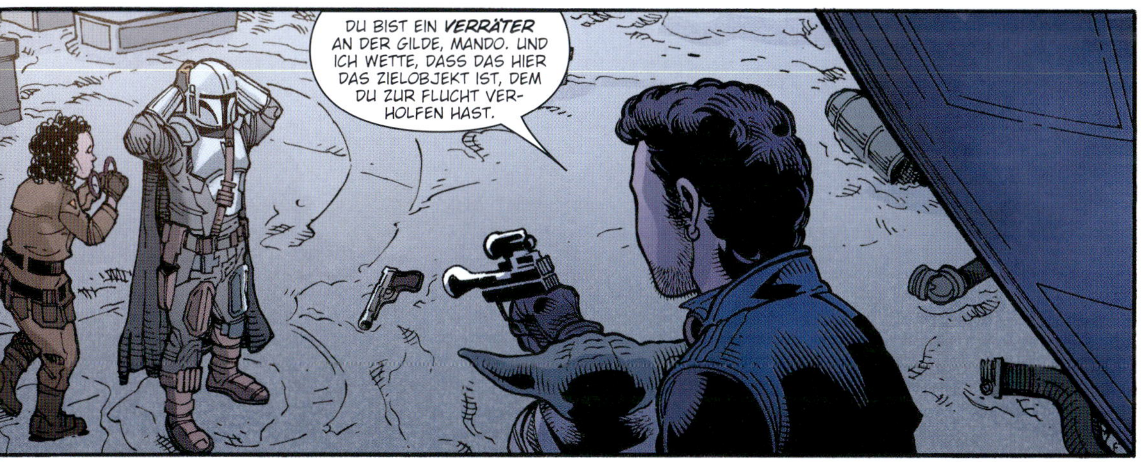
DU BIST EIN VERRÄTER AN DER GILDE, MANDO. UND ICH WETTE, DASS DAS HIER DAS ZIELOBJEKT IST, DEM DU ZUR FLUCHT VERHOLFEN HAST.

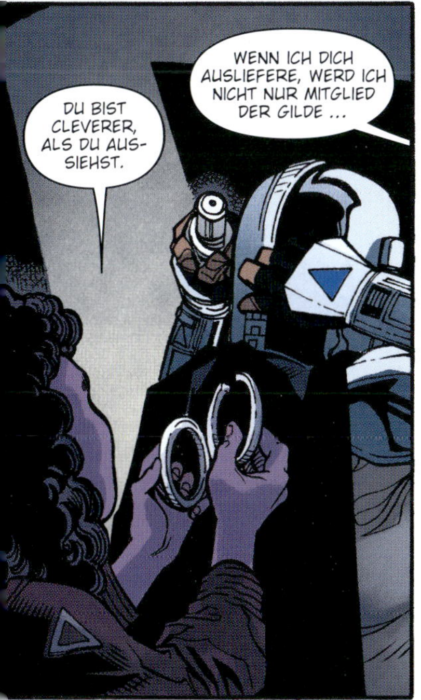
DU BIST CLEVERER, ALS DU AUSSIEHST.
WENN ICH DICH AUSLIEFERE, WERD ICH NICHT NUR MITGLIED DER GILDE ...

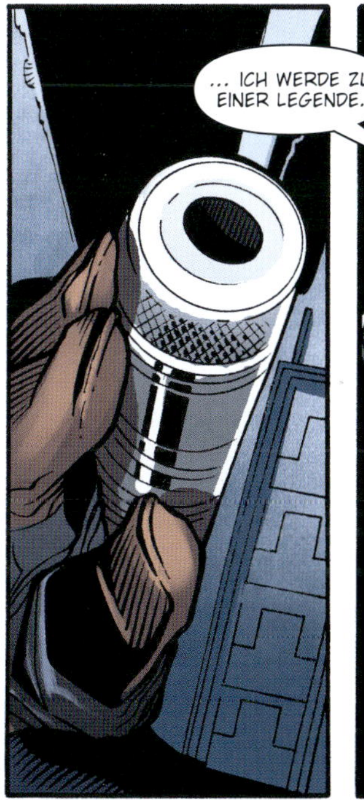
... ICH WERDE ZU EINER LEGENDE.

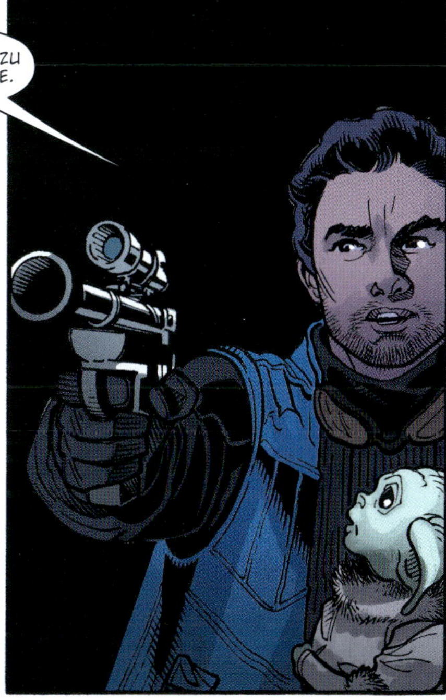

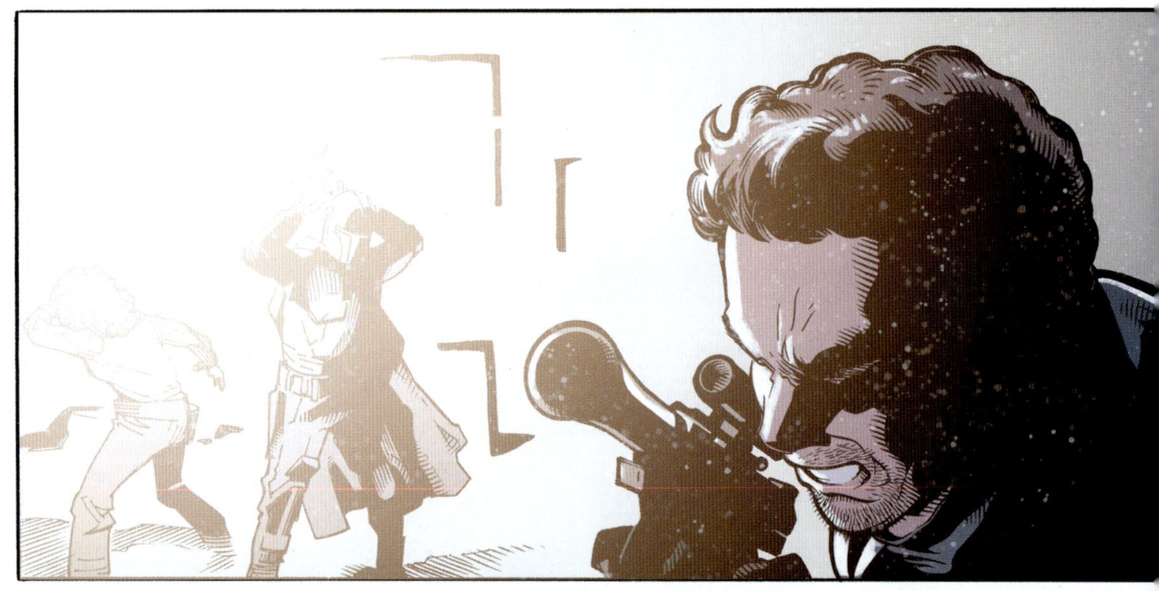
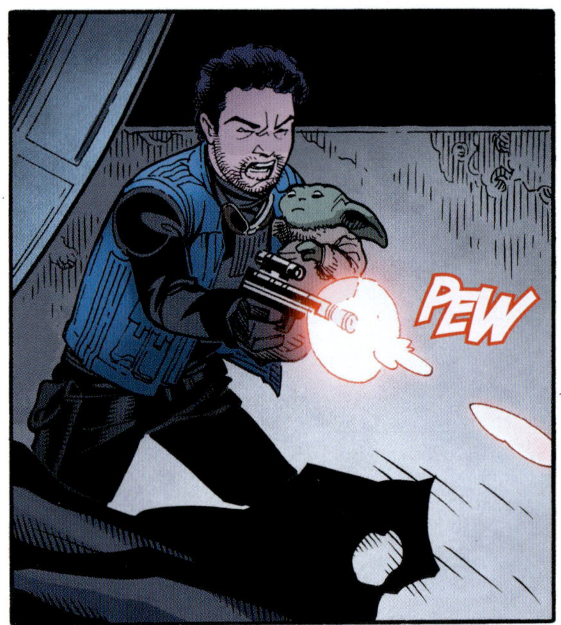
PEW
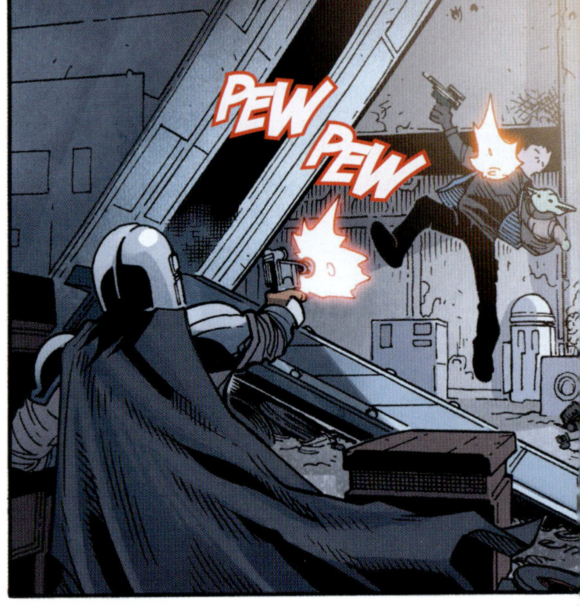
PEW
PEW
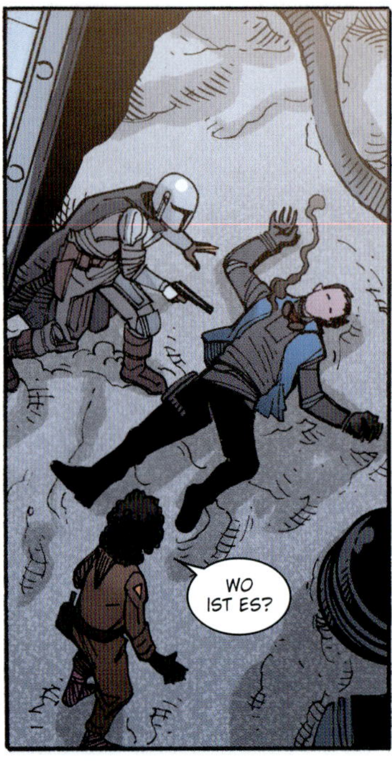
WO IST ES?
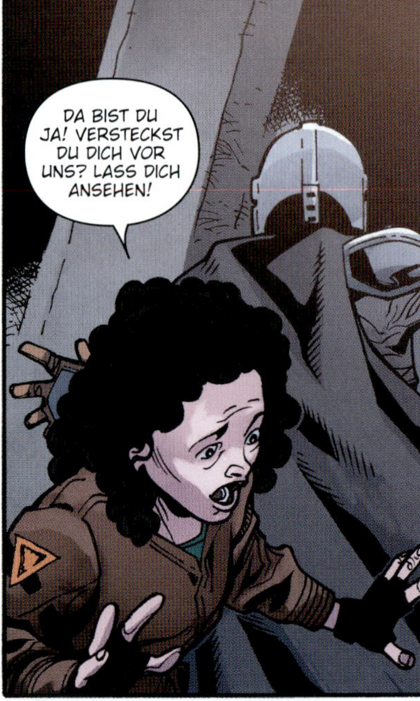
DA BIST DU JA! VERSTECKST DU DICH VOR UNS? LASS DICH ANSEHEN!
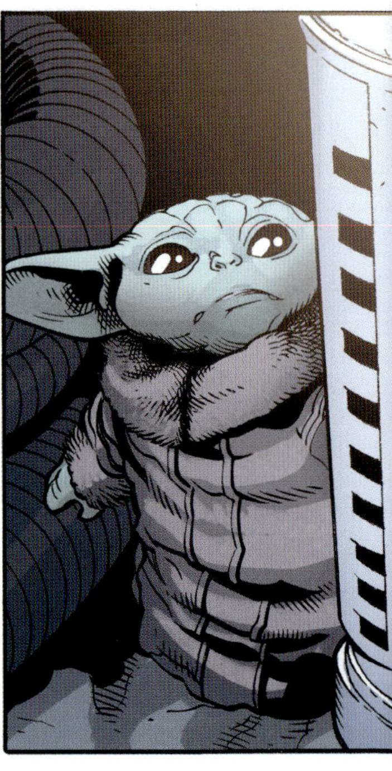

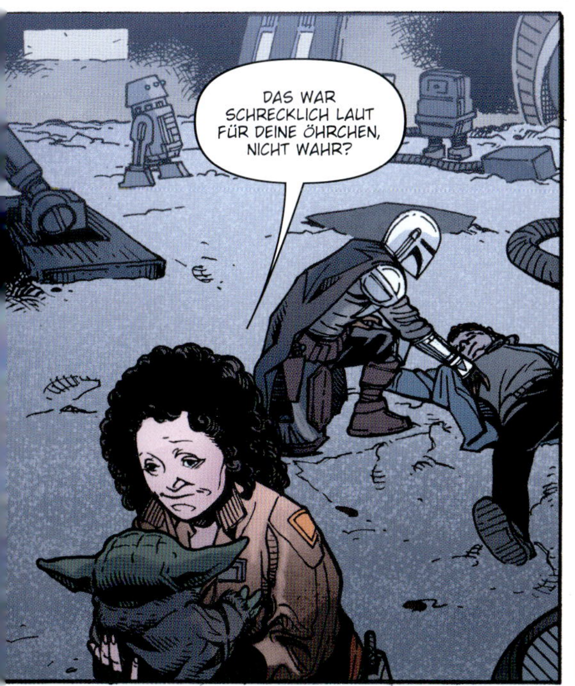
DAS WAR SCHRECKLICH LAUT FÜR DEINE ÖHRCHEN, NICHT WAHR?

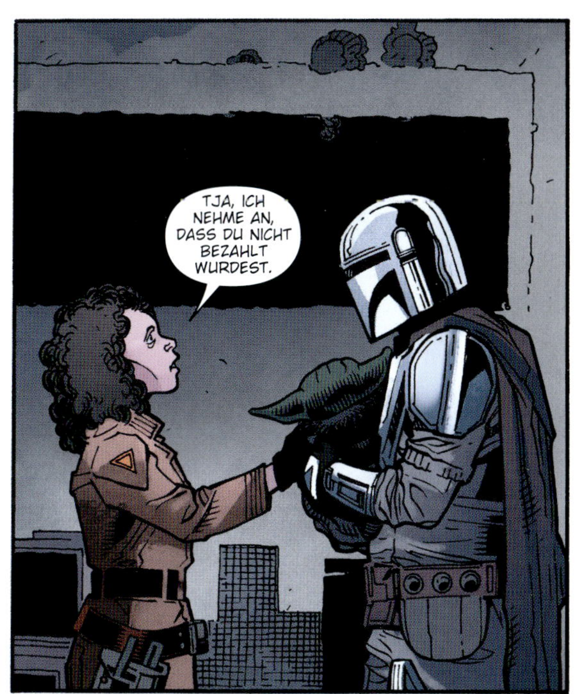
TJA, ICH NEHME AN, DASS DU NICHT BEZAHLT WURDEST.

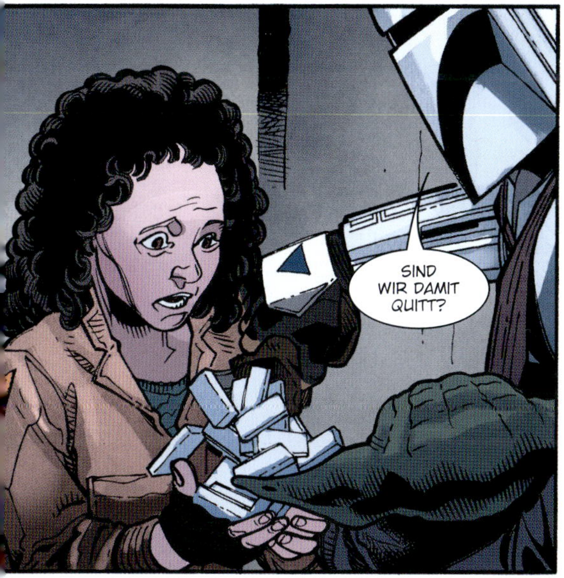
SIND WIR DAMIT QUITT?

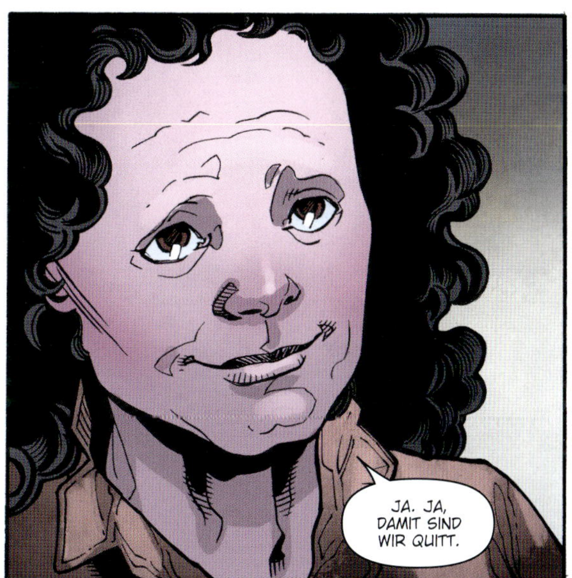
JA. JA, DAMIT SIND WIR QUITT.

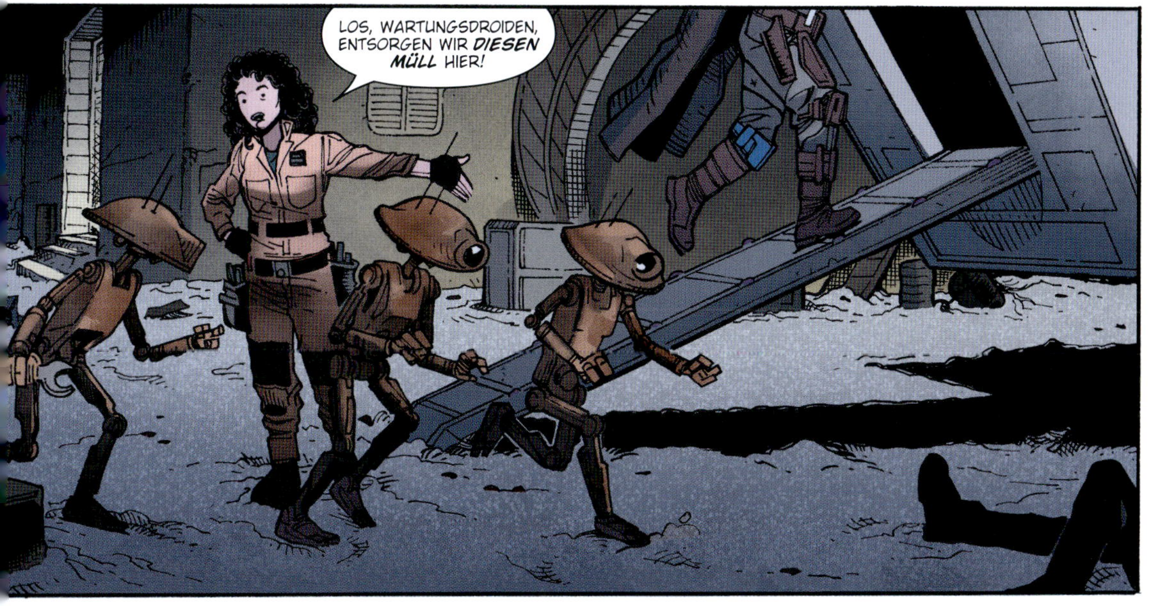
LOS, WARTUNGSDROIDEN, ENTSORGEN WIR *DIESEN MÜLL* HIER!

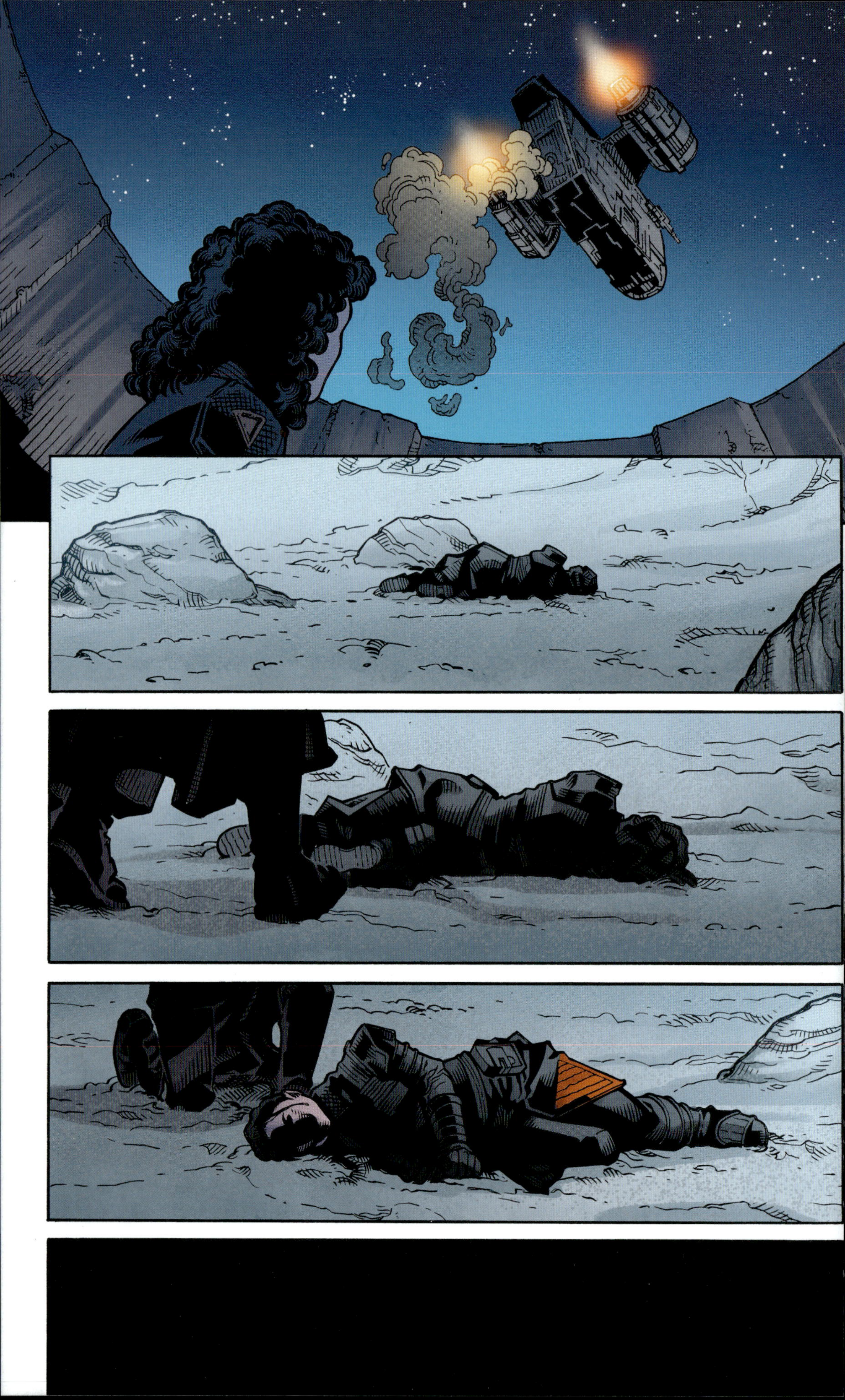

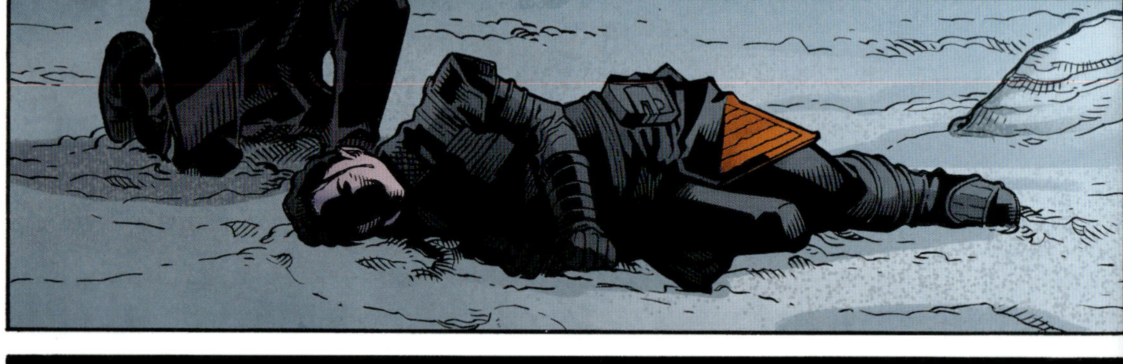

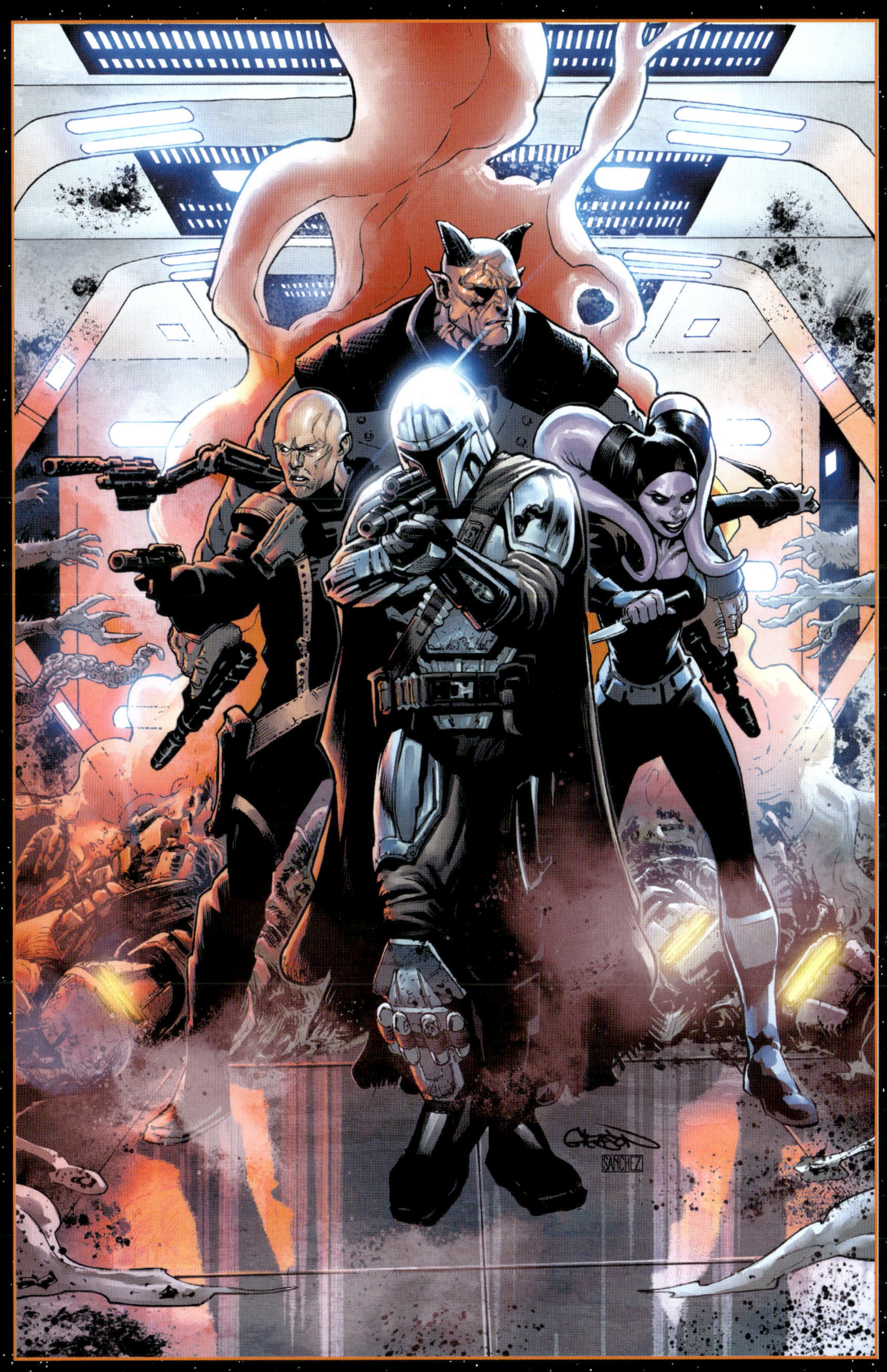

US-*Star Wars: The Mandalorian #6*,
Cover: **PATRICK GLEASON** und **ALEJANDRO SÁNCHEZ**

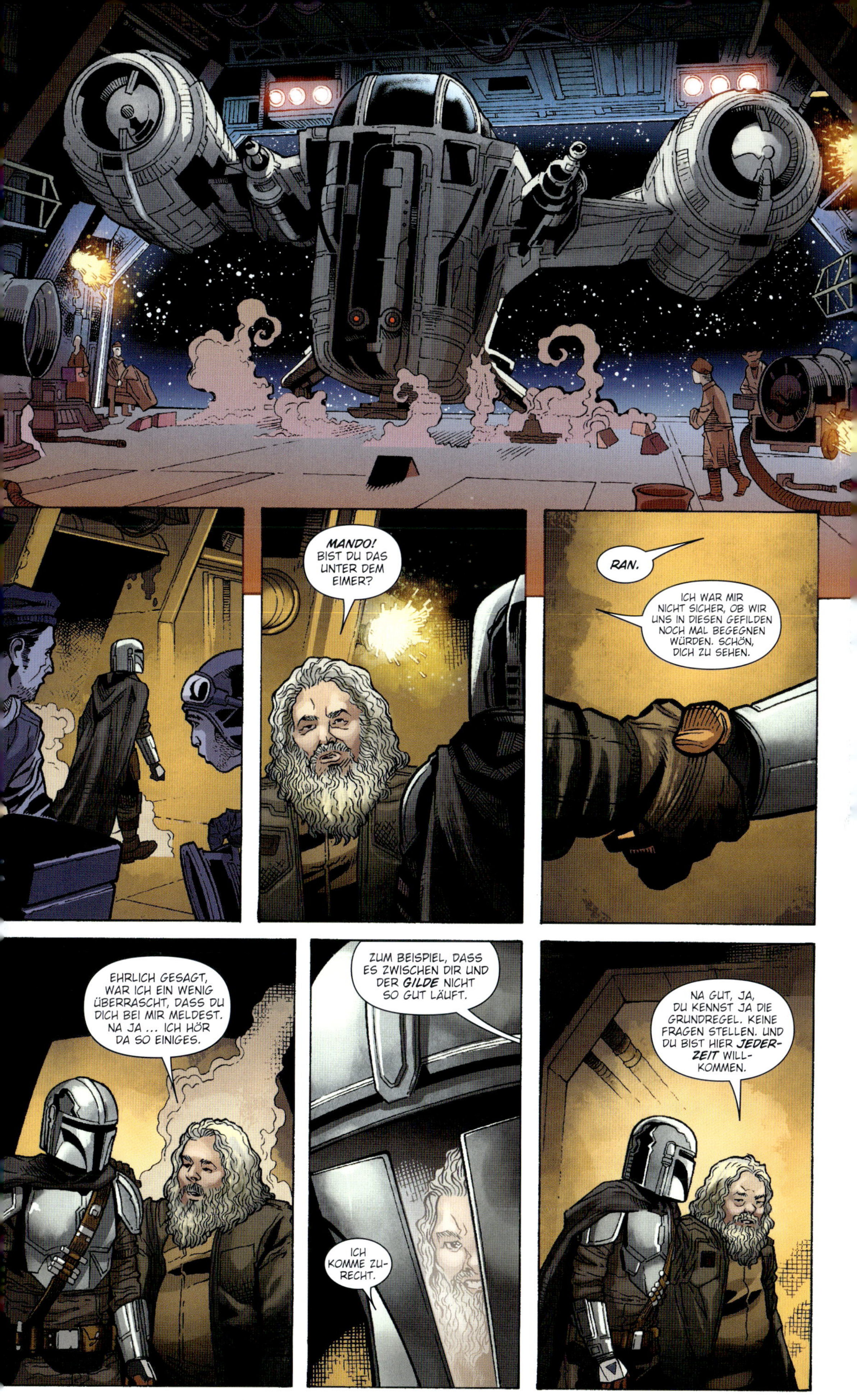

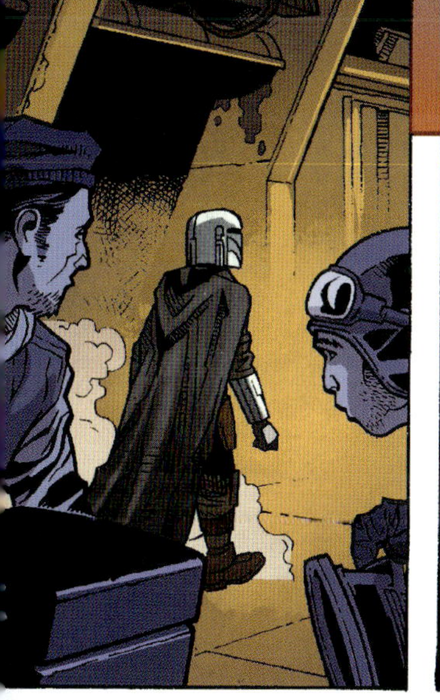

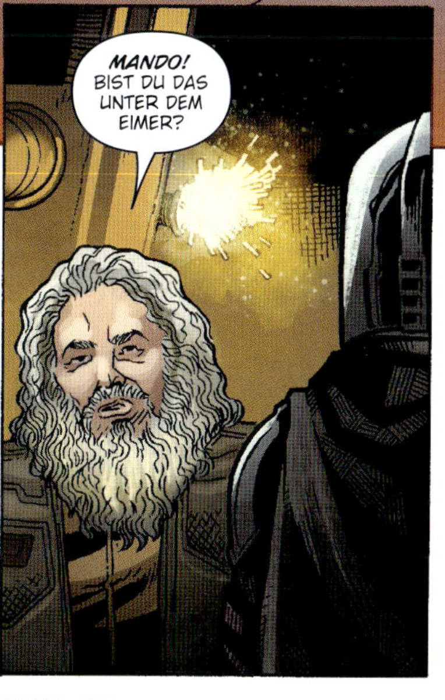
MANDO! BIST DU DAS UNTER DEM EIMER?

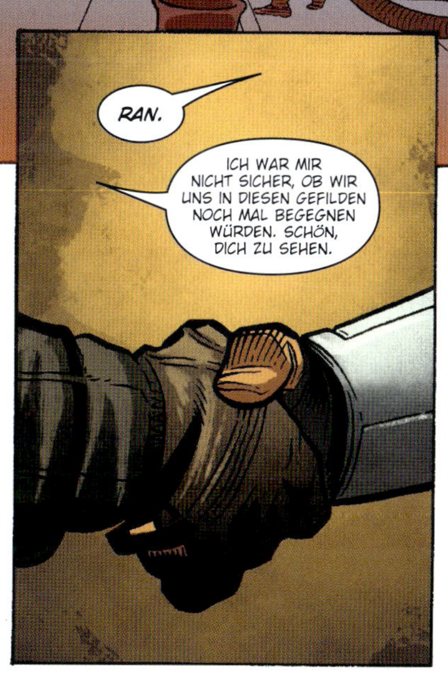
RAN.
ICH WAR MIR NICHT SICHER, OB WIR UNS IN DIESEN GEFILDEN NOCH MAL BEGEGNEN WÜRDEN. SCHÖN, DICH ZU SEHEN.

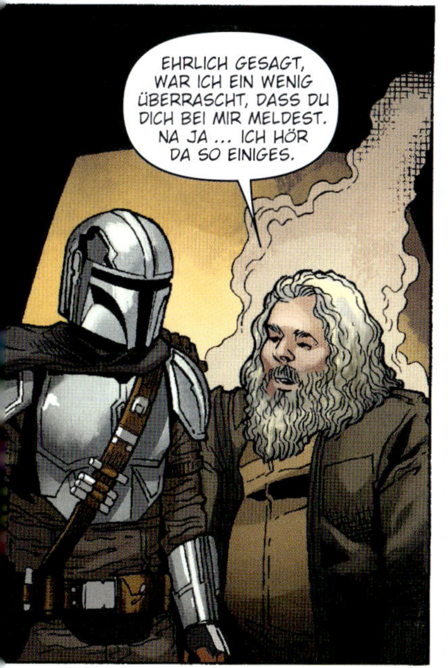
EHRLICH GESAGT, WAR ICH EIN WENIG ÜBERRASCHT, DASS DU DICH BEI MIR MELDEST. NA JA ... ICH HÖR DA SO EINIGES.

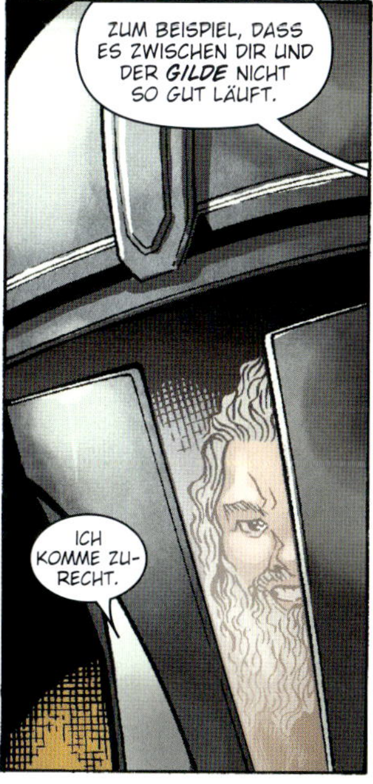
ZUM BEISPIEL, DASS ES ZWISCHEN DIR UND DER GILDE NICHT SO GUT LÄUFT.
ICH KOMME ZURECHT.

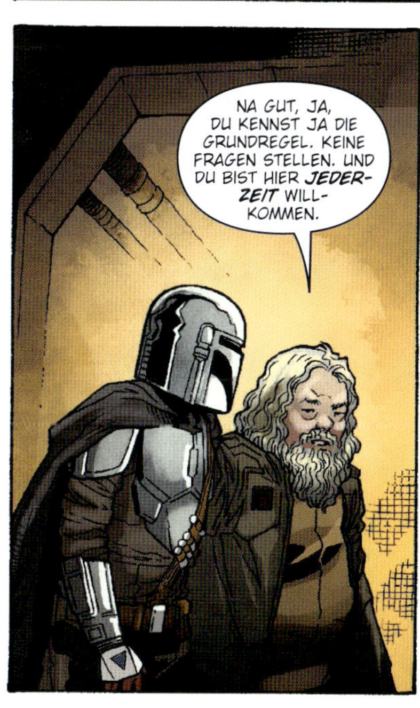
NA GUT, JA, DU KENNST JA DIE GRUNDREGEL. KEINE FRAGEN STELLEN. UND DU BIST HIER JEDERZEIT WILLKOMMEN.

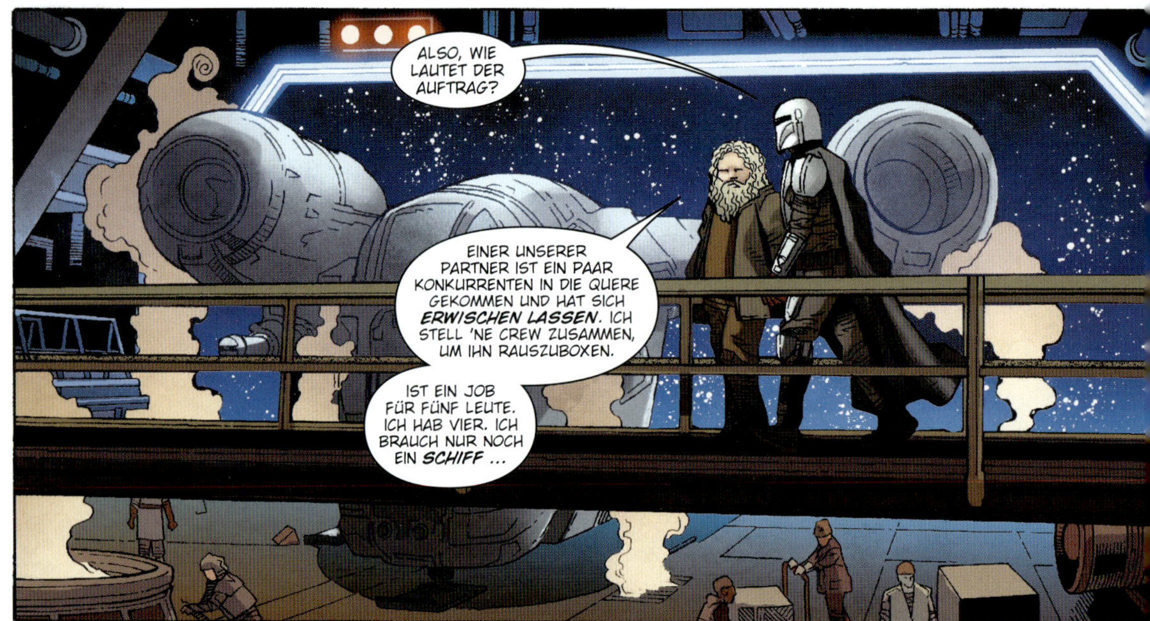
ALSO, WIE LAUTET DER AUFTRAG?
EINER UNSERER PARTNER IST EIN PAAR KONKURRENTEN IN DIE QUERE GEKOMMEN UND HAT SICH ERWISCHEN LASSEN. ICH STELL 'NE CREW ZUSAMMEN, UM IHN RAUSZUBOXEN.
IST EIN JOB FÜR FÜNF LEUTE. ICH HAB VIER. ICH BRAUCH NUR NOCH EIN SCHIFF ...

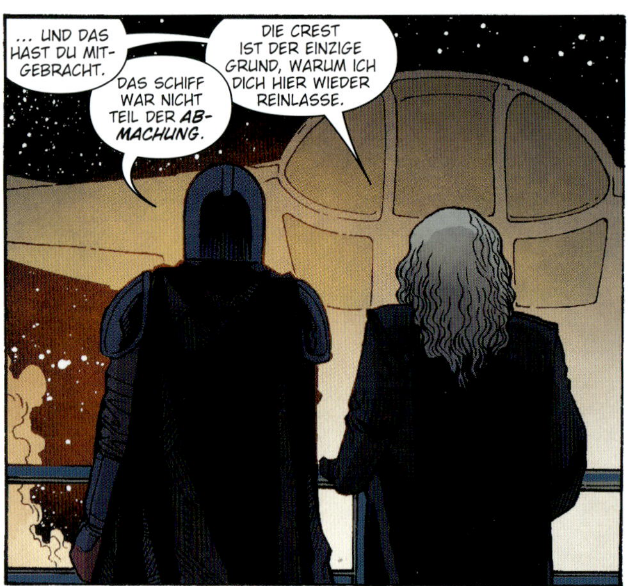
... UND DAS HAST DU MIT-GEBRACHT.
DIE CREST IST DER EINZIGE GRUND, WARUM ICH DICH HIER WIEDER REINLASSE.
DAS SCHIFF WAR NICHT TEIL DER AB-MACHUNG.

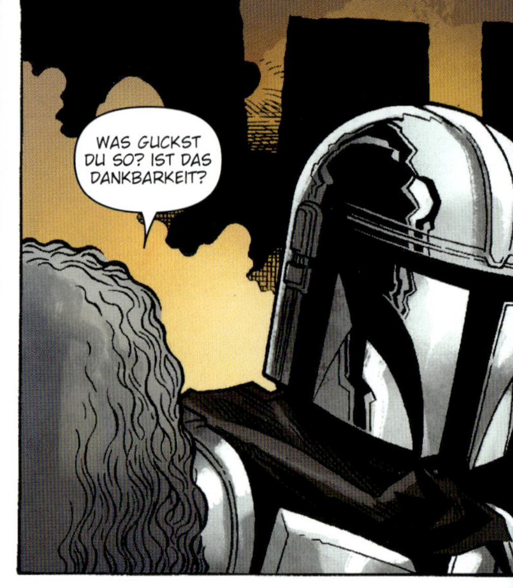
WAS GUCKST DU SO? IST DAS DANKBARKEIT?

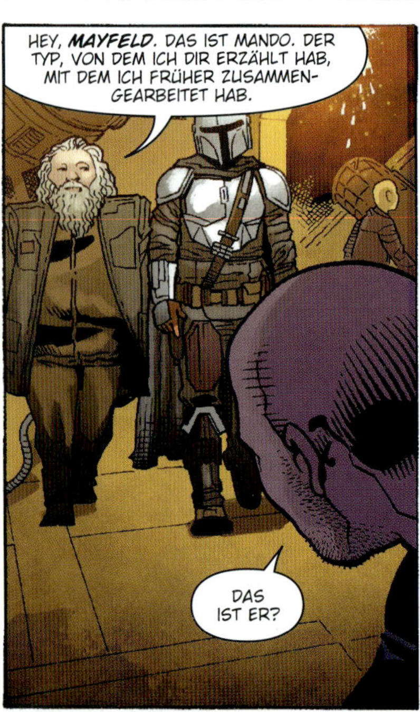
HEY, MAYFELD. DAS IST MANDO. DER TYP, VON DEM ICH DIR ERZÄHLT HAB, MIT DEM ICH FRÜHER ZUSAMMEN-GEARBEITET HAB.
DAS IST ER?

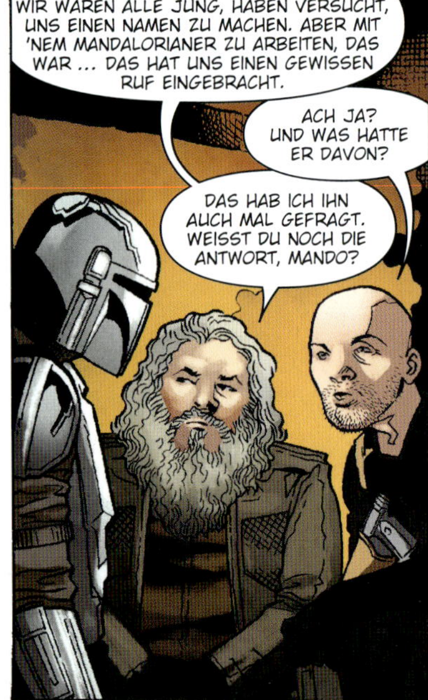
WIR WAREN ALLE JUNG, HABEN VERSUCHT, UNS EINEN NAMEN ZU MACHEN. ABER MIT 'NEM MANDALORIANER ZU ARBEITEN, DAS WAR ... DAS HAT UNS EINEN GEWISSEN RUF EINGEBRACHT.
ACH JA? UND WAS HATTE ER DAVON?
DAS HAB ICH IHN AUCH MAL GEFRAGT. WEISST DU NOCH DIE ANTWORT, MANDO?

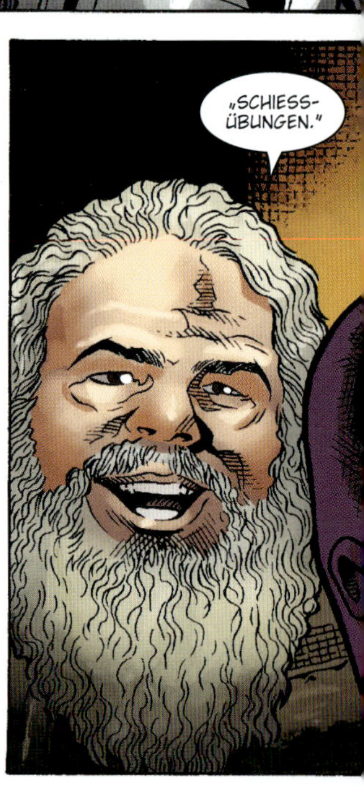
„SCHIESS-ÜBUNGEN."

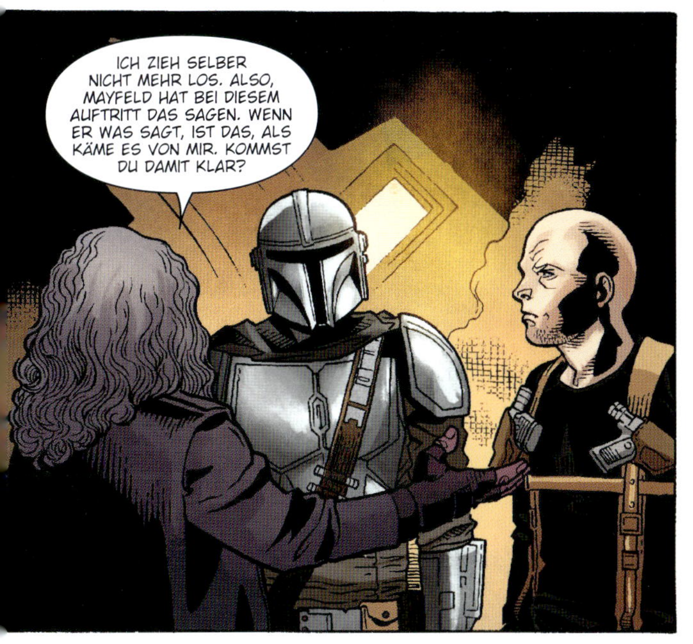
ICH ZIEH SELBER NICHT MEHR LOS. ALSO, MAYFELD HAT BEI DIESEM AUFTRITT DAS SAGEN. WENN ER WAS SAGT, IST DAS, ALS KÄME ES VON MIR. KOMMST DU DAMIT KLAR?

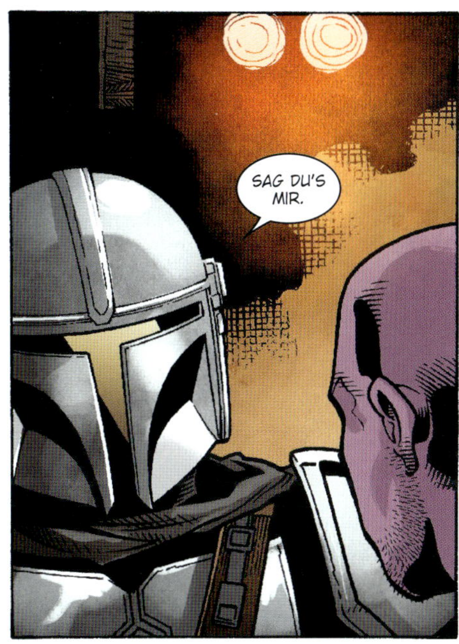
SAG DU'S MIR.

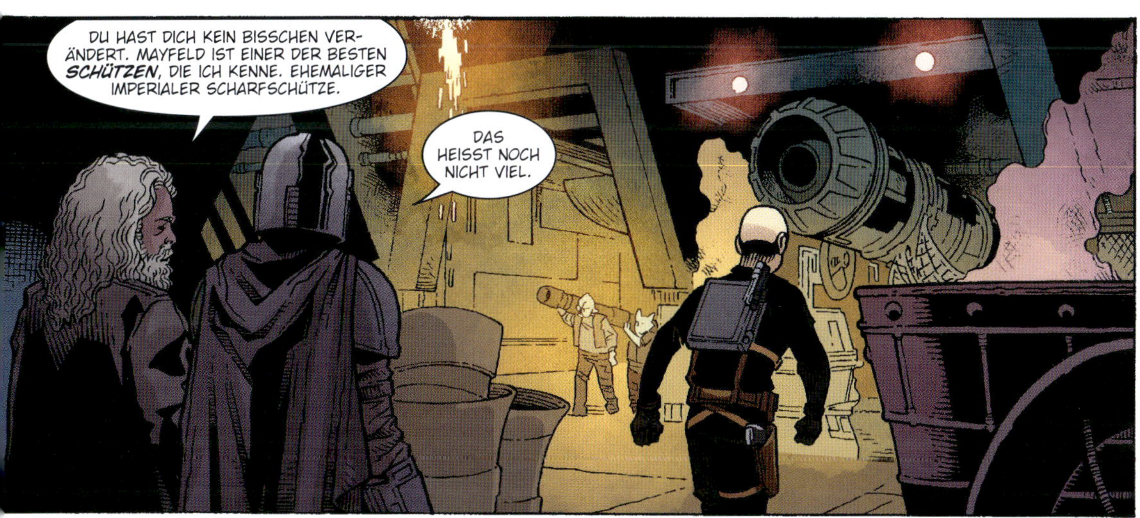
DU HAST DICH KEIN BISSCHEN VERÄNDERT. MAYFELD IST EINER DER BESTEN **SCHÜTZEN**, DIE ICH KENNE. EHEMALIGER IMPERIALER SCHARFSCHÜTZE.
DAS HEISST NOCH NICHT VIEL.

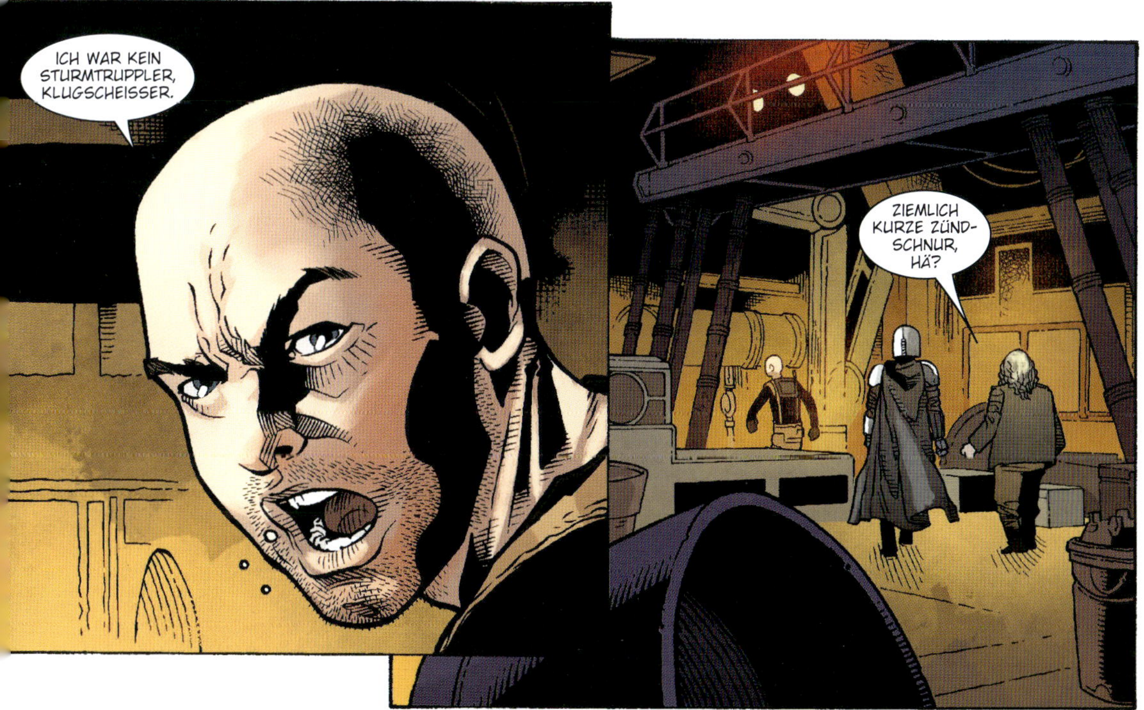
ICH WAR KEIN STURMTRUPPLER, KLUGSCHEISSER.
ZIEMLICH KURZE ZÜNDSCHNUR, HÄ?

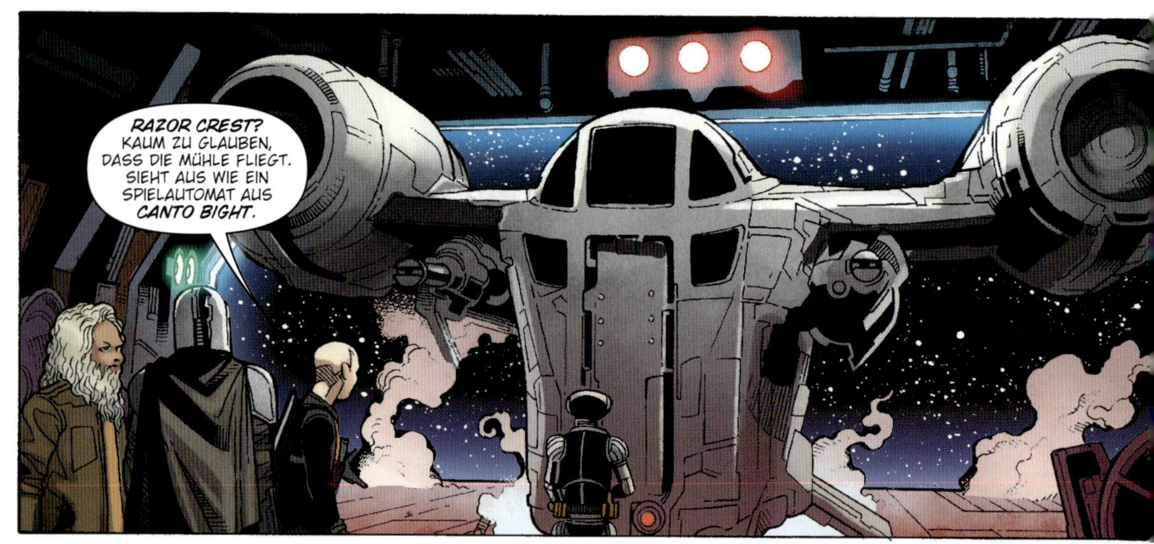
RAZOR CREST? KAUM ZU GLAUBEN, DASS DIE MÜHLE FLIEGT. SIEHT AUS WIE EIN SPIELAUTOMAT AUS CANTO BIGHT.

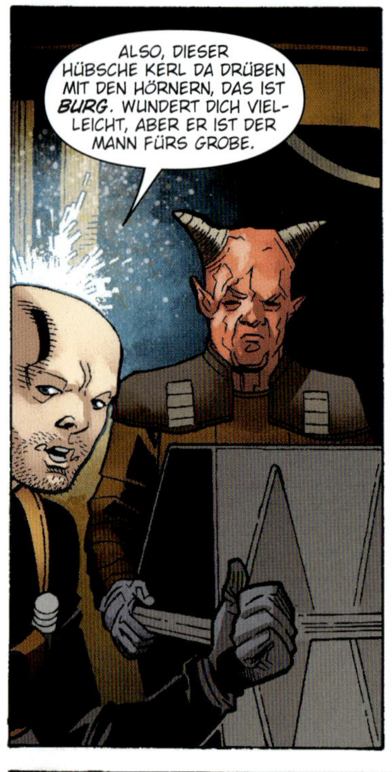
ALSO, DIESER HÜBSCHE KERL DA DRÜBEN MIT DEN HÖRNERN, DAS IST BURG. WUNDERT DICH VIELLEICHT, ABER ER IST DER MANN FÜRS GROBE.

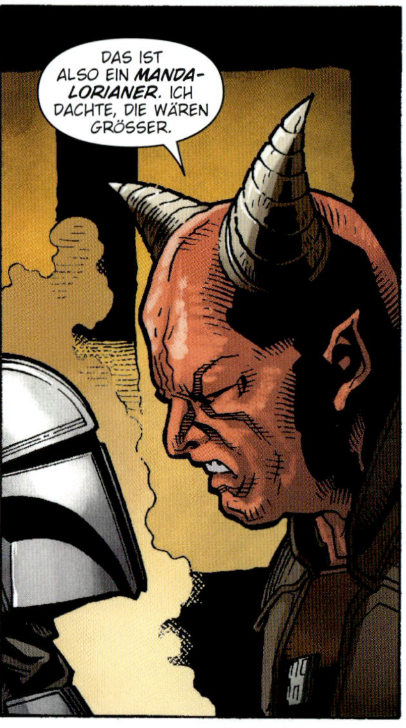
DAS IST ALSO EIN MANDALORIANER. ICH DACHTE, DIE WÄREN GRÖSSER.

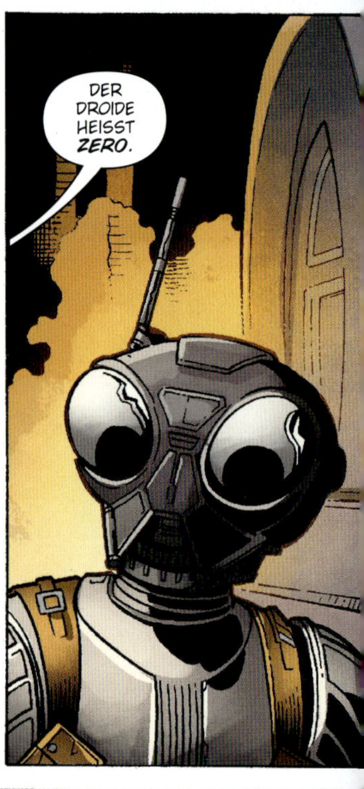
DER DROIDE HEISST ZERO.

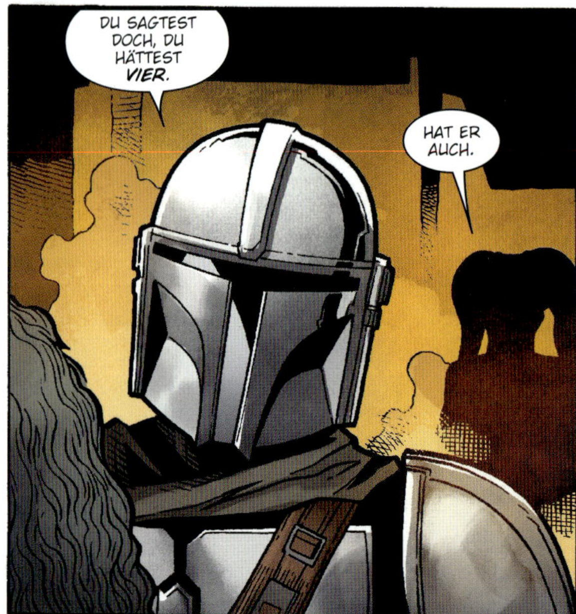
DU SAGTEST DOCH, DU HÄTTEST VIER.
HAT ER AUCH.

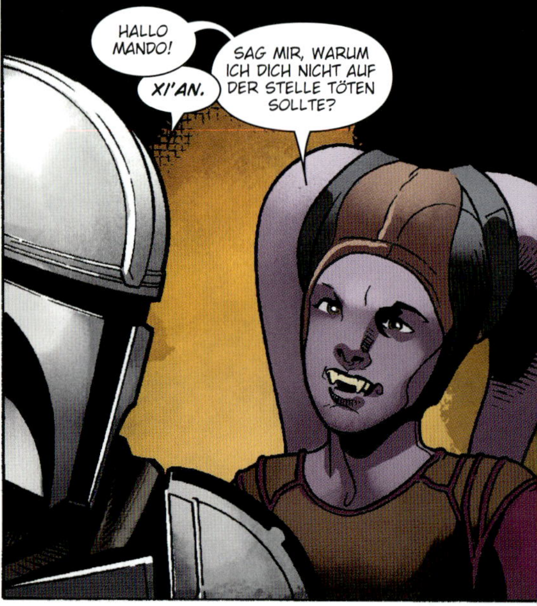
HALLO MANDO!
XI'AN.
SAG MIR, WARUM ICH DICH NICHT AUF DER STELLE TÖTEN SOLLTE?

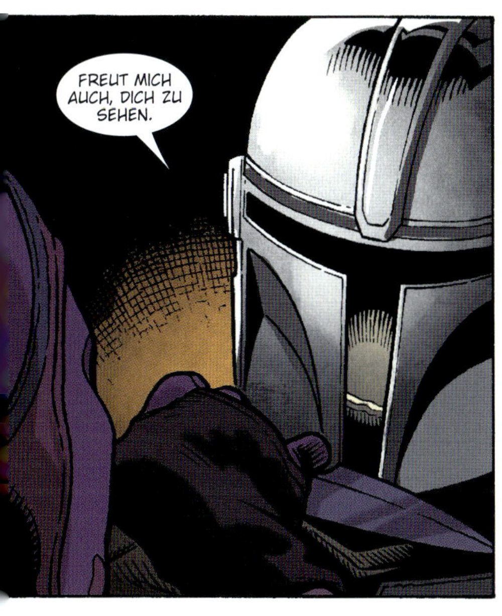
FREUT MICH AUCH, DICH ZU SEHEN.

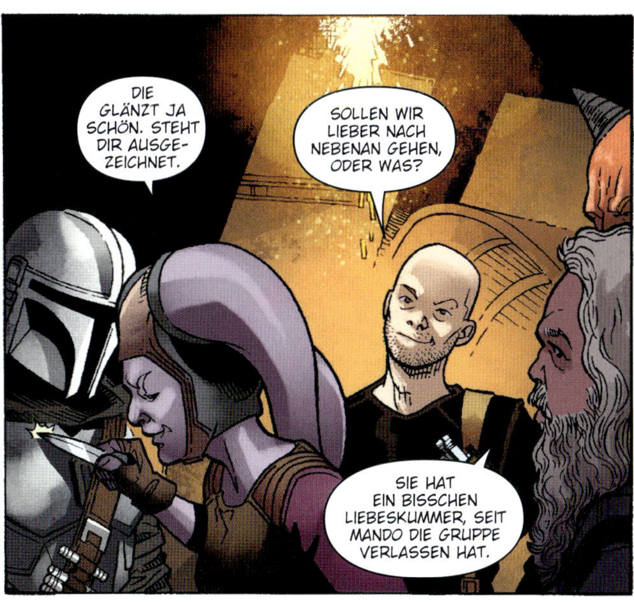
DIE GLÄNZT JA SCHÖN. STEHT DIR AUSGE-ZEICHNET.
SOLLEN WIR LIEBER NACH NEBENAN GEHEN, ODER WAS?
SIE HAT EIN BISSCHEN LIEBESKUMMER, SEIT MANDO DIE GRUPPE VERLASSEN HAT.

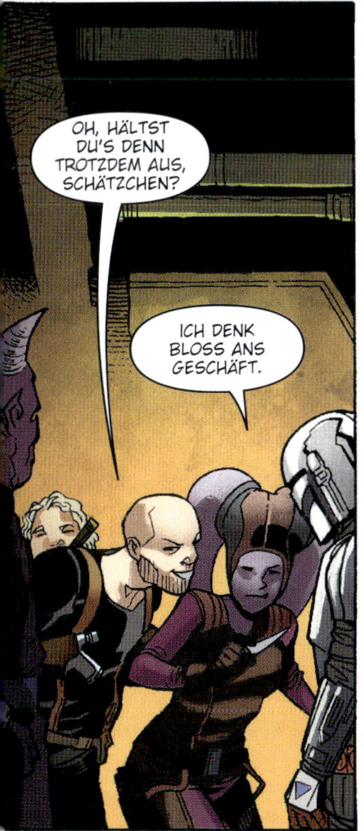
OH, HÄLTST DU'S DENN TROTZDEM AUS, SCHÄTZCHEN?
ICH DENK BLOSS ANS GESCHÄFT.

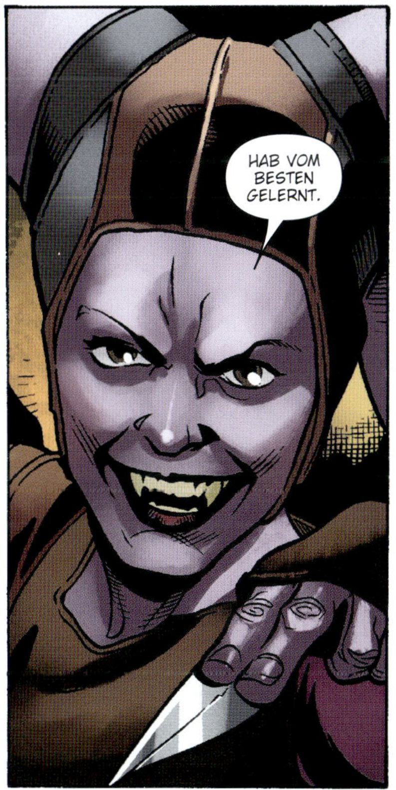
HAB VOM BESTEN GELERNT.

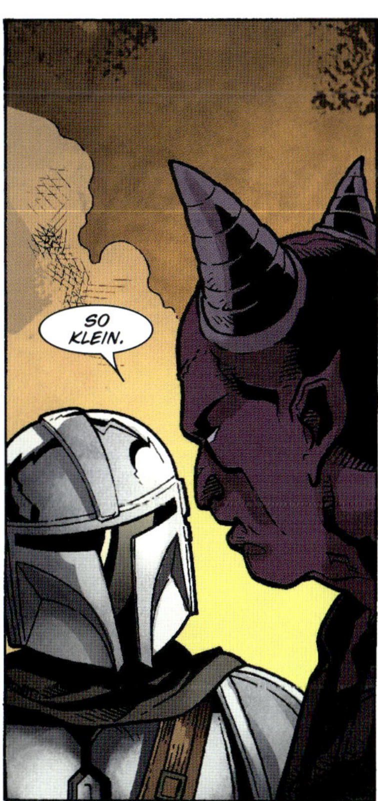
SO KLEIN.

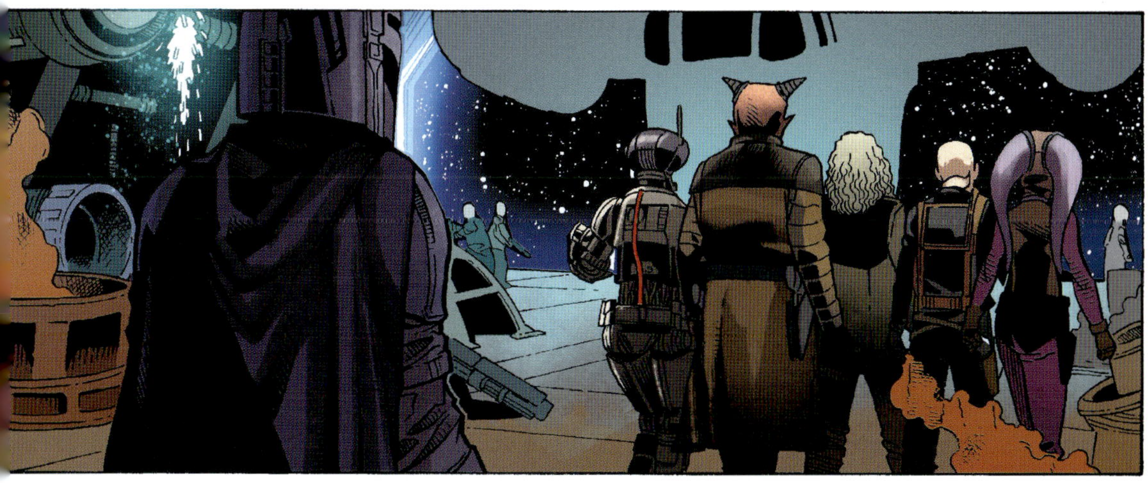

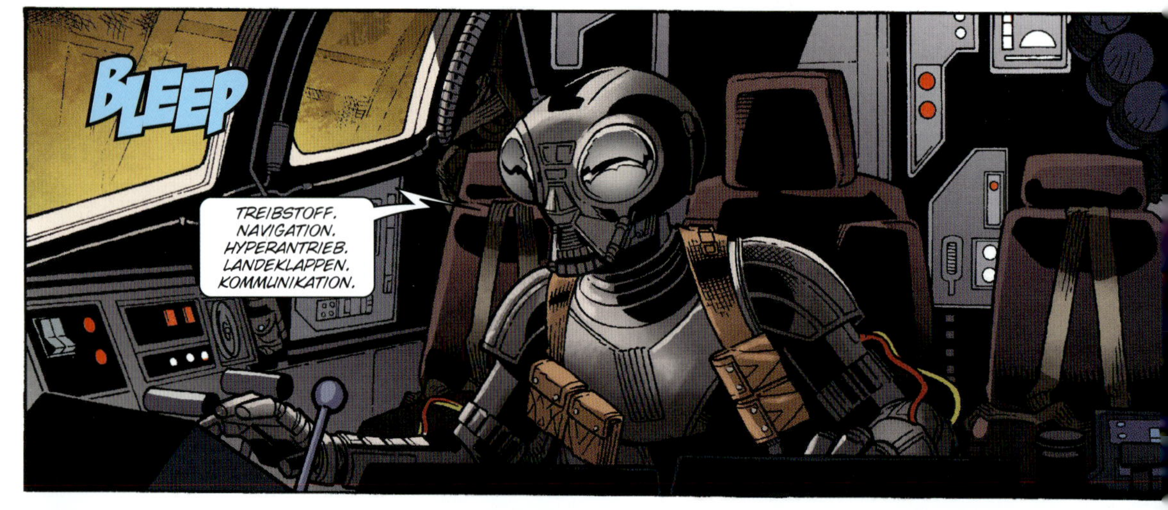
BLEEP
TREIBSTOFF. NAVIGATION. HYPERANTRIEB. LANDEKLAPPEN. KOMMUNIKATION.

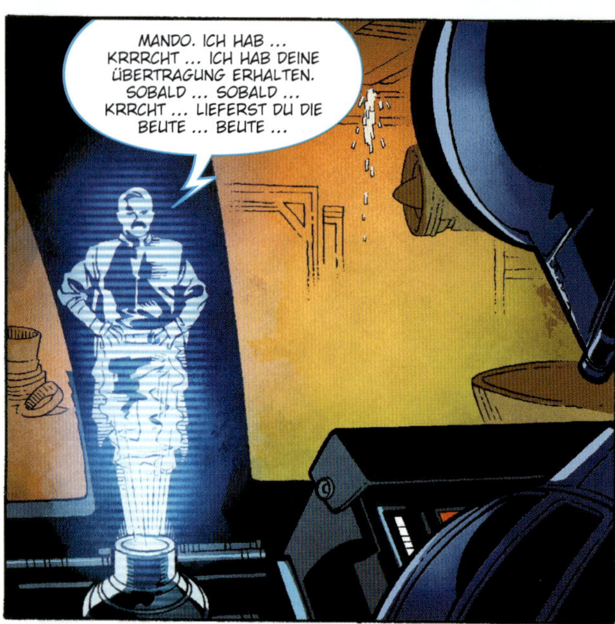
MANDO. ICH HAB ... KRRRCHT ... ICH HAB DEINE ÜBERTRAGUNG ERHALTEN. SOBALD ... SOBALD ... KRRCHT ... LIEFERST DU DIE BEUTE ... BEUTE ...

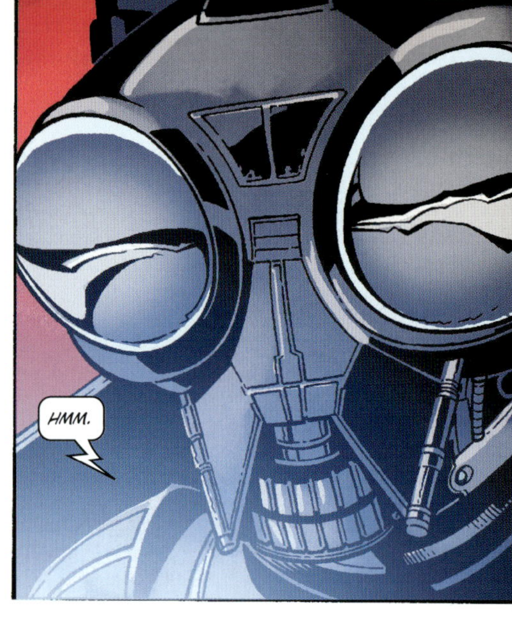
HMM.

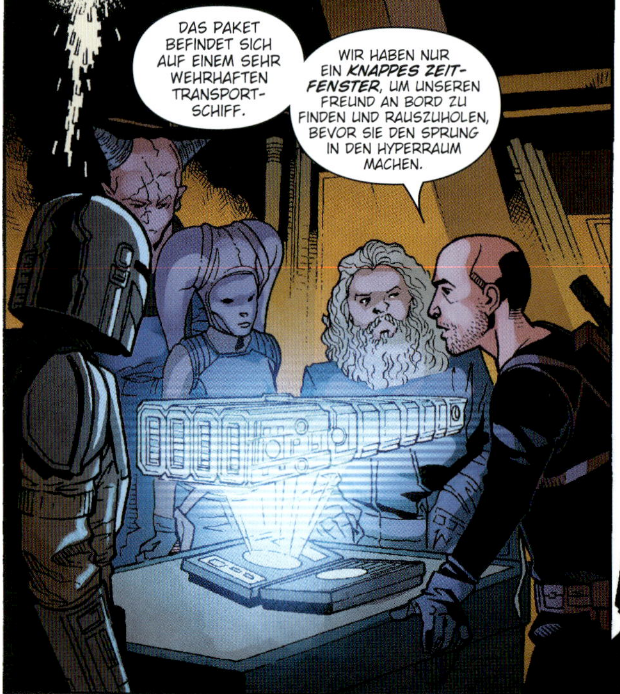
DAS PAKET BEFINDET SICH AUF EINEM SEHR WEHRHAFTEN TRANSPORT-SCHIFF.
WIR HABEN NUR EIN **KNAPPES ZEITFENSTER**, UM UNSEREN FREUND AN BORD ZU FINDEN UND RAUSZUHOLEN, BEVOR SIE DEN SPRUNG IN DEN HYPERRAUM MACHEN.

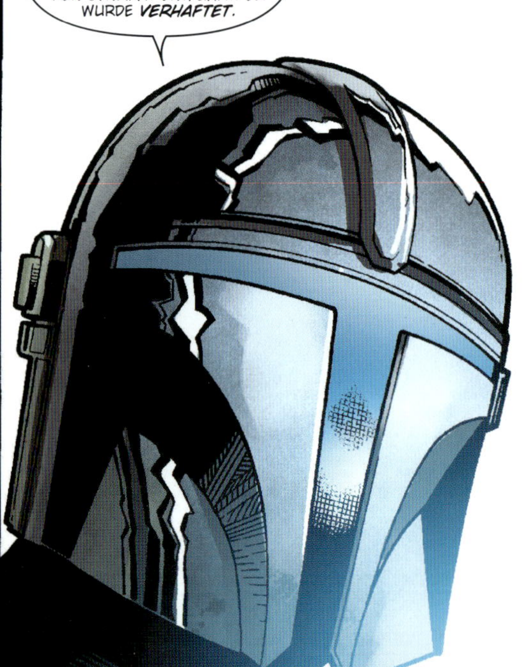
DAS IST EIN **GEFÄNGNISSCHIFF DER NEUEN REPUBLIK**. EUER MANN WURDE NICHT VON EINEM ANDEREN SYNDIKAT ENTFÜHRT. ER WURDE **VERHAFTET**.

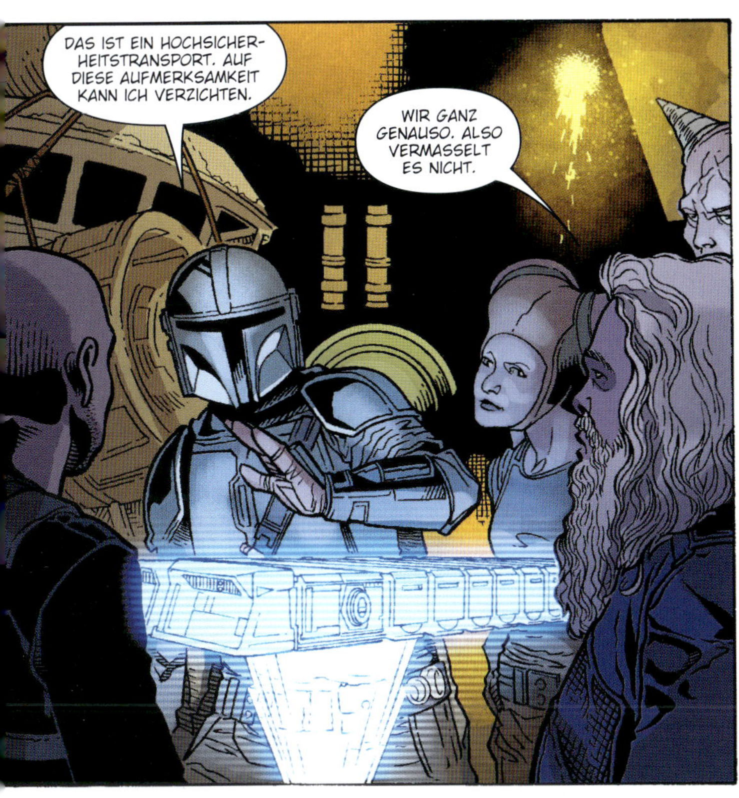
DAS IST EIN HOCHSICHER-HEITSTRANSPORT. AUF DIESE AUFMERKSAMKEIT KANN ICH VERZICHTEN.
WIR GANZ GENAUSO. ALSO VERMASSELT ES NICHT.

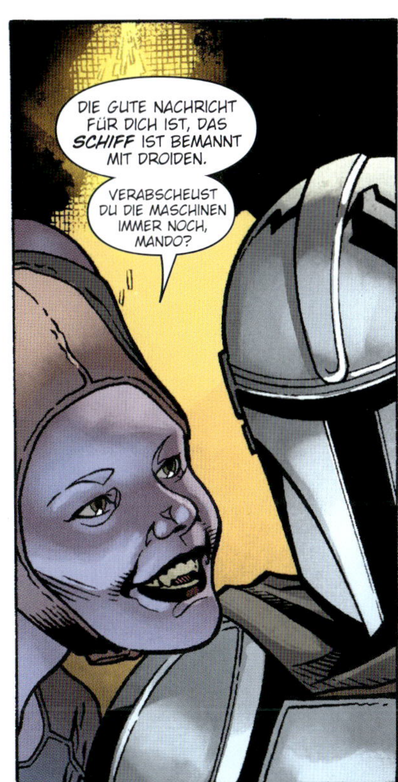
DIE GUTE NACHRICHT FÜR DICH IST, DAS SCHIFF IST BEMANNT MIT DROIDEN.
VERABSCHEUST DU DIE MASCHINEN IMMER NOCH, MANDO?

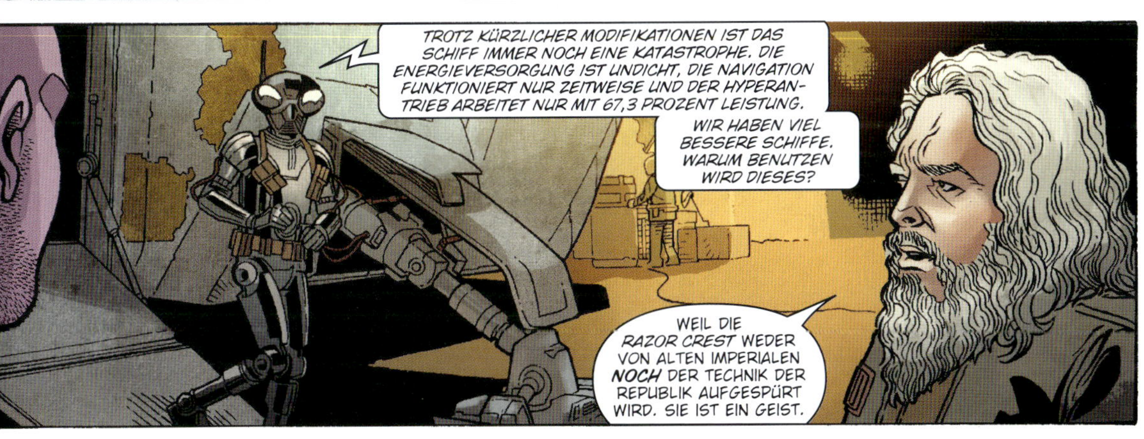
TROTZ KÜRZLICHER MODIFIKATIONEN IST DAS SCHIFF IMMER NOCH EINE KATASTROPHE. DIE ENERGIEVERSORGUNG IST UNDICHT, DIE NAVIGATION FUNKTIONIERT NUR ZEITWEISE UND DER HYPERAN-TRIEB ARBEITET NUR MIT 67,3 PROZENT LEISTUNG.
WIR HABEN VIEL BESSERE SCHIFFE. WARUM BENUTZEN WIRD DIESES?
WEIL DIE RAZOR CREST WEDER VON ALTEN IMPERIALEN NOCH DER TECHNIK DER REPUBLIK AUFGESPÜRT WIRD. SIE IST EIN GEIST.

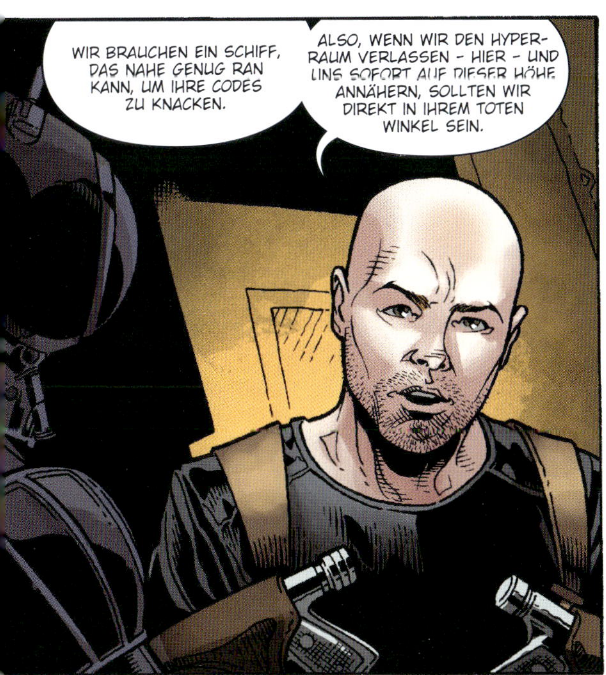
WIR BRAUCHEN EIN SCHIFF, DAS NAHE GENUG RAN KANN, UM IHRE CODES ZU KNACKEN.
ALSO, WENN WIR DEN HYPER-RAUM VERLASSEN - HIER - UND UNS SOFORT AUF DIESER HÖHE ANNÄHERN, SOLLTEN WIR DIREKT IN IHREM TOTEN WINKEL SEIN.

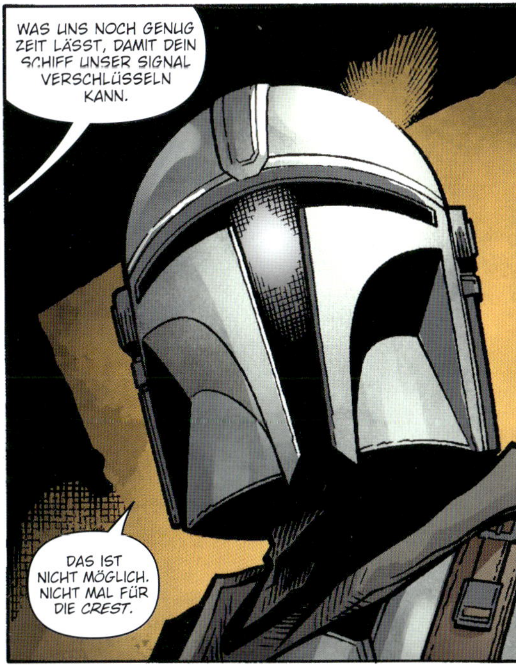
WAS UNS NOCH GENUG ZEIT LÄSST, DAMIT DEIN SCHIFF UNSER SIGNAL VERSCHLÜSSELN KANN.
DAS IST NICHT MÖGLICH. NICHT MAL FÜR DIE CREST.

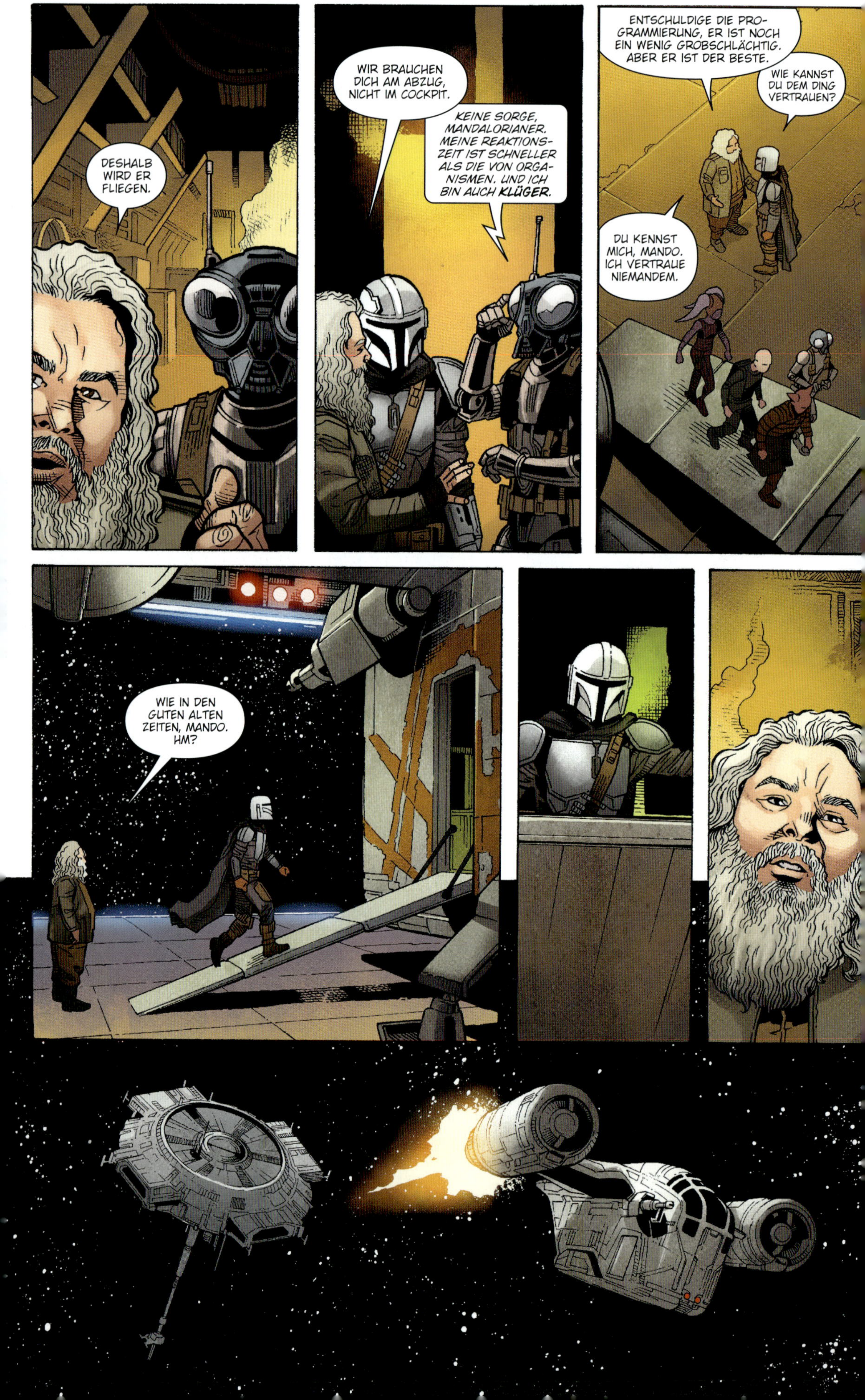

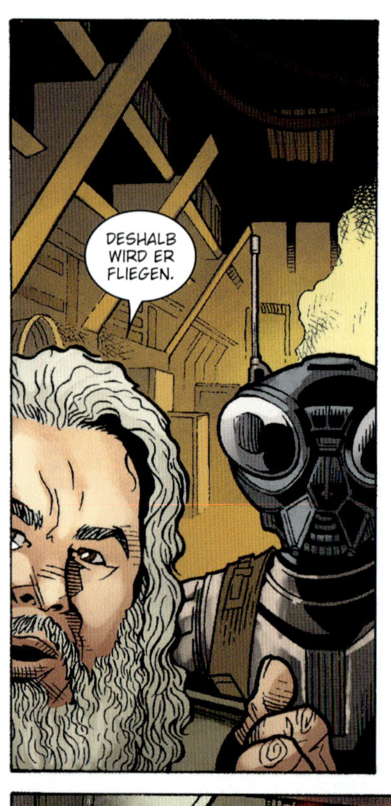

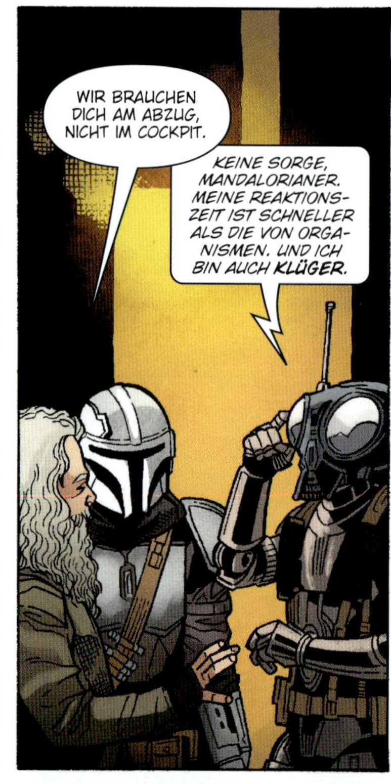

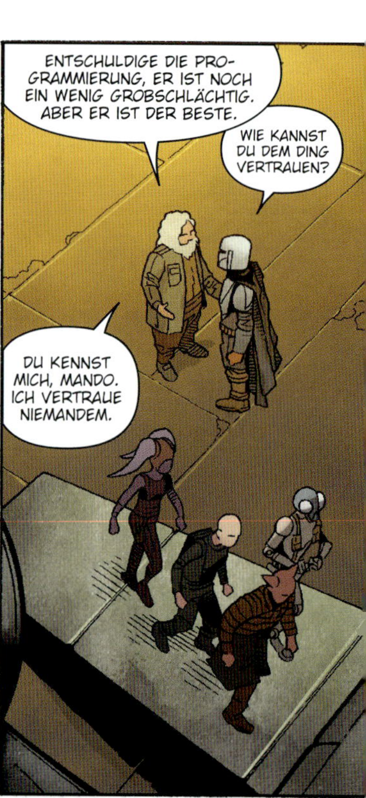

WIE IN DEN GUTEN ALTEN ZEITEN, MANDO. HM?

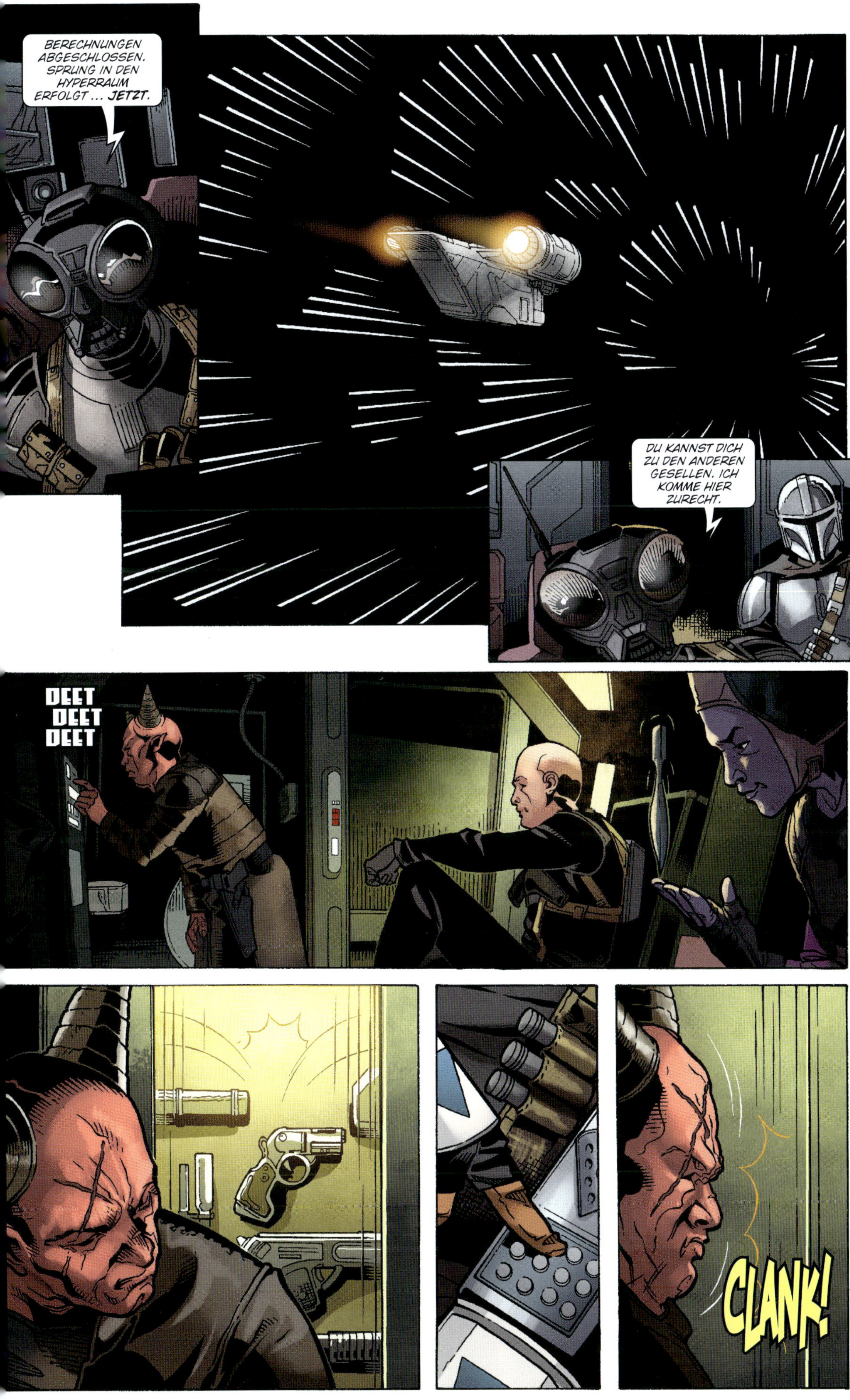

BERECHNUNGEN ABGESCHLOSSEN. SPRUNG IN DEN HYPERRAUM ERFOLGT ... **JETZT**.

DU KANNST DICH ZU DEN ANDEREN GESELLEN. ICH KOMME HIER ZURECHT.

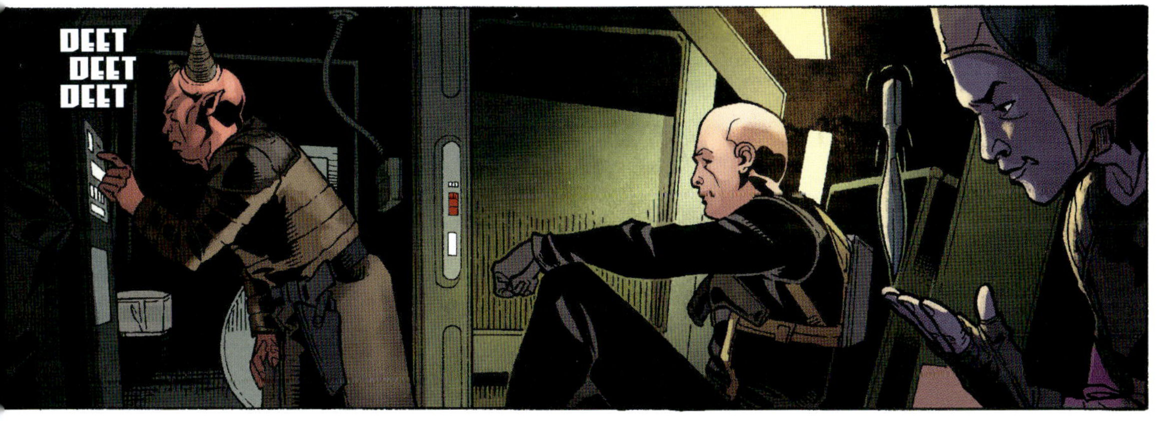

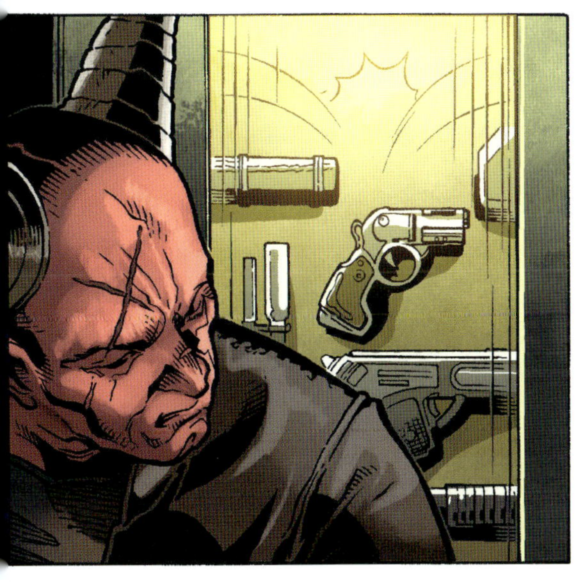

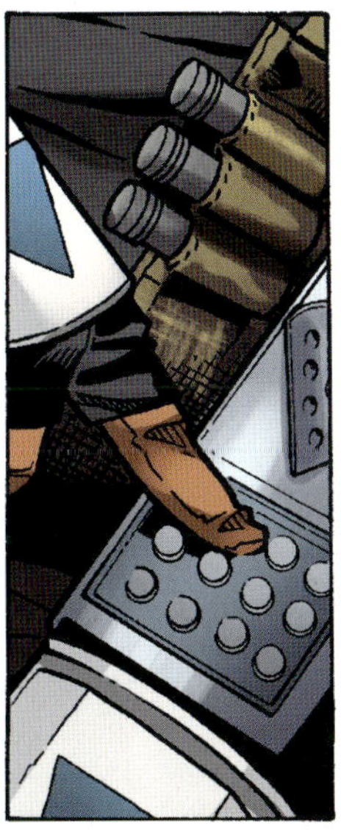

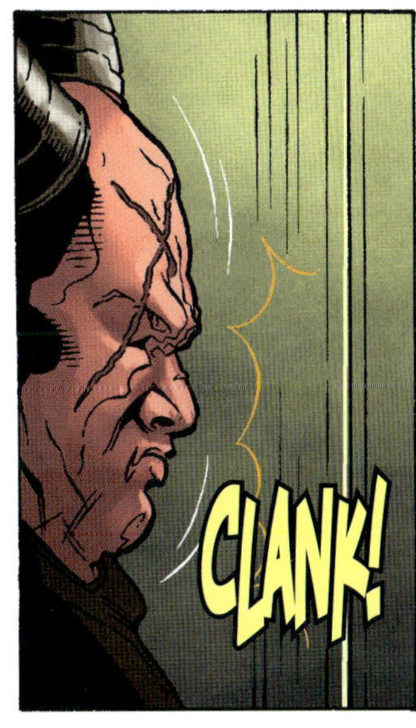

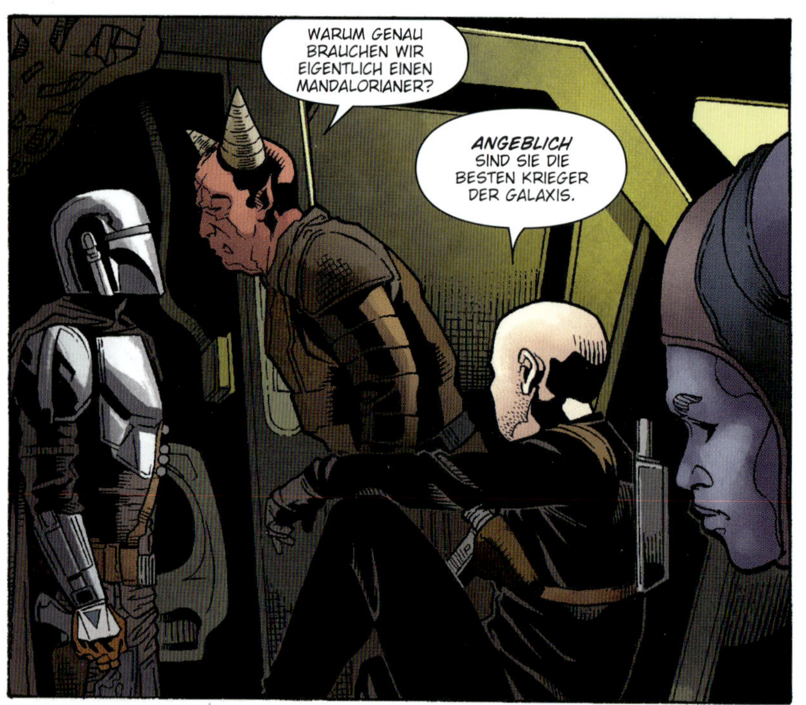
WARUM GENAU BRAUCHEN WIR EIGENTLICH EINEN MANDALORIANER?
ANGEBLICH SIND SIE DIE BESTEN KRIEGER DER GALAXIS.

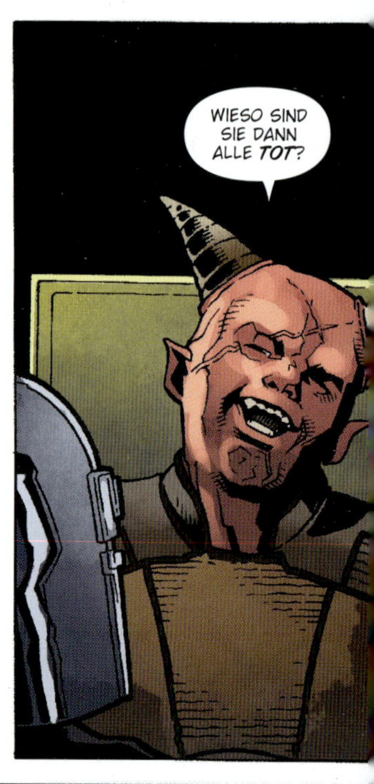
WIESO SIND SIE DANN ALLE TOT?

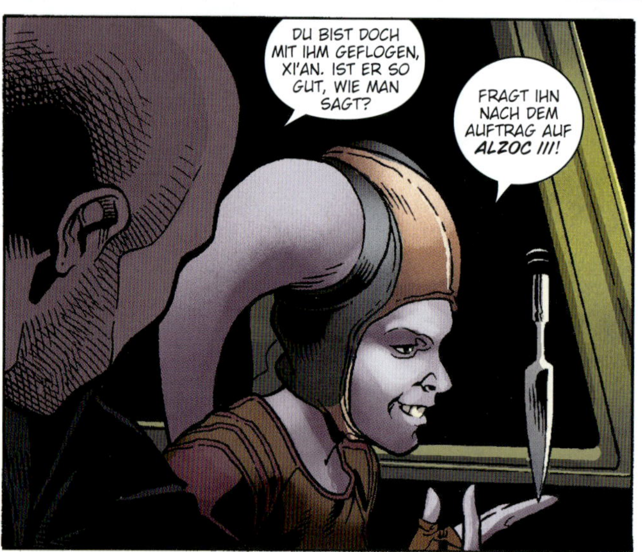
DU BIST DOCH MIT IHM GEFLOGEN, XI'AN. IST ER SO GUT, WIE MAN SAGT?
FRAGT IHN NACH DEM AUFTRAG AUF ALZOC III!

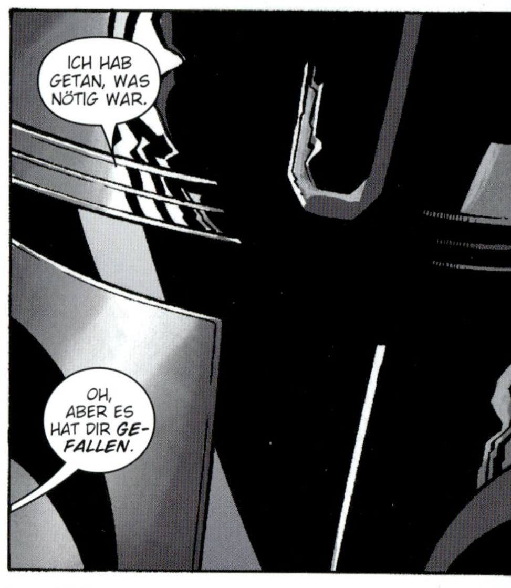
ICH HAB GETAN, WAS NÖTIG WAR.
OH, ABER ES HAT DIR GEFALLEN.

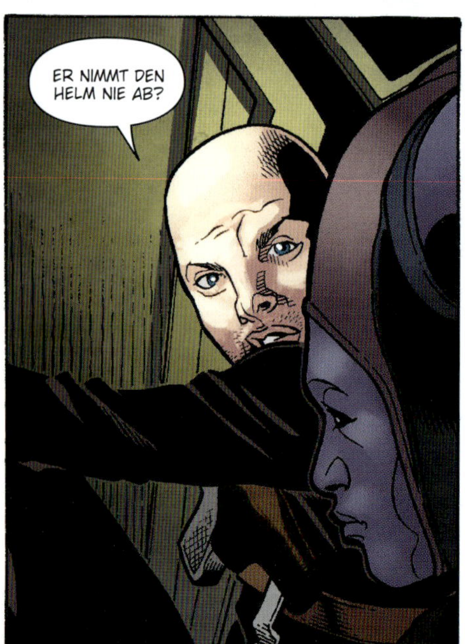
ER NIMMT DEN HELM NIE AB?

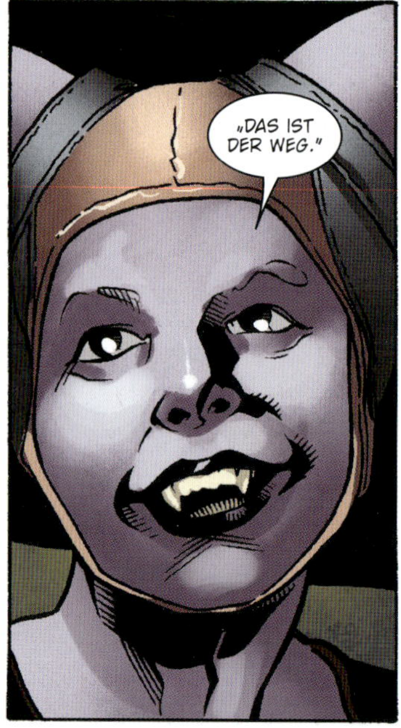
„DAS IST DER WEG."

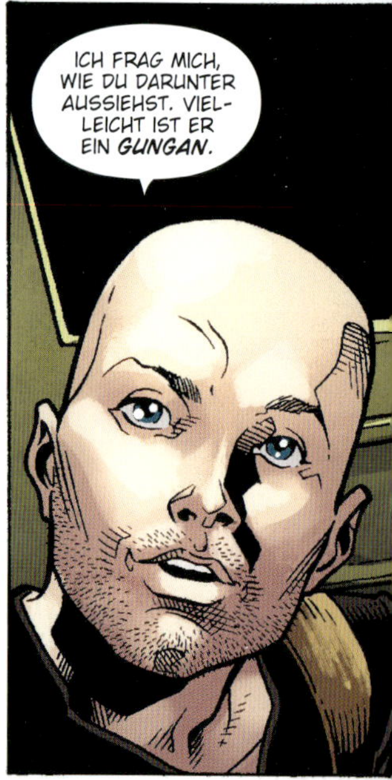
ICH FRAG MICH, WIE DU DARUNTER AUSSIEHST. VIELLEICHT IST ER EIN GUNGAN.

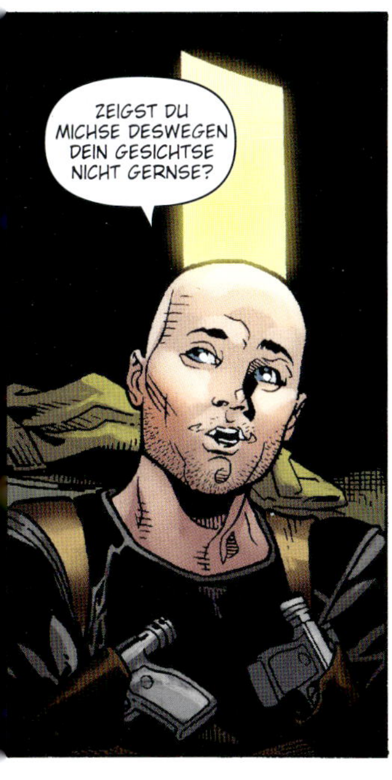
ZEIGST DU MICHSE DESWEGEN DEIN GESICHTSE NICHT GERNSE?

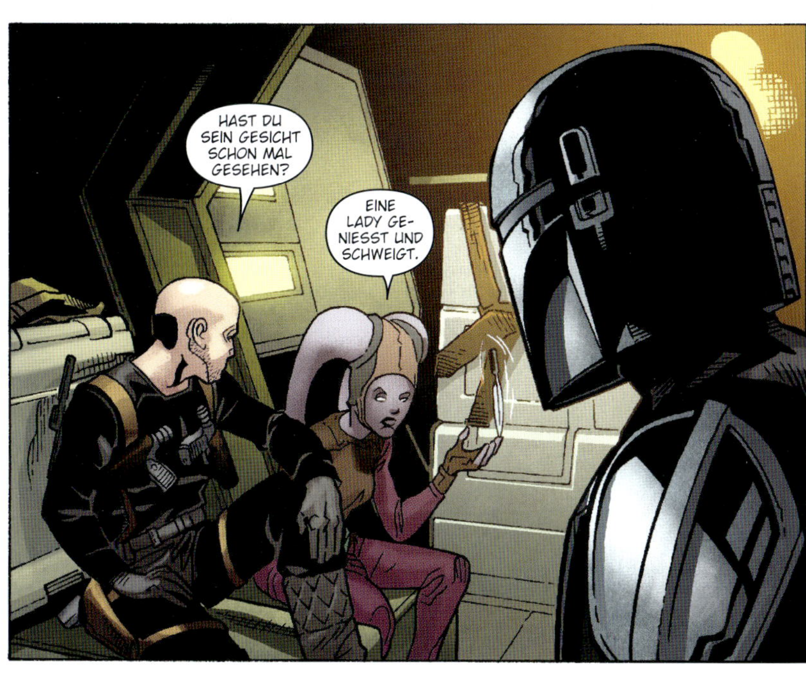
HAST DU SEIN GESICHT SCHON MAL GESEHEN?
EINE LADY GENIESST UND SCHWEIGT.

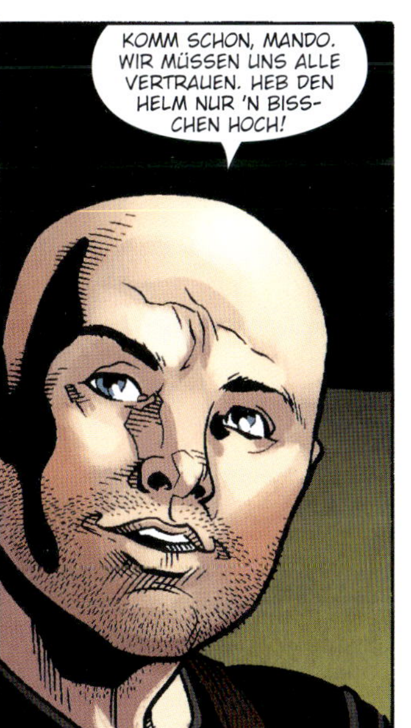
KOMM SCHON, MANDO. WIR MÜSSEN UNS ALLE VERTRAUEN. HEB DEN HELM NUR 'N BISSCHEN HOCH!

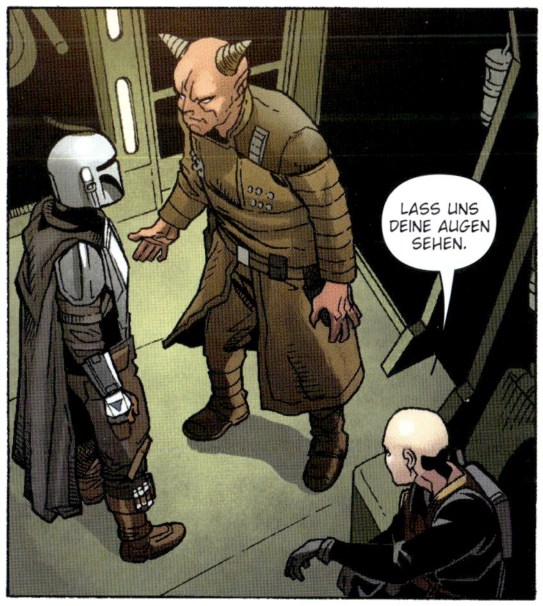
LASS UNS DEINE AUGEN SEHEN.

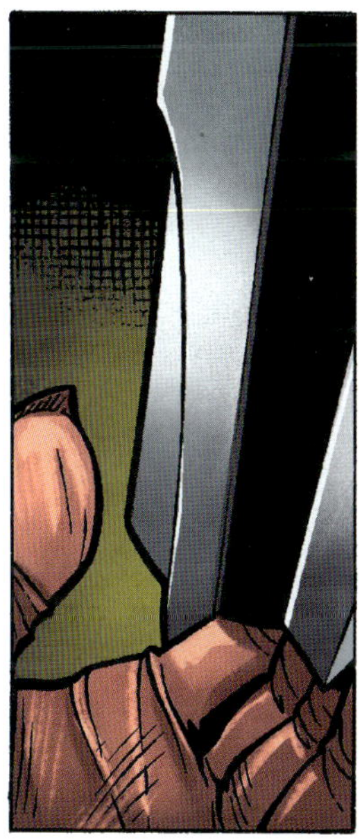

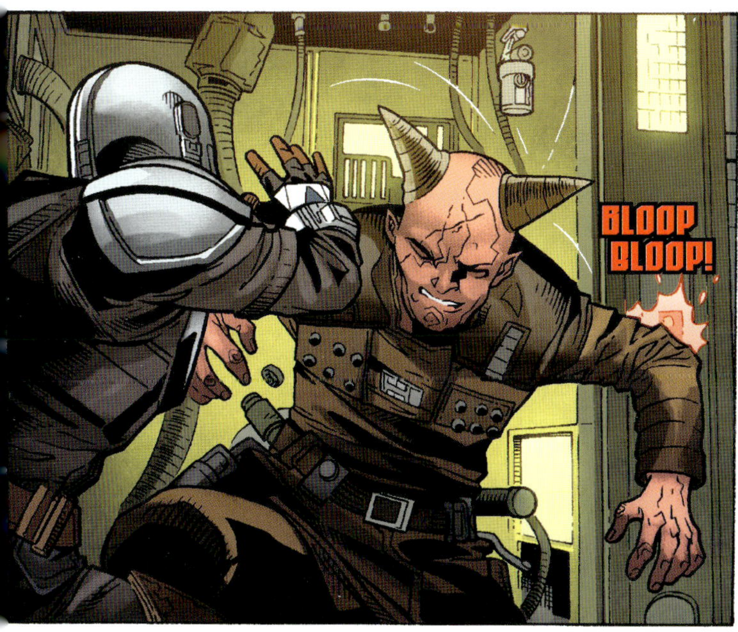
BLOOP
BLOOP!

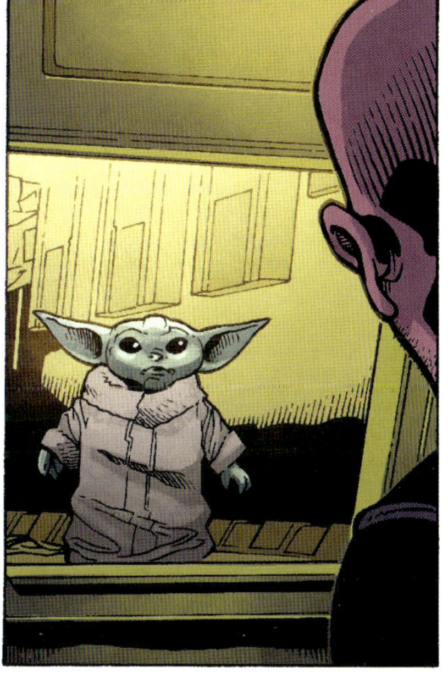

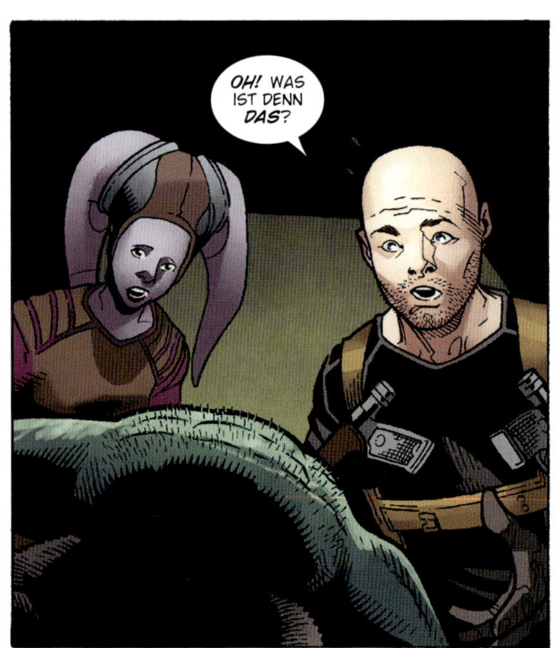
OH! WAS IST DENN DAS?

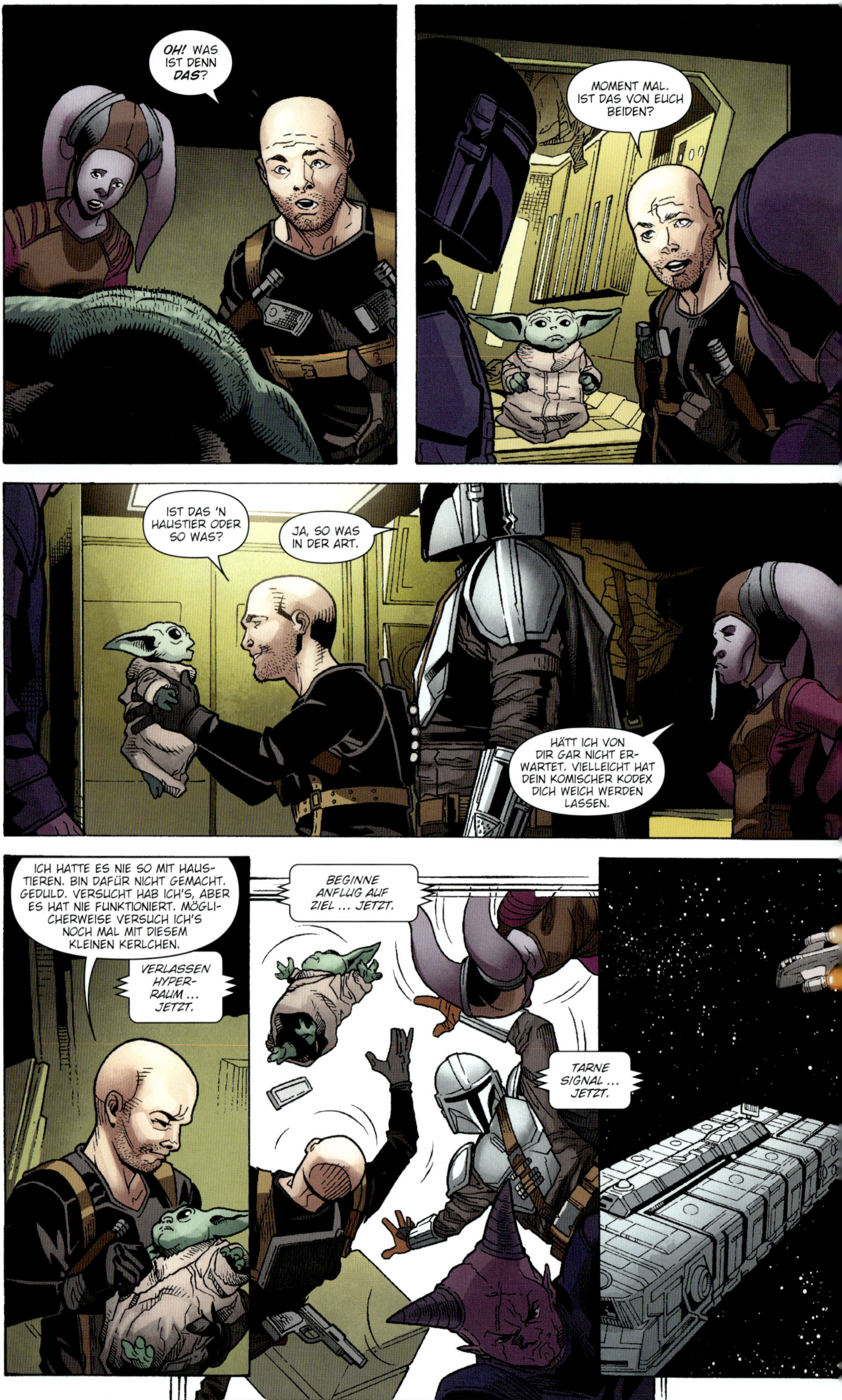

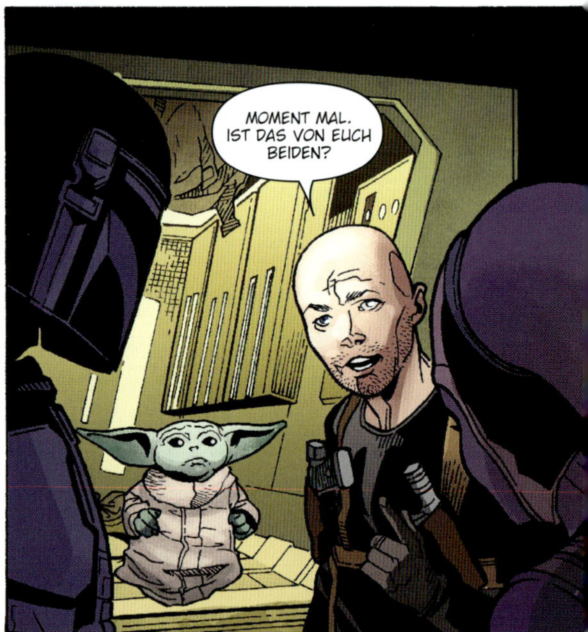
MOMENT MAL. IST DAS VON EUCH BEIDEN?

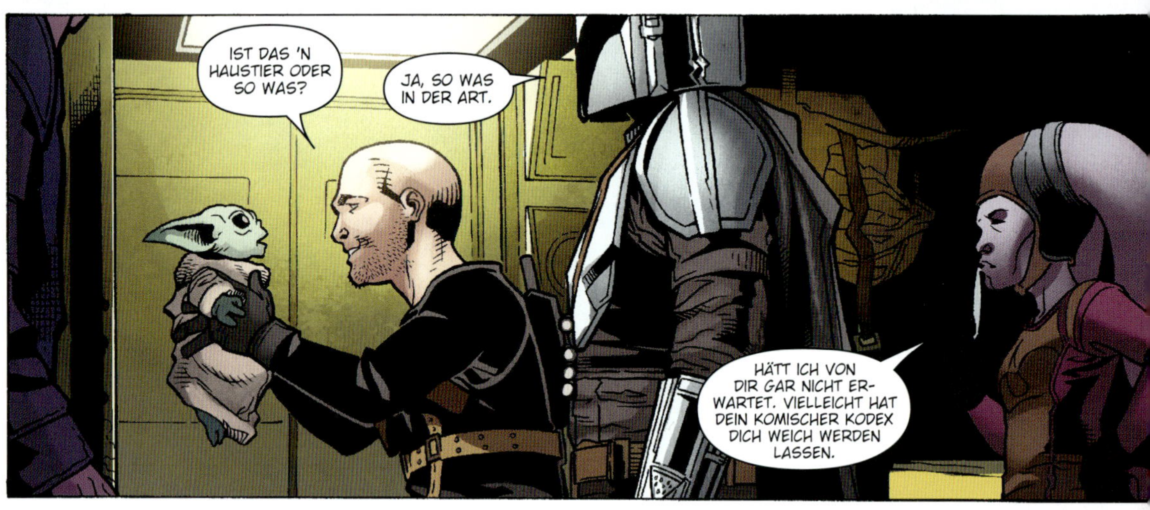
IST DAS 'N HAUSTIER ODER SO WAS?
JA, SO WAS IN DER ART.
HÄTT ICH VON DIR GAR NICHT ERWARTET. VIELLEICHT HAT DEIN KOMISCHER KODEX DICH WEICH WERDEN LASSEN.

ICH HATTE ES NIE SO MIT HAUSTIEREN. BIN DAFÜR NICHT GEMACHT. GEDULD. VERSUCHT HAB ICH'S, ABER ES HAT NIE FUNKTIONIERT. MÖGLICHERWEISE VERSUCH ICH'S NOCH MAL MIT DIESEM KLEINEN KERLCHEN.
VERLASSEN HYPERRAUM ... JETZT.
BEGINNE ANFLUG AUF ZIEL ... JETZT.
TARNE SIGNAL ... JETZT.

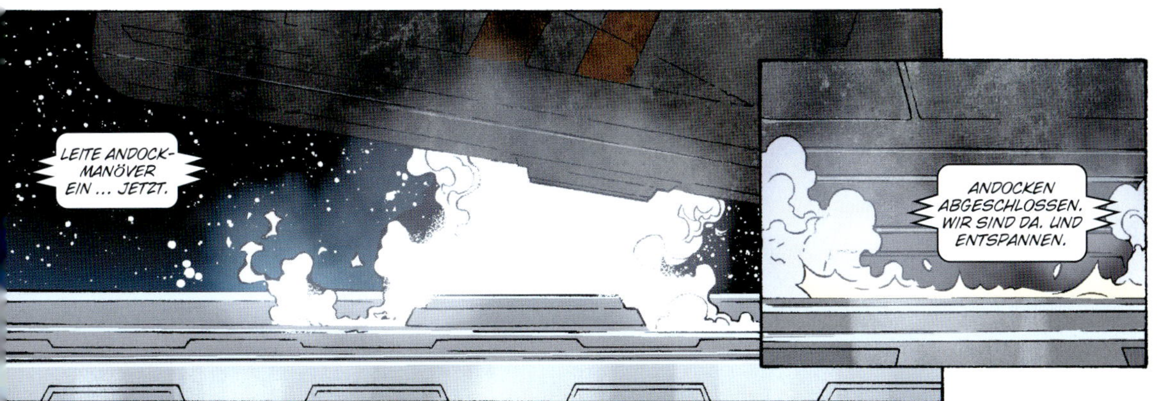
LEITE ANDOCK-MANÖVER EIN ... JETZT.
ANDOCKEN ABGESCHLOSSEN. WIR SIND DA. UND ENTSPANNEN.

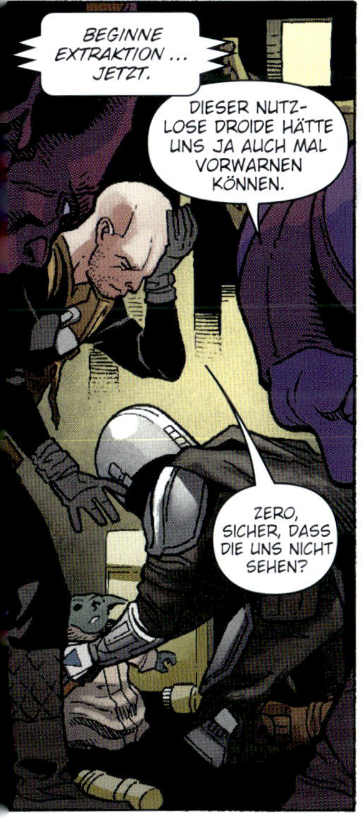
BEGINNE EXTRAKTION ... JETZT.
DIESER NUTZLOSE DROIDE HÄTTE UNS JA AUCH MAL VORWARNEN KÖNNEN.
ZERO, SICHER, DASS DIE UNS NICHT SEHEN?

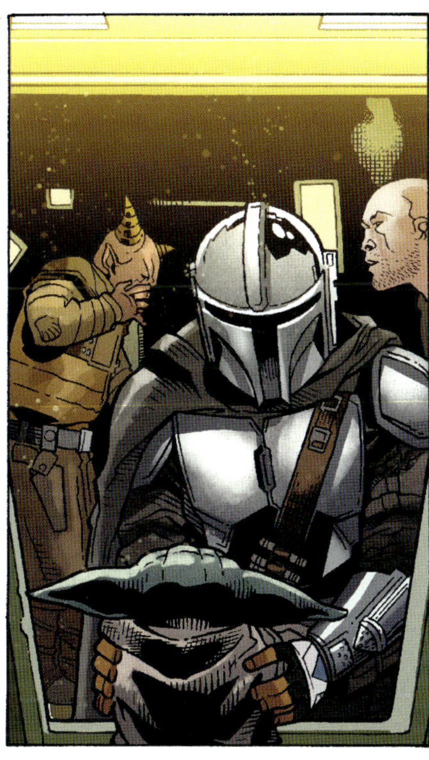

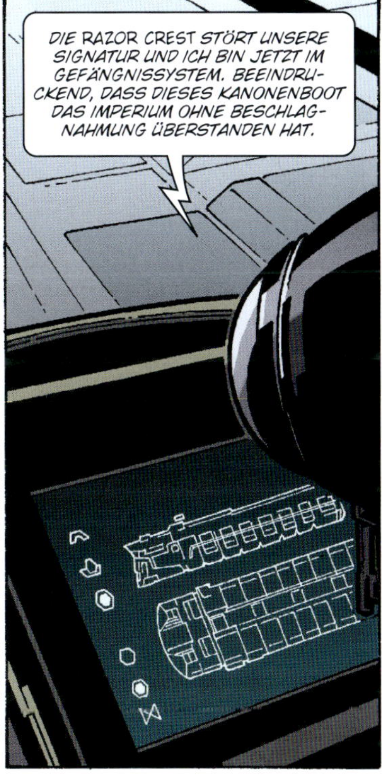
DIE RAZOR CREST STÖRT UNSERE SIGNATUR UND ICH BIN JETZT IM GEFÄNGNISSYSTEM. BEEINDRUCKEND, DASS DIESES KANONENBOOT DAS IMPERIUM OHNE BESCHLAGNAHMUNG ÜBERSTANDEN HAT.

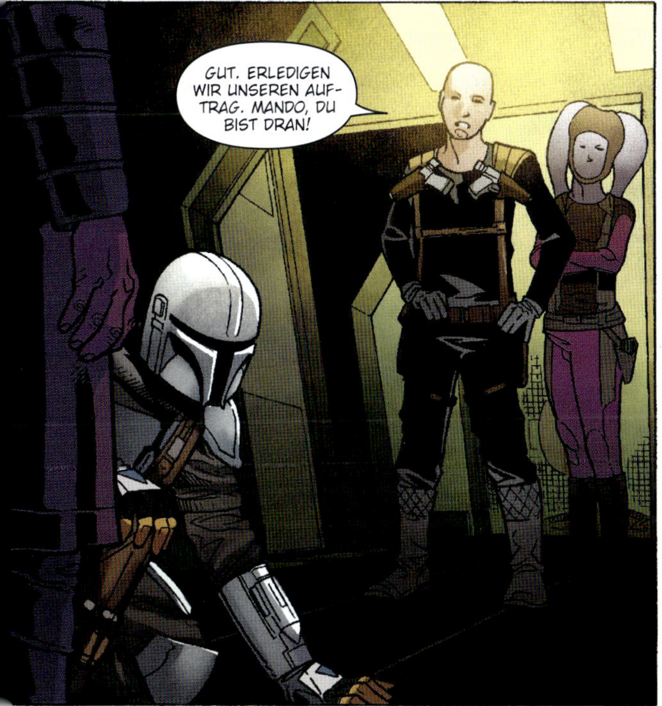
GUT. ERLEDIGEN WIR UNSEREN AUFTRAG. MANDO, DU BIST DRAN!

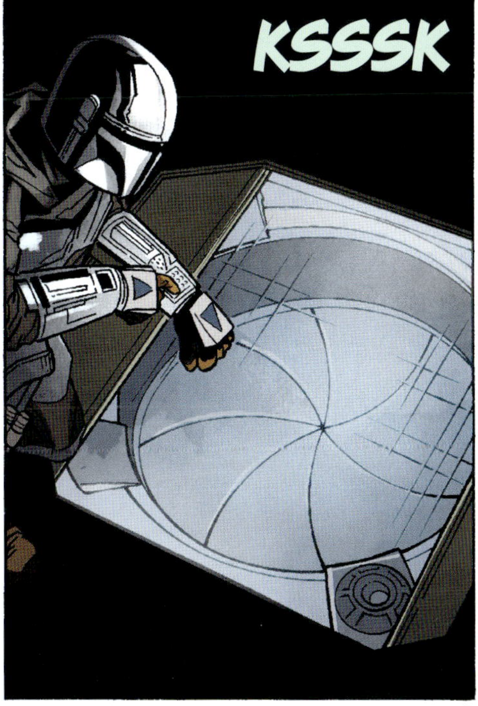
KSSSK

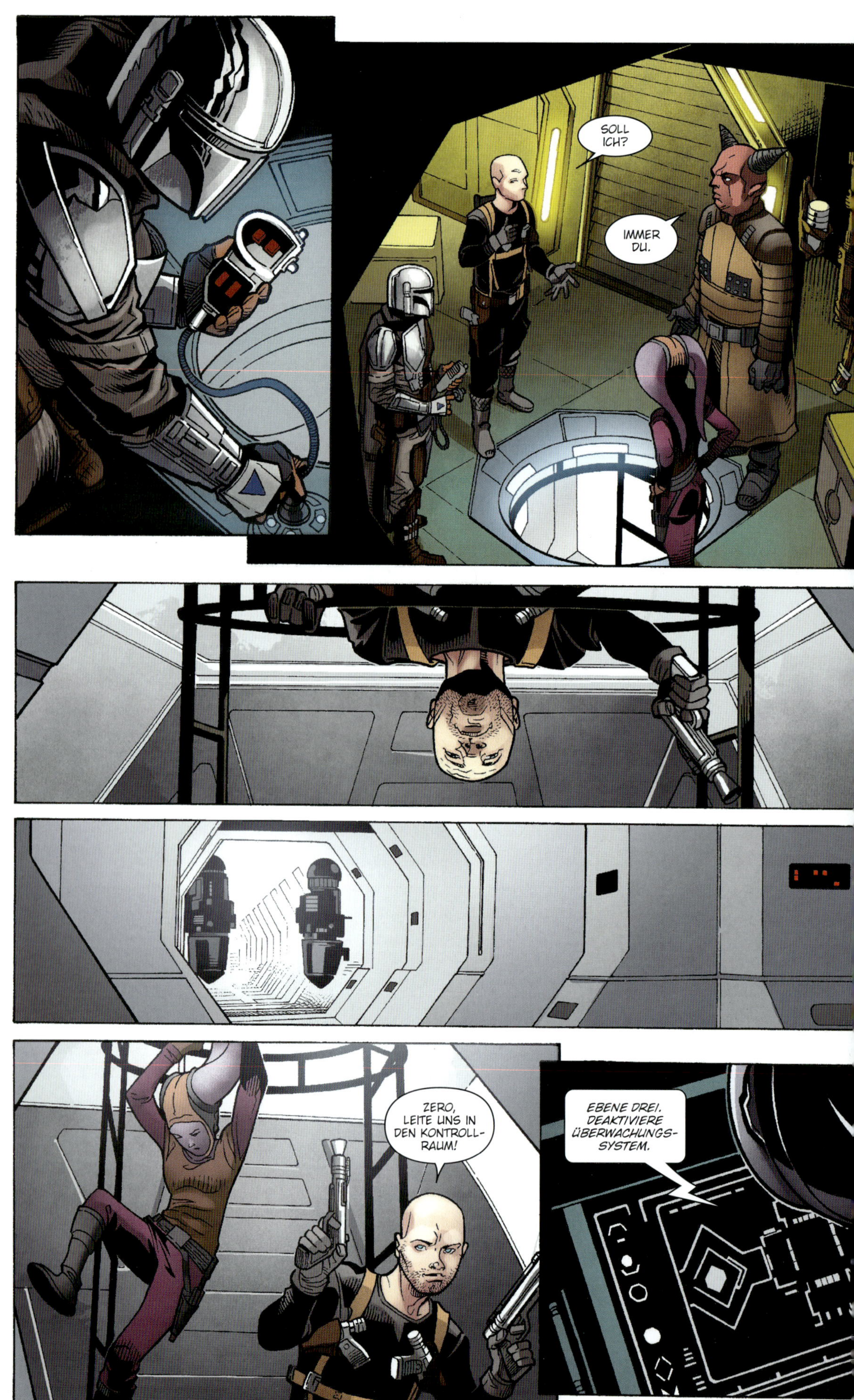
SOLL ICH?
IMMER DU.
ZERO, LEITE UNS IN DEN KONTROLL-RAUM!
EBENE DREI. DEAKTIVIERE ÜBERWACHUNGS-SYSTEM.

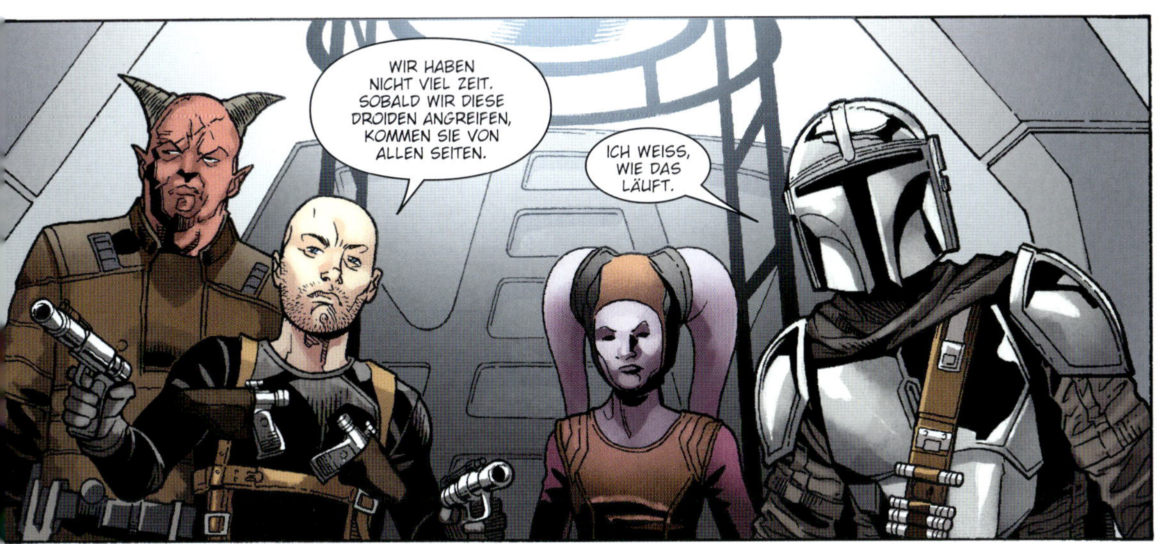
WIR HABEN NICHT VIEL ZEIT. SOBALD WIR DIESE DROIDEN ANGREIFEN, KOMMEN SIE VON ALLEN SEITEN.
ICH WEISS, WIE DAS LÄUFT.

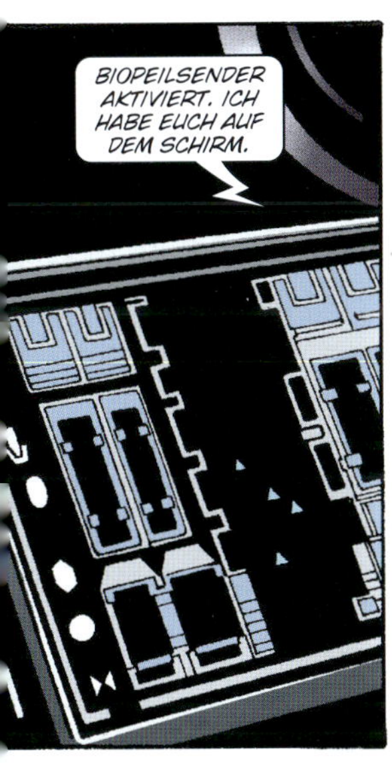
BIOPEILSENDER AKTIVIERT. ICH HABE EUCH AUF DEM SCHIRM.

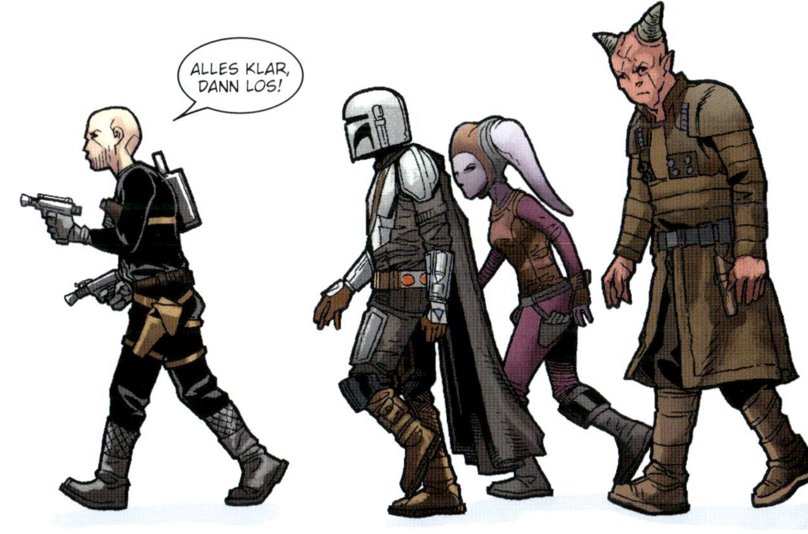
ALLES KLAR, DANN LOS!

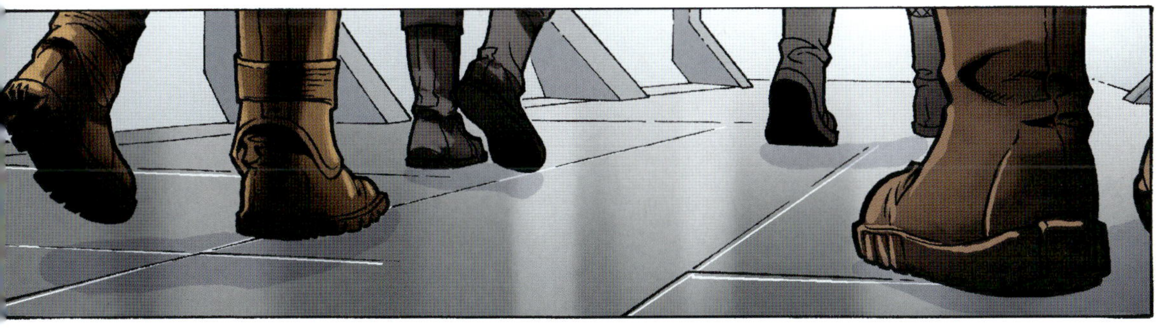

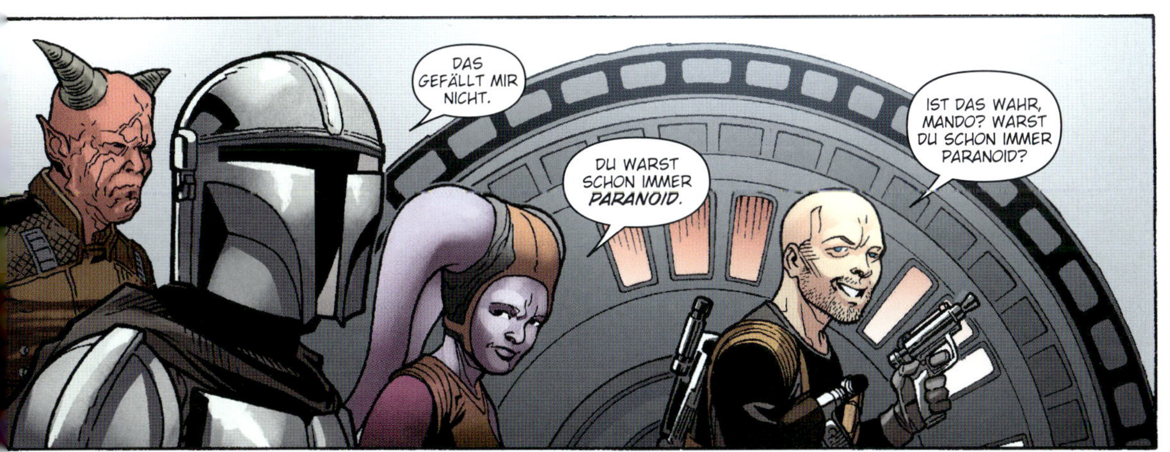
DAS GEFÄLLT MIR NICHT.
DU WARST SCHON IMMER PARANOID.
IST DAS WAHR, MANDO? WARST DU SCHON IMMER PARANOID?

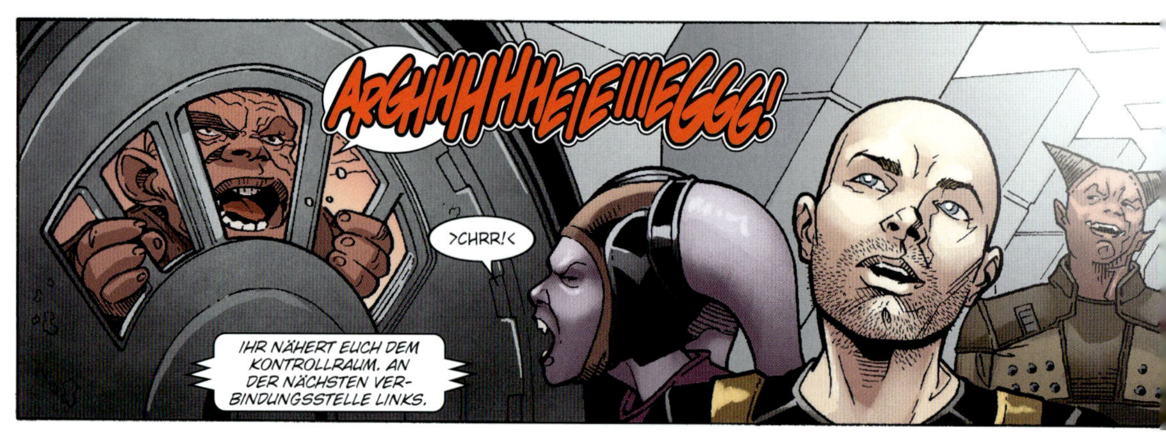
ARGHHHHHEIEIIIIEGGG!
>CHRR!<
IHR NÄHERT EUCH DEM KONTROLLRAUM. AN DER NÄCHSTEN VERBINDUNGSSTELLE LINKS.
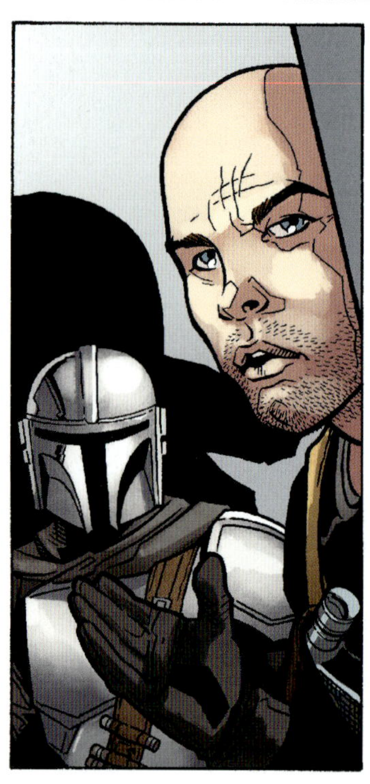
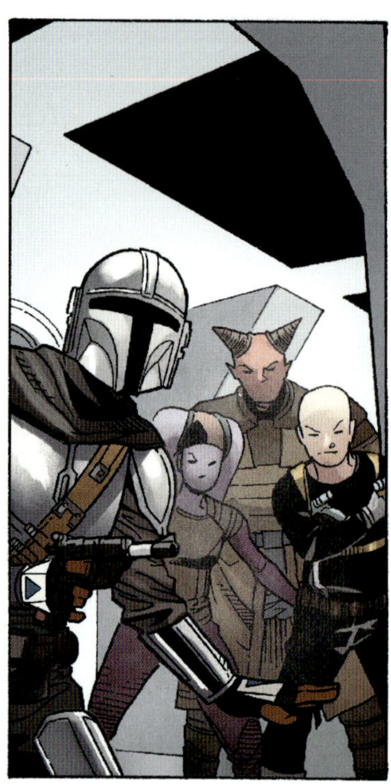
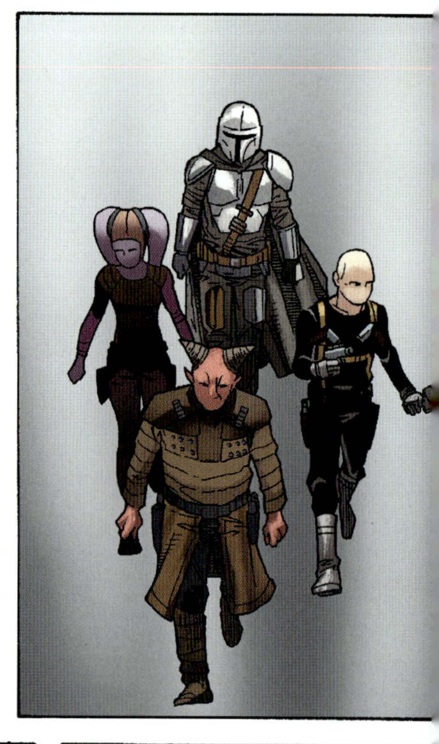
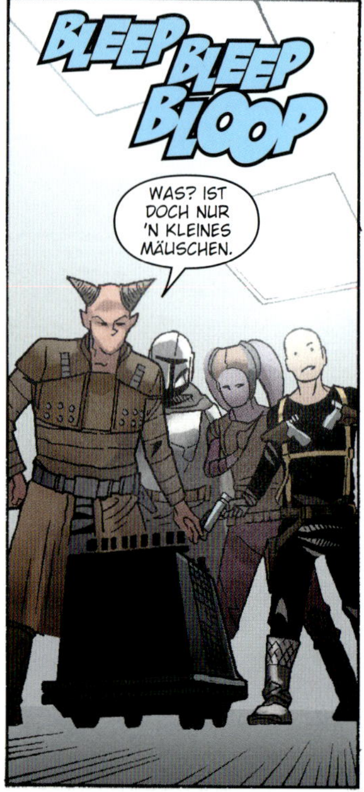
BLEEP BLEEP BLOOP
WAS? IST DOCH NUR 'N KLEINES MÄUSCHEN.
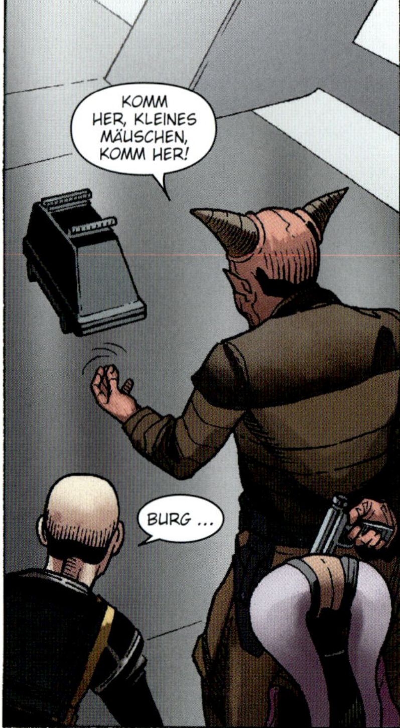
KOMM HER, KLEINES MÄUSCHEN, KOMM HER!
BURG ...
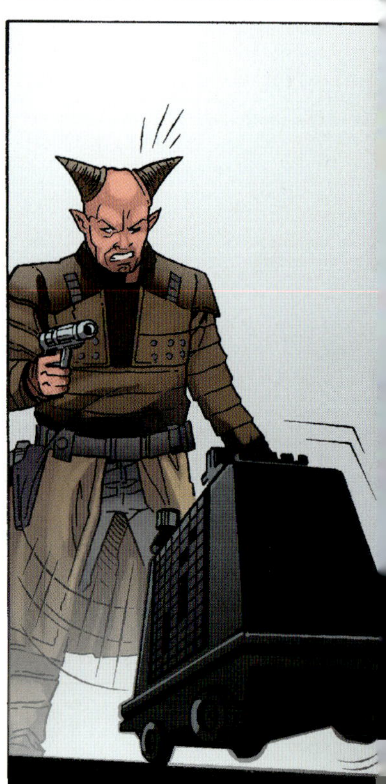

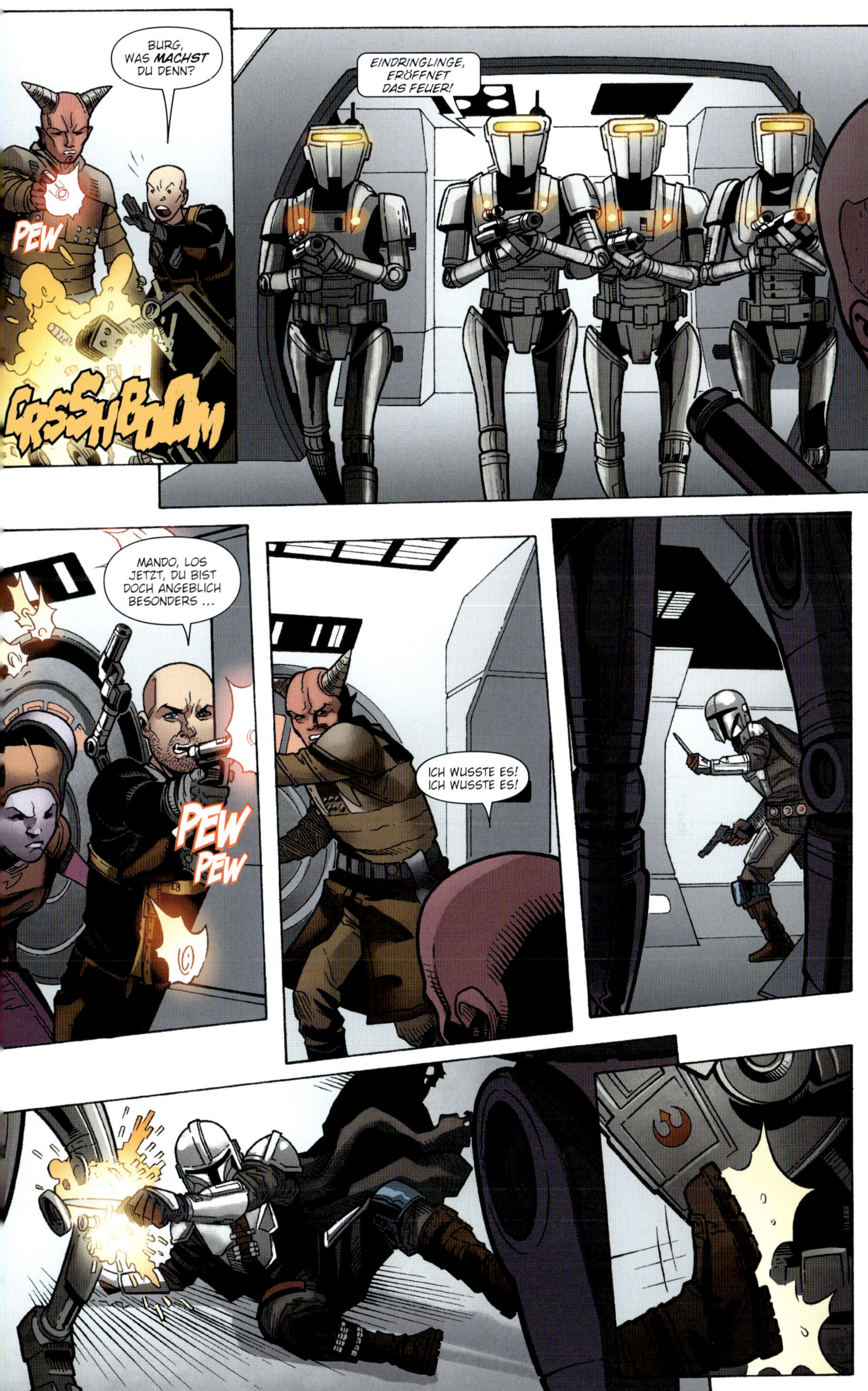
BURG, WAS MACHST DU DENN?
PEW
CRSSHBOOM
EINDRINGLINGE, ERÖFFNET DAS FEUER!
MANDO, LOS JETZT, DU BIST DOCH ANGEBLICH BESONDERS ...
PEW PEW
ICH WUSSTE ES! ICH WUSSTE ES!

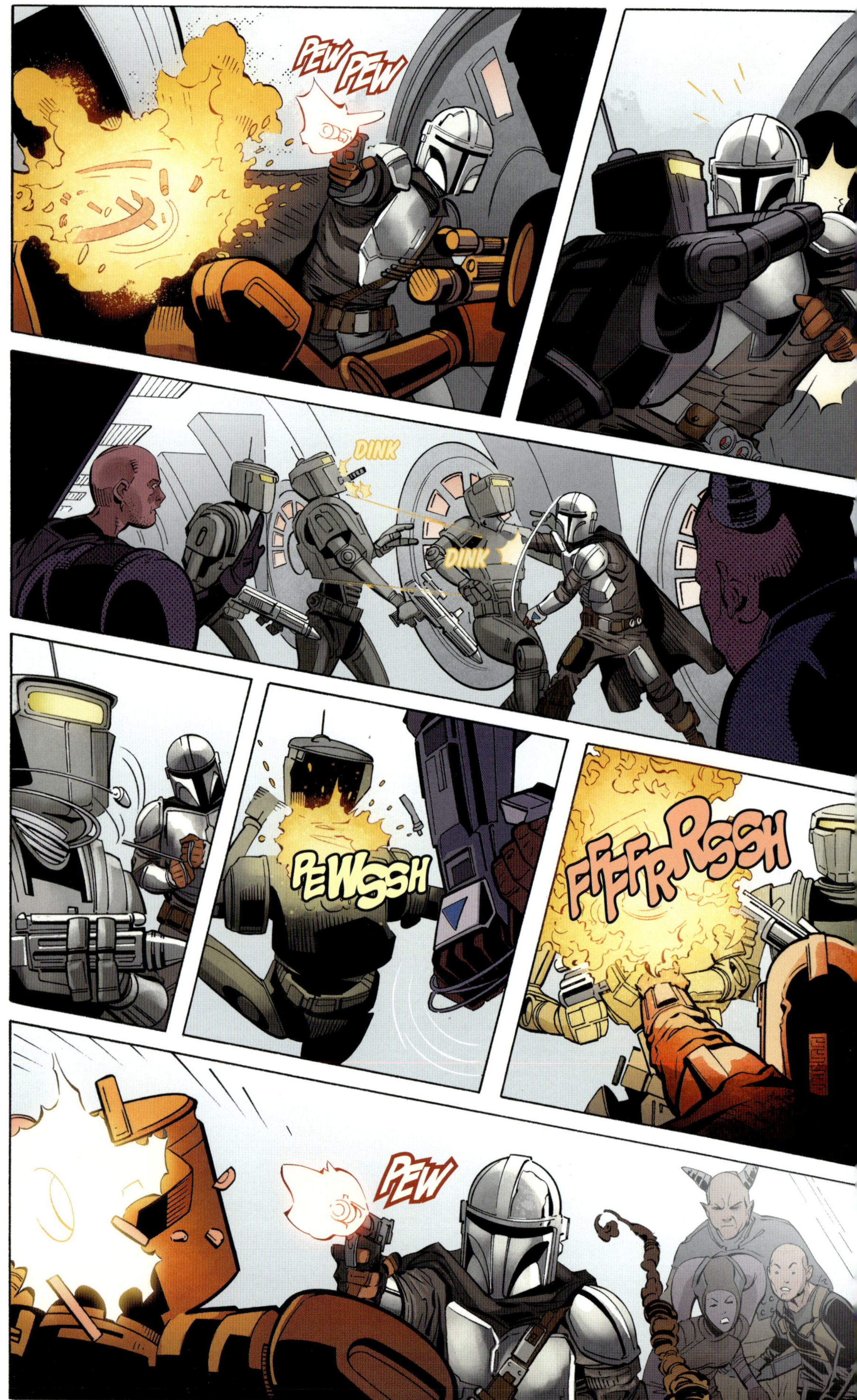
PEW PEW
DINK
DINK
PEWSSH
FFFFRRRSSH
PEW

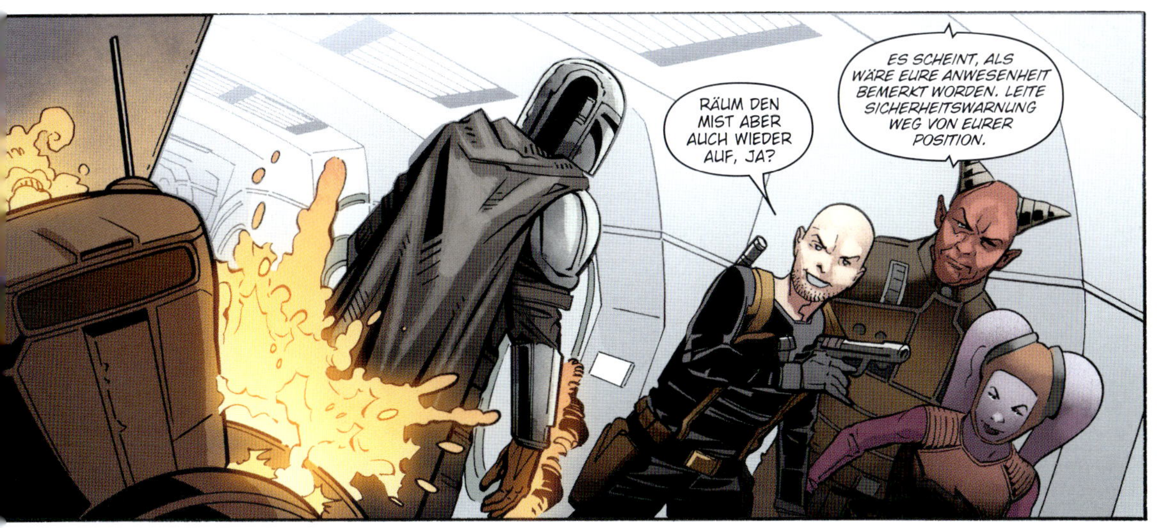
RÄUM DEN MIST ABER AUCH WIEDER AUF, JA?
ES SCHEINT, ALS WÄRE EURE ANWESENHEIT BEMERKT WORDEN. LEITE SICHERHEITSWARNUNG WEG VON EURER POSITION.

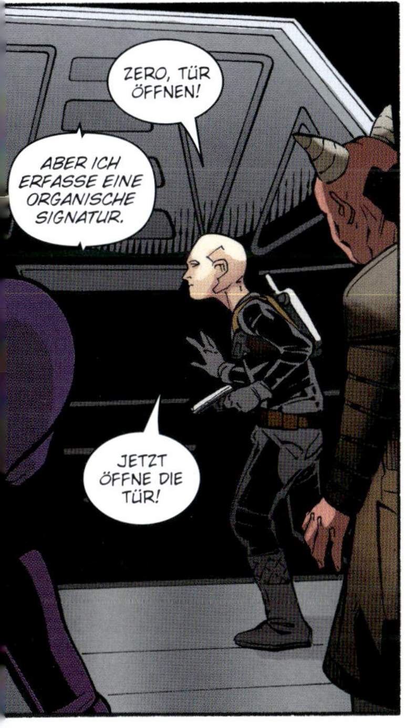
ZERO, TÜR ÖFFNEN!
ABER ICH ERFASSE EINE ORGANISCHE SIGNATUR.
JETZT ÖFFNE DIE TÜR!

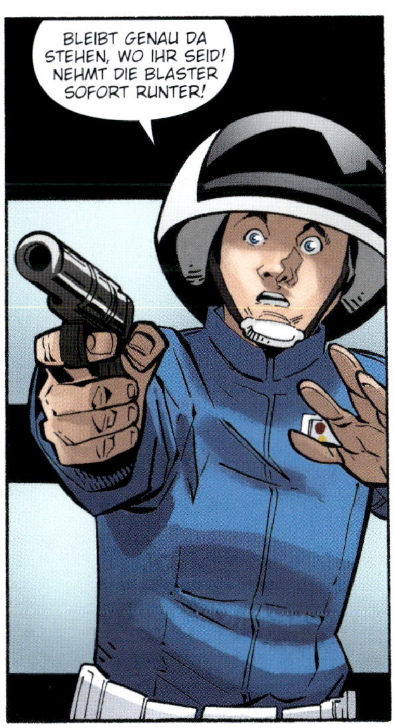
BLEIBT GENAU DA STEHEN, WO IHR SEID! NEHMT DIE BLASTER SOFORT RUNTER!

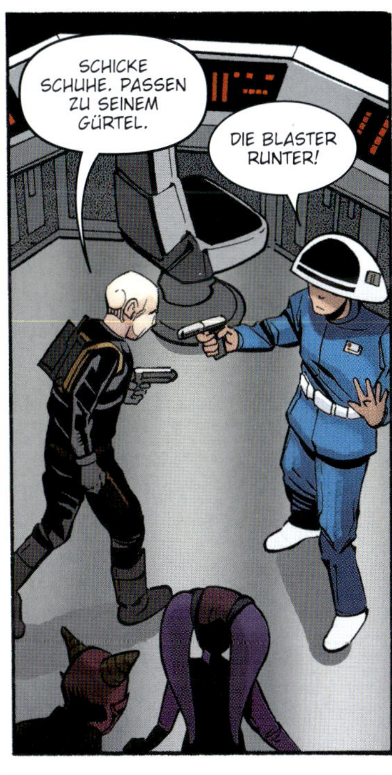
SCHICKE SCHUHE. PASSEN ZU SEINEM GÜRTEL.
DIE BLASTER RUNTER!

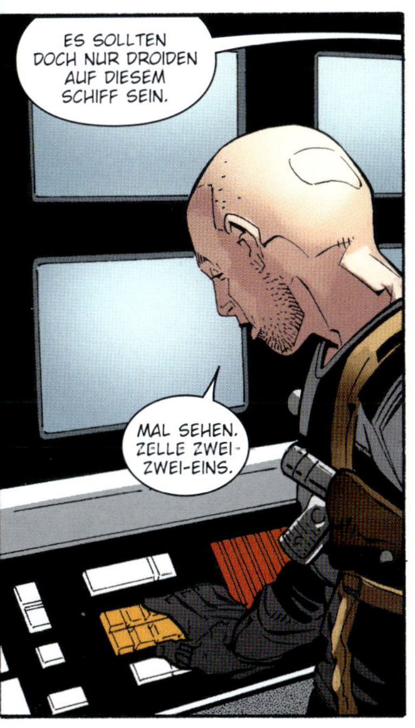
ES SOLLTEN DOCH NUR DROIDEN AUF DIESEM SCHIFF SEIN.
MAL SEHEN. ZELLE ZWEI-ZWEI-EINS.

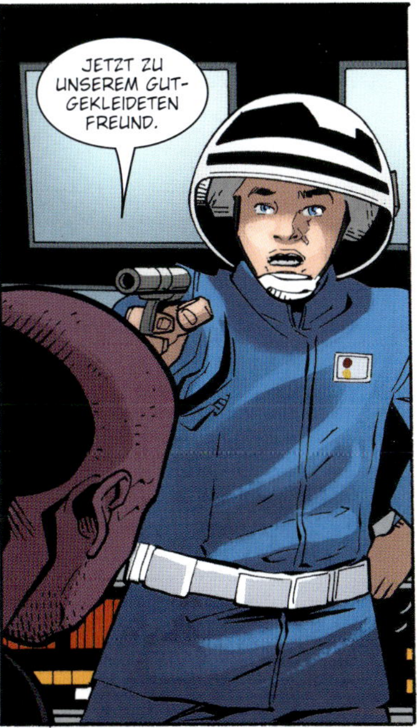
JETZT ZU UNSEREM GUT-GEKLEIDETEN FREUND.

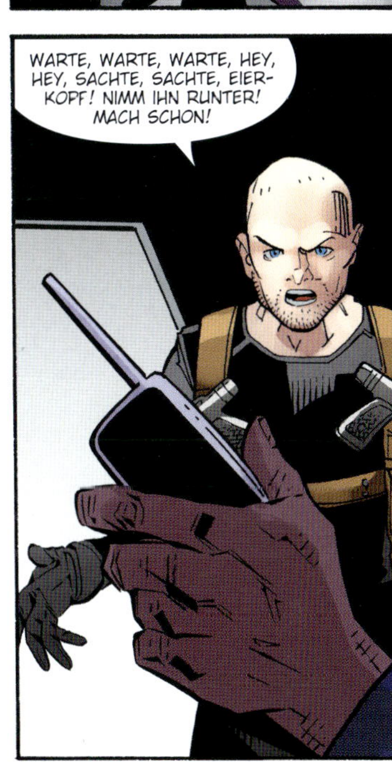
WARTE, WARTE, WARTE, HEY, HEY, SACHTE, SACHTE, EIER-KOPF! NIMM IHN RUNTER! MACH SCHON!

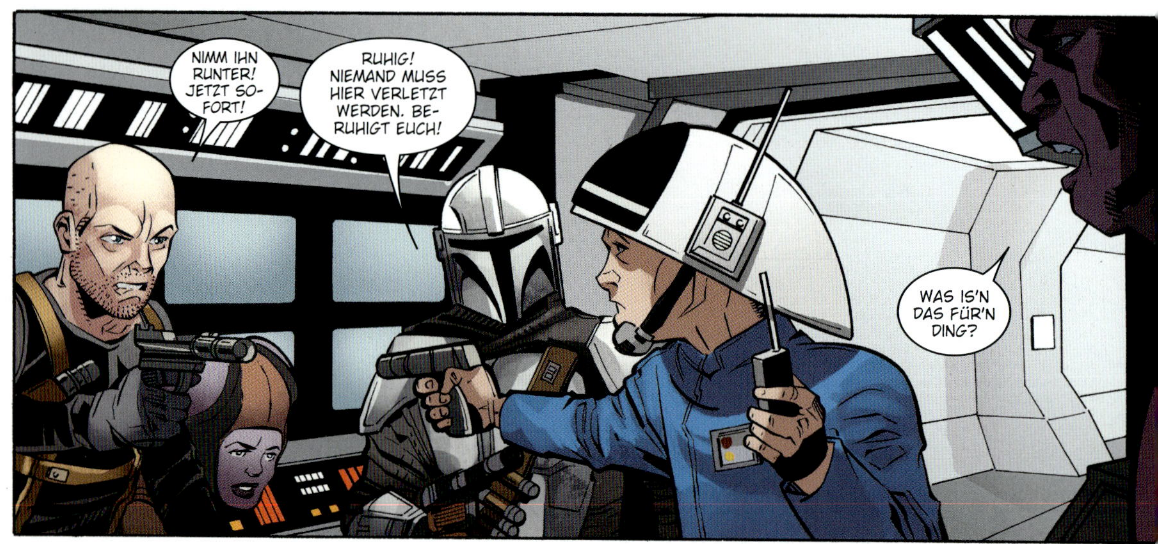
NIMM IHN RUNTER! JETZT SOFORT!
RUHIG! NIEMAND MUSS HIER VERLETZT WERDEN. BERUHIGT EUCH!
WAS IS'N DAS FÜR'N DING?

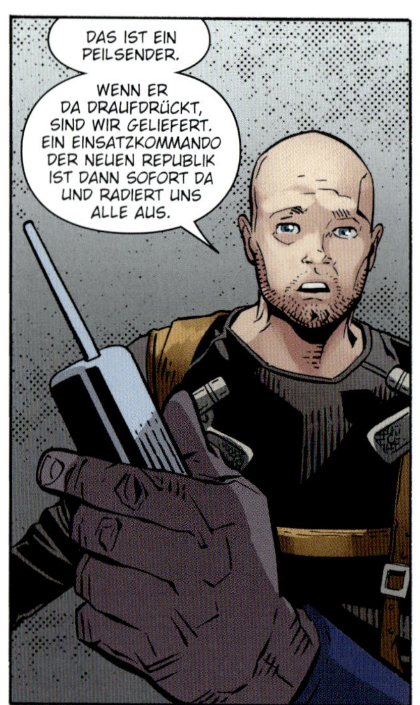
DAS IST EIN PEILSENDER.
WENN ER DA DRAUFDRÜCKT, SIND WIR GELIEFERT. EIN EINSATZKOMMANDO DER NEUEN REPUBLIK IST DANN SOFORT DA UND RADIERT UNS ALLE AUS.

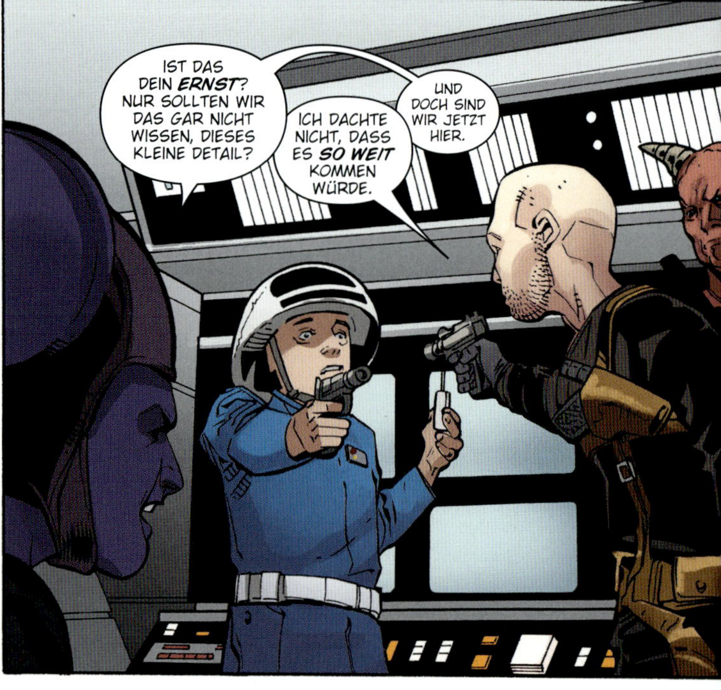
IST DAS DEIN ERNST? NUR SOLLTEN WIR DAS GAR NICHT WISSEN, DIESES KLEINE DETAIL?
UND DOCH SIND WIR JETZT HIER.
ICH DACHTE NICHT, DASS ES SO WEIT KOMMEN WÜRDE.

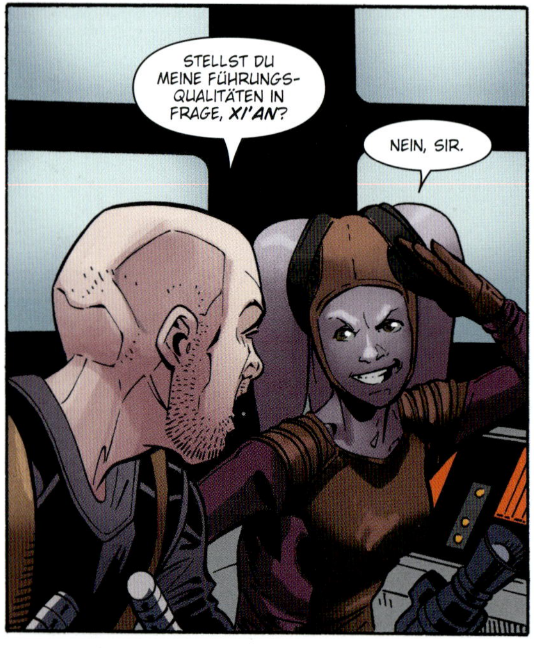
STELLST DU MEINE FÜHRUNGSQUALITÄTEN IN FRAGE, XI'AN?
NEIN, SIR.

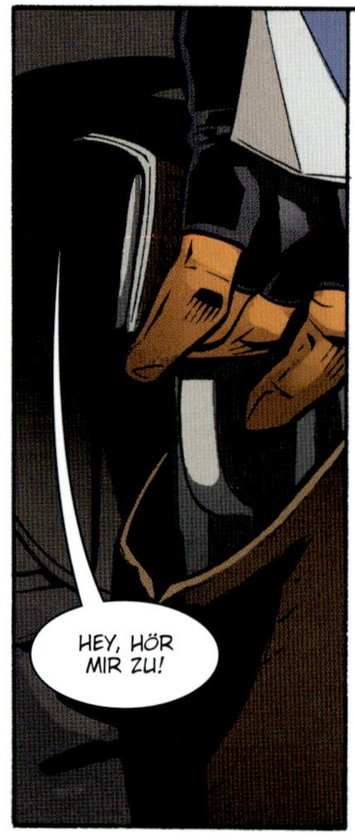
HEY, HÖR MIR ZU!

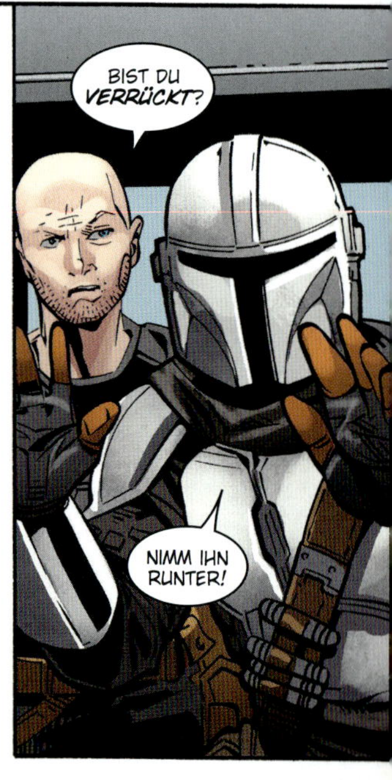
BIST DU VERRÜCKT?
NIMM IHN RUNTER!

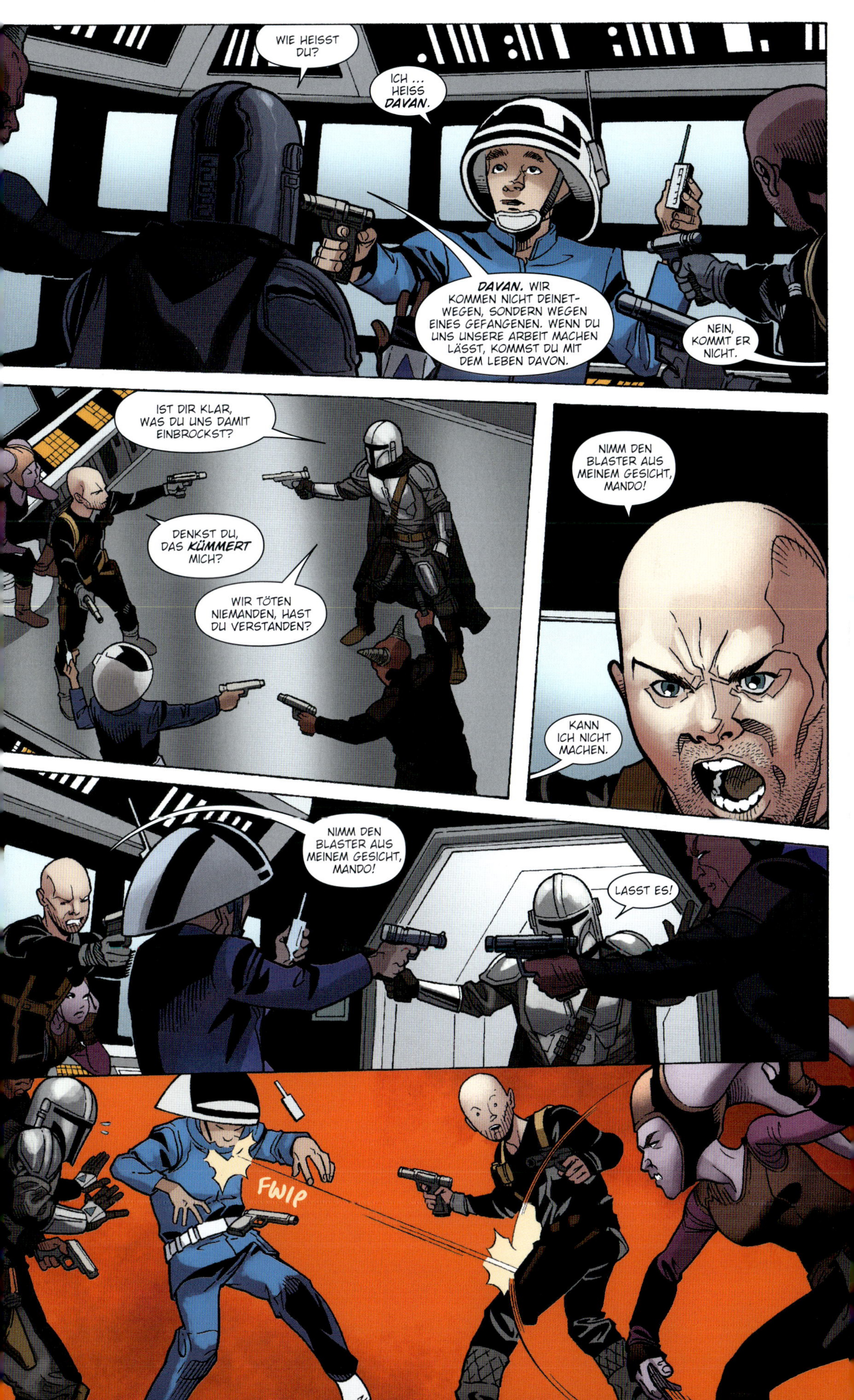
WIE HEISST DU?
ICH ... HEISS DAVAN.
DAVAN. WIR KOMMEN NICHT DEINETWEGEN, SONDERN WEGEN EINES GEFANGENEN. WENN DU UNS UNSERE ARBEIT MACHEN LÄSST, KOMMST DU MIT DEM LEBEN DAVON.
NEIN, KOMMT ER NICHT.
IST DIR KLAR, WAS DU UNS DAMIT EINBROCKST?
DENKST DU, DAS KÜMMERT MICH?
WIR TÖTEN NIEMANDEN, HAST DU VERSTANDEN?
NIMM DEN BLASTER AUS MEINEM GESICHT, MANDO!
KANN ICH NICHT MACHEN.
NIMM DEN BLASTER AUS MEINEM GESICHT, MANDO!
LASST ES!
FWIP

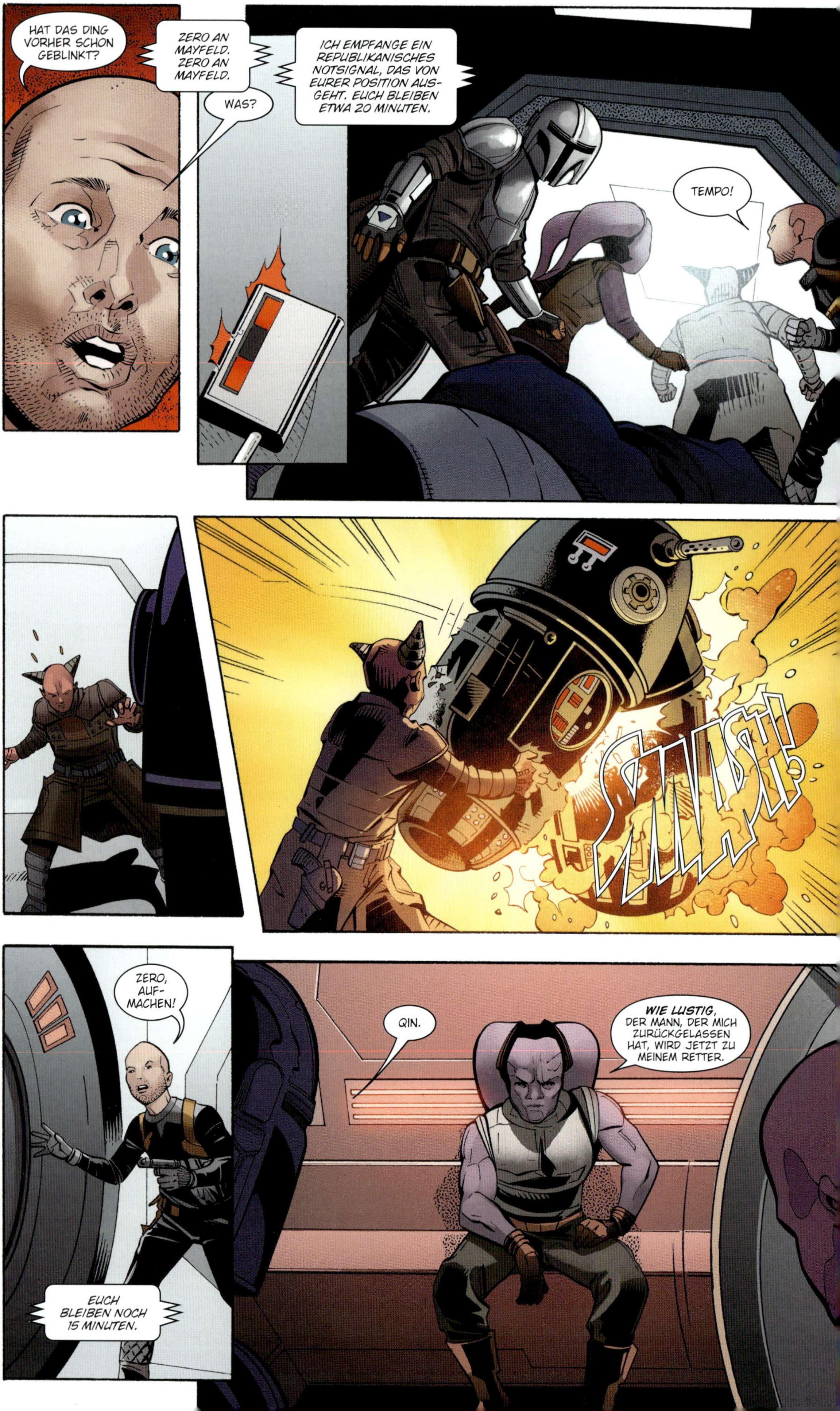

HAT DAS DING VORHER SCHON GEBLINKT?
ZERO AN MAYFELD. ZERO AN MAYFELD.
WAS?
ICH EMPFANGE EIN REPUBLIKANISCHES NOTSIGNAL, DAS VON EURER POSITION AUSGEHT. EUCH BLEIBEN ETWA 20 MINUTEN.
TEMPO!

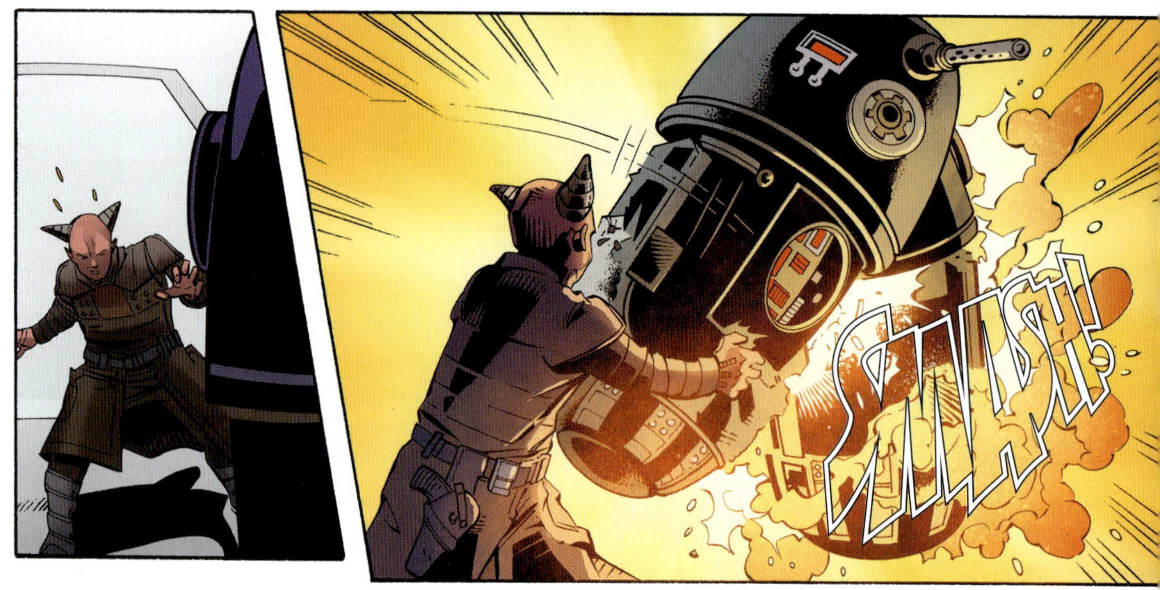

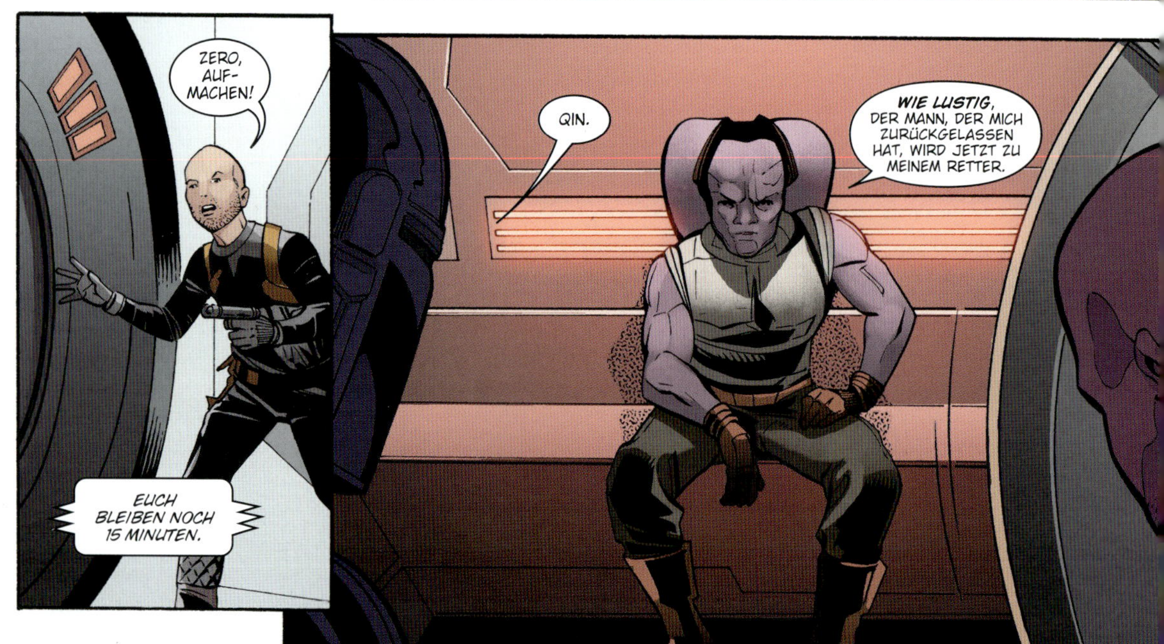

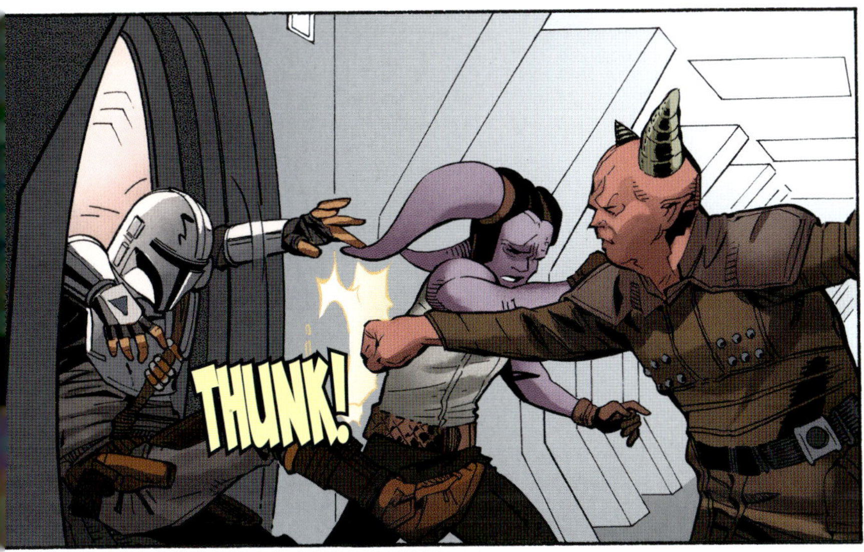
THUNK!

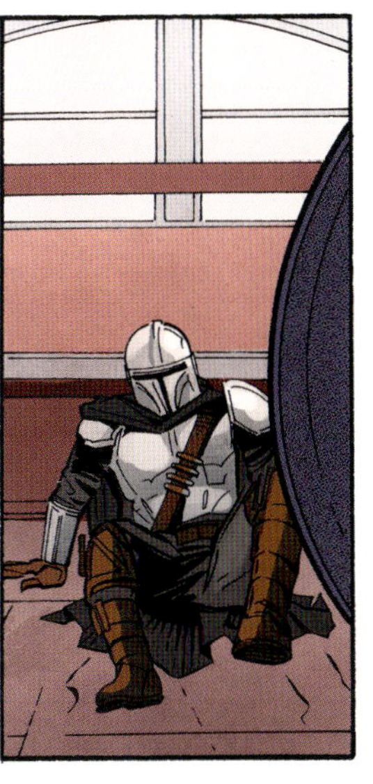

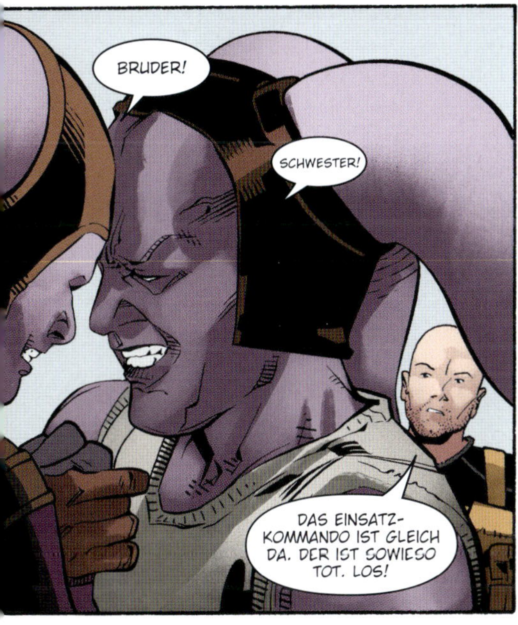
BRUDER!
SCHWESTER!
DAS EINSATZ-KOMMANDO IST GLEICH DA. DER IST SOWIESO TOT. LOS!

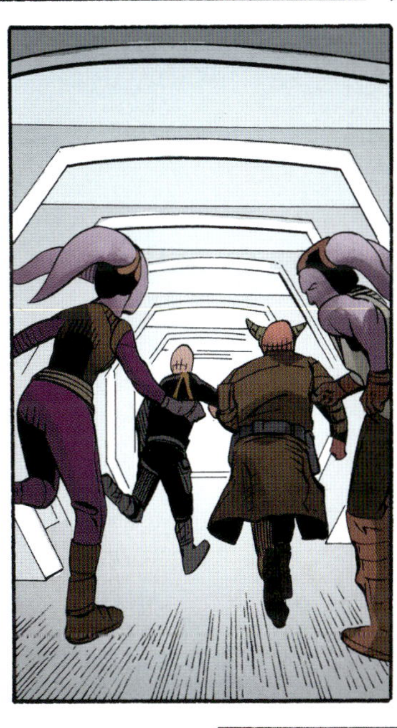

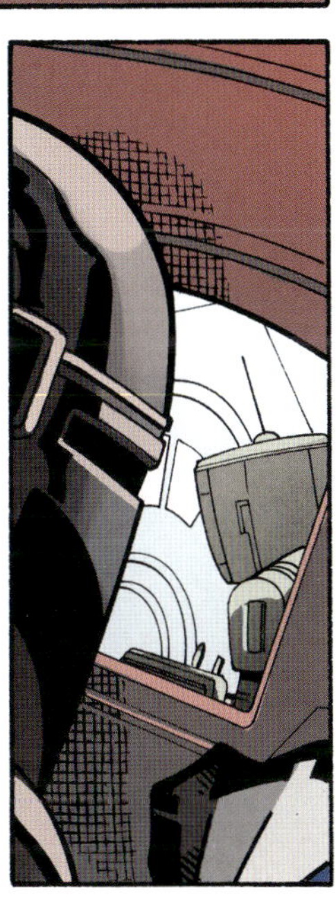

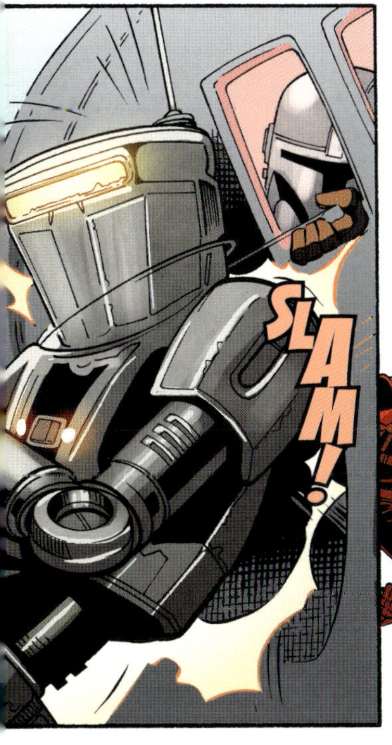
SLAM!

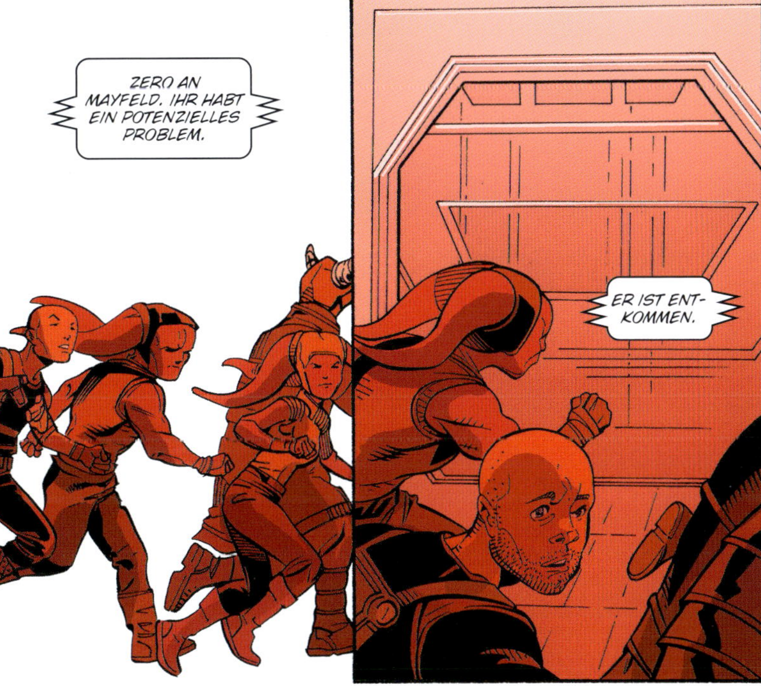
ZERO AN MAYFELD. IHR HABT EIN POTENZIELLES PROBLEM.
ER IST ENT-KOMMEN.

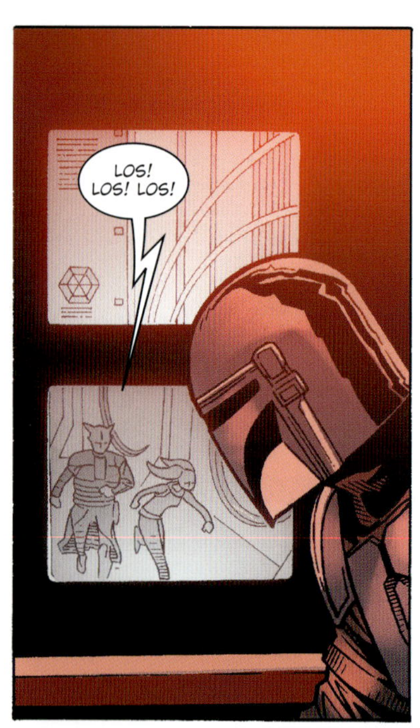
LOS!
LOS! LOS!

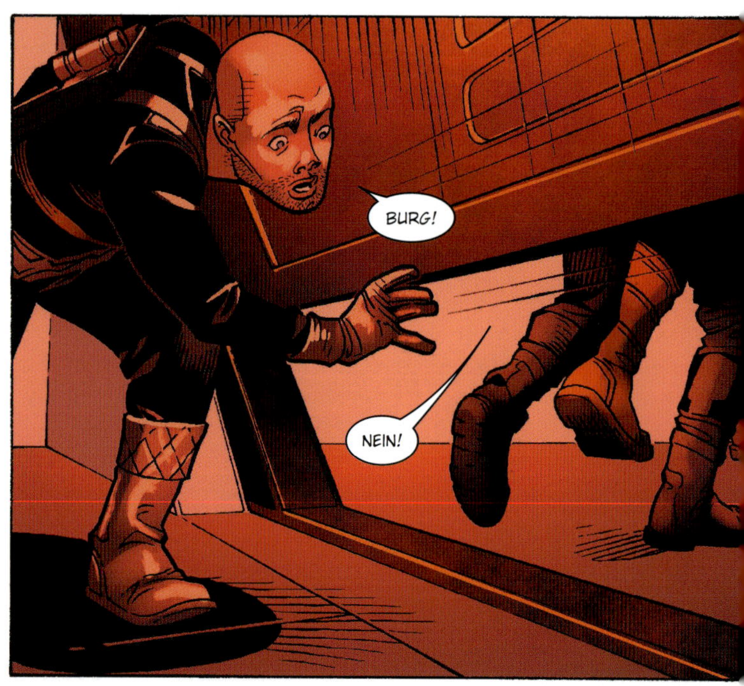
BURG!
NEIN!

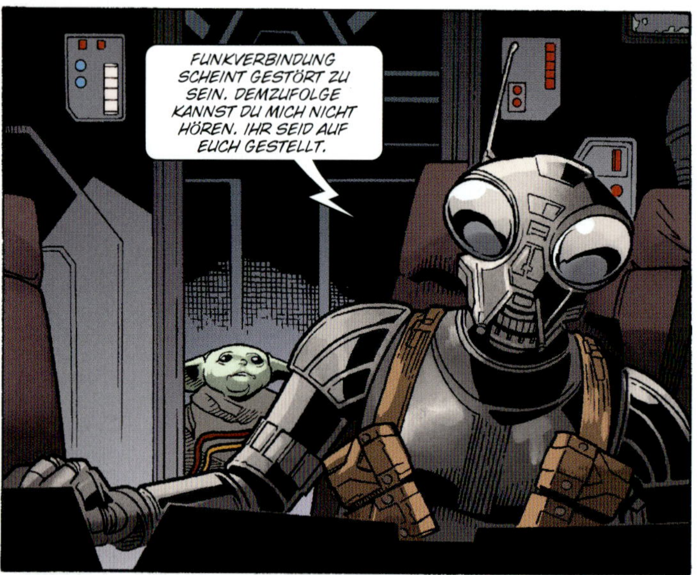
FUNKVERBINDUNG SCHEINT GESTÖRT ZU SEIN. DEMZUFOLGE KANNST DU MICH NICHT HÖREN. IHR SEID AUF EUCH GESTELLT.

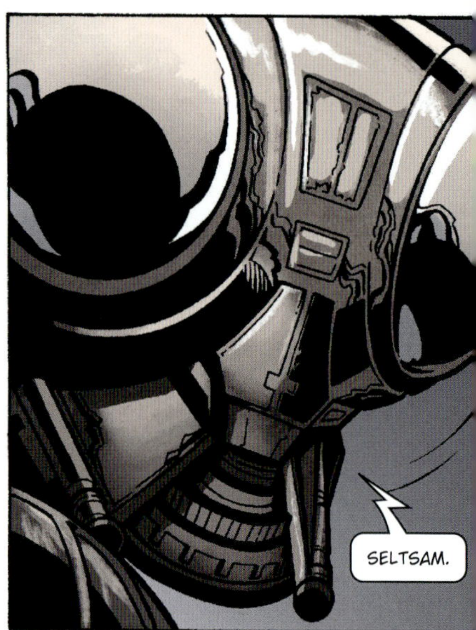
SELTSAM.

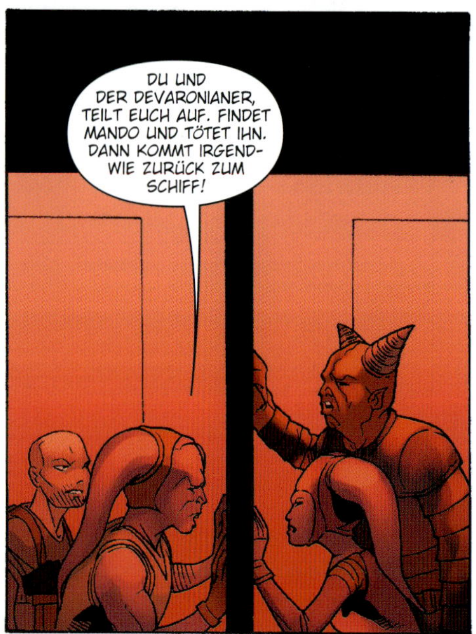
DU UND DER DEVARONIANER, TEILT EUCH AUF. FINDET MANDO UND TÖTET IHN. DANN KOMMT IRGENDWIE ZURÜCK ZUM SCHIFF!

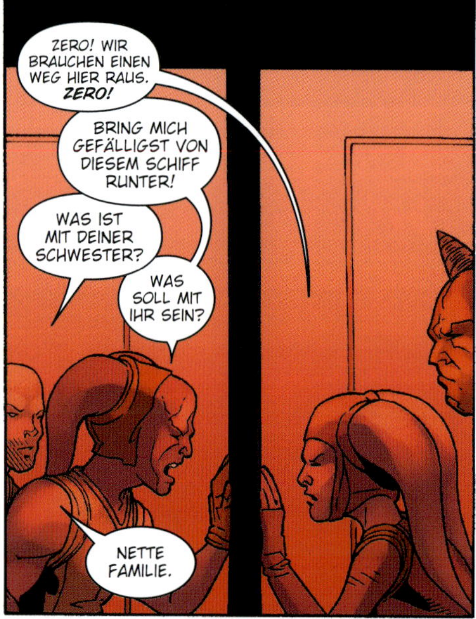
ZERO! WIR BRAUCHEN EINEN WEG HIER RAUS. ZERO!
BRING MICH GEFÄLLIGST VON DIESEM SCHIFF RUNTER!
WAS IST MIT DEINER SCHWESTER?
WAS SOLL MIT IHR SEIN?
NETTE FAMILIE.

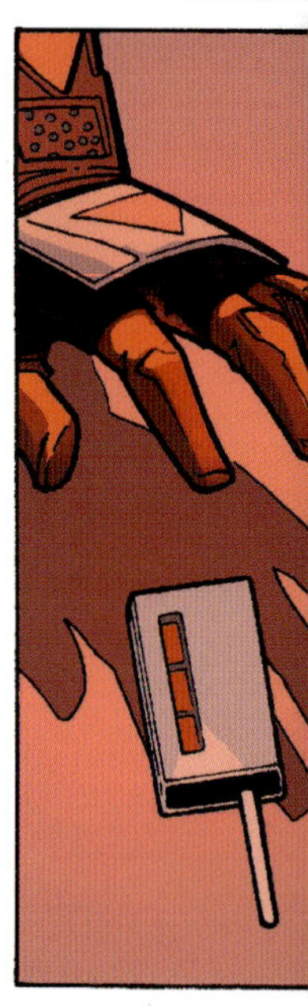

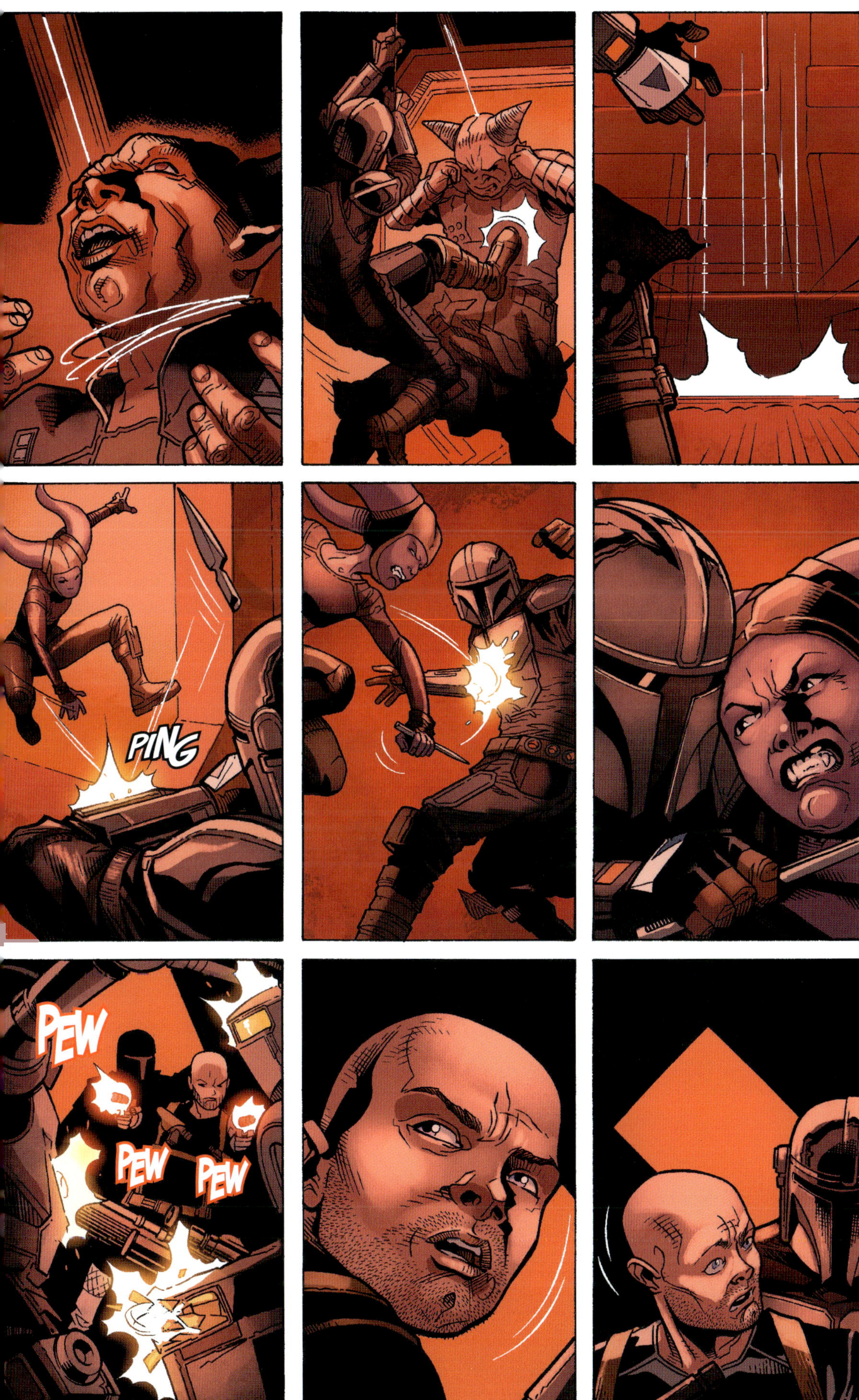

PING
PEW
PEW
PEW

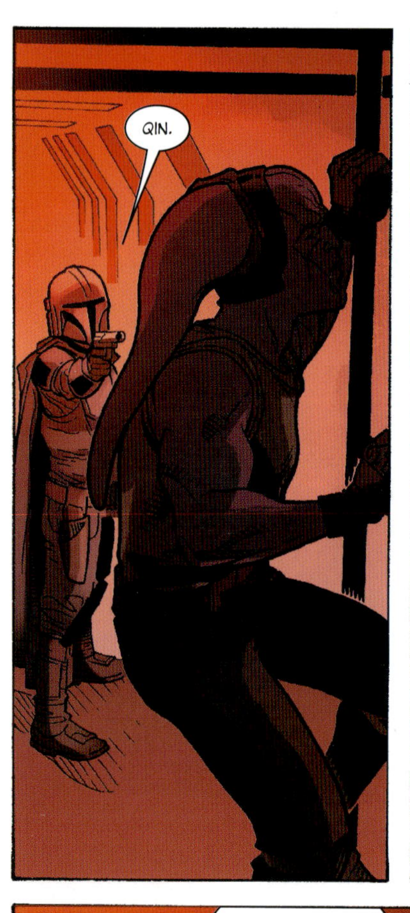
QIN.

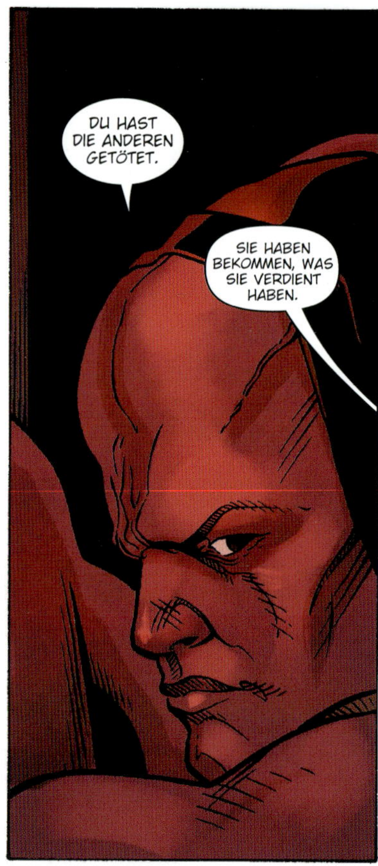
DU HAST DIE ANDEREN GETÖTET.
SIE HABEN BEKOMMEN, WAS SIE VERDIENT HABEN.

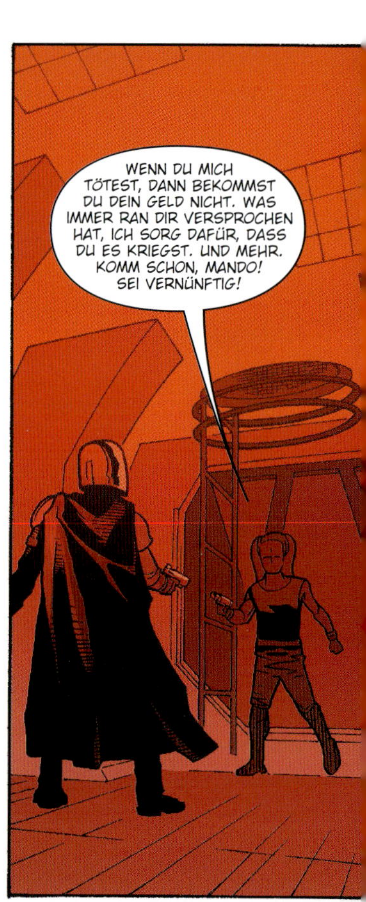
WENN DU MICH TÖTEST, DANN BEKOMMST DU DEIN GELD NICHT. WAS IMMER RAN DIR VERSPROCHEN HAT, ICH SORG DAFÜR, DASS DU ES KRIEGST. UND MEHR. KOMM SCHON, MANDO! SEI VERNÜNFTIG!

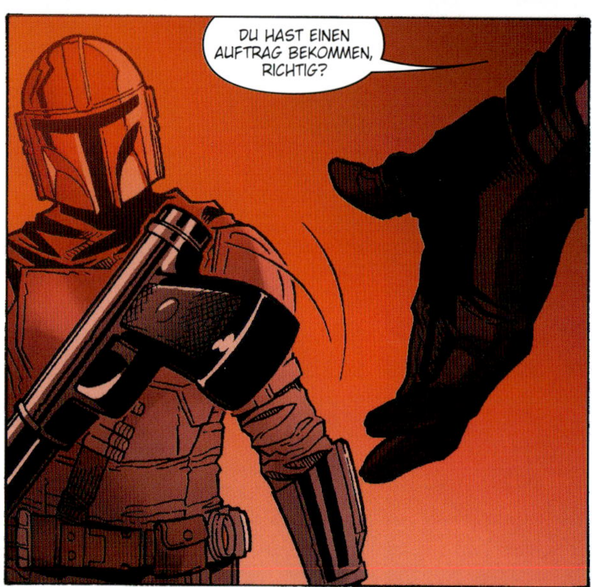
DU HAST EINEN AUFTRAG BEKOMMEN, RICHTIG?

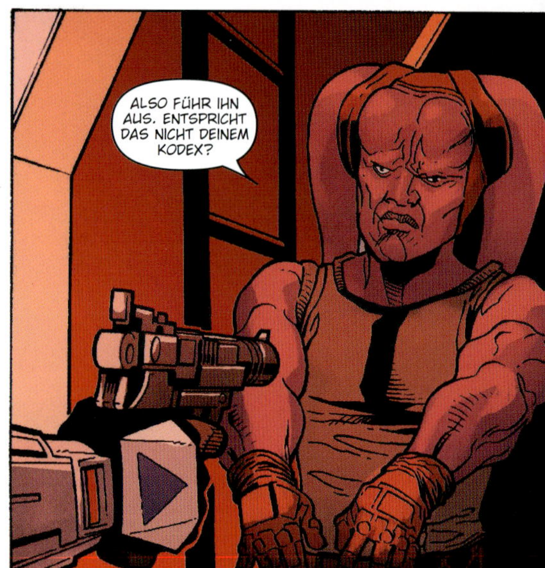
ALSO FÜHR IHN AUS. ENTSPRICHT DAS NICHT DEINEM KODEX?

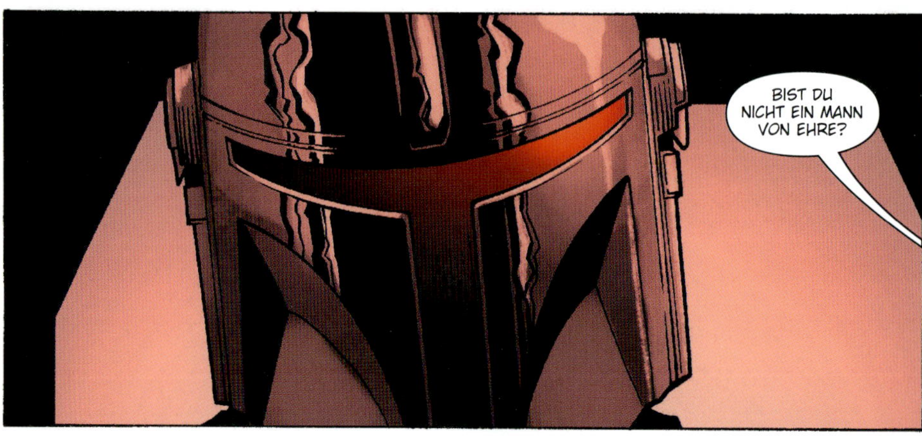
BIST DU NICHT EIN MANN VON EHRE?

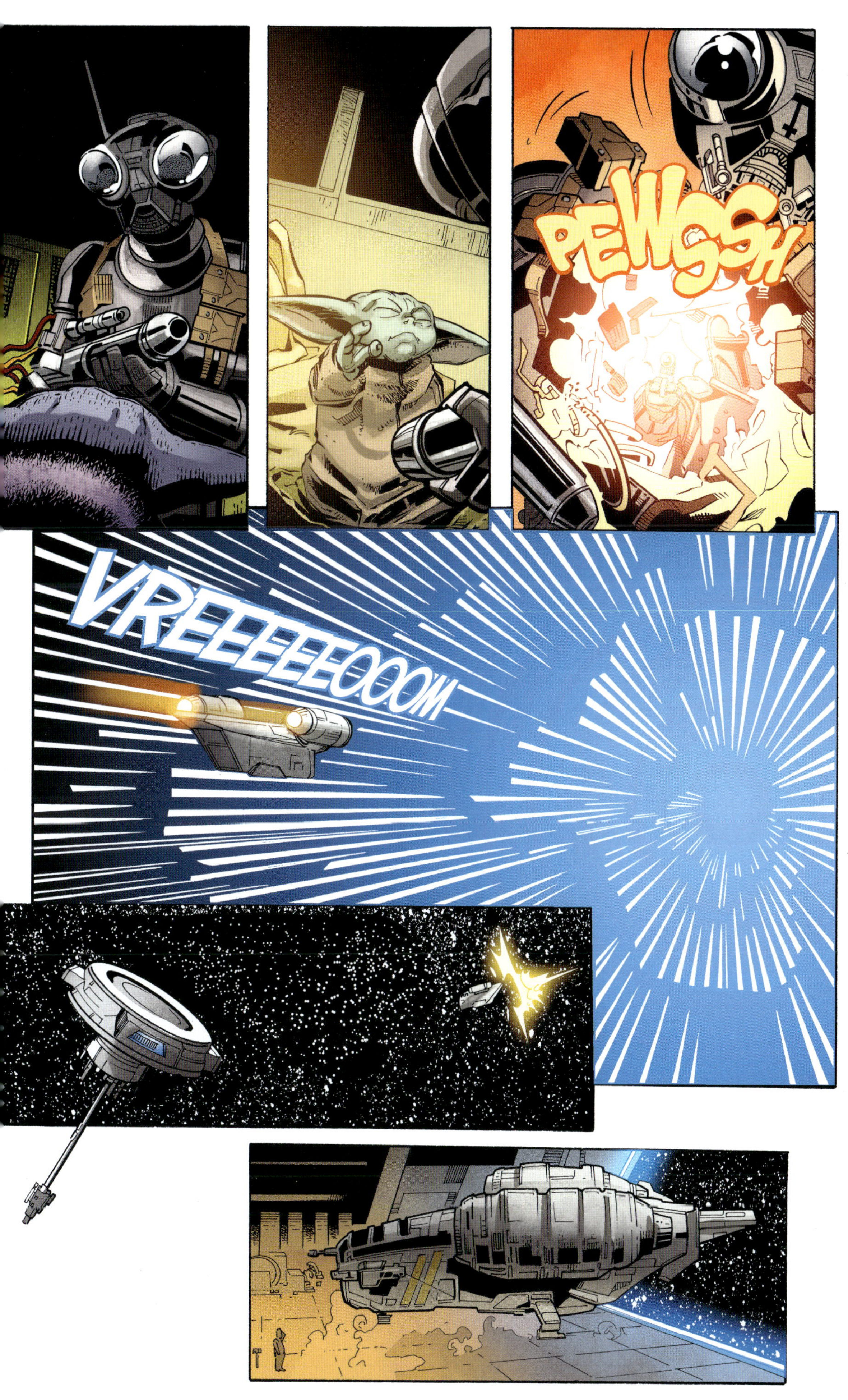
PEWSSH
VREEEEEEOOOM

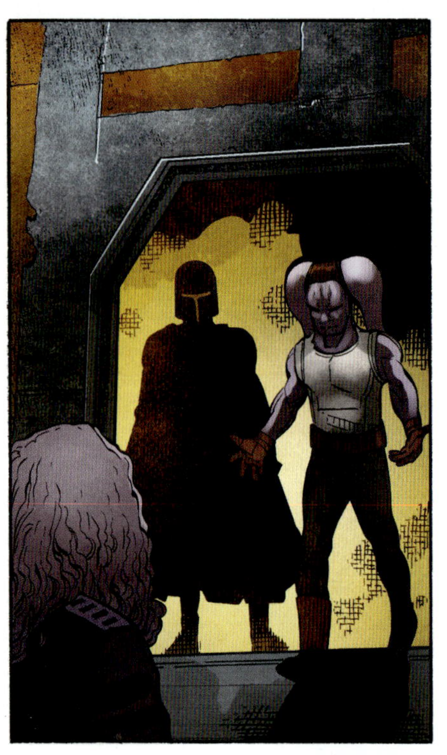
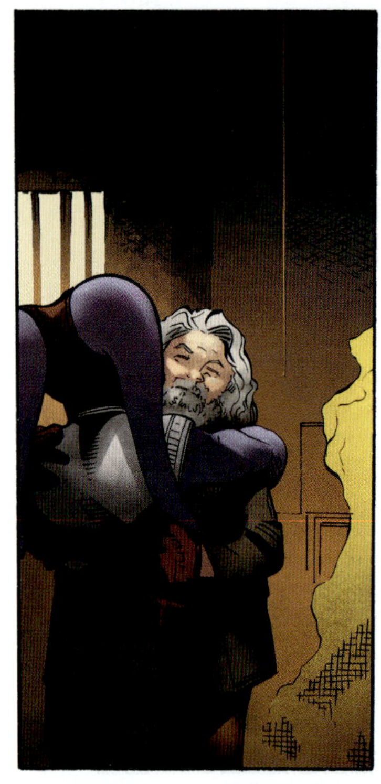
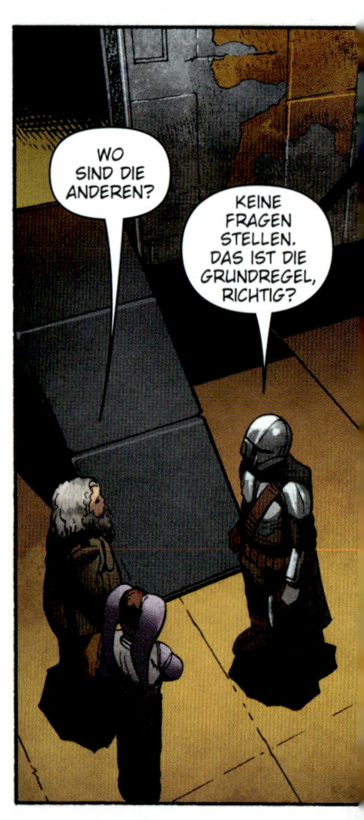
WO SIND DIE ANDEREN?
KEINE FRAGEN STELLEN. DAS IST DIE GRUNDREGEL, RICHTIG?
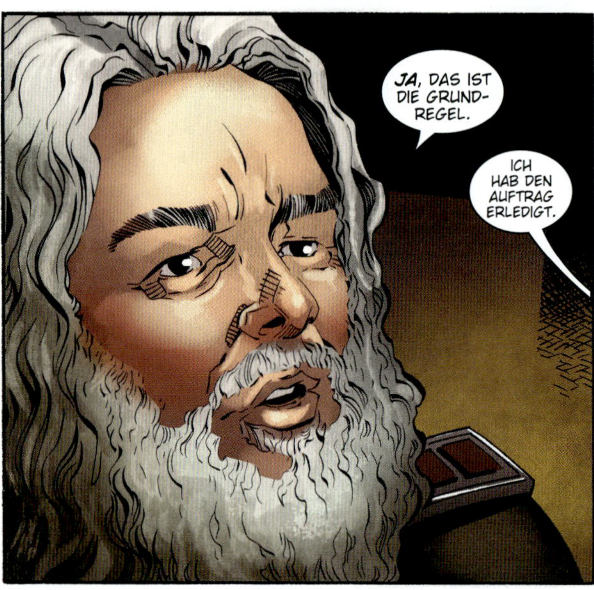
JA, DAS IST DIE GRUND-REGEL.
ICH HAB DEN AUFTRAG ERLEDIGT.
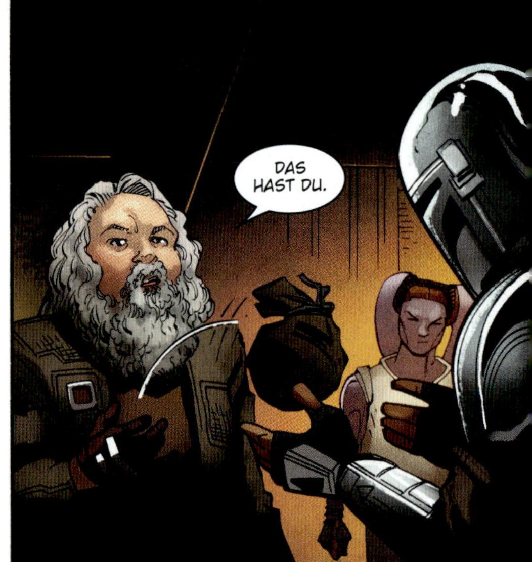
DAS HAST DU.
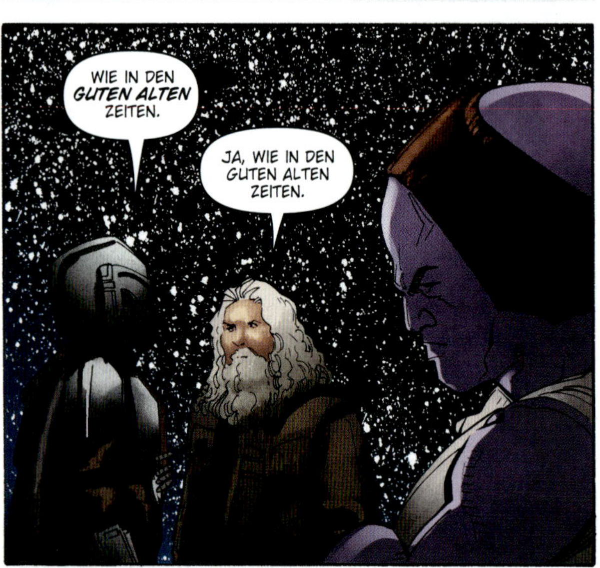
WIE IN DEN GUTEN ALTEN ZEITEN.
JA, WIE IN DEN GUTEN ALTEN ZEITEN.
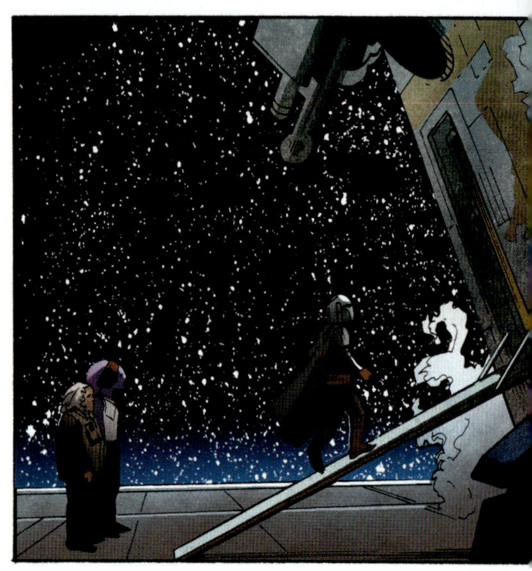

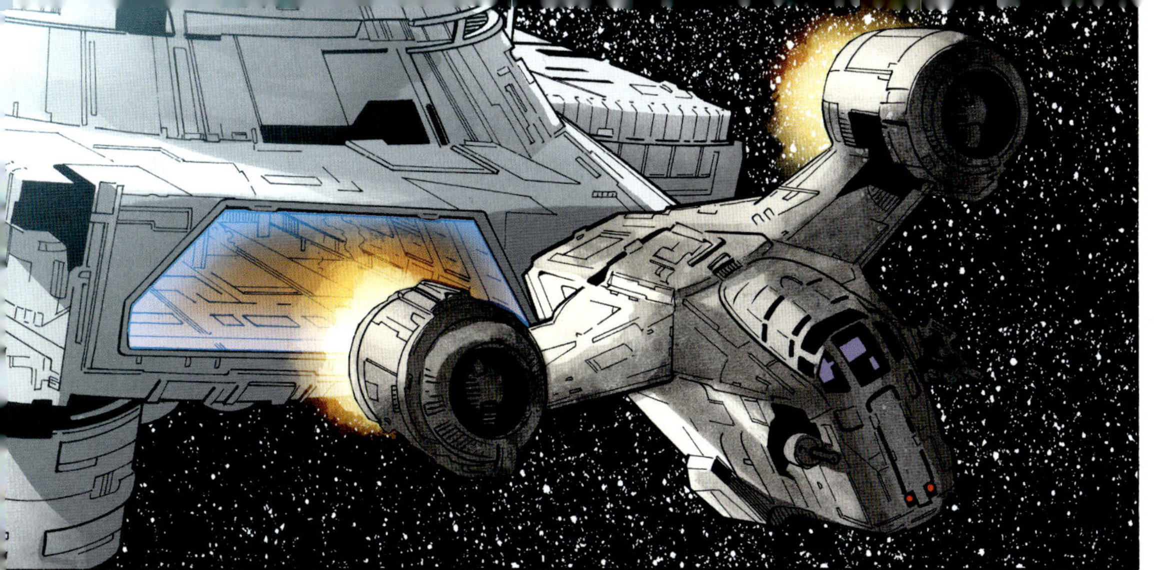

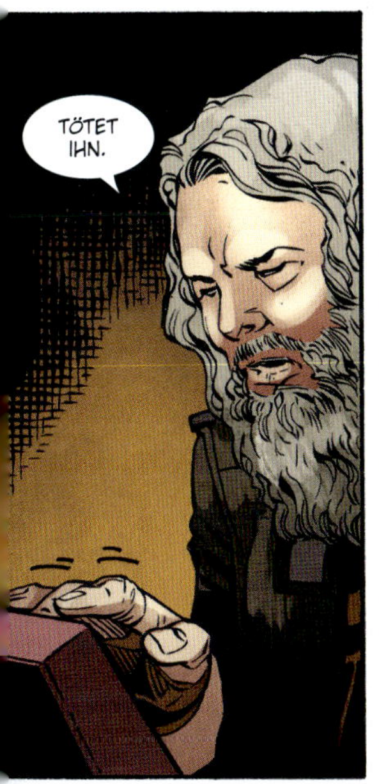
TÖTET IHN.

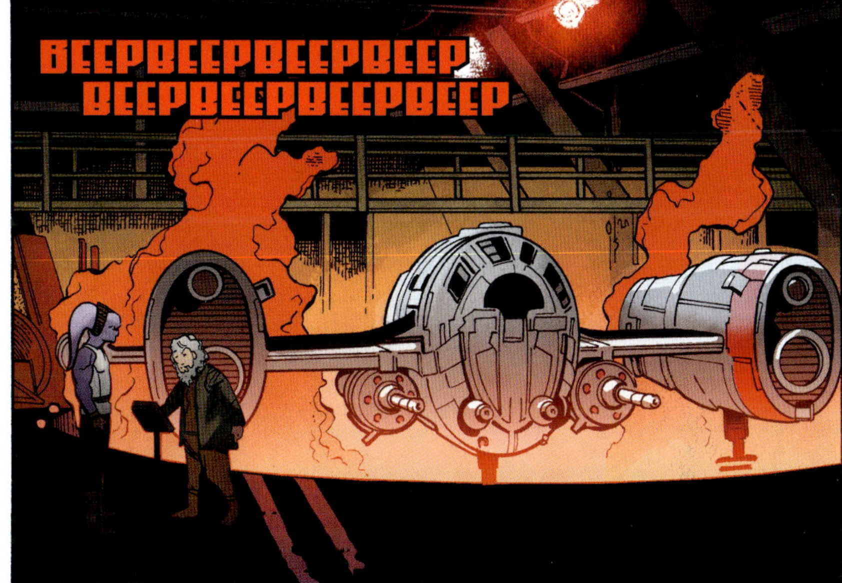
BEEPBEEPBEEPBEEP
BEEPBEEPBEEPBEEP

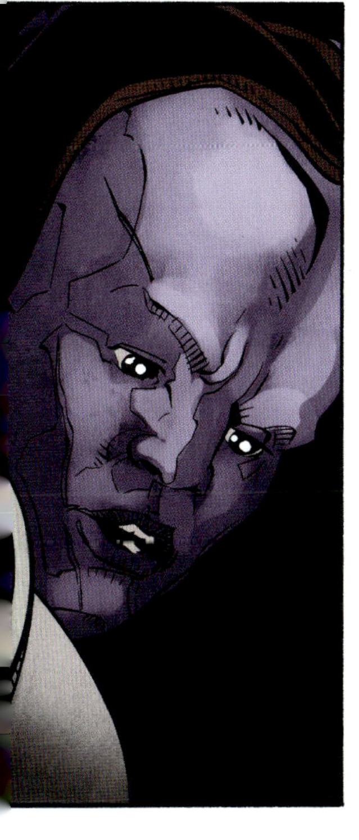

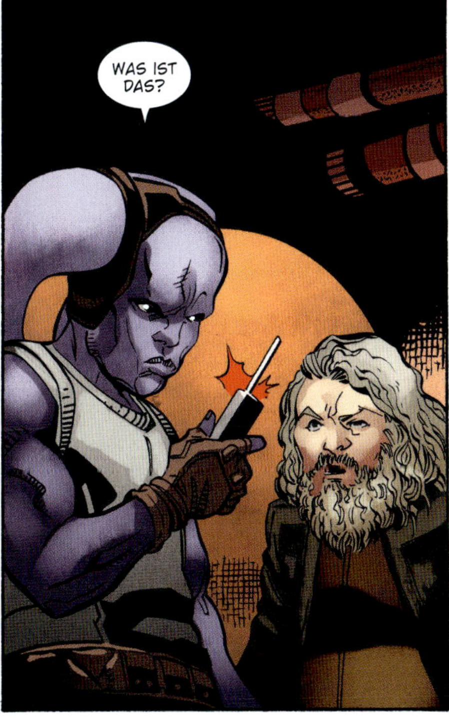
WAS IST DAS?

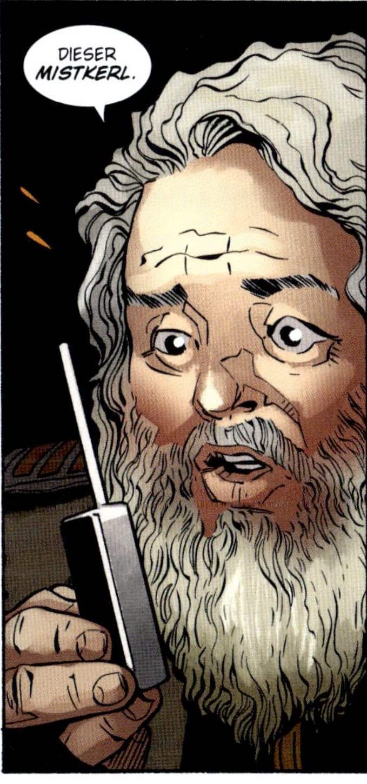
DIESER *MISTKERL*.

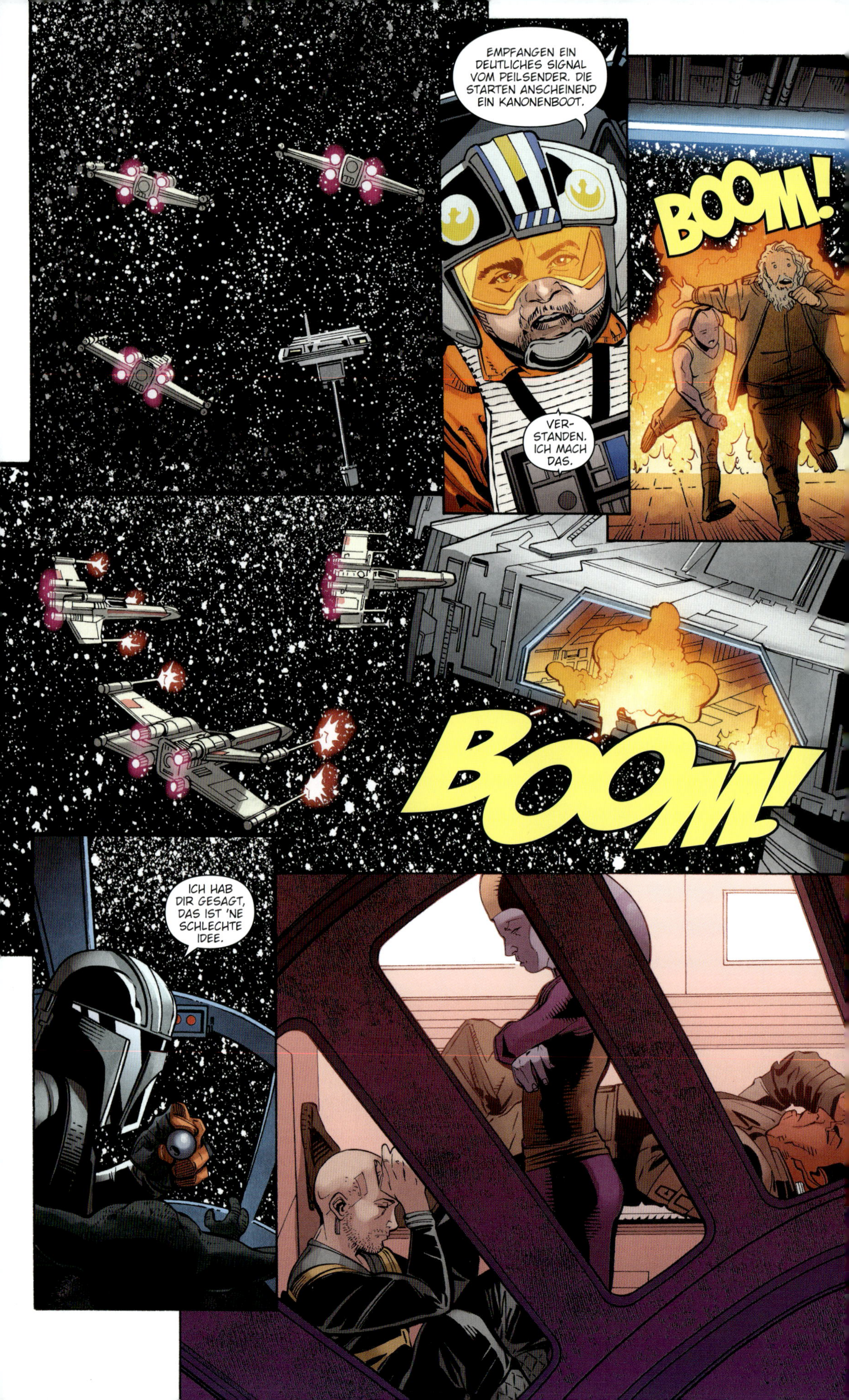
EMPFANGEN EIN DEUTLICHES SIGNAL VOM PEILSENDER. DIE STARTEN ANSCHEINEND EIN KANONENBOOT.
VER-STANDEN. ICH MACH DAS.
BOOM!
BOOM!
ICH HAB DIR GESAGT, DAS IST 'NE SCHLECHTE IDEE.

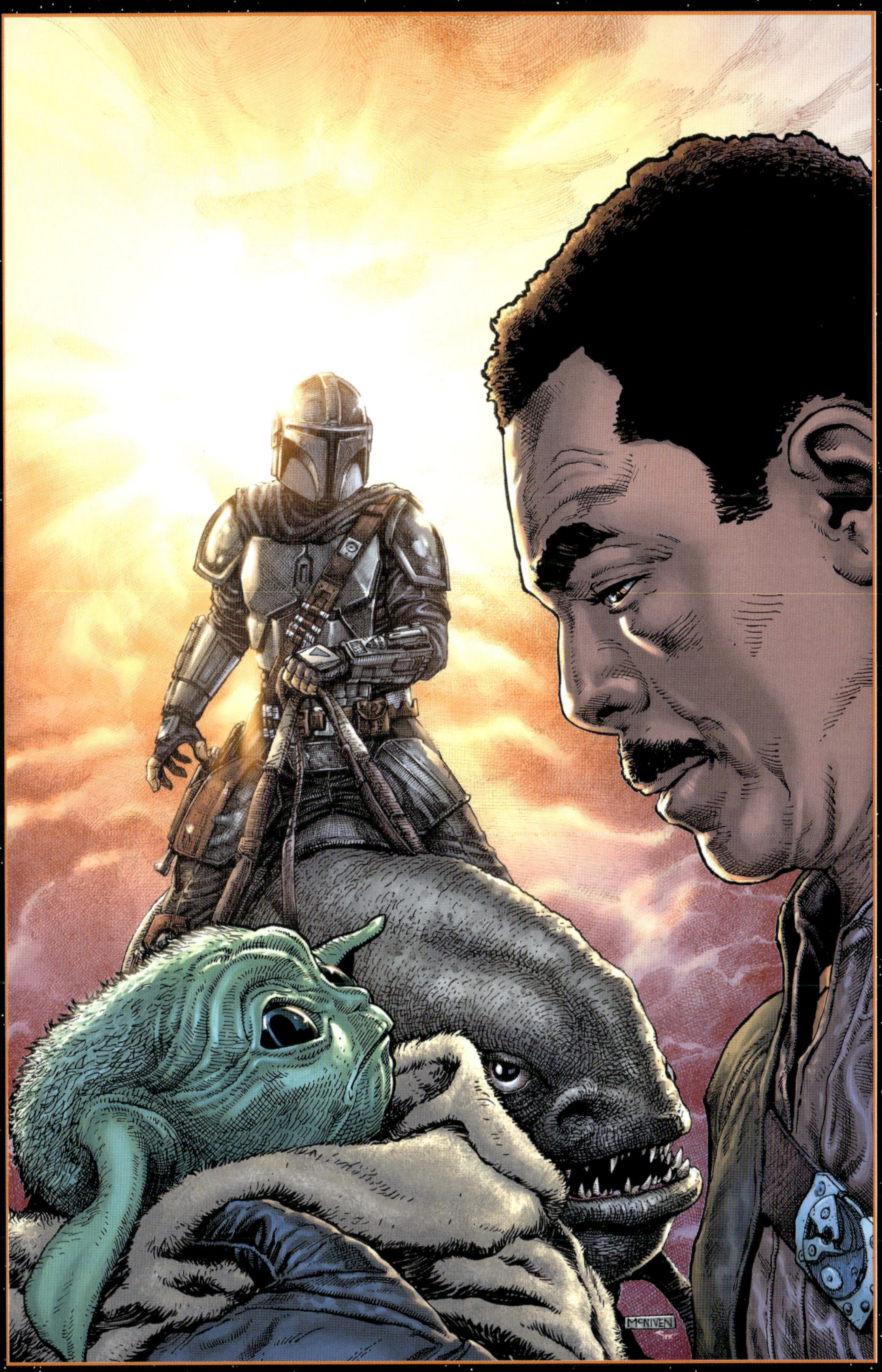

US-*Star Wars: The Mandalorian* #7,
Cover: **STEVE MCNIVEN** und **ALEX SINCLAIR**

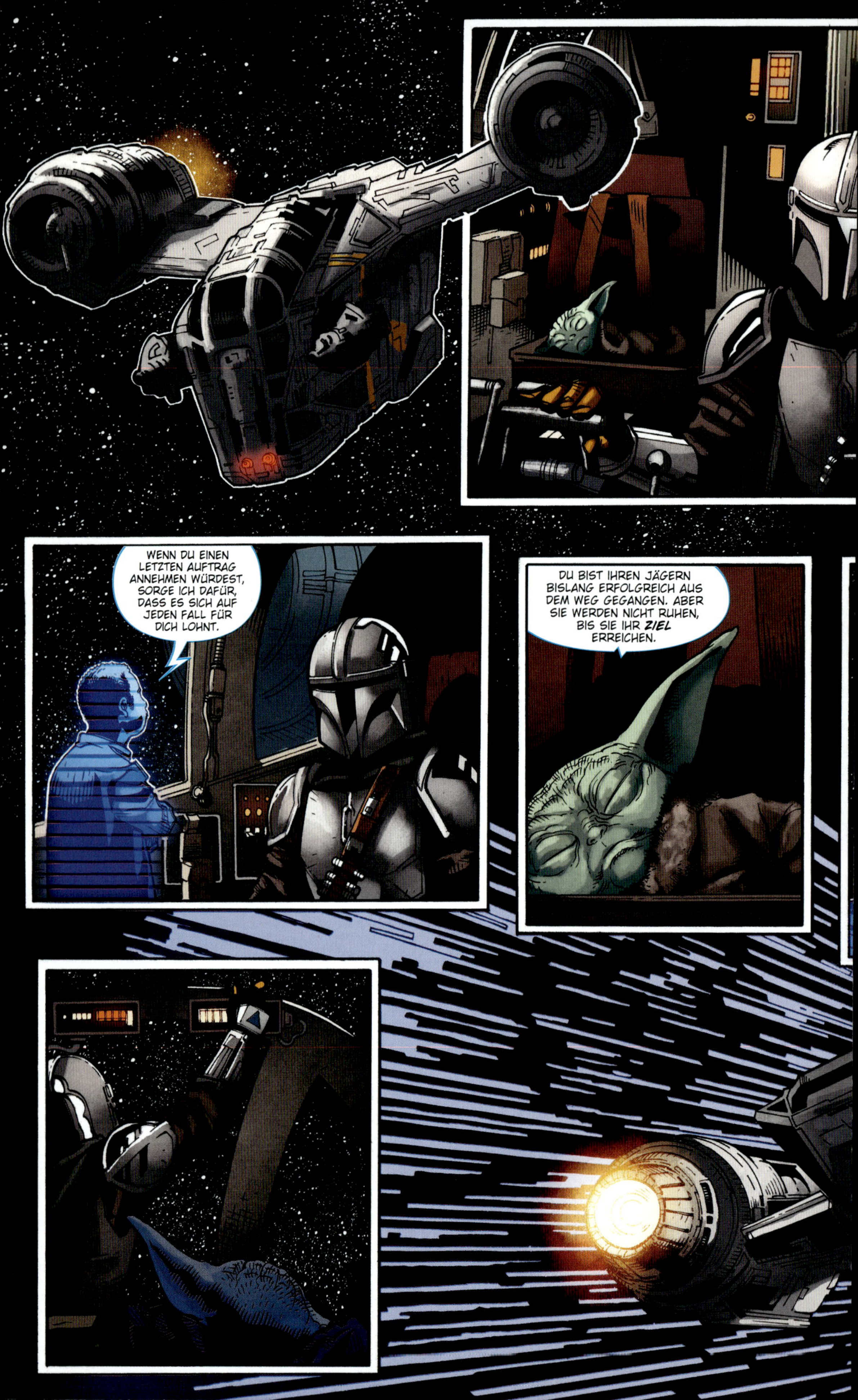
WENN DU EINEN LETZTEN AUFTRAG ANNEHMEN WÜRDEST, SORGE ICH DAFÜR, DASS ES SICH AUF JEDEN FALL FÜR DICH LOHNT.
DU BIST IHREN JÄGERN BISLANG ERFOLGREICH AUS DEM WEG GEGANGEN. ABER SIE WERDEN NICHT RUHEN, BIS SIE IHR ZIEL ERREICHEN.

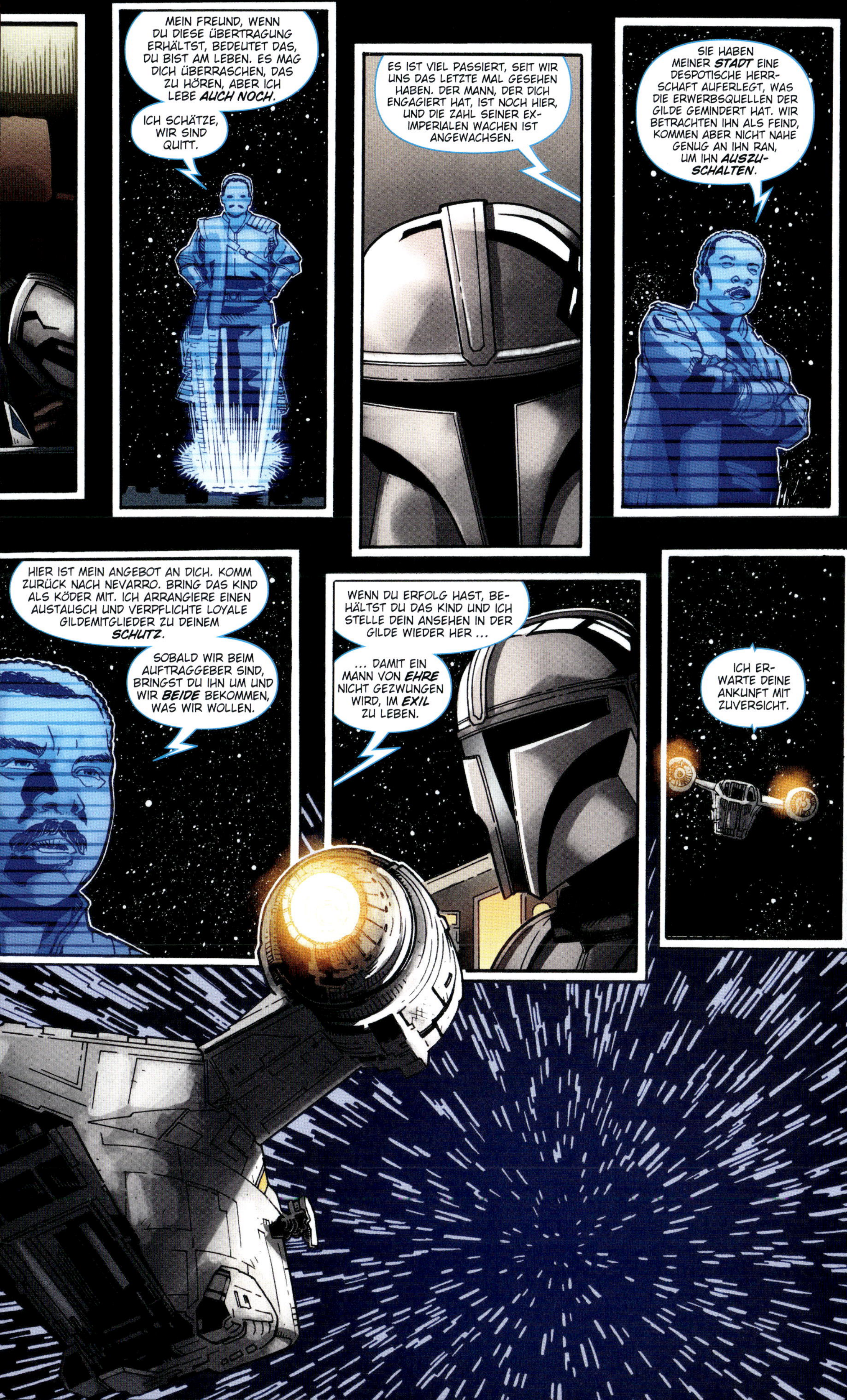

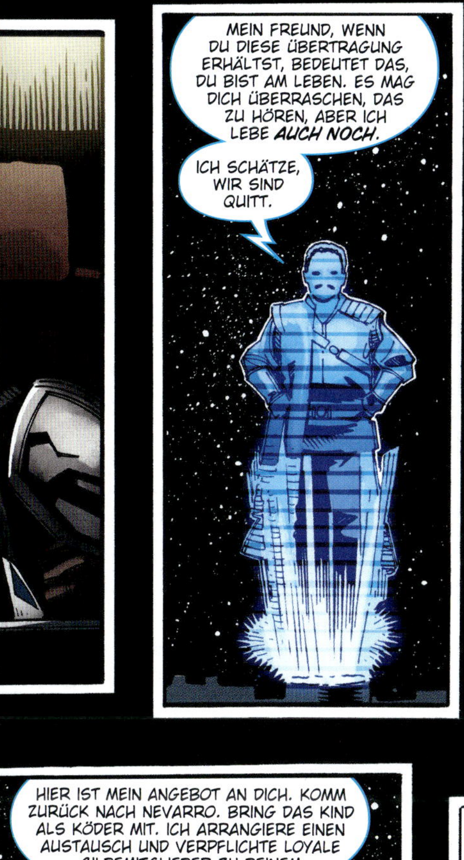
MEIN FREUND, WENN DU DIESE ÜBERTRAGUNG ERHÄLTST, BEDEUTET DAS, DU BIST AM LEBEN. ES MAG DICH ÜBERRASCHEN, DAS ZU HÖREN, ABER ICH LEBE ***AUCH NOCH***.
ICH SCHÄTZE, WIR SIND QUITT.

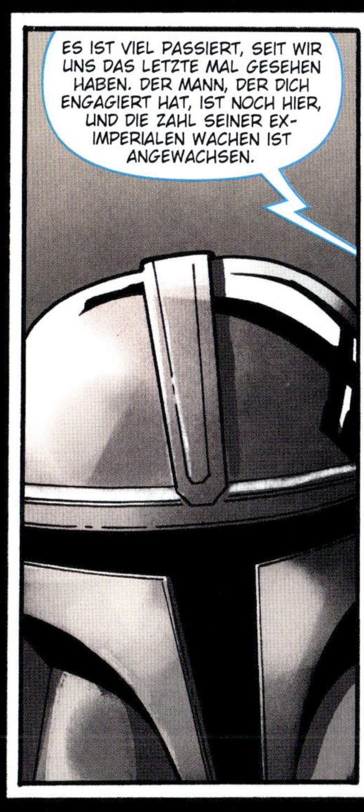
ES IST VIEL PASSIERT, SEIT WIR UNS DAS LETZTE MAL GESEHEN HABEN. DER MANN, DER DICH ENGAGIERT HAT, IST NOCH HIER, UND DIE ZAHL SEINER EX-IMPERIALEN WACHEN IST ANGEWACHSEN.

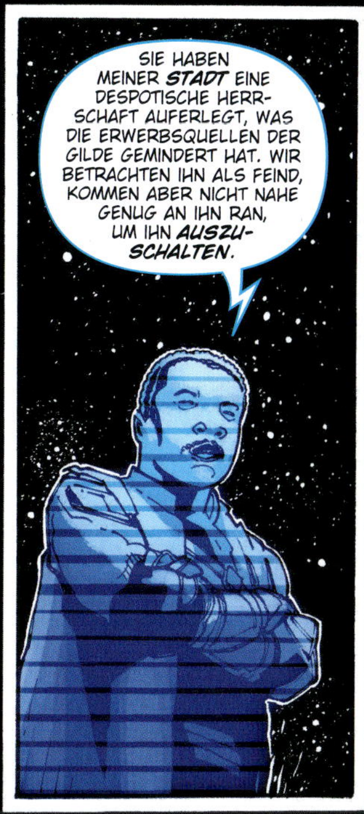
SIE HABEN MEINER ***STADT*** EINE DESPOTISCHE HERRSCHAFT AUFERLEGT, WAS DIE ERWERBSQUELLEN DER GILDE GEMINDERT HAT. WIR BETRACHTEN IHN ALS FEIND, KOMMEN ABER NICHT NAHE GENUG AN IHN RAN, UM IHN ***AUSZUSCHALTEN***.

HIER IST MEIN ANGEBOT AN DICH. KOMM ZURÜCK NACH NEVARRO. BRING DAS KIND ALS KÖDER MIT. ICH ARRANGIERE EINEN AUSTAUSCH UND VERPFLICHTE LOYALE GILDEMITGLIEDER ZU DEINEM ***SCHUTZ***.
SOBALD WIR BEIM AUFTRAGGEBER SIND, BRINGST DU IHN UM UND WIR ***BEIDE*** BEKOMMEN, WAS WIR WOLLEN.
WENN DU ERFOLG HAST, BEHÄLTST DU DAS KIND UND ICH STELLE DEIN ANSEHEN IN DER GILDE WIEDER HER …
… DAMIT EIN MANN VON ***EHRE*** NICHT GEZWUNGEN WIRD, IM ***EXIL*** ZU LEBEN.
ICH ERWARTE DEINE ANKUNFT MIT ZUVERSICHT.

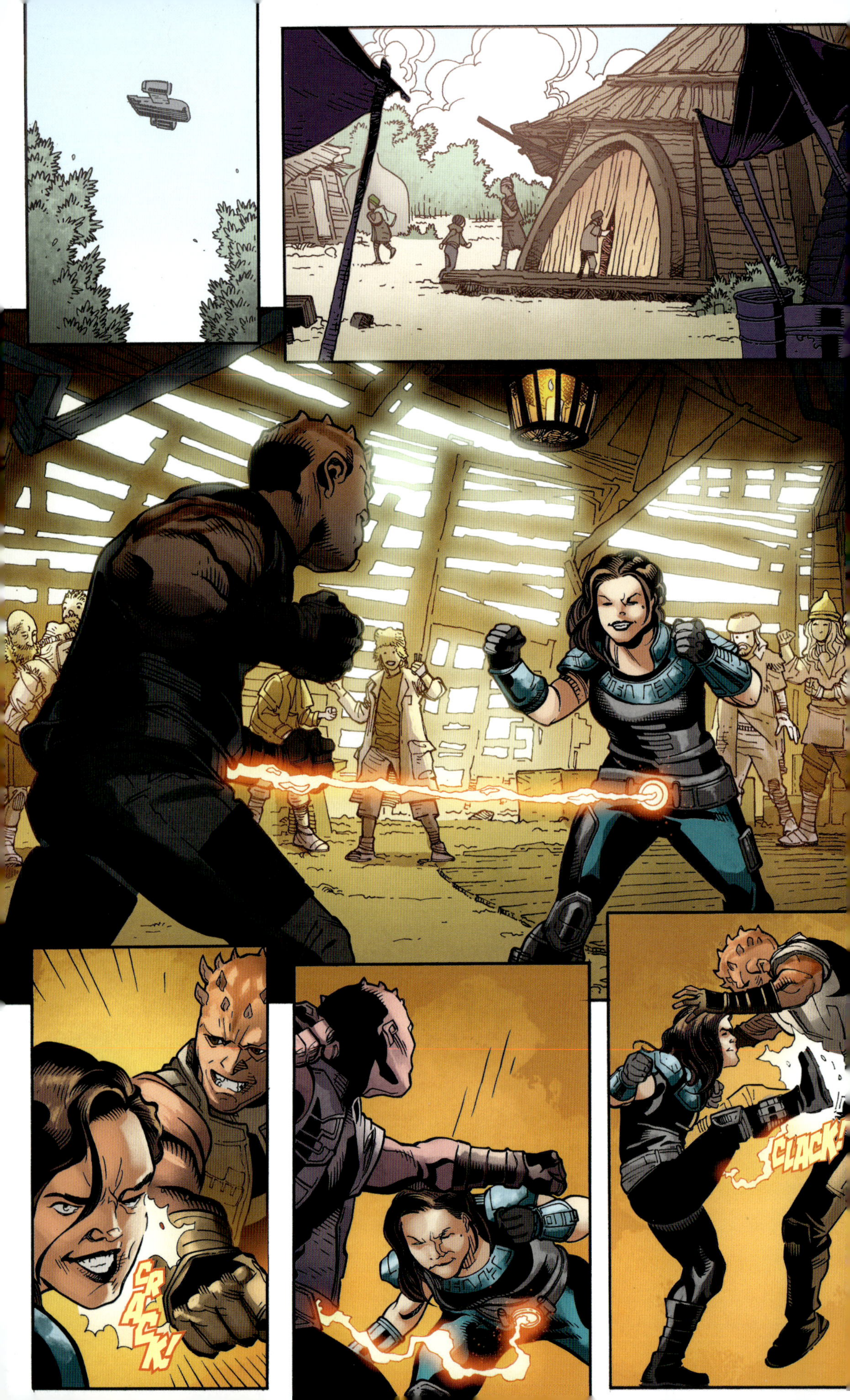
CRACK!
CLACK!

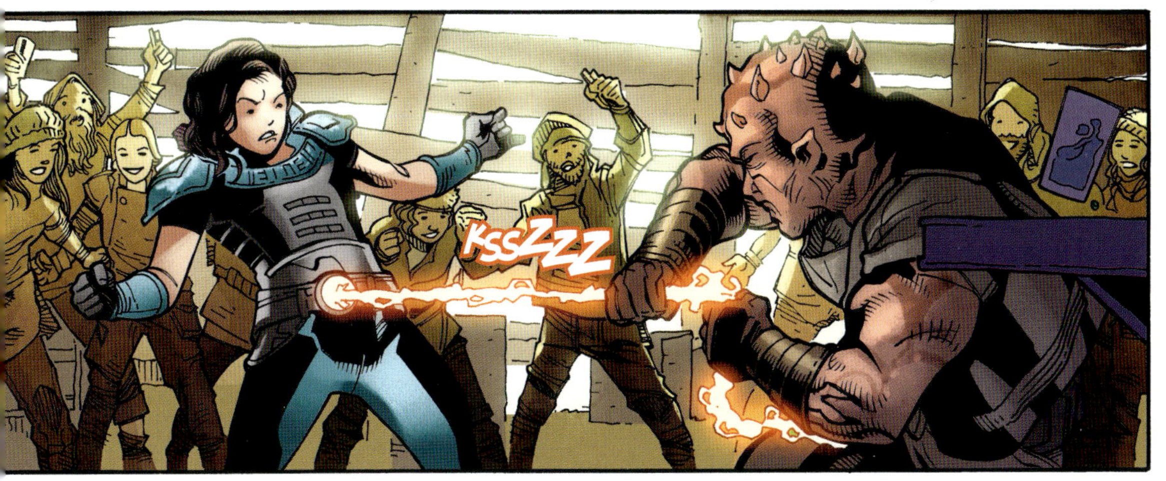
KSSZZZ

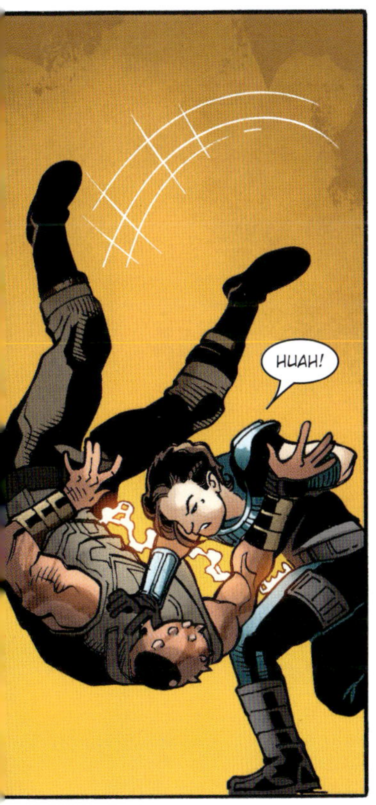
HUAH!

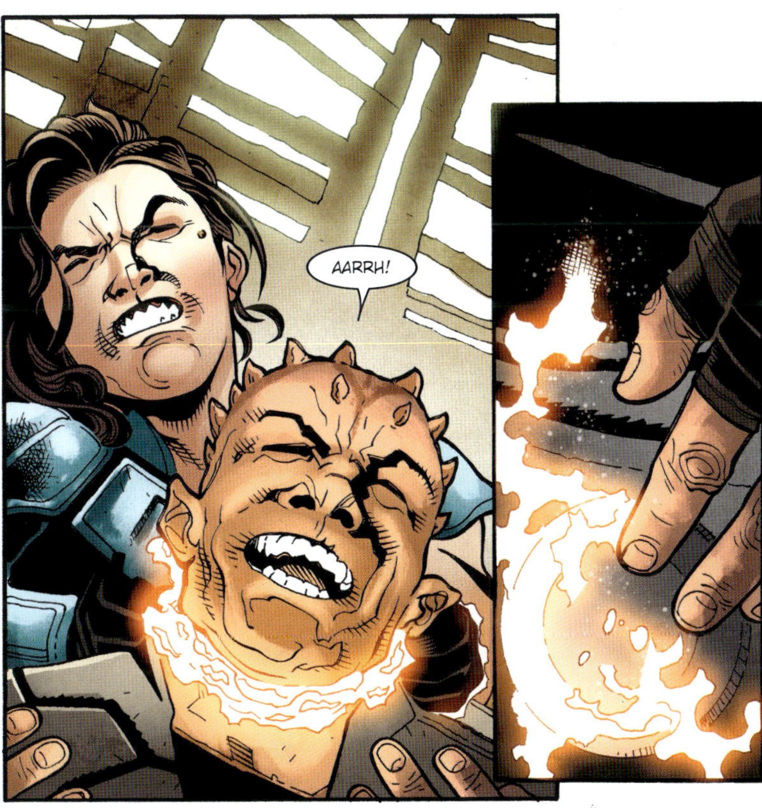
AARRH!

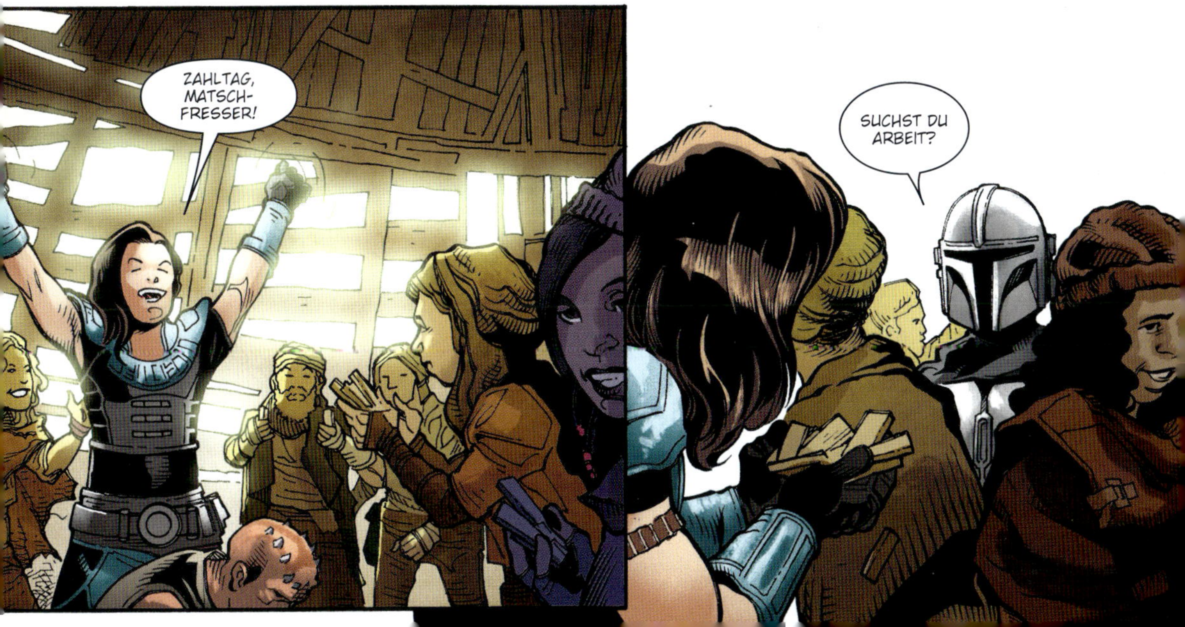
ZAHLTAG, MATSCH-FRESSER!
SUCHST DU ARBEIT?

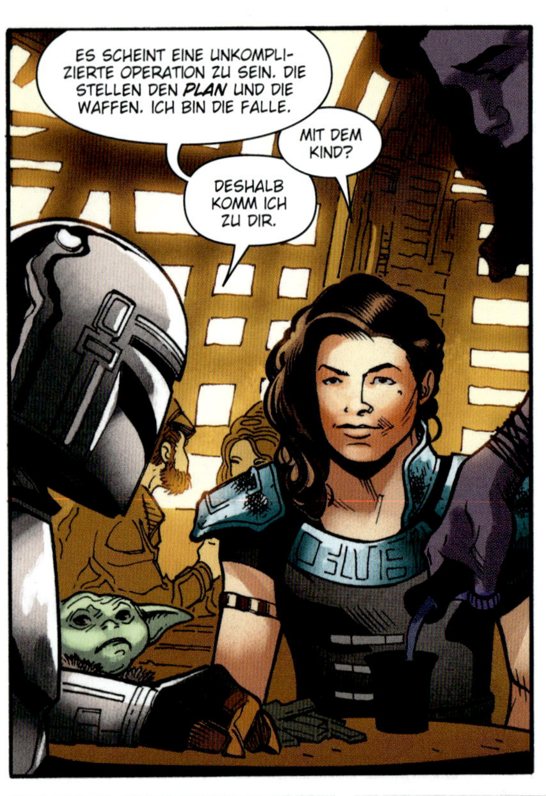
ES SCHEINT EINE UNKOMPLI-ZIERTE OPERATION ZU SEIN. DIE STELLEN DEN PLAN UND DIE WAFFEN. ICH BIN DIE FALLE.
MIT DEM KIND?
DESHALB KOMM ICH ZU DIR.

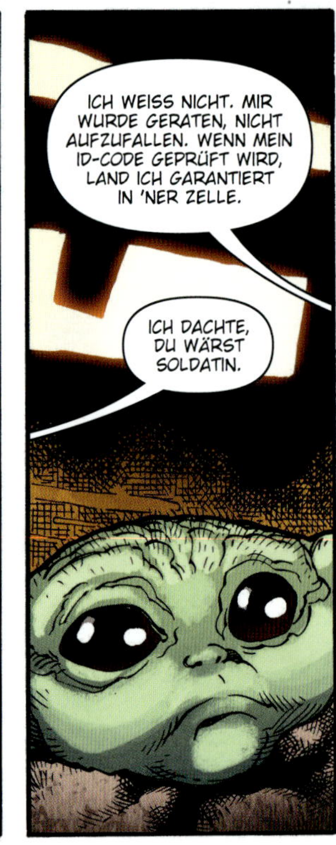
ICH WEISS NICHT. MIR WURDE GERATEN, NICHT AUFZUFALLEN. WENN MEIN ID-CODE GEPRÜFT WIRD, LAND ICH GARANTIERT IN 'NER ZELLE.
ICH DACHTE, DU WÄRST SOLDATIN.

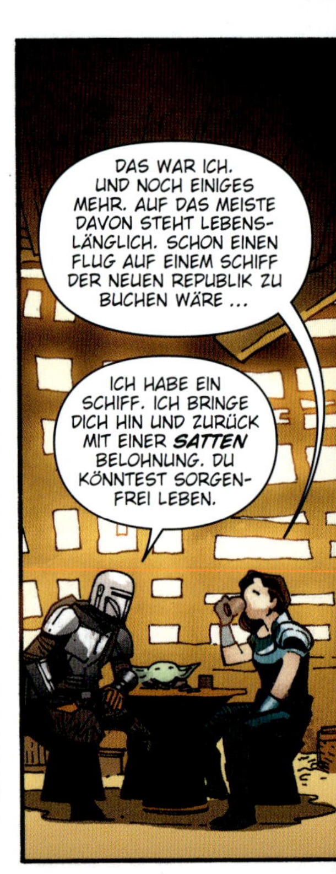
DAS WAR ICH. UND NOCH EINIGES MEHR. AUF DAS MEISTE DAVON STEHT LEBENS-LÄNGLICH. SCHON EINEN FLUG AUF EINEM SCHIFF DER NEUEN REPUBLIK ZU BUCHEN WÄRE ...
ICH HABE EIN SCHIFF. ICH BRINGE DICH HIN UND ZURÜCK MIT EINER SATTEN BELOHNUNG. DU KÖNNTEST SORGEN-FREI LEBEN.

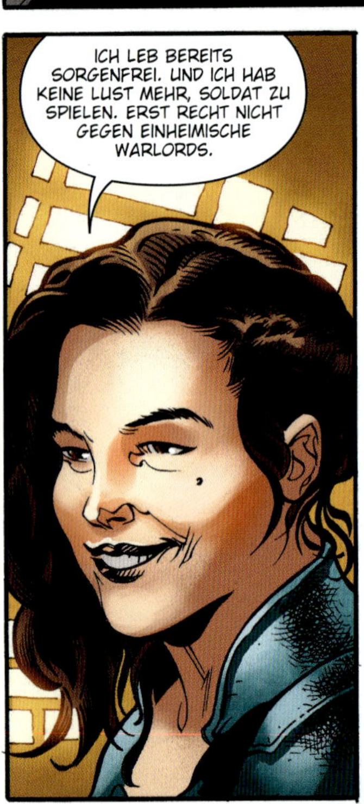
ICH LEB BEREITS SORGENFREI. UND ICH HAB KEINE LUST MEHR, SOLDAT ZU SPIELEN. ERST RECHT NICHT GEGEN EINHEIMISCHE WARLORDS.

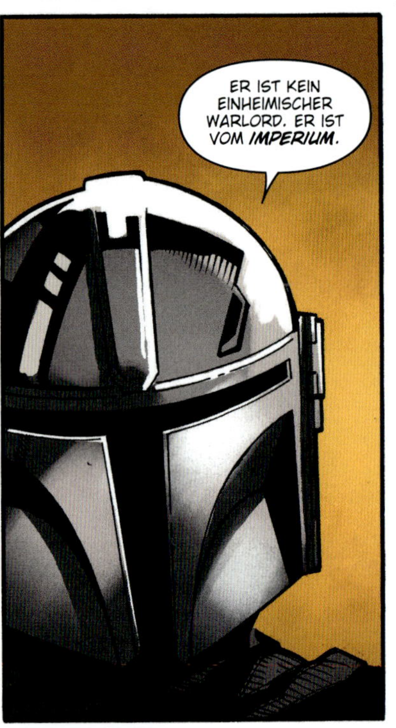
ER IST KEIN EINHEIMISCHER WARLORD. ER IST VOM IMPERIUM.

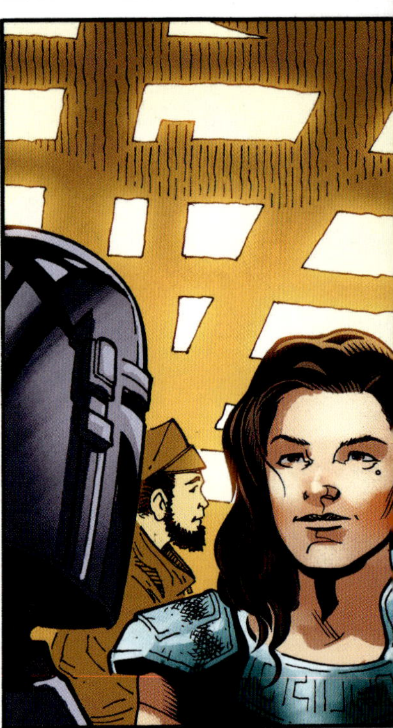

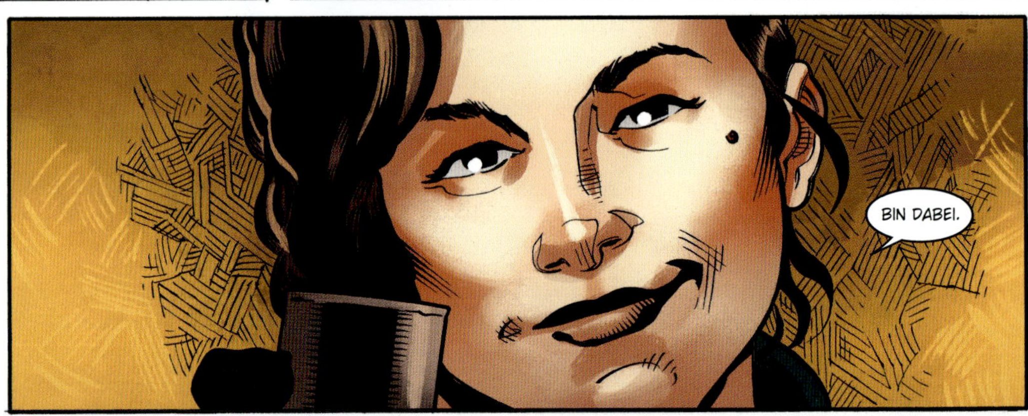
BIN DABEI.

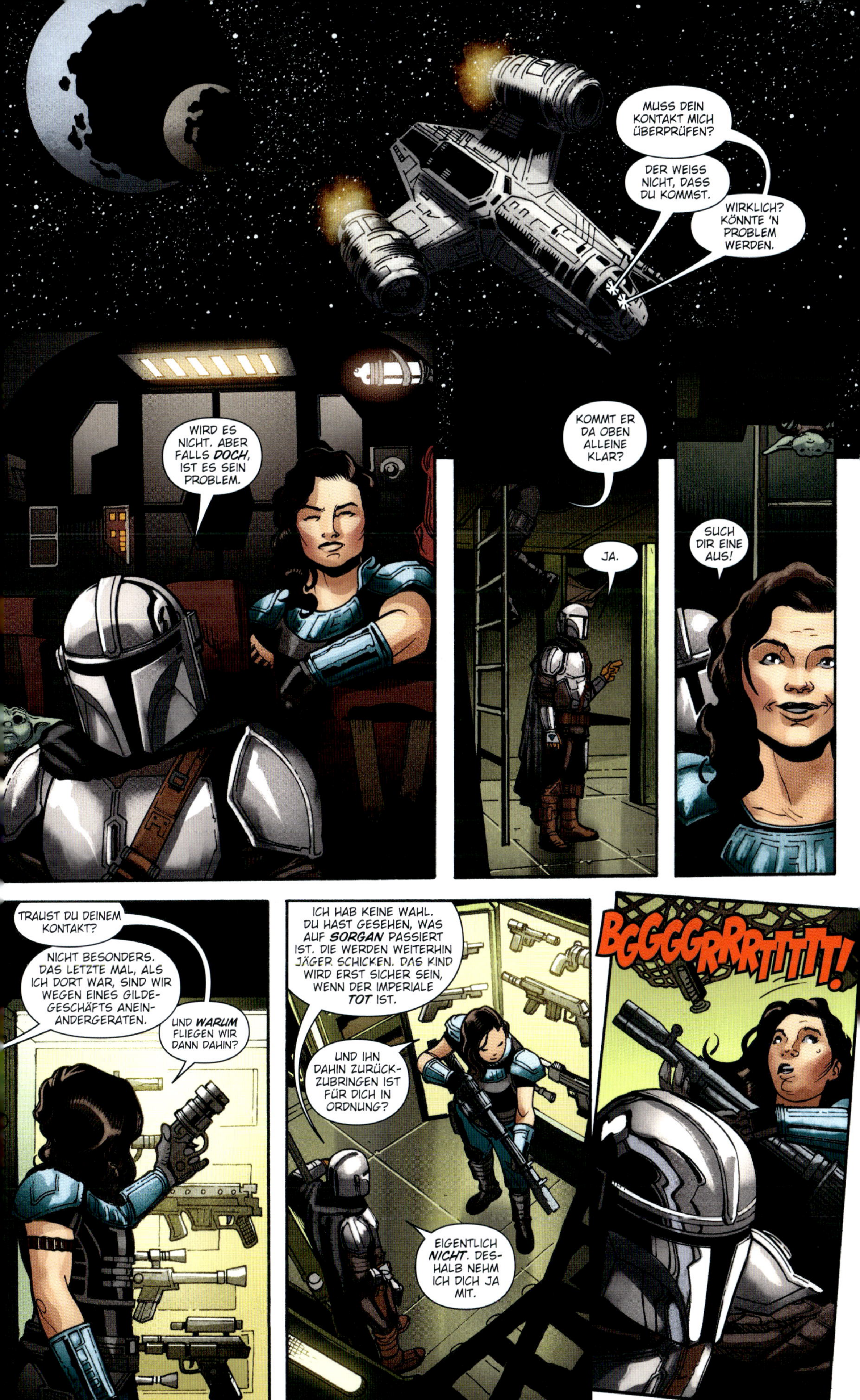
MUSS DEIN KONTAKT MICH ÜBERPRÜFEN?
DER WEISS NICHT, DASS DU KOMMST.
WIRKLICH? KÖNNTE 'N PROBLEM WERDEN.
WIRD ES NICHT. ABER FALLS DOCH, IST ES SEIN PROBLEM.
KOMMT ER DA OBEN ALLEINE KLAR?
JA.
SUCH DIR EINE AUS!
TRAUST DU DEINEM KONTAKT?
NICHT BESONDERS. DAS LETZTE MAL, ALS ICH DORT WAR, SIND WIR WEGEN EINES GILDE-GESCHÄFTS ANEIN-ANDERGERATEN.
UND WARUM FLIEGEN WIR DANN DAHIN?
ICH HAB KEINE WAHL. DU HAST GESEHEN, WAS AUF SORGAN PASSIERT IST. DIE WERDEN WEITERHIN JÄGER SCHICKEN. DAS KIND WIRD ERST SICHER SEIN, WENN DER IMPERIALE TOT IST.
UND IHN DAHIN ZURÜCK-ZUBRINGEN IST FÜR DICH IN ORDNUNG?
EIGENTLICH NICHT. DES-HALB NEHM ICH DICH JA MIT.
BGGGGRRRTTTTT!

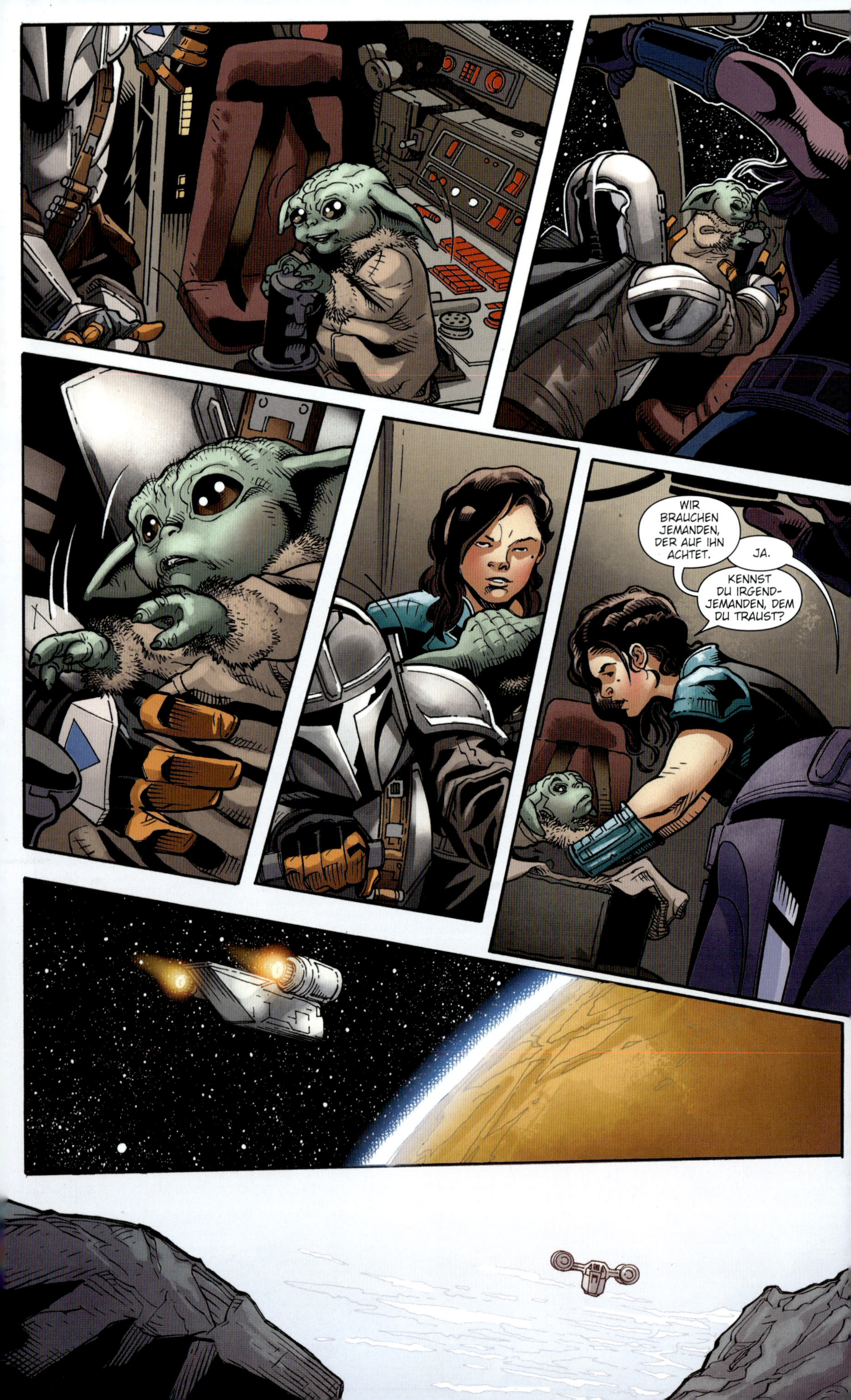
WIR BRAUCHEN JEMANDEN, DER AUF IHN ACHTET.
JA.
KENNST DU IRGEND-JEMANDEN, DEM DU TRAUST?

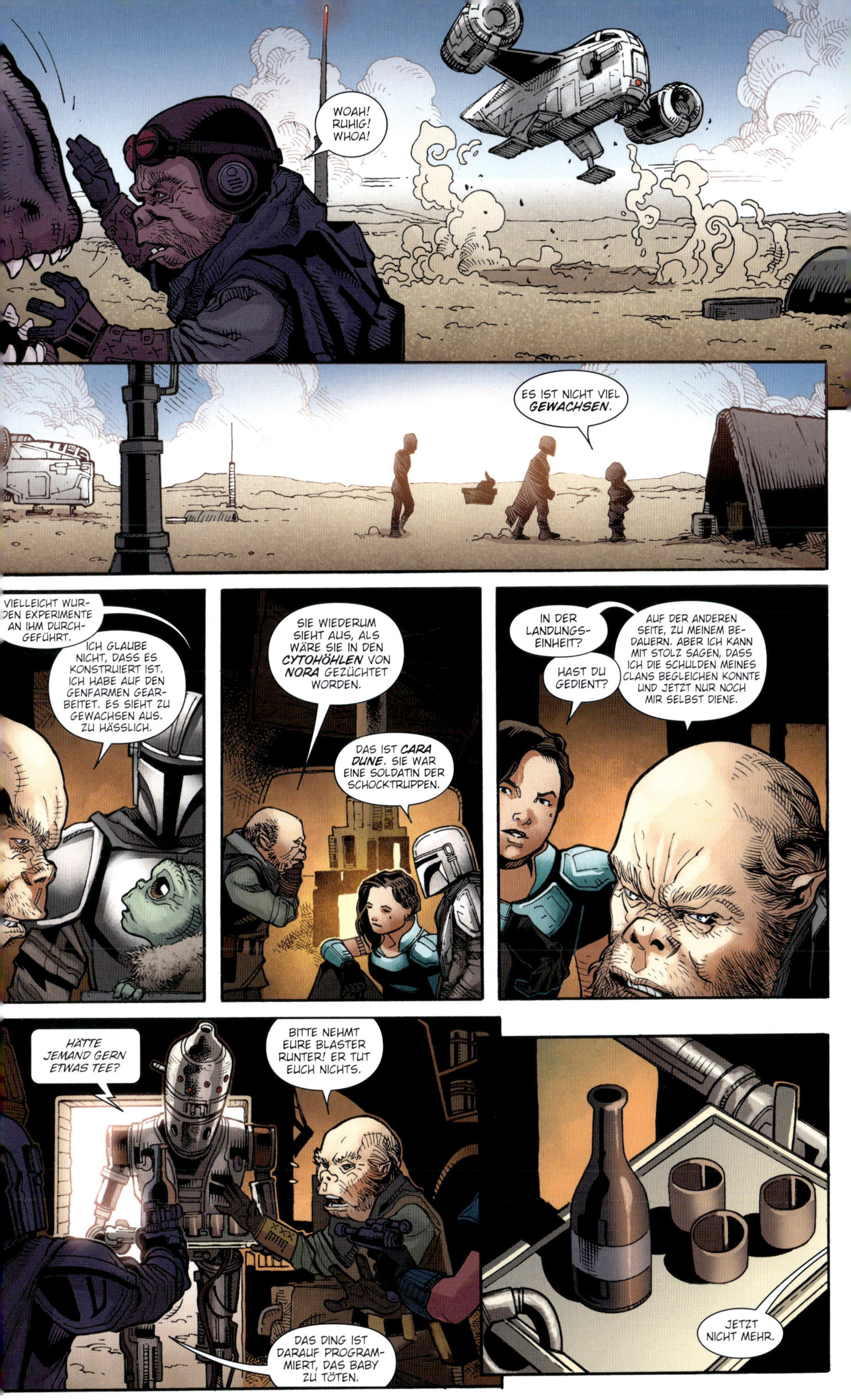

WOAH! RUHIG! WHOA!

ES IST NICHT VIEL **GEWACHSEN**.

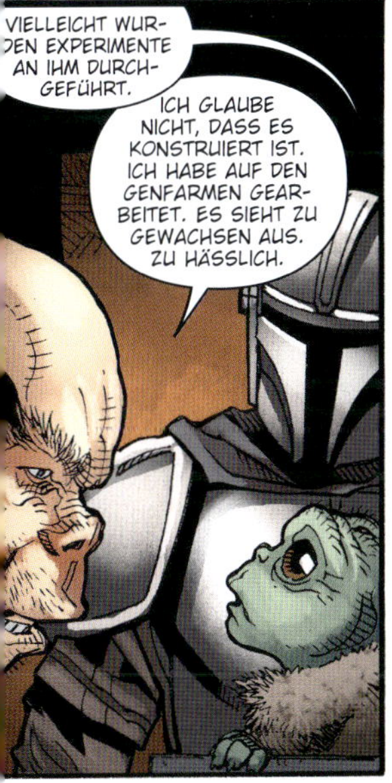

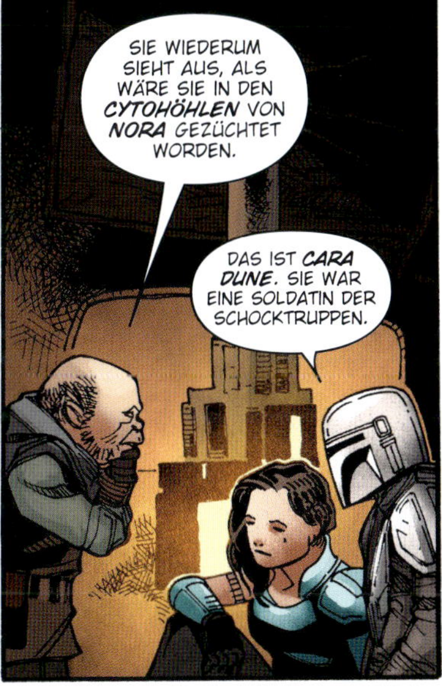

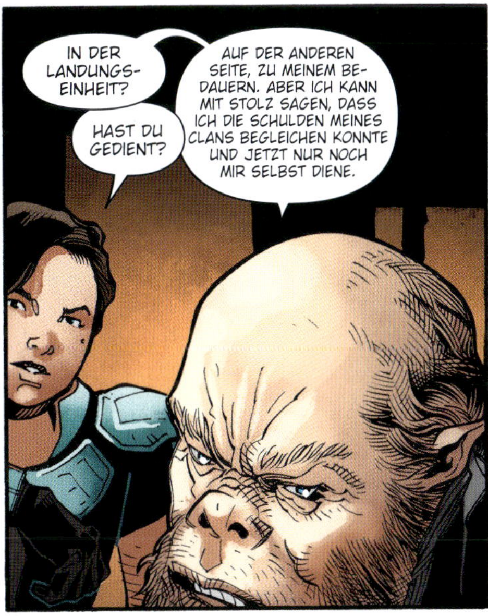

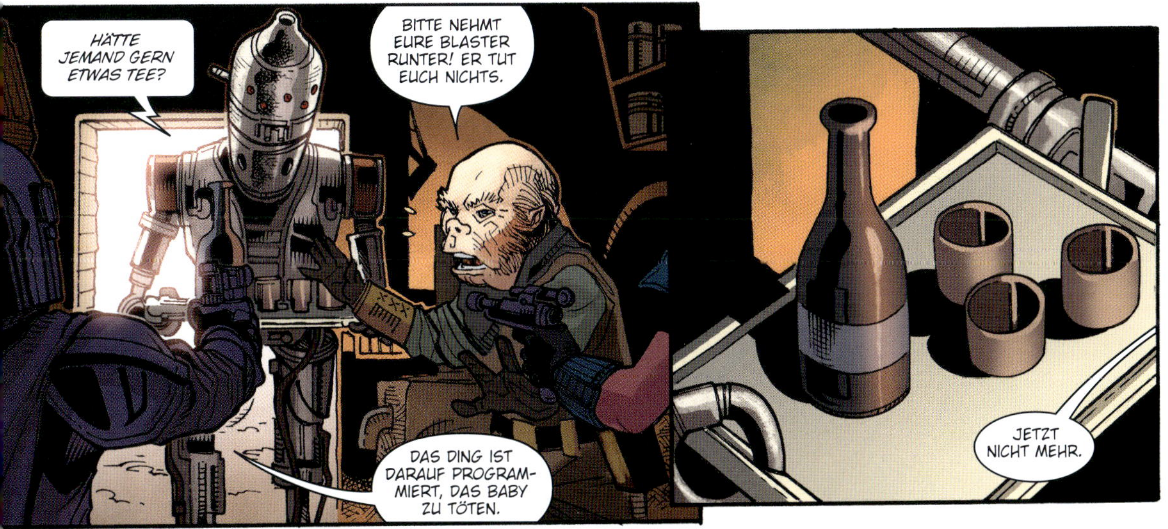

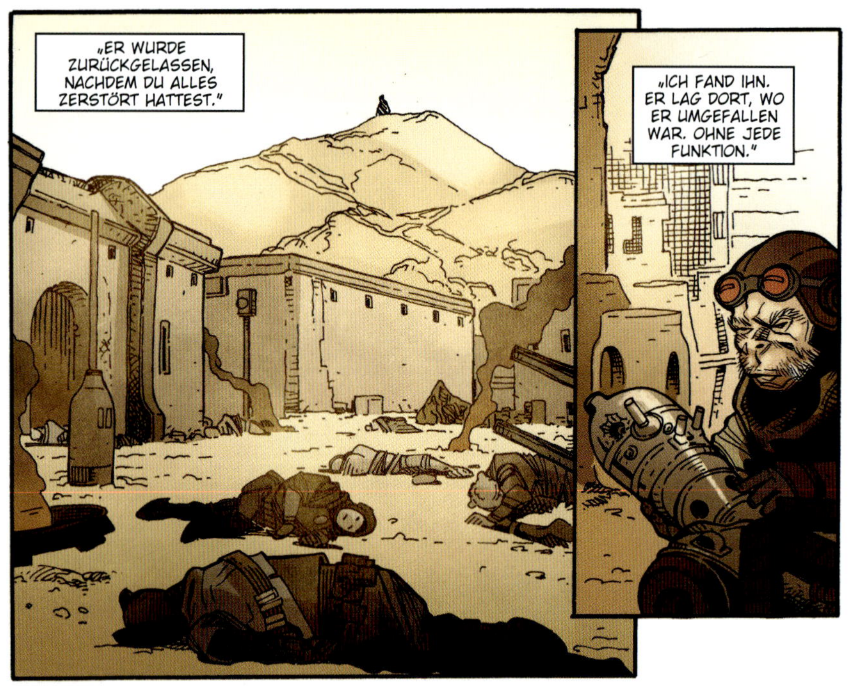
„ER WURDE ZURÜCKGELASSEN, NACHDEM DU ALLES ZERSTÖRT HATTEST."

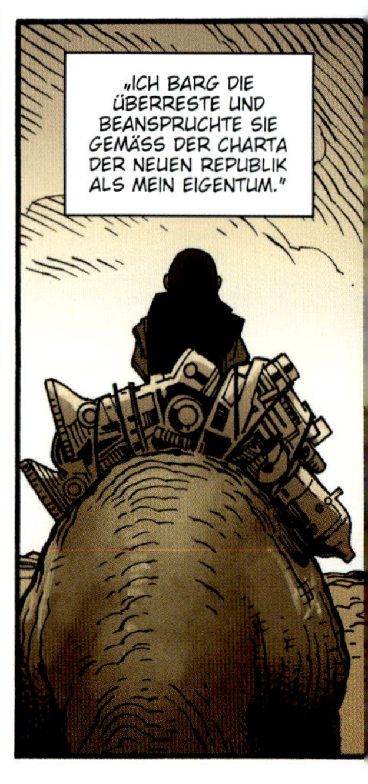
„ICH FAND IHN. ER LAG DORT, WO ER UMGEFALLEN WAR. OHNE JEDE FUNKTION."
„ICH BARG DIE ÜBERRESTE UND BEANSPRUCHTE SIE GEMÄSS DER CHARTA DER NEUEN REPUBLIK ALS MEIN EIGENTUM."

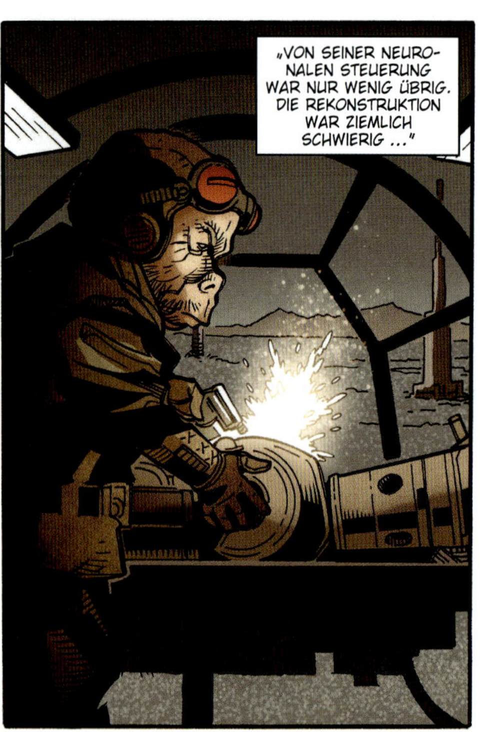
„VON SEINER NEURONALEN STEUERUNG WAR NUR WENIG ÜBRIG. DIE REKONSTRUKTION WAR ZIEMLICH SCHWIERIG ..."

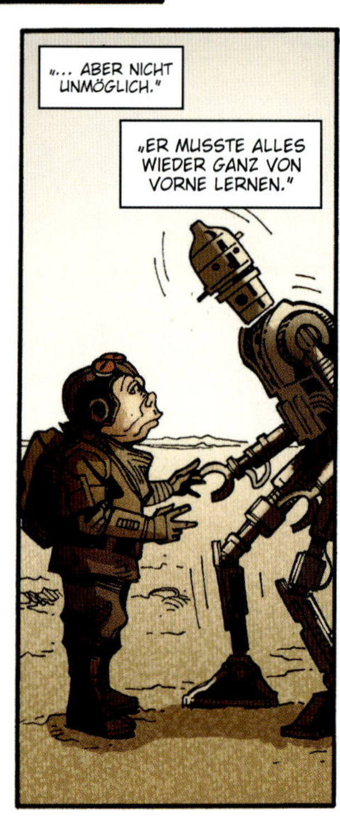
„... ABER NICHT UNMÖGLICH."
„ER MUSSTE ALLES WIEDER GANZ VON VORNE LERNEN."

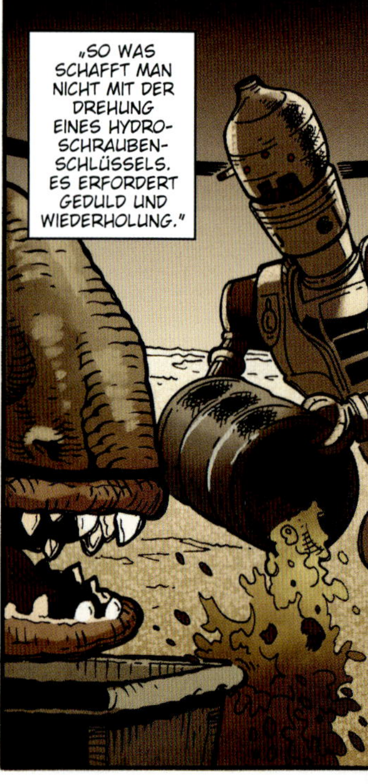
„SO WAS SCHAFFT MAN NICHT MIT DER DREHUNG EINES HYDROSCHRAUBENSCHLÜSSELS. ES ERFORDERT GEDULD UND WIEDERHOLUNG."

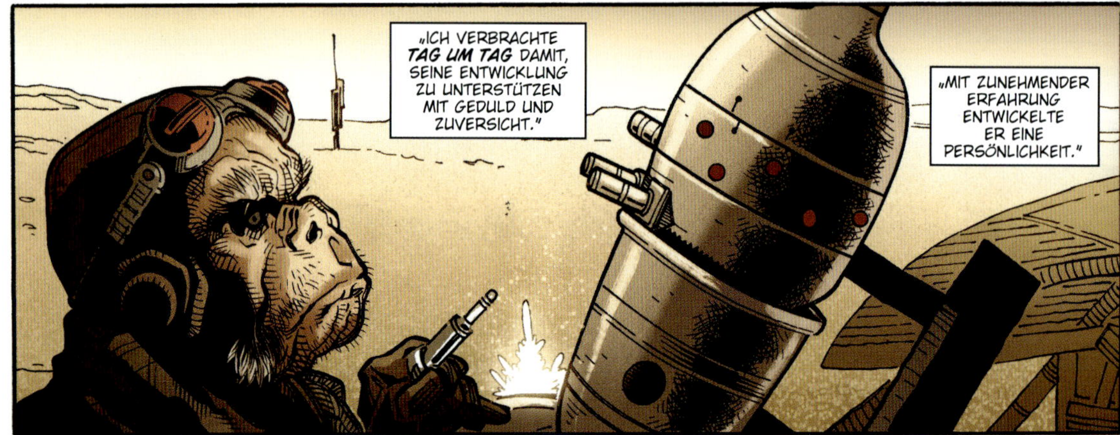
„ICH VERBRACHTE ***TAG UM TAG*** DAMIT, SEINE ENTWICKLUNG ZU UNTERSTÜTZEN MIT GEDULD UND ZUVERSICHT."
„MIT ZUNEHMENDER ERFAHRUNG ENTWICKELTE ER EINE PERSÖNLICHKEIT."

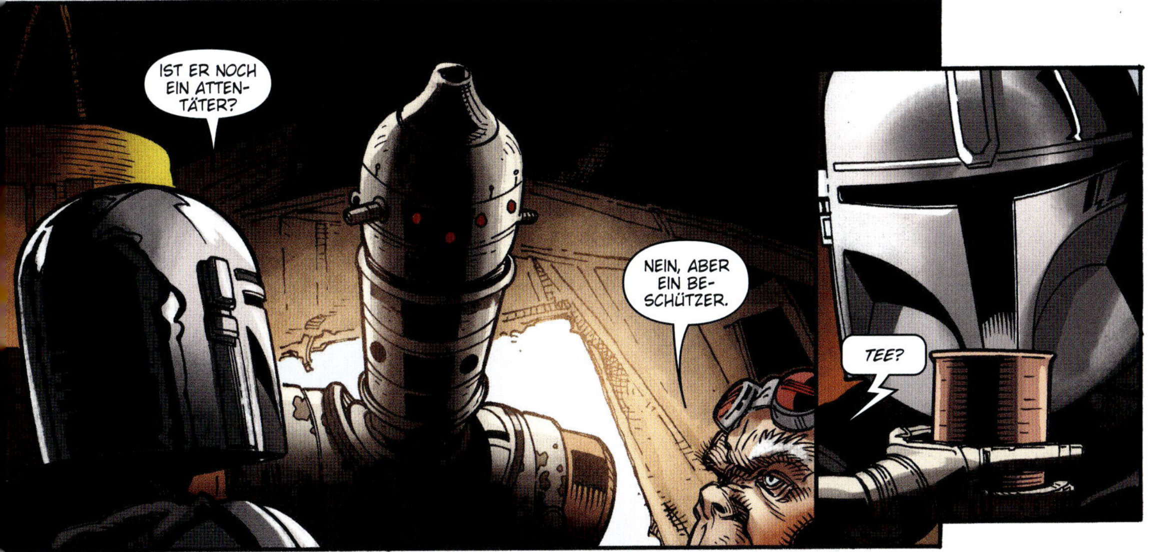
IST ER NOCH EIN ATTEN-TÄTER?
NEIN, ABER EIN BE-SCHÜTZER.
TEE?

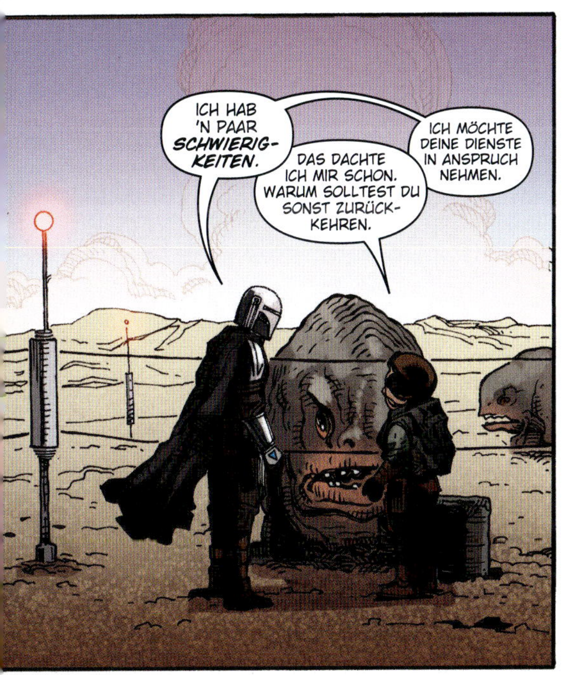
ICH HAB 'N PAAR SCHWIERIG-KEITEN.
DAS DACHTE ICH MIR SCHON. WARUM SOLLTEST DU SONST ZURÜCK-KEHREN.
ICH MÖCHTE DEINE DIENSTE IN ANSPRUCH NEHMEN.

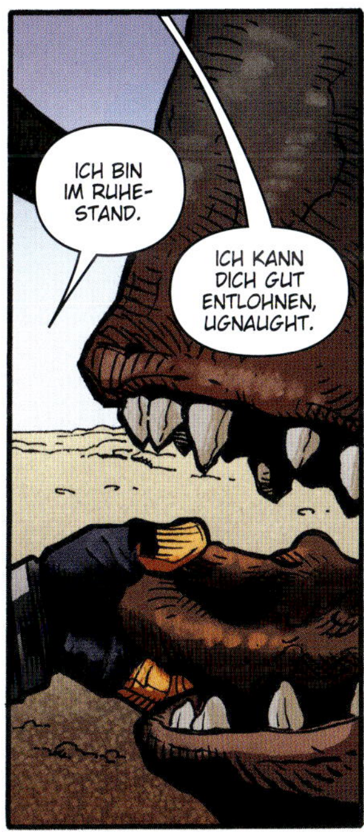
ICH BIN IM RUHE-STAND.
ICH KANN DICH GUT ENTLOHNEN, UGNAUGHT.

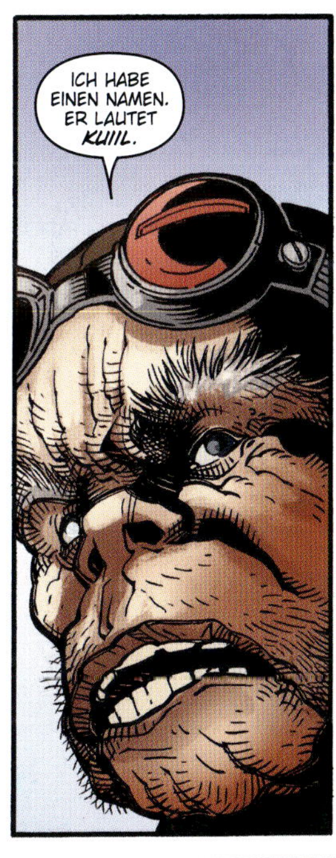
ICH HABE EINEN NAMEN. ER LAUTET KUIIL.

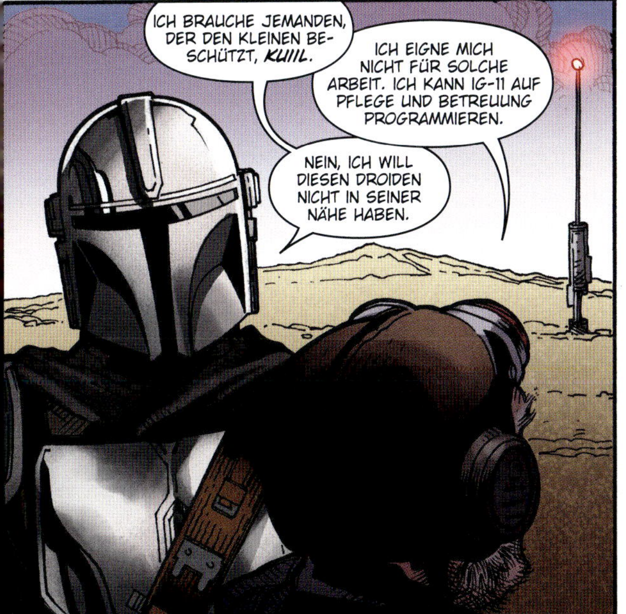
ICH BRAUCHE JEMANDEN, DER DEN KLEINEN BE-SCHÜTZT, KUIIL.
ICH EIGNE MICH NICHT FÜR SOLCHE ARBEIT. ICH KANN IG-11 AUF PFLEGE UND BETREUUNG PROGRAMMIEREN.
NEIN, ICH WILL DIESEN DROIDEN NICHT IN SEINER NÄHE HABEN.

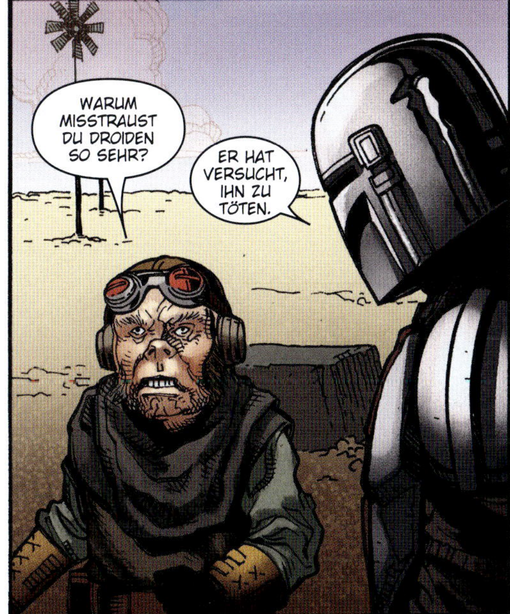
WARUM MISSTRAUST DU DROIDEN SO SEHR?
ER HAT VERSUCHT, IHN ZU TÖTEN.

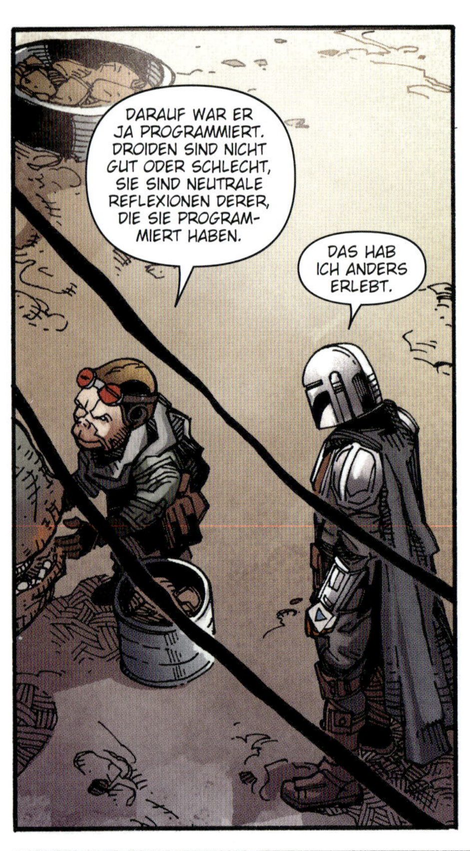
DARAUF WAR ER JA PROGRAMMIERT. DROIDEN SIND NICHT GUT ODER SCHLECHT, SIE SIND NEUTRALE REFLEXIONEN DERER, DIE SIE PROGRAMMIERT HABEN.
DAS HAB ICH ANDERS ERLEBT.

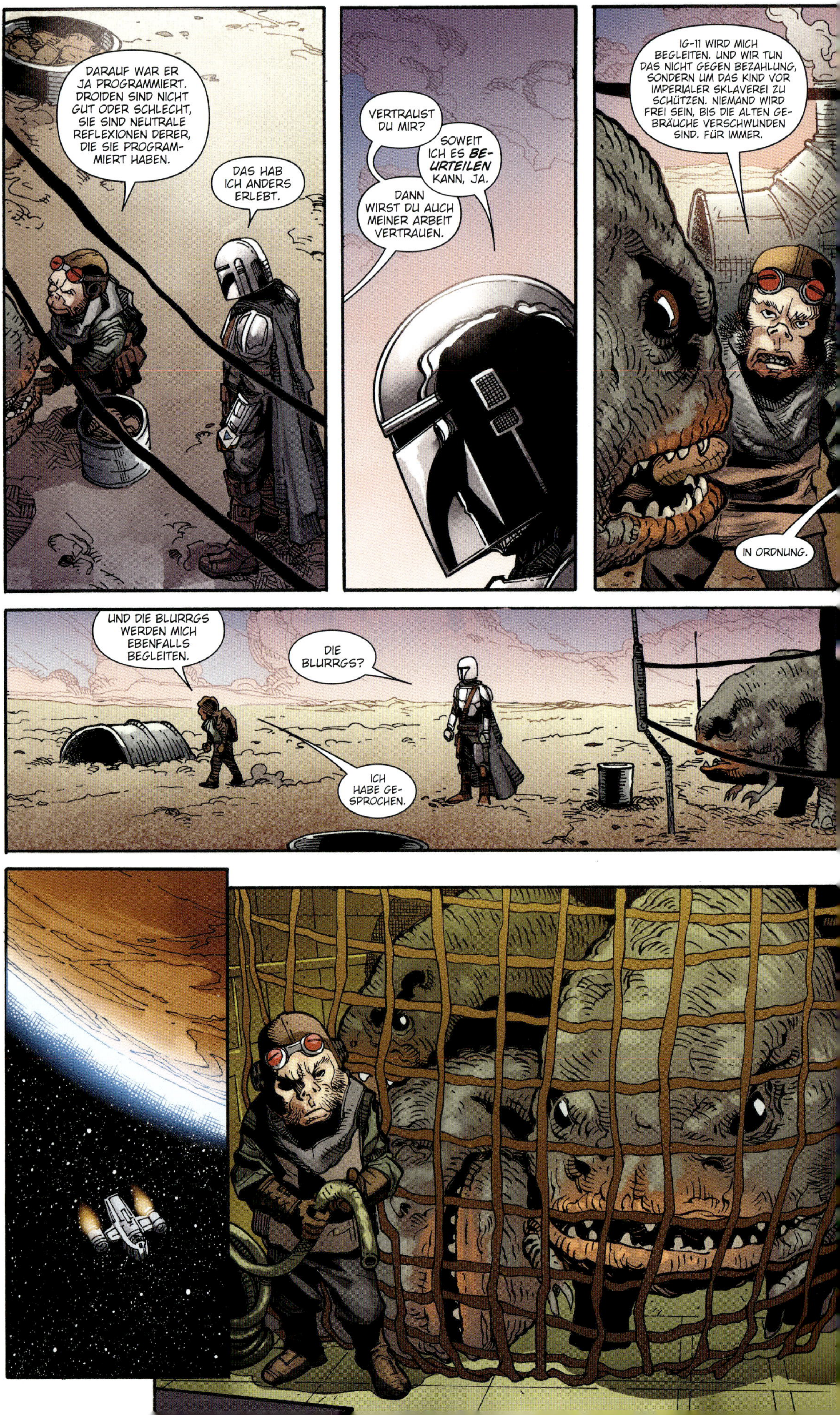

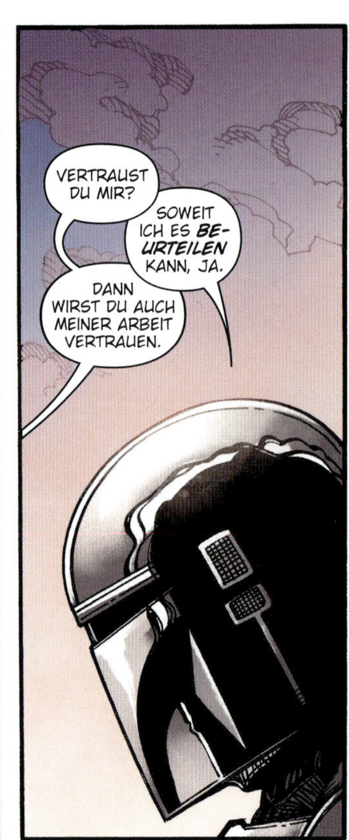
VERTRAUST DU MIR?
SOWEIT ICH ES **BEURTEILEN** KANN, JA.
DANN WIRST DU AUCH MEINER ARBEIT VERTRAUEN.

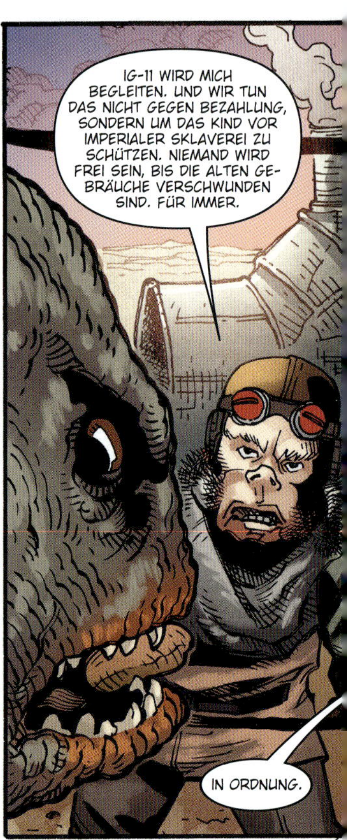
IG-11 WIRD MICH BEGLEITEN. UND WIR TUN DAS NICHT GEGEN BEZAHLUNG, SONDERN UM DAS KIND VOR IMPERIALER SKLAVEREI ZU SCHÜTZEN. NIEMAND WIRD FREI SEIN, BIS DIE ALTEN GEBRÄUCHE VERSCHWUNDEN SIND. FÜR IMMER.
IN ORDNUNG.

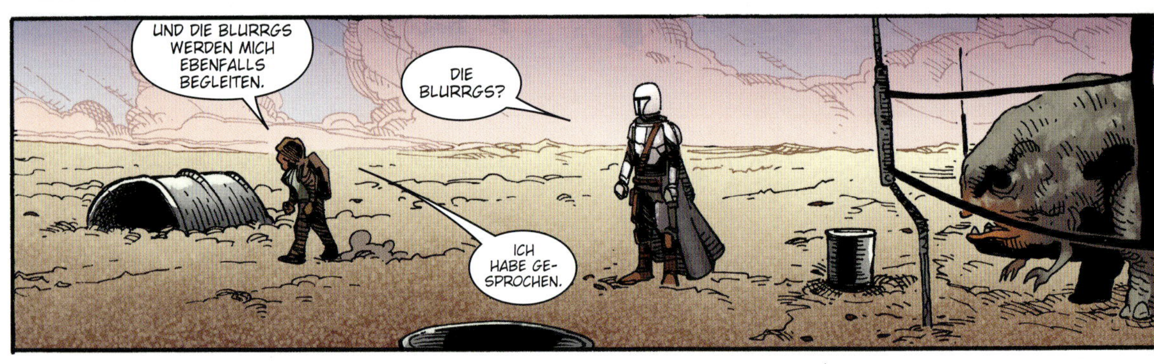
UND DIE BLURRGS WERDEN EBENFALLS MICH BEGLEITEN.
DIE BLURRGS?
ICH HABE GESPROCHEN.

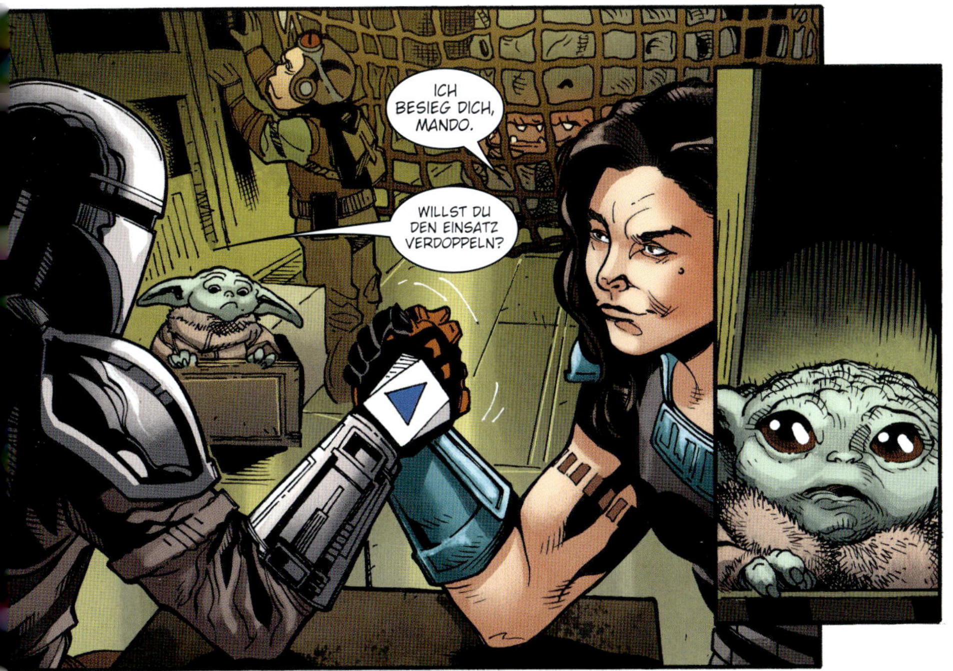

ICH BESIEG DICH, MANDO.
WILLST DU DEN EINSATZ VERDOPPELN?

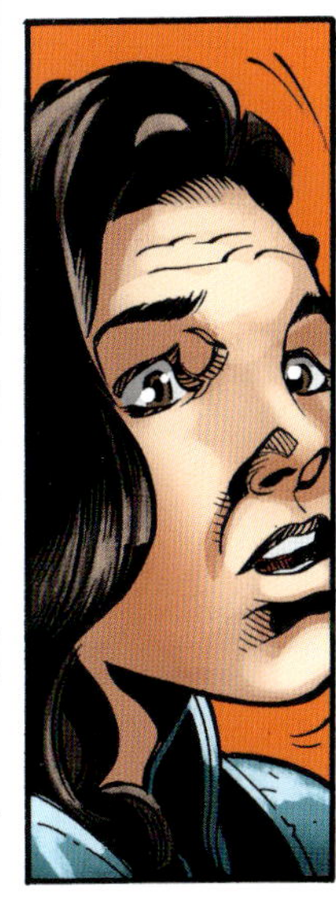
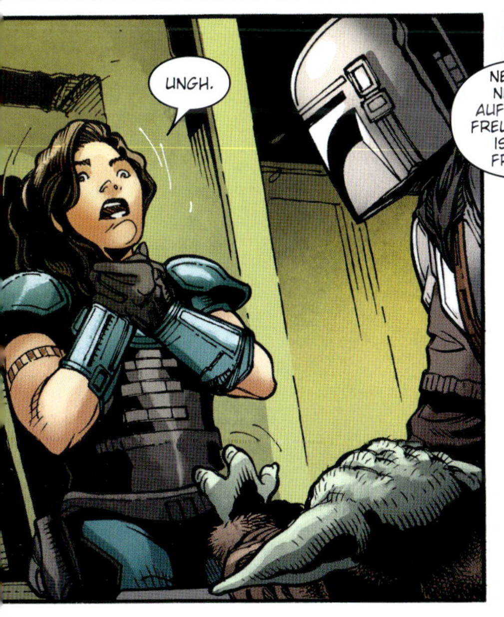

UNGH.

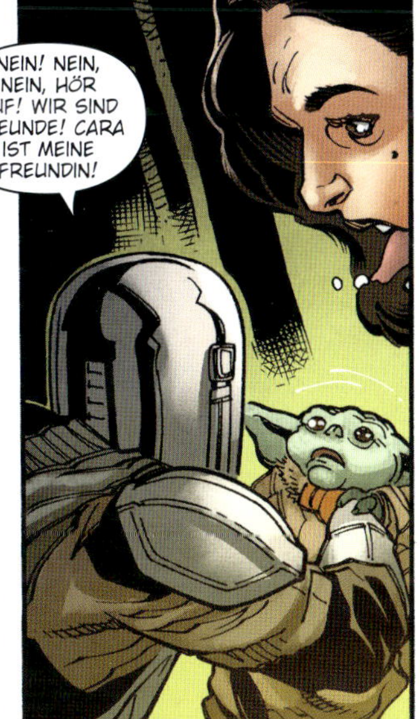

NEIN! NEIN, NEIN, HÖR AUF! WIR SIND FREUNDE! CARA IST MEINE FREUNDIN!

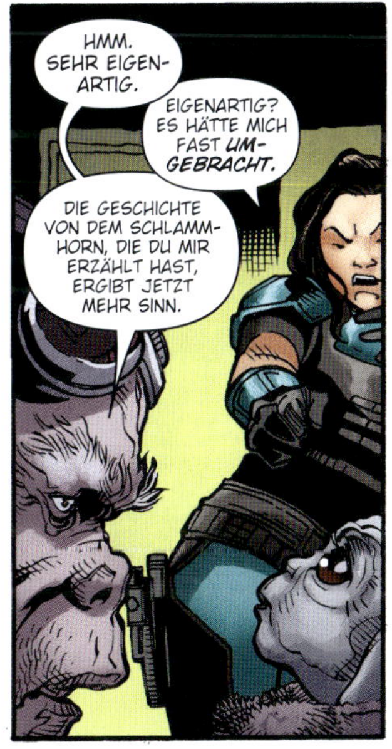

HMM. SEHR EIGEN-ARTIG.
EIGENARTIG? ES HÄTTE MICH FAST *UM-GEBRACHT.*
DIE GESCHICHTE VON DEM SCHLAMM-HORN, DIE DU MIR ERZÄHLT HAST, ERGIBT JETZT MEHR SINN.

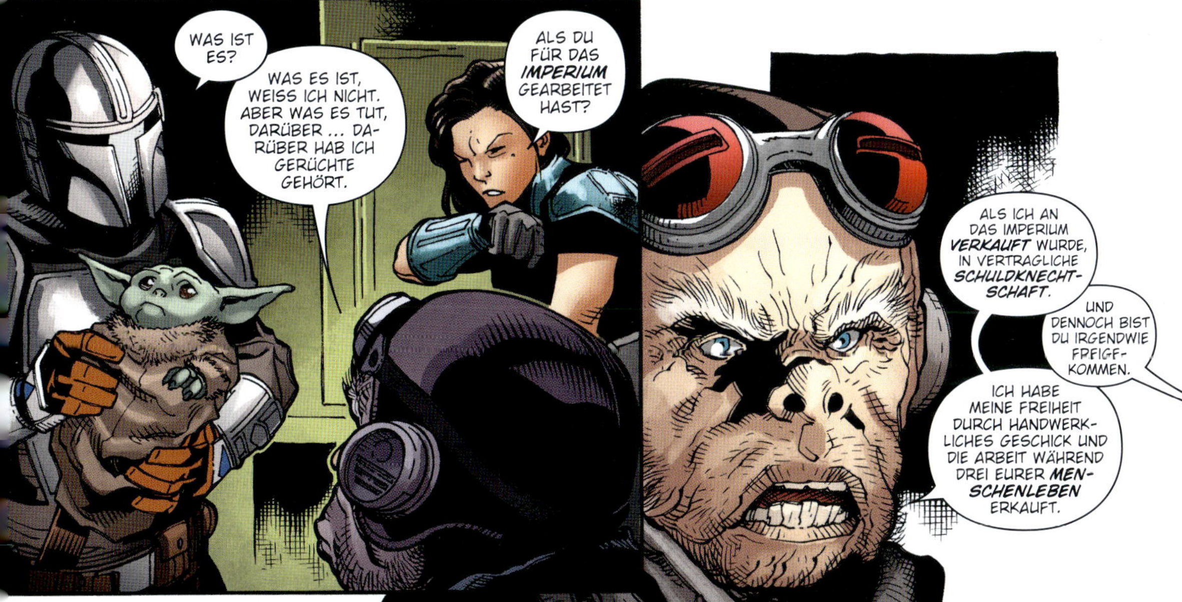

WAS IST ES?
WAS ES IST, WEISS ICH NICHT. ABER WAS ES TUT, DARÜBER ... DA-RÜBER HAB ICH GERÜCHTE GEHÖRT.
ALS DU FÜR DAS *IMPERIUM* GEARBEITET HAST?
ALS ICH AN DAS IMPERIUM *VERKAUFT* WURDE, IN VERTRAGLICHE *SCHULDKNECHT-SCHAFT.*
UND DENNOCH BIST DU IRGENDWIE FREIGE-KOMMEN.
ICH HABE MEINE FREIHEIT DURCH HANDWERK-LICHES GESCHICK UND DIE ARBEIT WÄHREND DREI EURER *MEN-SCHENLEBEN* ERKAUFT.

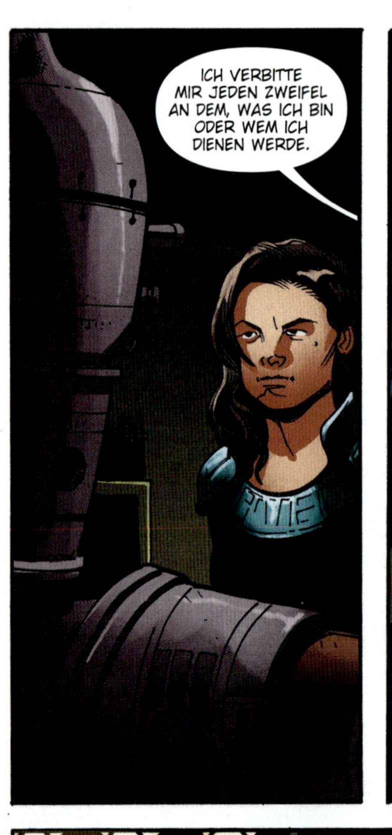

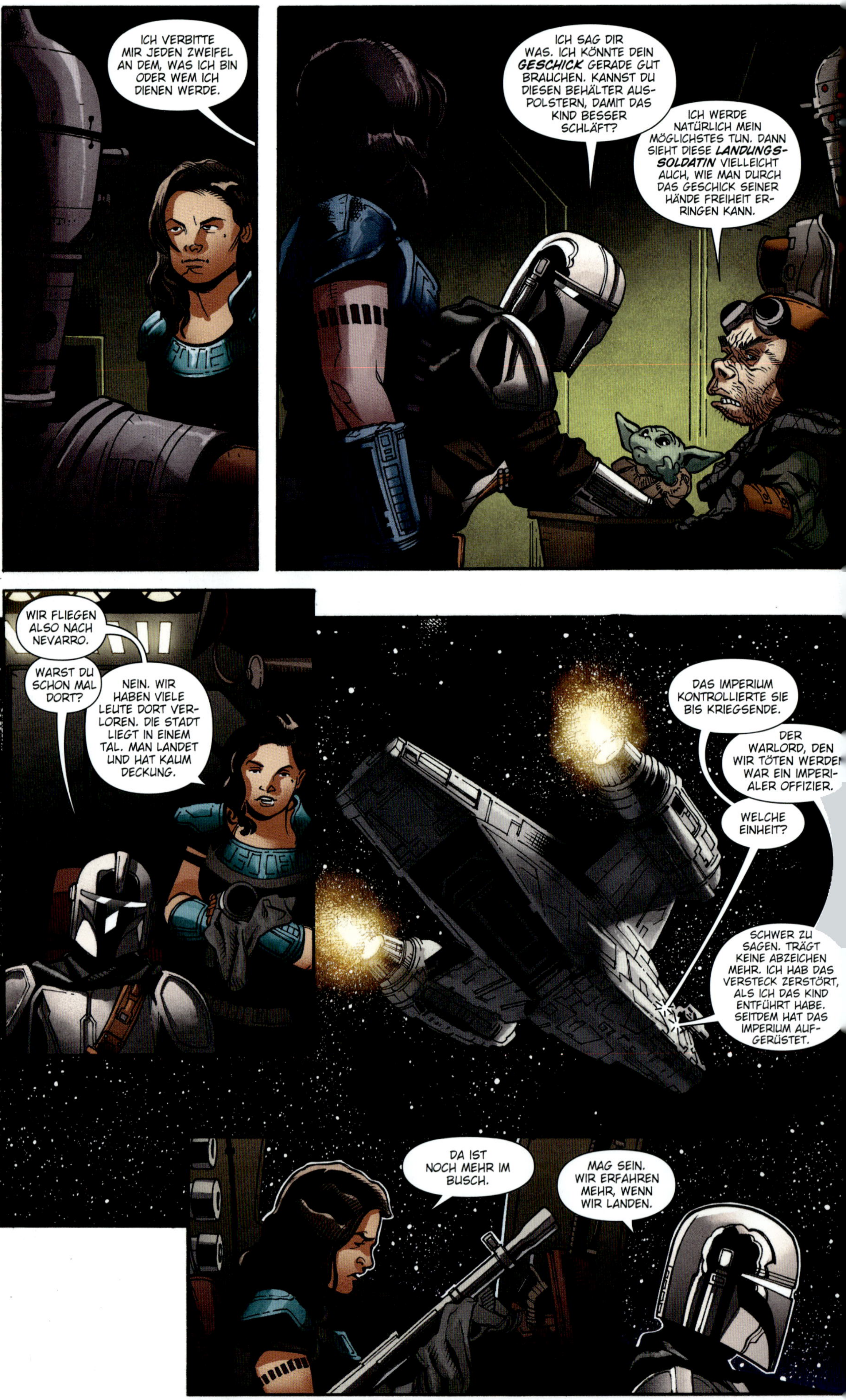

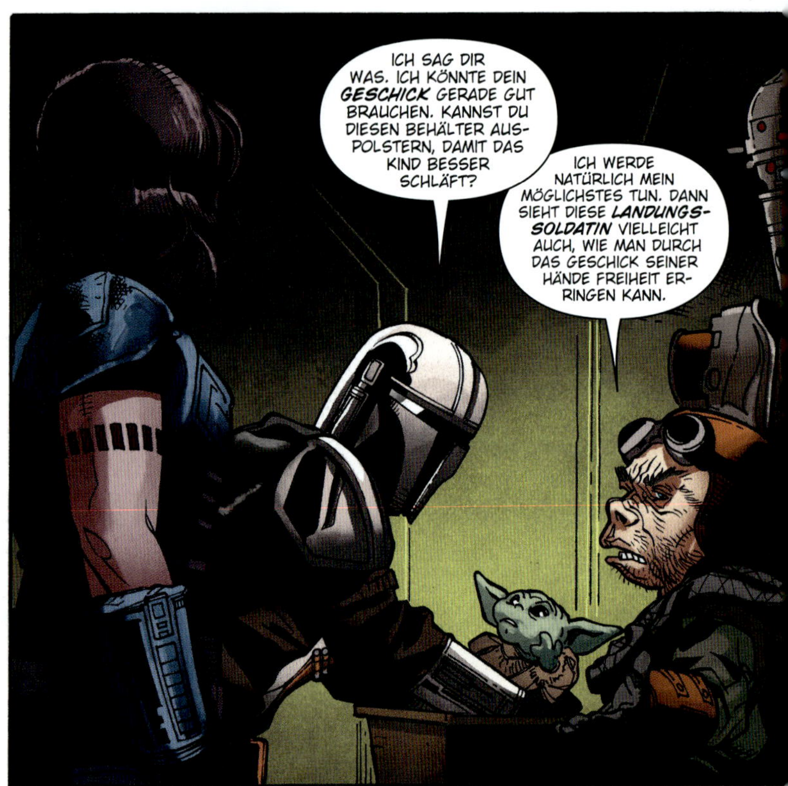

WIR FLIEGEN ALSO NACH NEVARRO.
WARST DU SCHON MAL DORT?
NEIN. WIR HABEN VIELE LEUTE DORT VER-LOREN. DIE STADT LIEGT IN EINEM TAL. MAN LANDET UND HAT KAUM DECKUNG.
DAS IMPERIUM KONTROLLIERTE SIE BIS KRIEGSENDE.
DER WARLORD, DEN WIR TÖTEN WERDE WAR EIN IMPERI-ALER OFFIZIER.
WELCHE EINHEIT?
SCHWER ZU SAGEN. TRÄGT KEINE ABZEICHEN MEHR. ICH HAB DAS VERSTECK ZERSTÖRT, ALS ICH DAS KIND ENTFÜHRT HABE. SEITDEM HAT DAS IMPERIUM AUF-GERÜSTET.
DA IST NOCH MEHR IM BUSCH.
MAG SEIN. WIR ERFAHREN MEHR, WENN WIR LANDEN.

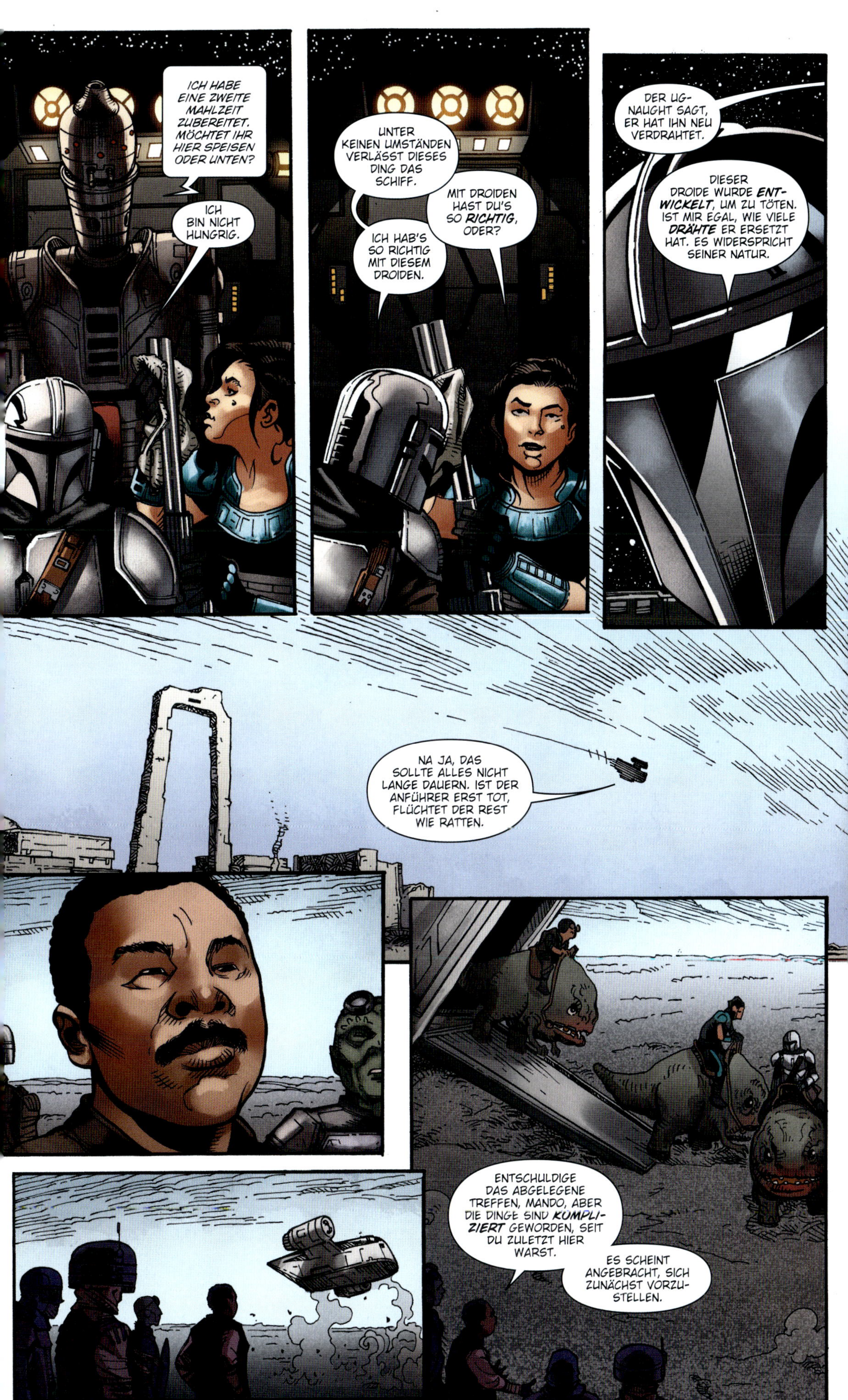
ICH HABE EINE ZWEITE MAHLZEIT ZUBEREITET. MÖCHTET IHR HIER SPEISEN ODER UNTEN?
ICH BIN NICHT HUNGRIG.
UNTER KEINEN UMSTÄNDEN VERLÄSST DIESES DING DAS SCHIFF.
ICH HAB'S SO RICHTIG MIT DIESEM DROIDEN.
MIT DROIDEN HAST DU'S SO RICHTIG, ODER?
DER UG-NAUGHT SAGT, ER HAT IHN NEU VERDRAHTET.
DIESER DROIDE WURDE ENT-WICKELT, UM ZU TÖTEN. IST MIR EGAL, WIE VIELE DRÄHTE ER ERSETZT HAT. ES WIDERSPRICHT SEINER NATUR.
NA JA, DAS SOLLTE ALLES NICHT LANGE DAUERN. IST DER ANFÜHRER ERST TOT, FLÜCHTET DER REST WIE RATTEN.
ENTSCHULDIGE DAS ABGELEGENE TREFFEN, MANDO, ABER DIE DINGE SIND KOMPLI-ZIERT GEWORDEN, SEIT DU ZULETZT HIER WARST.
ES SCHEINT ANGEBRACHT, SICH ZUNÄCHST VORZU-STELLEN.

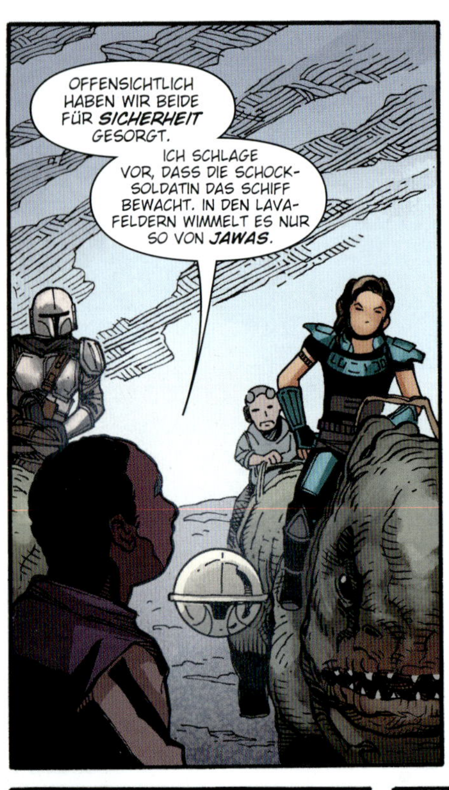
OFFENSICHTLICH HABEN WIR BEIDE FÜR ***SICHERHEIT*** GESORGT.
ICH SCHLAGE VOR, DASS DIE SCHOCK-SOLDATIN DAS SCHIFF BEWACHT. IN DEN LAVA-FELDERN WIMMELT ES NUR SO VON ***JAWAS***.

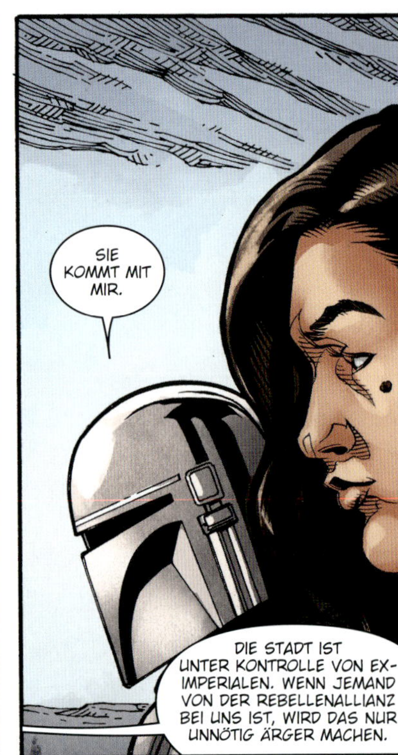
SIE KOMMT MIT MIR.
DIE STADT IST UNTER KONTROLLE VON EX-IMPERIALEN. WENN JEMAND VON DER REBELLENALLIANZ BEI UNS IST, WIRD DAS NUR UNNÖTIG ÄRGER MACHEN.

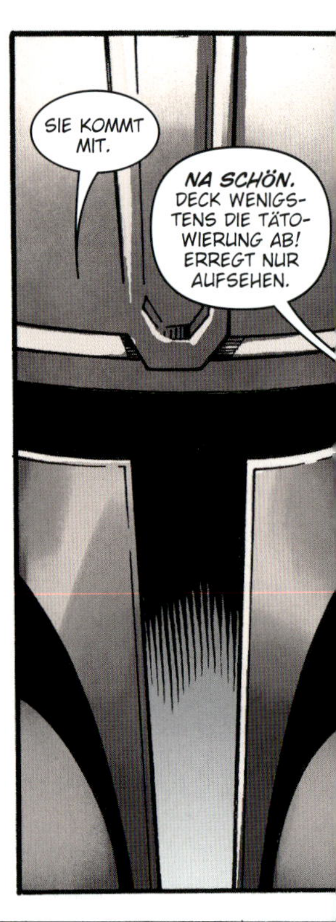
SIE KOMMT MIT.
NA SCHÖN. DECK WENIGS-TENS DIE TÄTO-WIERUNG AB! ERREGT NUR AUFSEHEN.

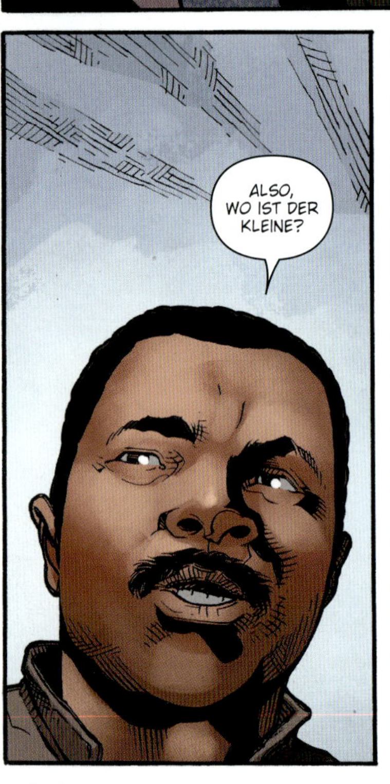
ALSO, WO IST DER KLEINE?

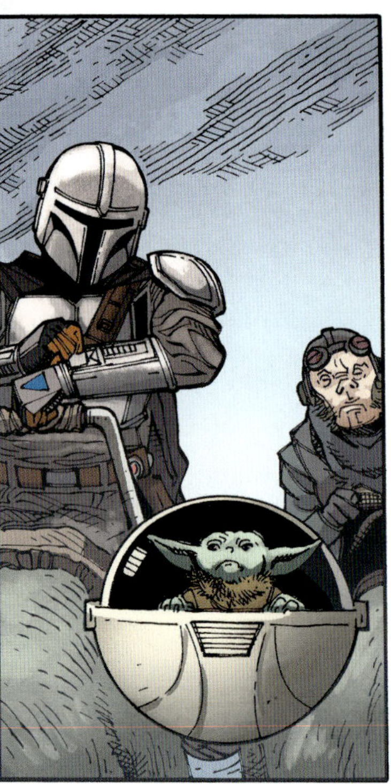

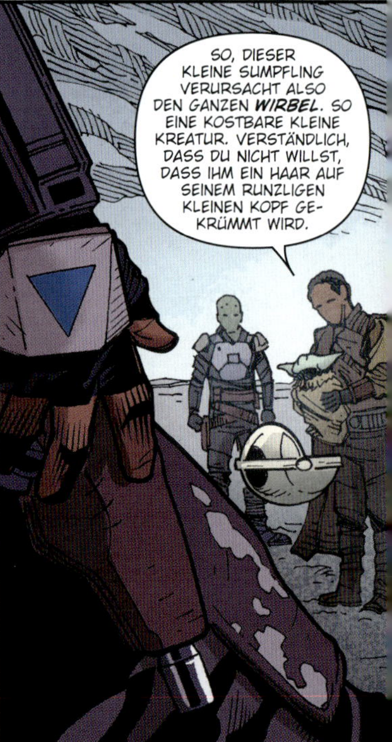
SO, DIESER KLEINE SUMPFLING VERURSACHT ALSO DEN GANZEN ***WIRBEL***. SO EINE KOSTBARE KLEINE KREATUR. VERSTÄNDLICH, DASS DU NICHT WILLST, DASS IHM EIN HAAR AUF SEINEM RUNZLIGEN KLEINEN KOPF GE-KRÜMMT WIRD.

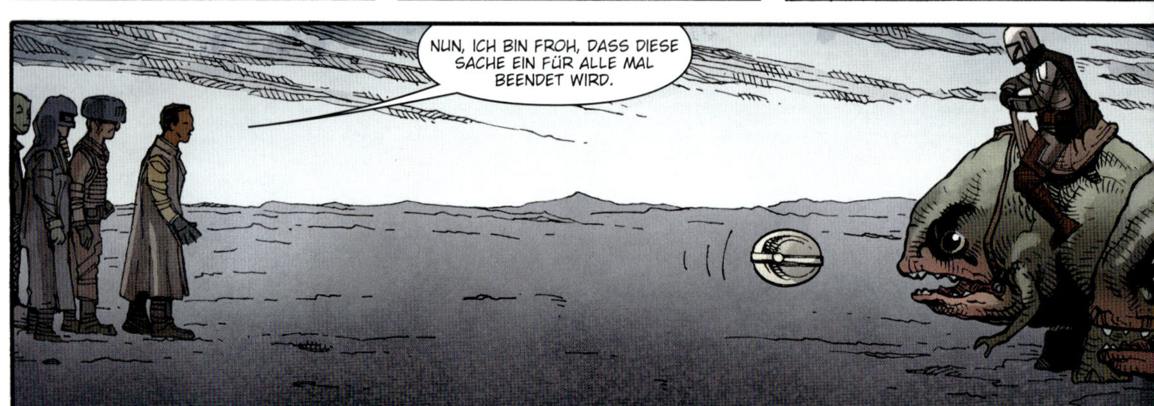
NUN, ICH BIN FROH, DASS DIESE SACHE EIN FÜR ALLE MAL BEENDET WIRD.

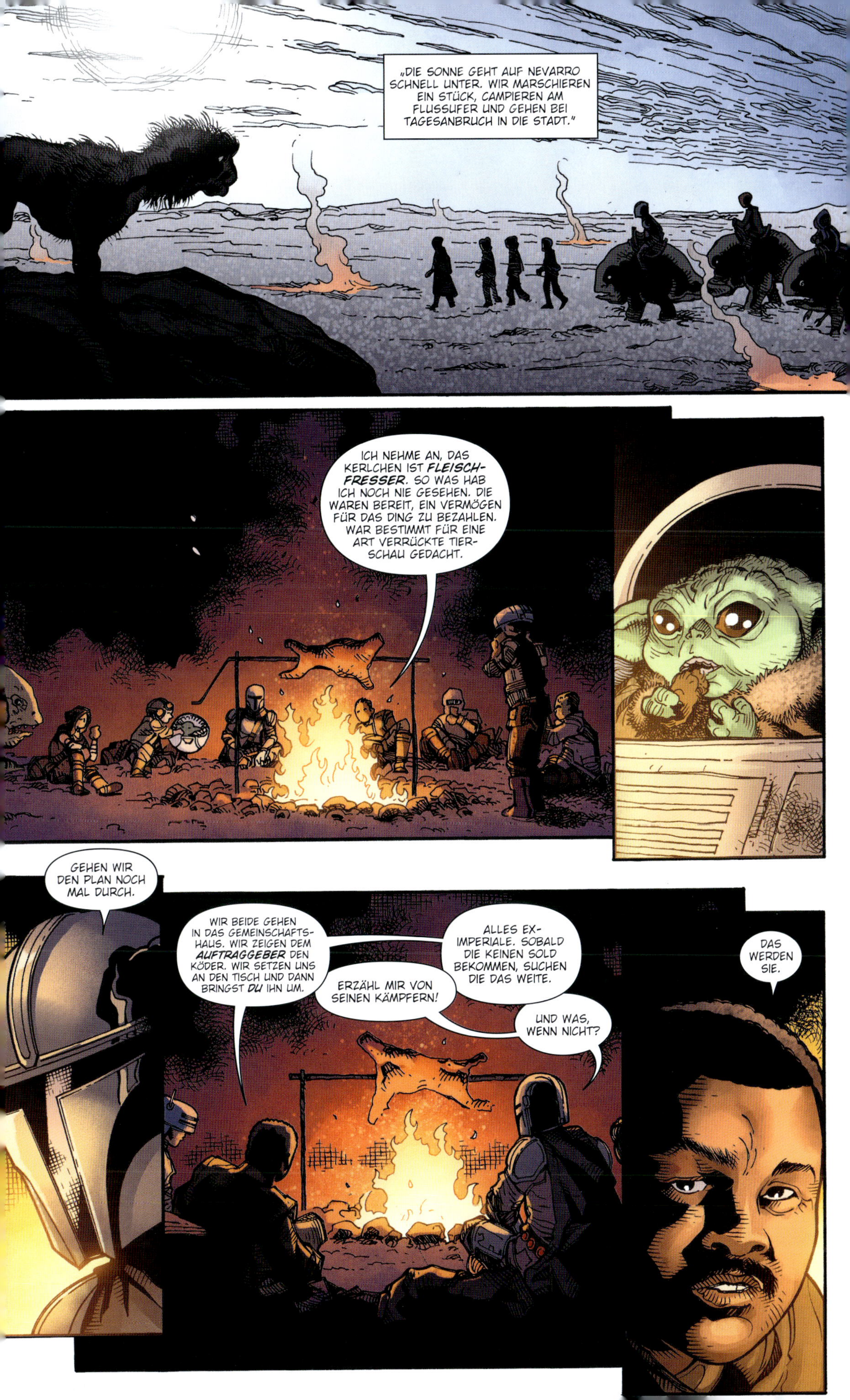

„DIE SONNE GEHT AUF NEVARRO SCHNELL UNTER. WIR MARSCHIEREN EIN STÜCK, CAMPIEREN AM FLUSSUFER UND GEHEN BEI TAGESANBRUCH IN DIE STADT."

ICH NEHME AN, DAS KERLCHEN IST ***FLEISCHFRESSER***. SO WAS HAB ICH NOCH NIE GESEHEN. DIE WAREN BEREIT, EIN VERMÖGEN FÜR DAS DING ZU BEZAHLEN. WAR BESTIMMT FÜR EINE ART VERRÜCKTE TIERSCHAU GEDACHT.

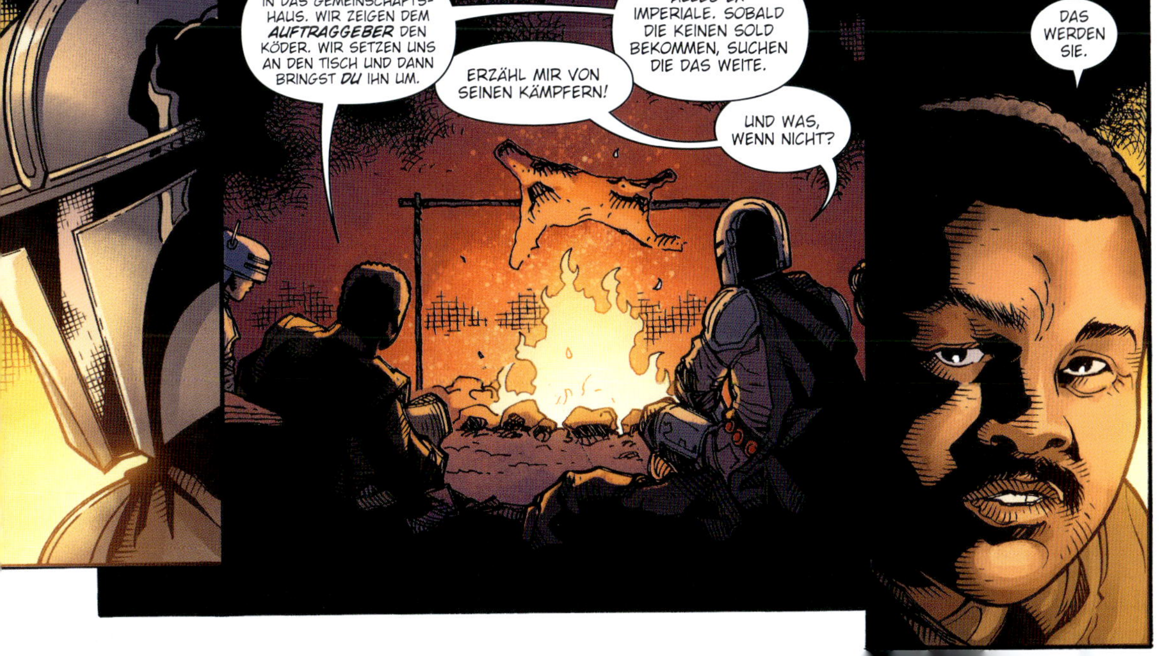

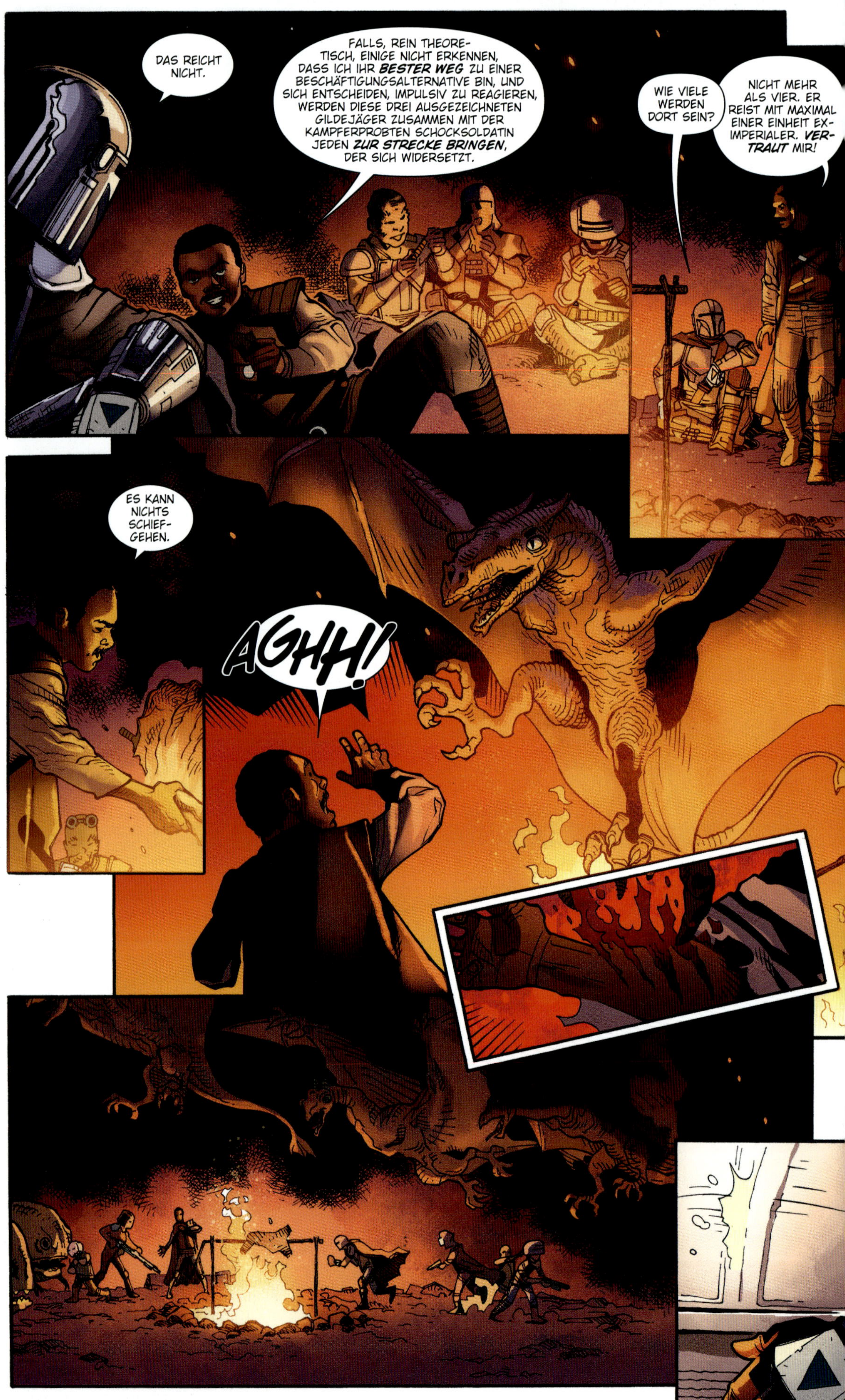
DAS REICHT NICHT.
FALLS, REIN THEORETISCH, EINIGE NICHT ERKENNEN, DASS ICH IHR BESTER WEG ZU EINER BESCHÄFTIGUNGSALTERNATIVE BIN, UND SICH ENTSCHEIDEN, IMPULSIV ZU REAGIEREN, WERDEN DIESE DREI AUSGEZEICHNETEN GILDEJÄGER ZUSAMMEN MIT DER KAMPFERPROBTEN SCHOCKSOLDATIN JEDEN ZUR STRECKE BRINGEN, DER SICH WIDERSETZT.
WIE VIELE WERDEN DORT SEIN?
NICHT MEHR ALS VIER. ER REIST MIT MAXIMAL EINER EINHEIT EXIMPERIALER. VERTRAUT MIR!
ES KANN NICHTS SCHIEFGEHEN.
AGHH!

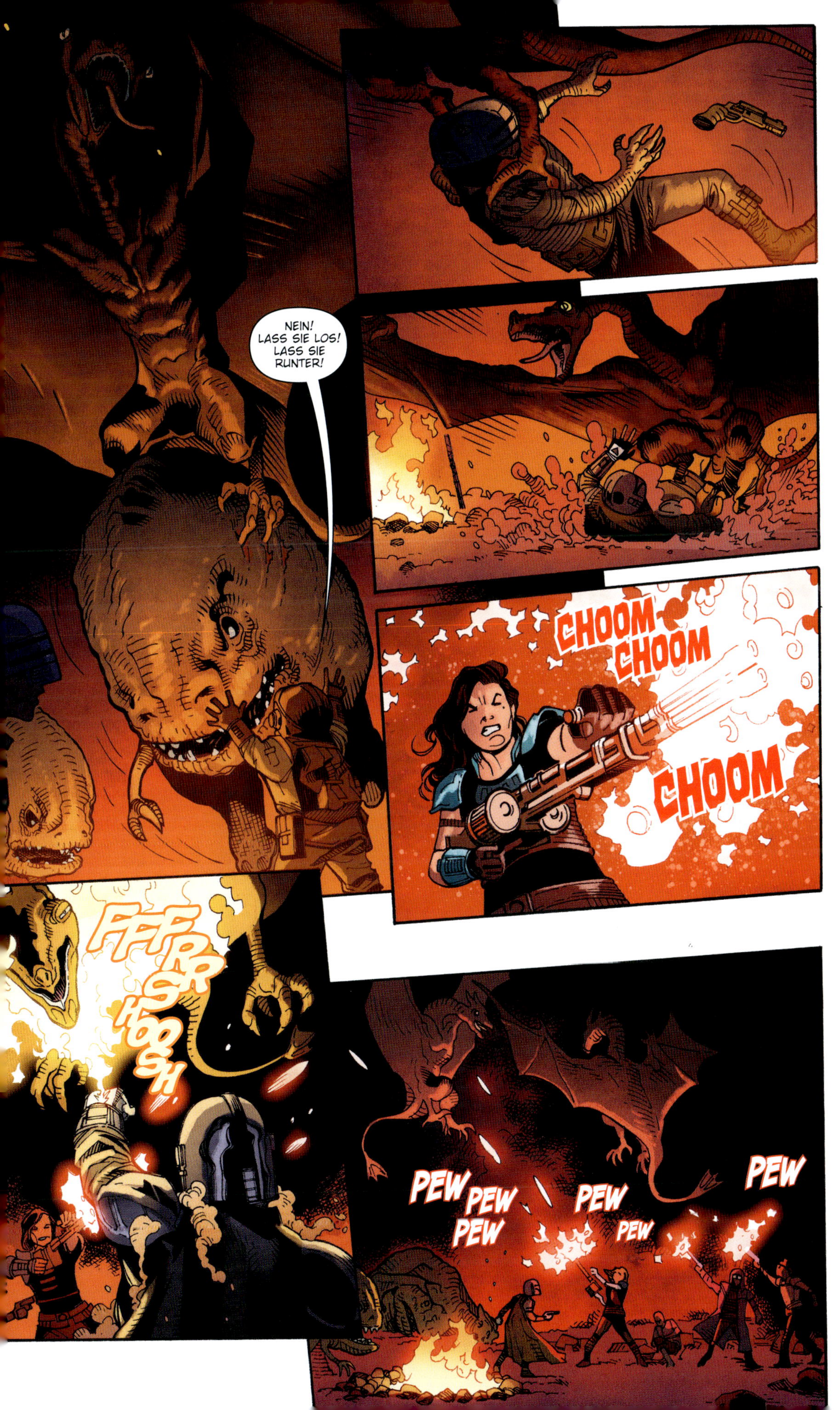

NEIN! LASS SIE LOS! LASS SIE RUNTER!
CHOOM CHOOM
CHOOM
FFFRRSHOOSH
PEW PEW PEW
PEW
PEW
PEW

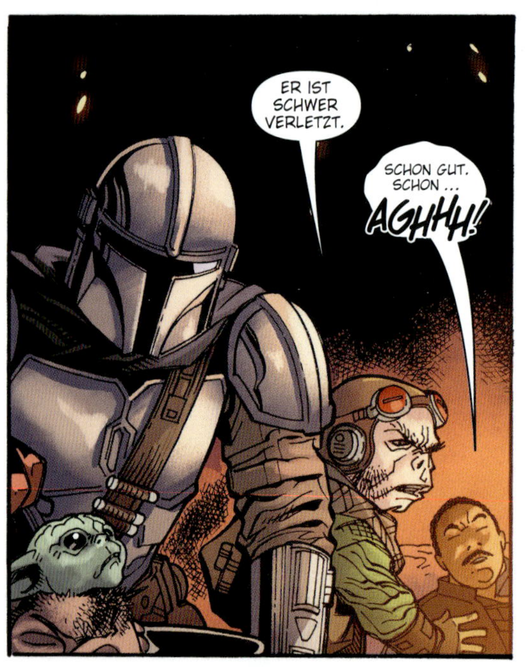
ER IST SCHWER VERLETZT.
SCHON GUT. SCHON ... AGHHH!

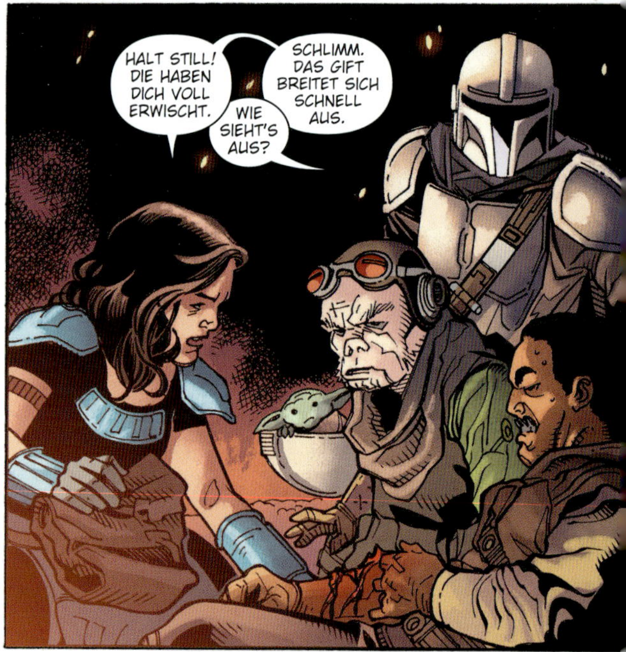
HALT STILL! DIE HABEN DICH VOLL ERWISCHT.
WIE SIEHT'S AUS?
SCHLIMM. DAS GIFT BREITET SICH SCHNELL AUS.

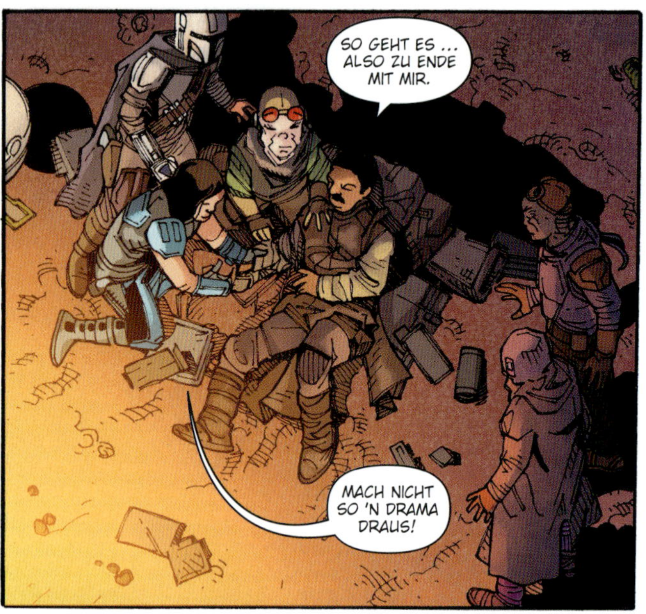
SO GEHT ES ... ALSO ZU ENDE MIT MIR.
MACH NICHT SO 'N DRAMA DRAUS!

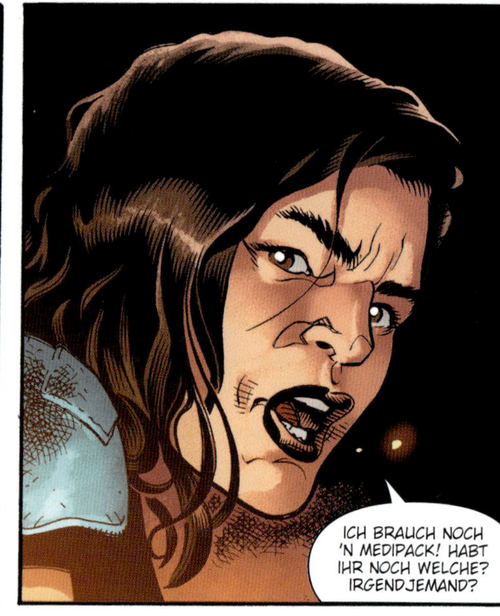
ICH BRAUCH NOCH 'N MEDIPACK! HABT IHR NOCH WELCHE? IRGENDJEMAND?

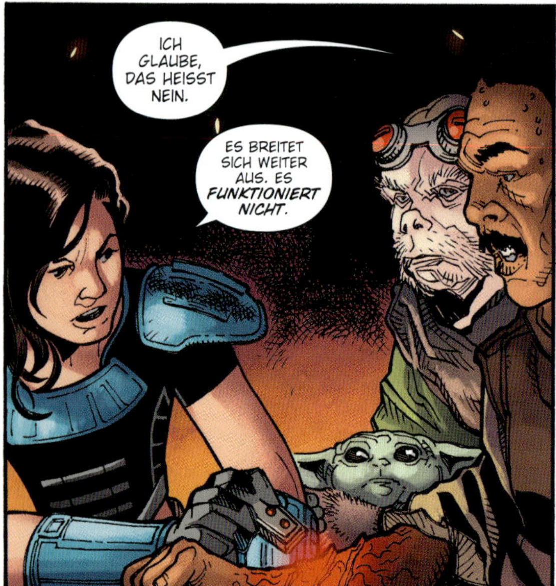
ICH GLAUBE, DAS HEISST NEIN.
ES BREITET SICH WEITER AUS. ES FUNKTIONIERT NICHT.

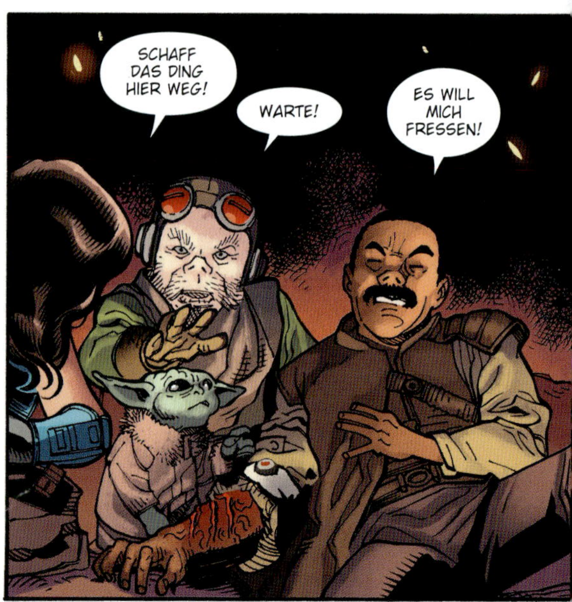
SCHAFF DAS DING HIER WEG!
WARTE!
ES WILL MICH FRESSEN!

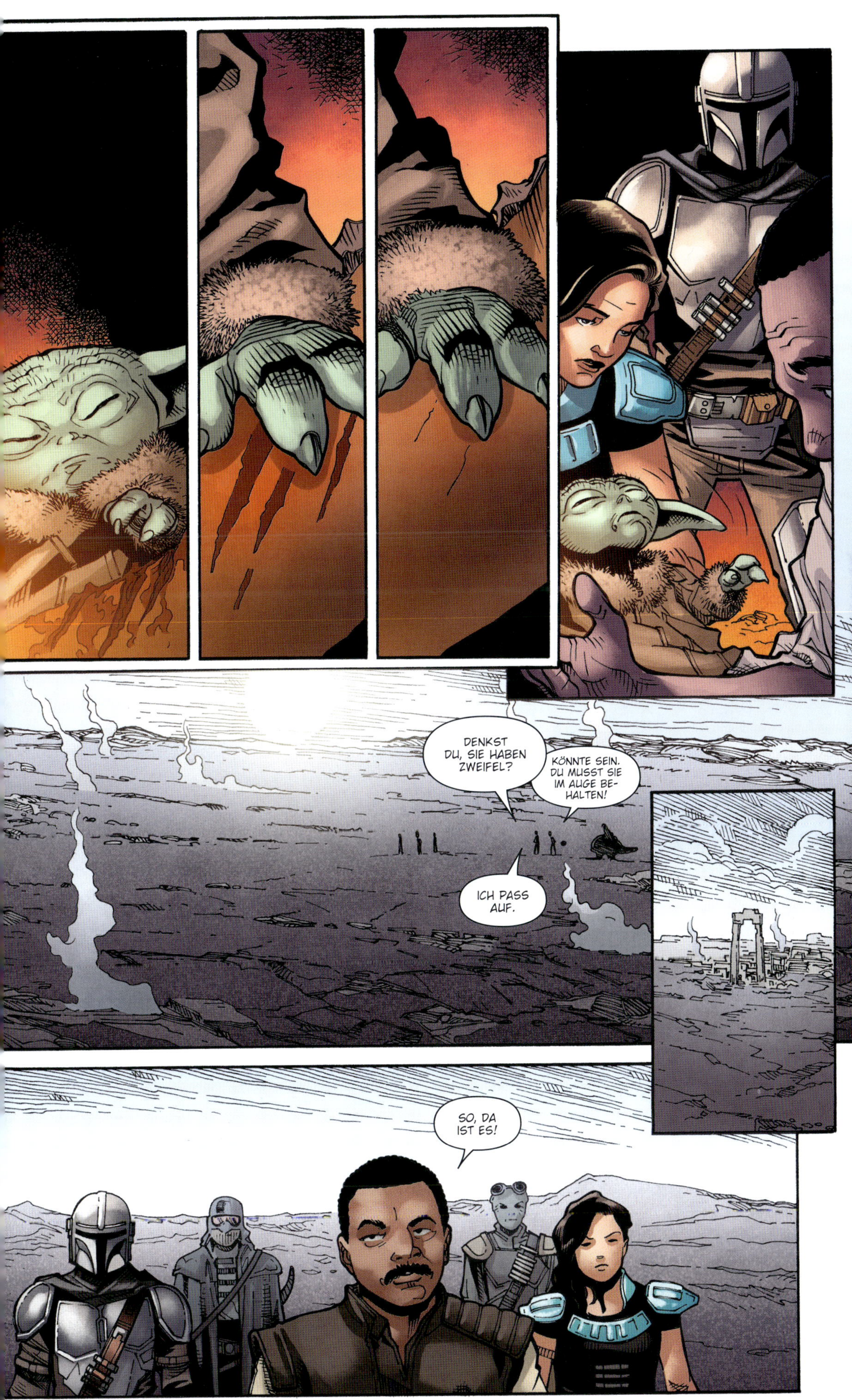
DENKST DU, SIE HABEN ZWEIFEL?
KÖNNTE SEIN. DU MUSST SIE IM AUGE BEHALTEN!
ICH PASS AUF.
SO, DA IST ES!

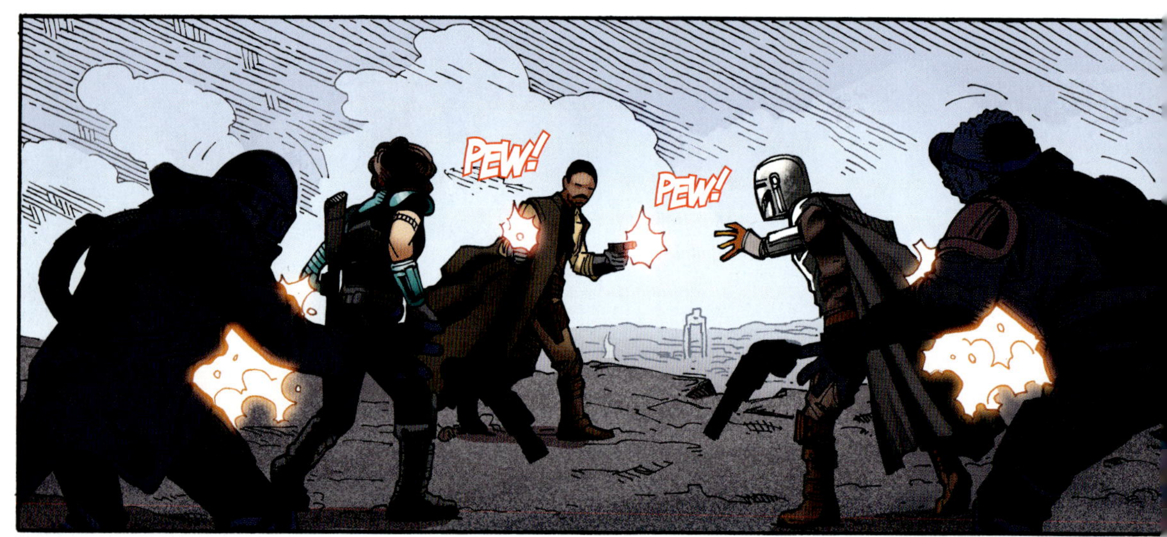
PEW!
PEW!

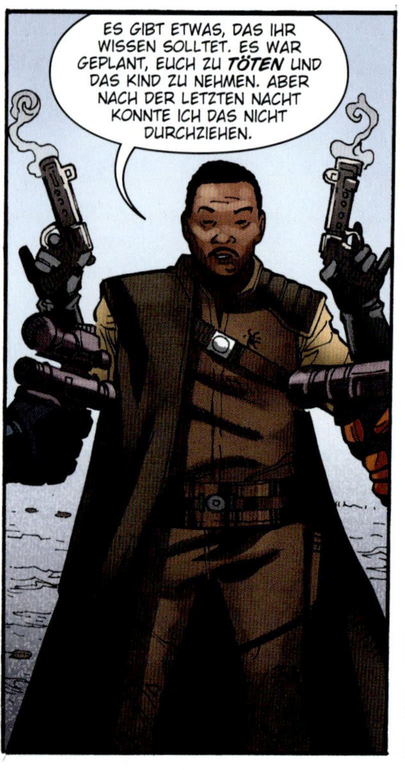
ES GIBT ETWAS, DAS IHR WISSEN SOLLTET. ES WAR GEPLANT, EUCH ZU **TÖTEN** UND DAS KIND ZU NEHMEN. ABER NACH DER LETZTEN NACHT KONNTE ICH DAS NICHT DURCHZIEHEN.

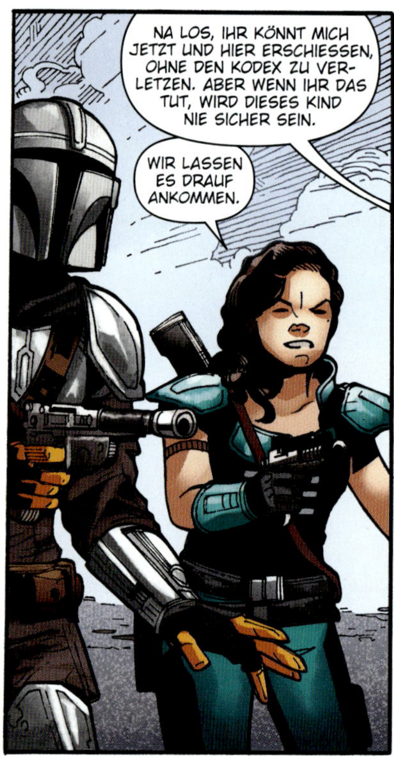
NA LOS, IHR KÖNNT MICH JETZT UND HIER ERSCHIESSEN, OHNE DEN KODEX ZU VERLETZEN. ABER WENN IHR DAS TUT, WIRD DIESES KIND NIE SICHER SEIN.
WIR LASSEN ES DRAUF ANKOMMEN.

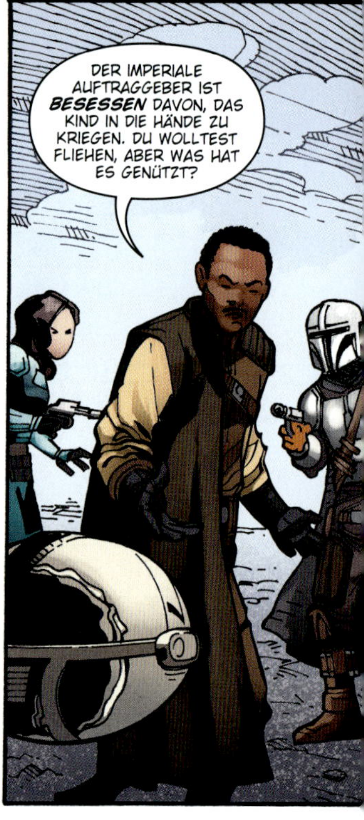
DER IMPERIALE AUFTRAGGEBER IST **BESESSEN** DAVON, DAS KIND IN DIE HÄNDE ZU KRIEGEN. DU WOLLTEST FLIEHEN, ABER WAS HAT ES GENÜTZT?

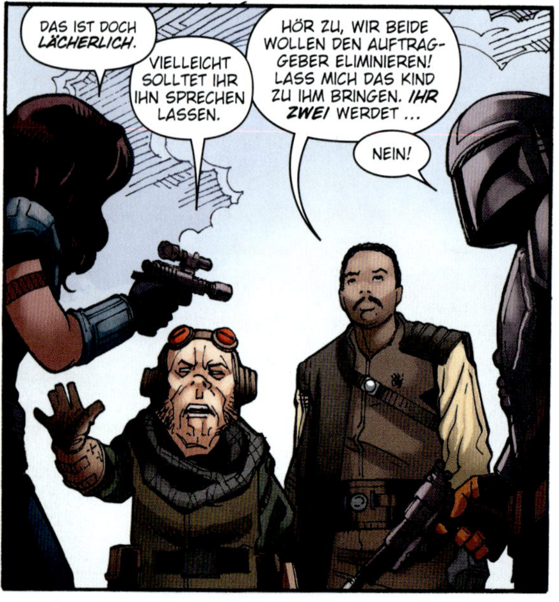
DAS IST DOCH **LÄCHERLICH**.
VIELLEICHT SOLLTET IHR IHN SPRECHEN LASSEN.
HÖR ZU, WIR BEIDE WOLLEN DEN AUFTRAGGEBER ELIMINIEREN! LASS MICH DAS KIND ZU IHM BRINGEN. **IHR ZWEI** WERDET ...
NEIN!

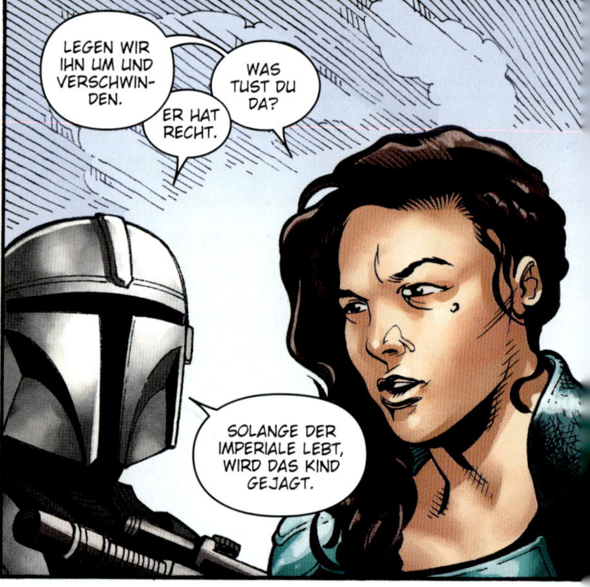
LEGEN WIR IHN UM UND VERSCHWINDEN.
WAS TUST DU DA?
ER HAT RECHT.
SOLANGE DER IMPERIALE LEBT, WIRD DAS KIND GEJAGT.

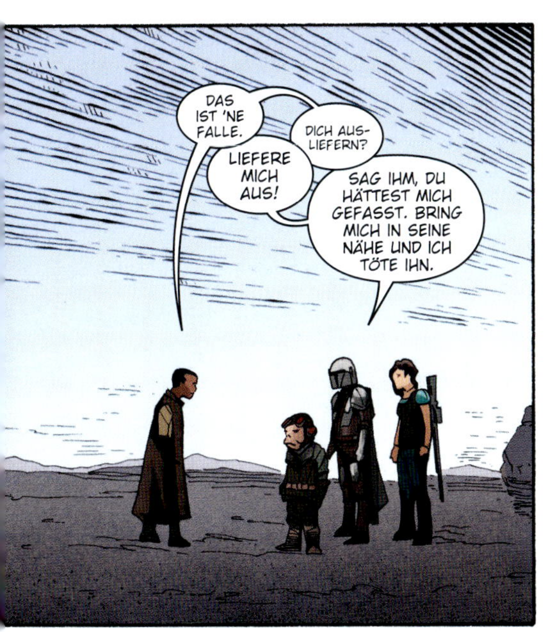
DAS IST 'NE FALLE.
LIEFERE MICH AUS!
DICH AUS-LIEFERN?
SAG IHM, DU HÄTTEST MICH GEFASST. BRING MICH IN SEINE NÄHE UND ICH TÖTE IHN.

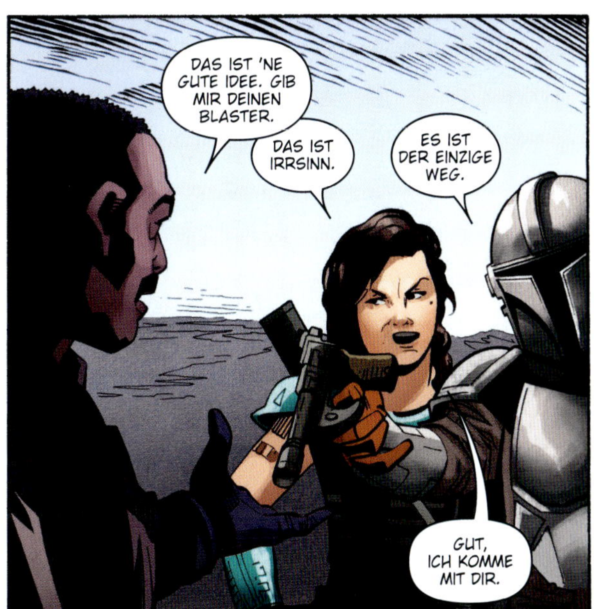
DAS IST 'NE GUTE IDEE. GIB MIR DEINEN BLASTER.
DAS IST IRRSINN.
ES IST DER EINZIGE WEG.
GUT, ICH KOMME MIT DIR.

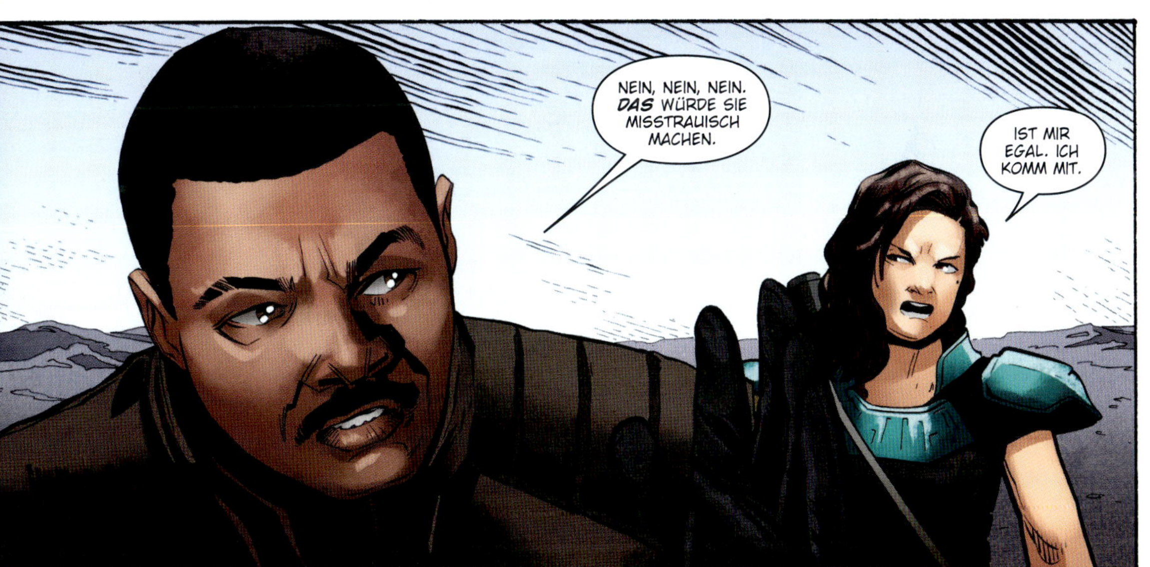
NEIN, NEIN, NEIN. **DAS** WÜRDE SIE MISSTRAUISCH MACHEN.
IST MIR EGAL. ICH KOMM MIT.

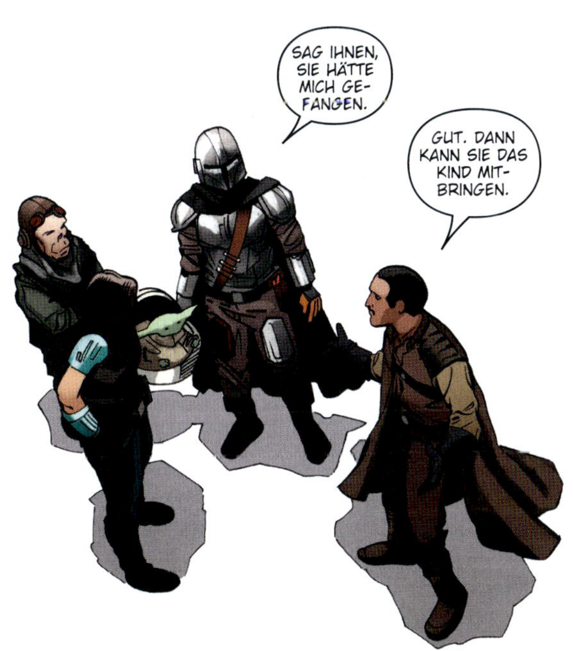
SAG IHNEN, SIE HÄTTE MICH GE-FANGEN.
GUT. DANN KANN SIE DAS KIND MIT-BRINGEN.

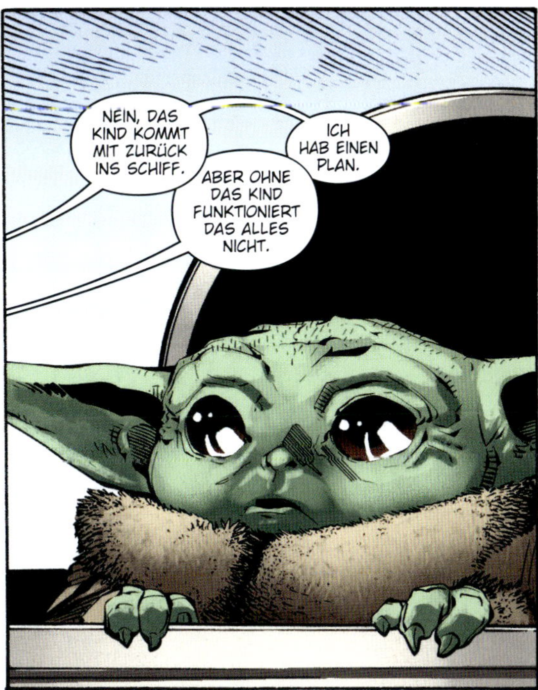
NEIN, DAS KIND KOMMT MIT ZURÜCK INS SCHIFF.
ICH HAB EINEN PLAN.
ABER OHNE DAS KIND FUNKTIONIERT DAS ALLES NICHT.

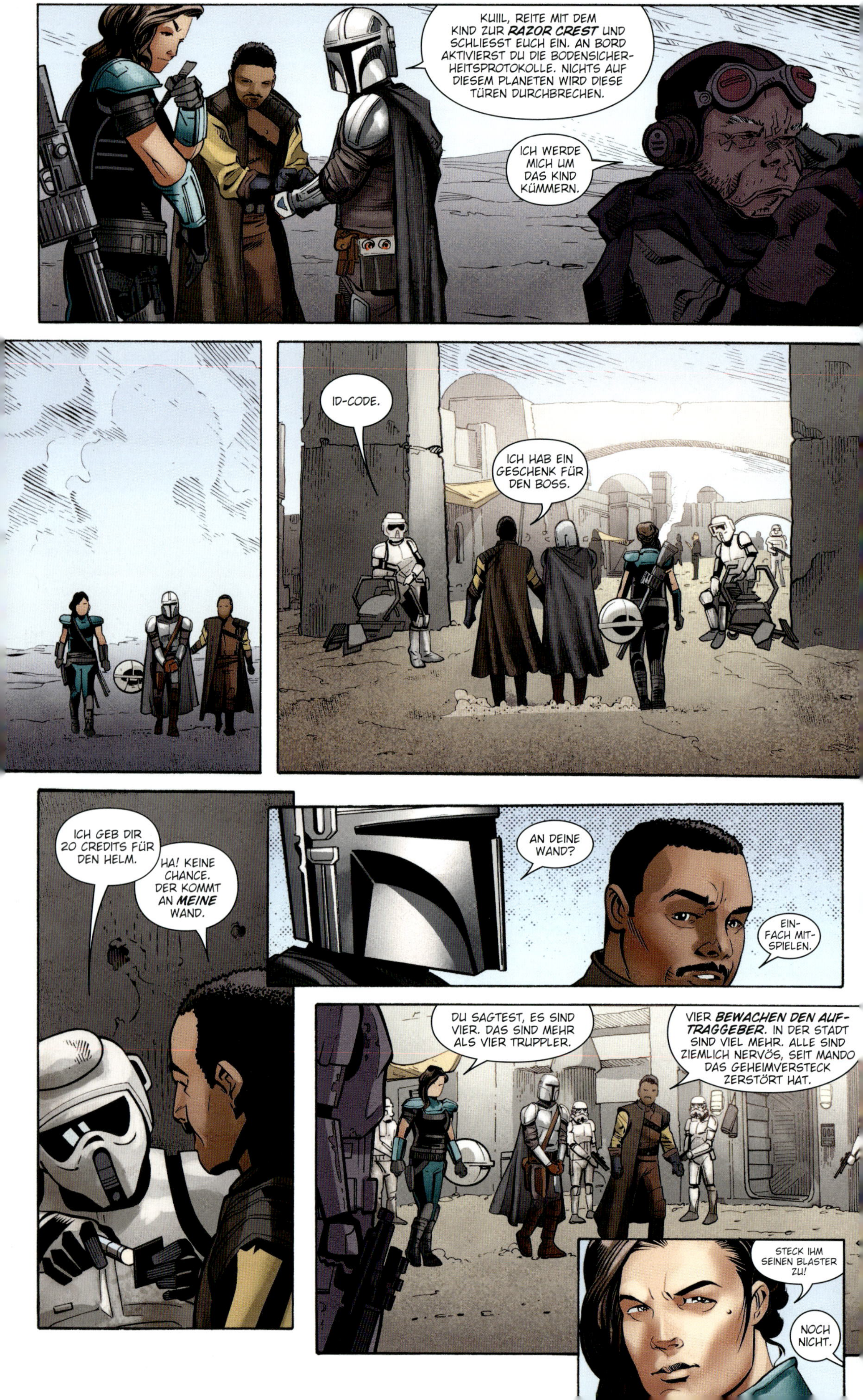

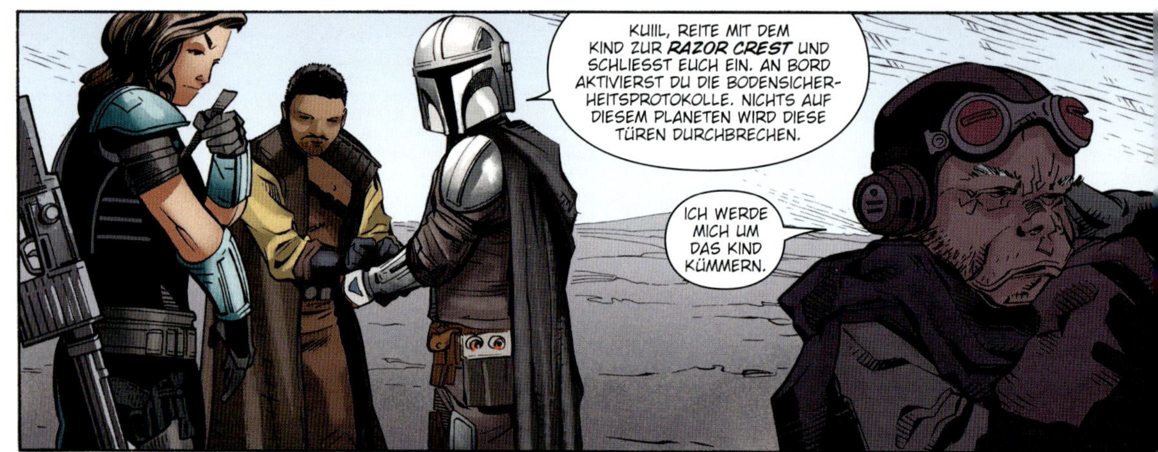

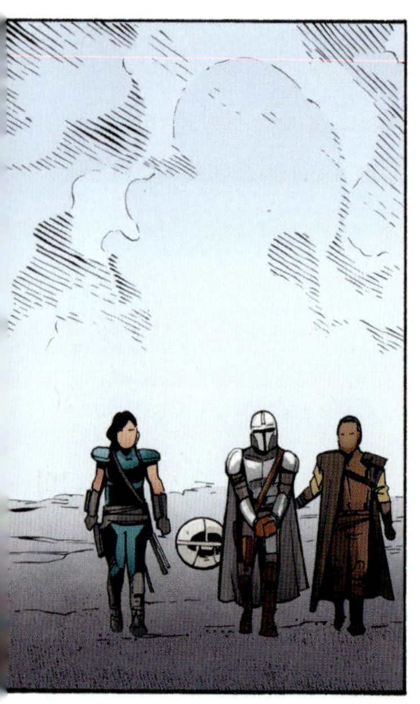

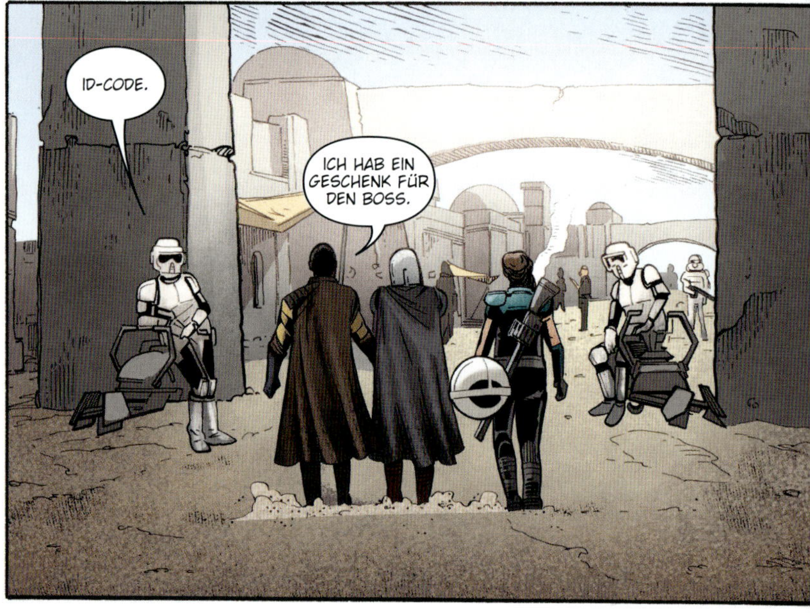

ICH GEB DIR 20 CREDITS FÜR DEN HELM.

HA! KEINE CHANCE. DER KOMMT AN ***MEINE*** WAND.

AN DEINE WAND?

EINFACH MITSPIELEN.

DU SAGTEST, ES SIND VIER. DAS SIND MEHR ALS VIER TRUPPLER.

VIER ***BEWACHEN DEN AUFTRAGGEBER***. IN DER STADT SIND VIEL MEHR. ALLE SIND ZIEMLICH NERVÖS, SEIT MANDO DAS GEHEIMVERSTECK ZERSTÖRT HAT.

STECK IHM SEINEN BLASTER ZU!

NOCH NICHT.

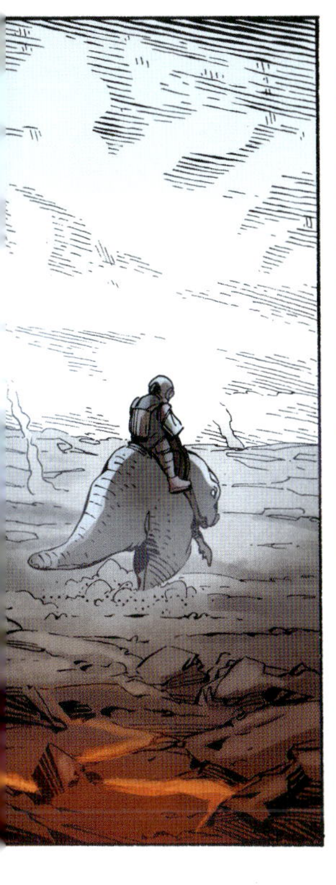

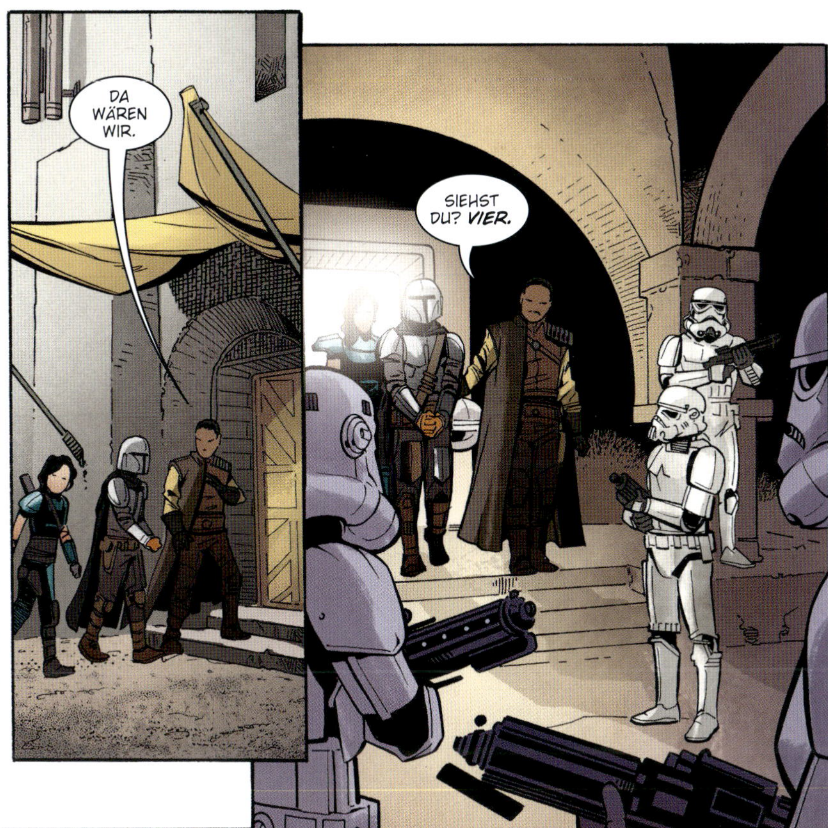

DA WÄREN WIR.
SIEHST DU? VIER.

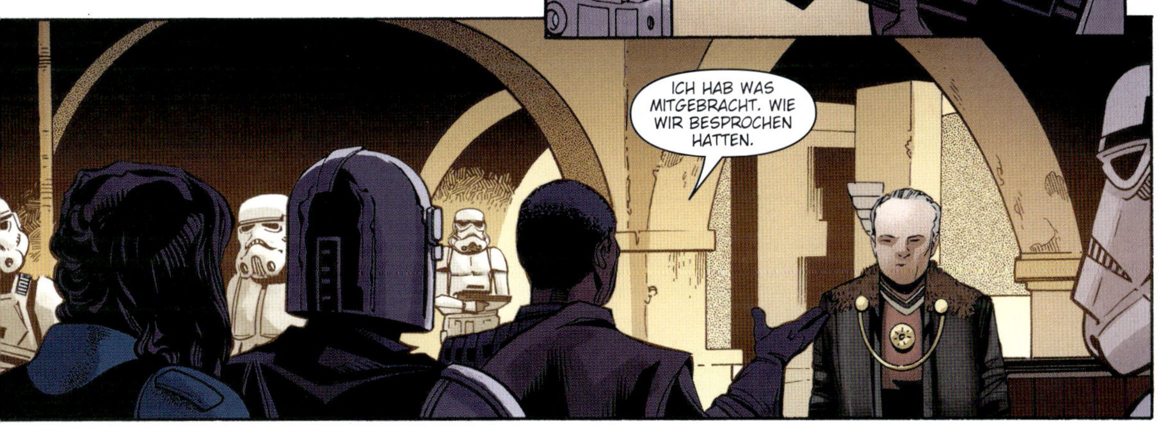

ICH HAB WAS MITGEBRACHT. WIE WIR BESPROCHEN HATTEN.

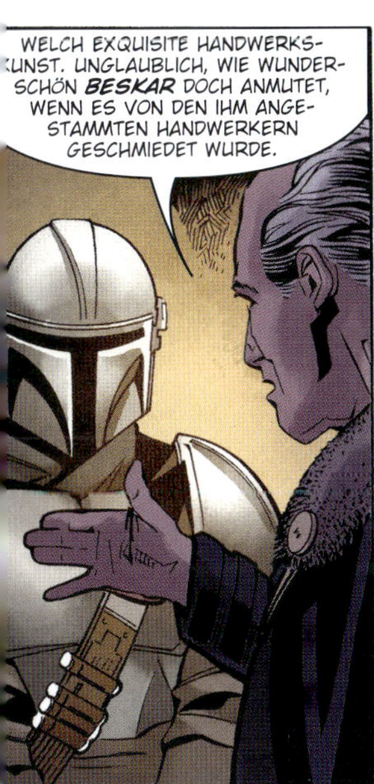

WELCH EXQUISITE HANDWERKSKUNST. UNGLAUBLICH, WIE WUNDERSCHÖN BESKAR DOCH ANMUTET, WENN ES VON DEN IHM ANGESTAMMTEN HANDWERKERN GESCHMIEDET WURDE.

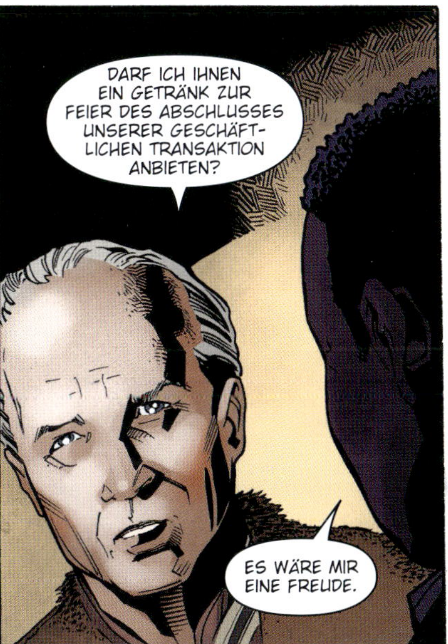

DARF ICH IHNEN EIN GETRÄNK ZUR FEIER DES ABSCHLUSSES UNSERER GESCHÄFTLICHEN TRANSAKTION ANBIETEN?
ES WÄRE MIR EINE FREUDE.

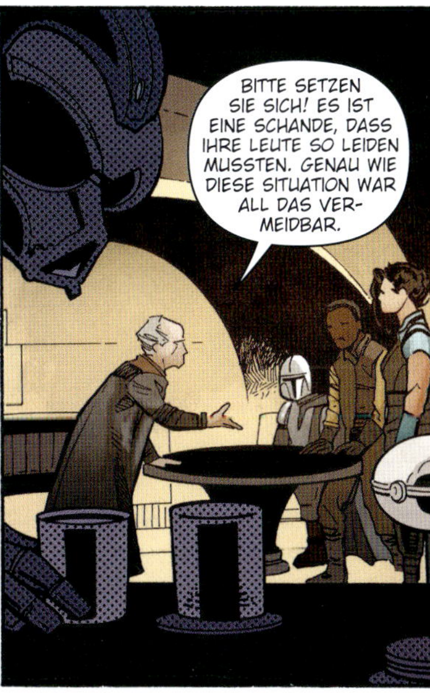

BITTE SETZEN SIE SICH! ES IST EINE SCHANDE, DASS IHRE LEUTE SO LEIDEN MUSSTEN. GENAU WIE DIESE SITUATION WAR ALL DAS VERMEIDBAR.

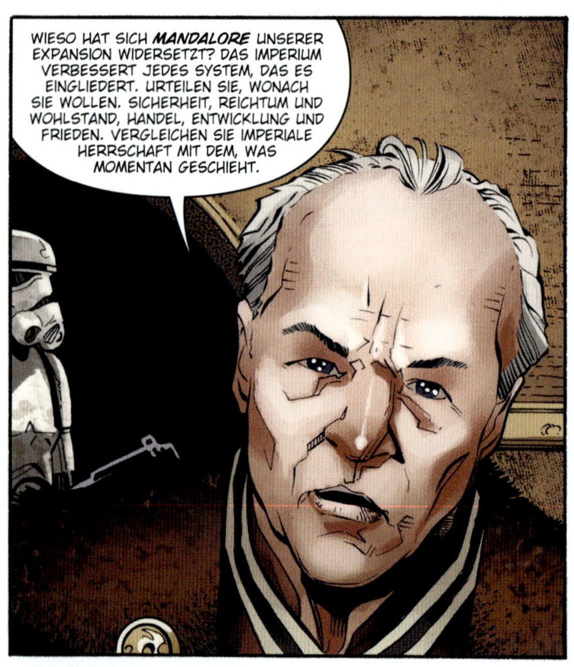
WIESO HAT SICH MANDALORE UNSERER EXPANSION WIDERSETZT? DAS IMPERIUM VERBESSERT JEDES SYSTEM, DAS ES EINGLIEDERT. URTEILEN SIE, WONACH SIE WOLLEN. SICHERHEIT, REICHTUM UND WOHLSTAND, HANDEL, ENTWICKLUNG UND FRIEDEN. VERGLEICHEN SIE IMPERIALE HERRSCHAFT MIT DEM, WAS MOMENTAN GESCHIEHT.

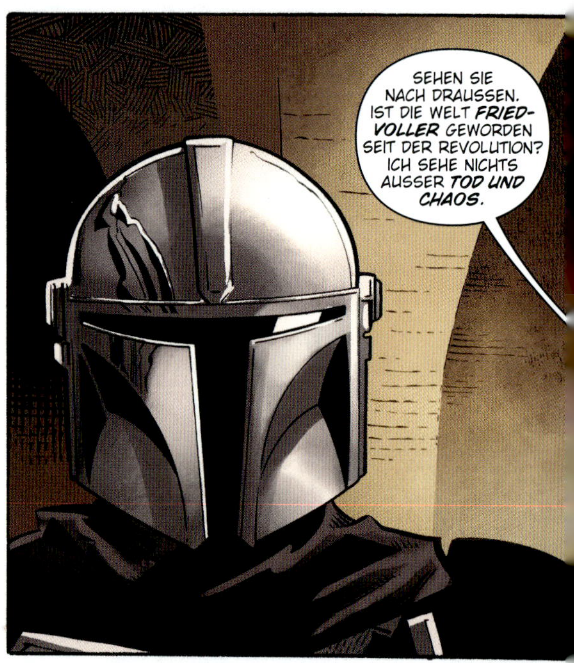
SEHEN SIE NACH DRAUSSEN. IST DIE WELT FRIEDVOLLER GEWORDEN SEIT DER REVOLUTION? ICH SEHE NICHTS AUSSER TOD UND CHAOS.

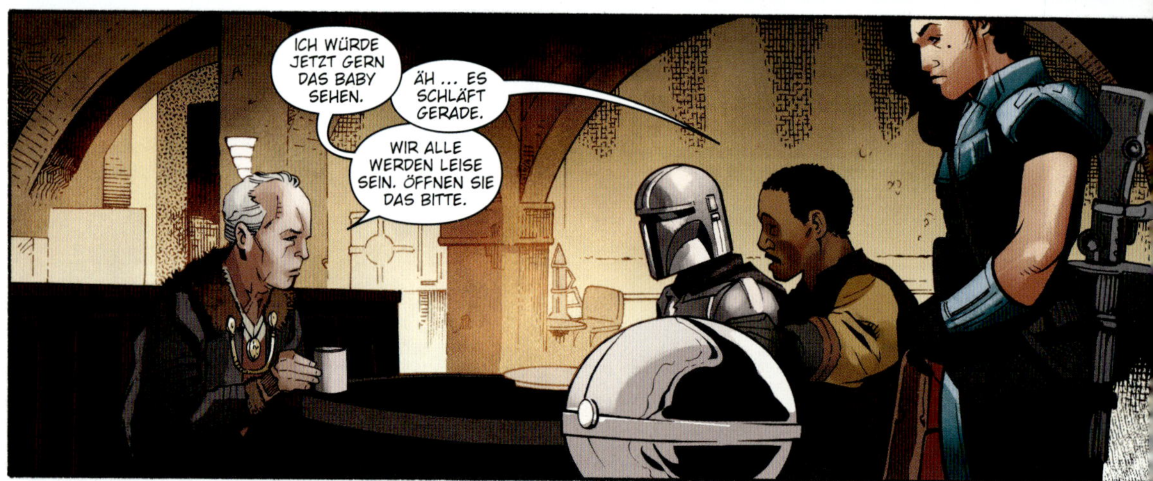
ICH WÜRDE JETZT GERN DAS BABY SEHEN.
ÄH ... ES SCHLÄFT GERADE.
WIR ALLE WERDEN LEISE SEIN. ÖFFNEN SIE DAS BITTE.

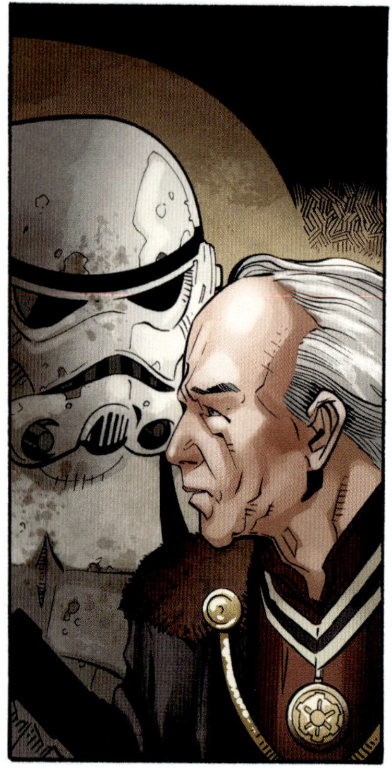

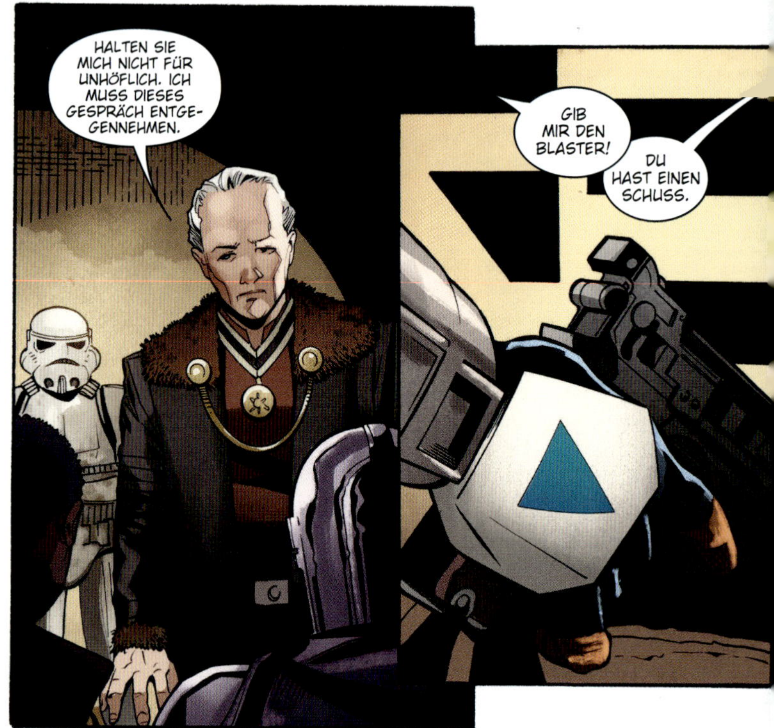
HALTEN SIE MICH NICHT FÜR UNHÖFLICH. ICH MUSS DIESES GESPRÄCH ENTGEGENNEHMEN.
GIB MIR DEN BLASTER!
DU HAST EINEN SCHUSS.

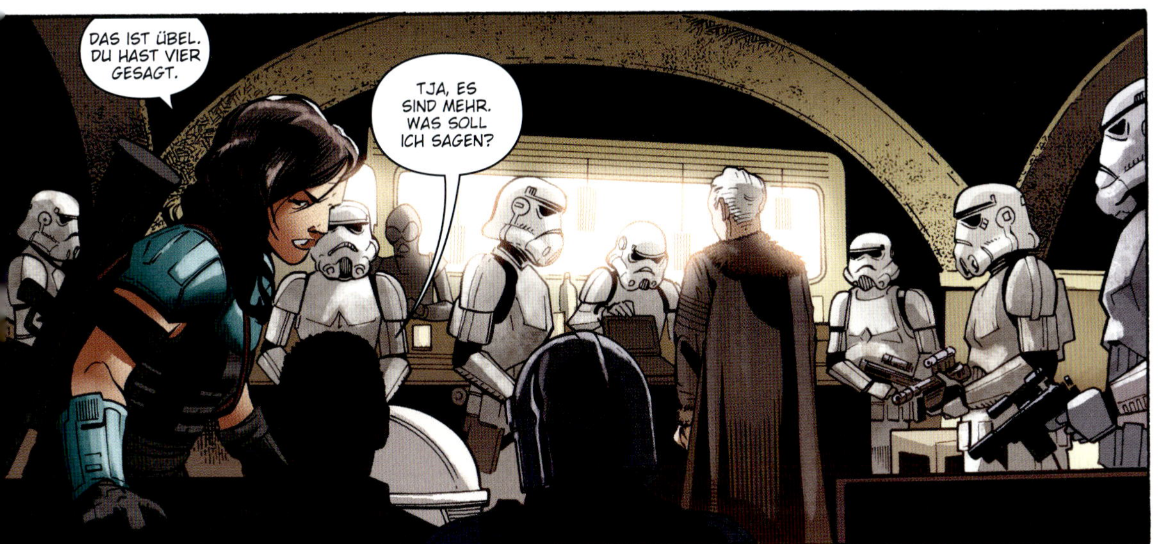
DAS IST ÜBEL. DU HAST VIER GESAGT.
TJA, ES SIND MEHR. WAS SOLL ICH SAGEN?

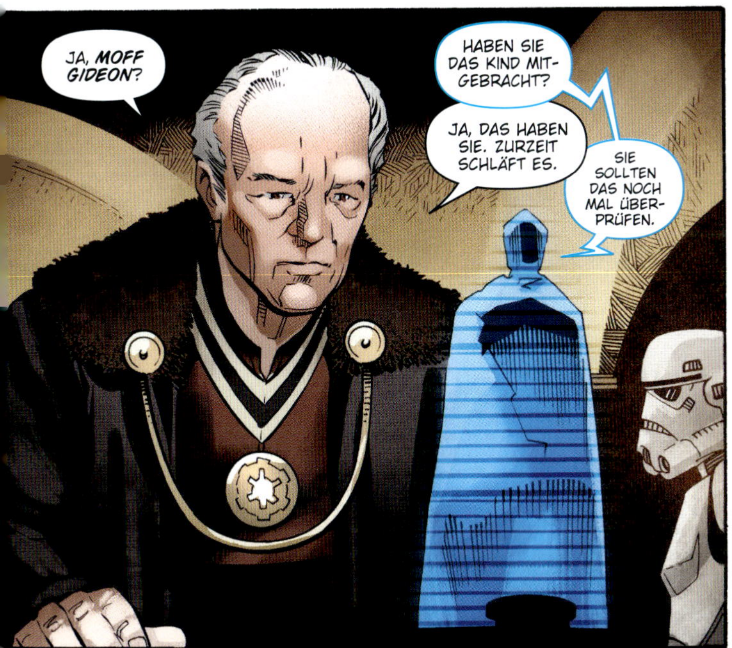
JA, *MOFF GIDEON*?
HABEN SIE DAS KIND MIT-GEBRACHT?
JA, DAS HABEN SIE. ZURZEIT SCHLÄFT ES.
SIE SOLLTEN DAS NOCH MAL ÜBER-PRÜFEN.

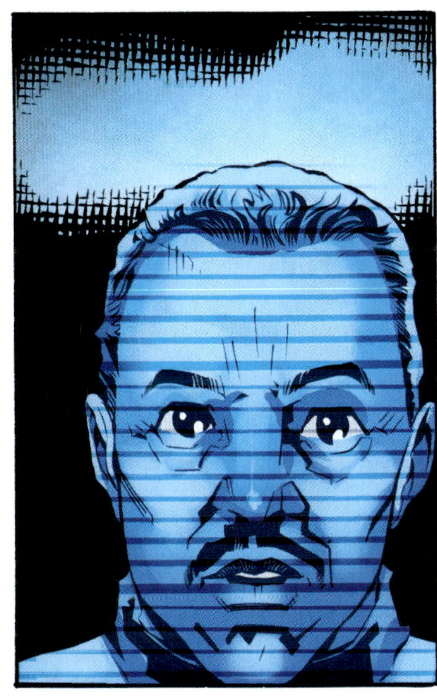

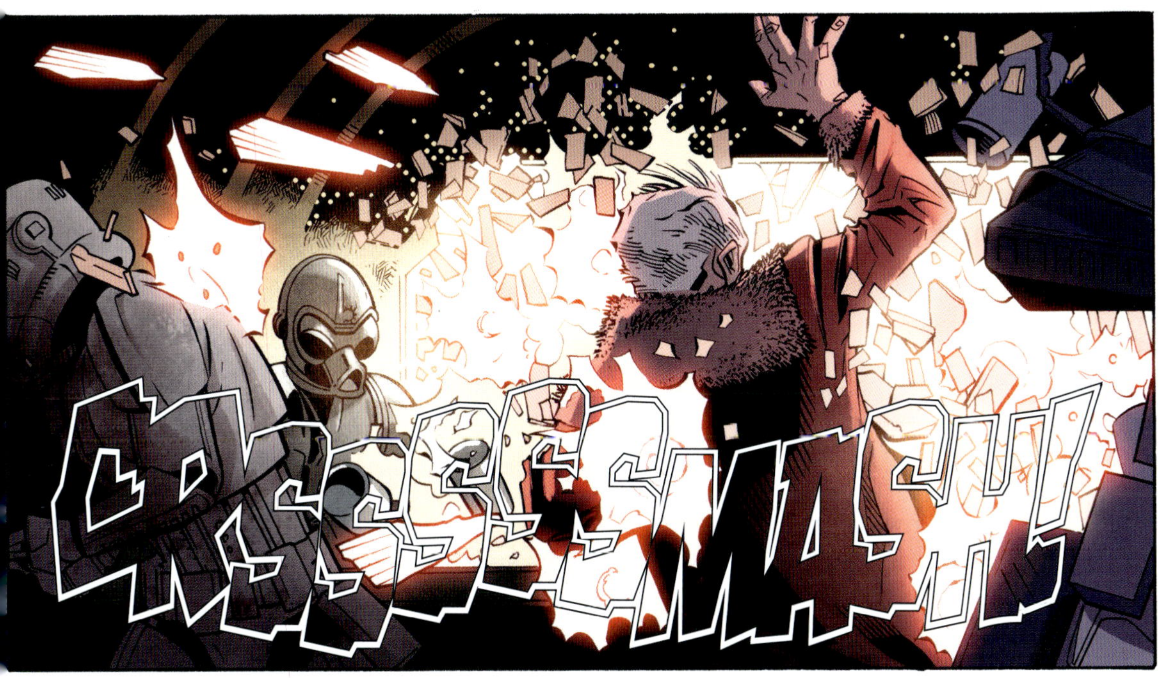

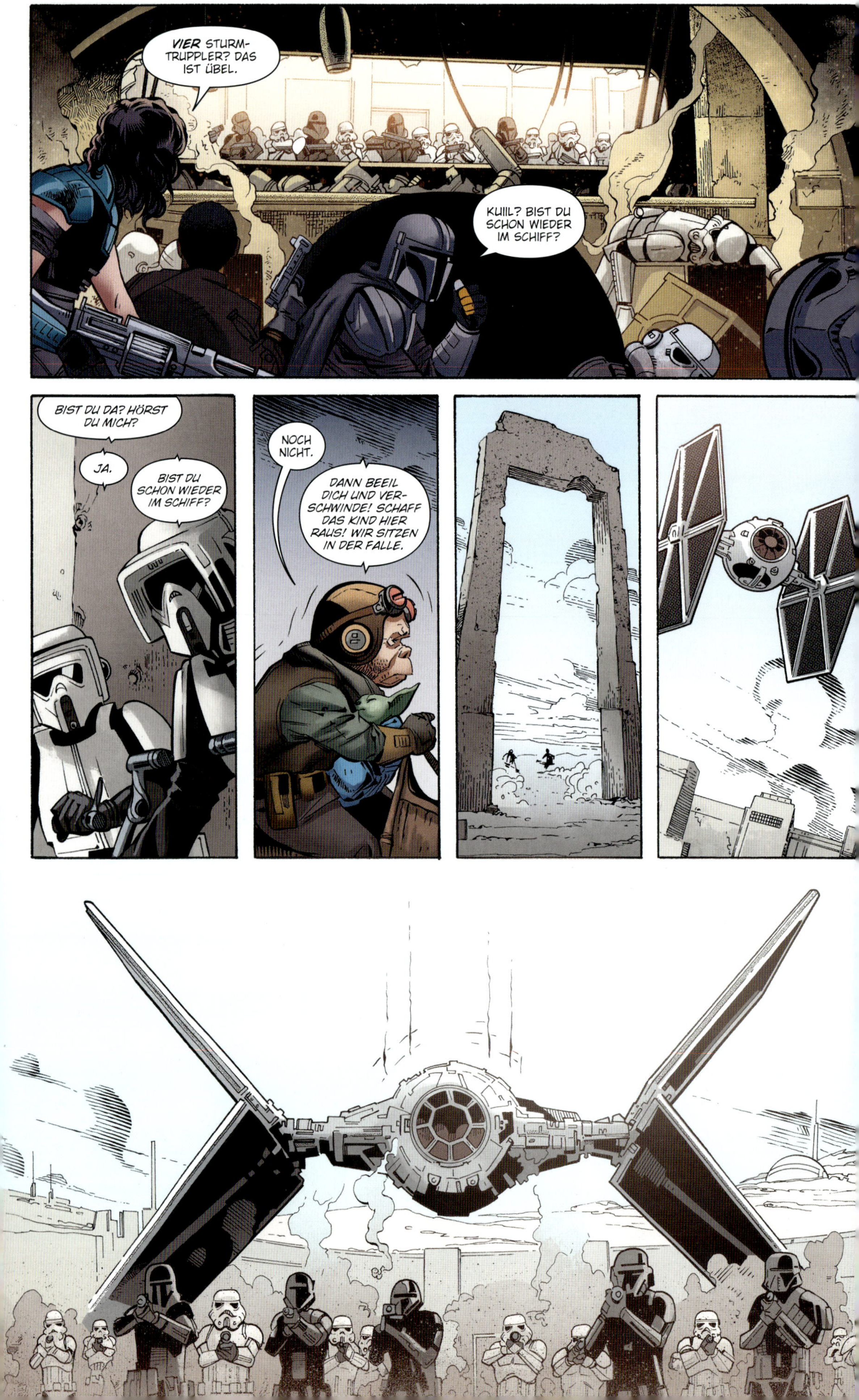

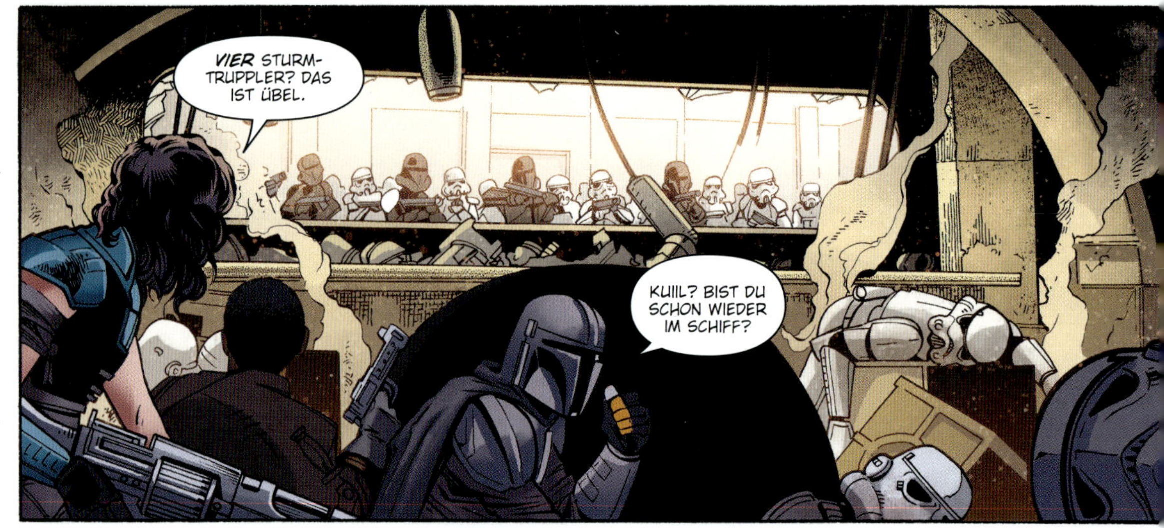

VIER STURM-TRUPPLER? DAS IST ÜBEL.
KUIIL? BIST DU SCHON WIEDER IM SCHIFF?

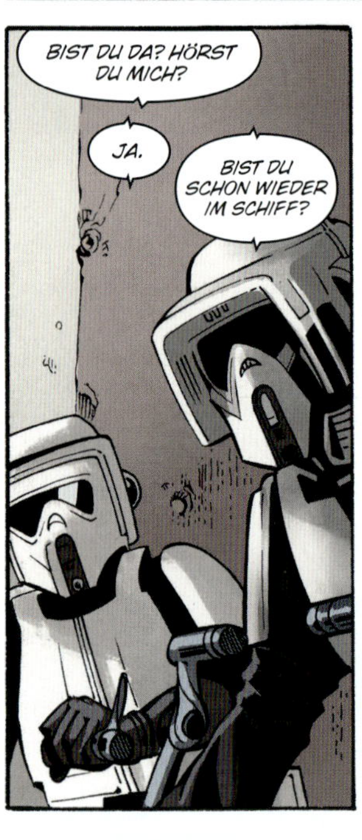

BIST DU DA? HÖRST DU MICH?
JA.
BIST DU SCHON WIEDER IM SCHIFF?

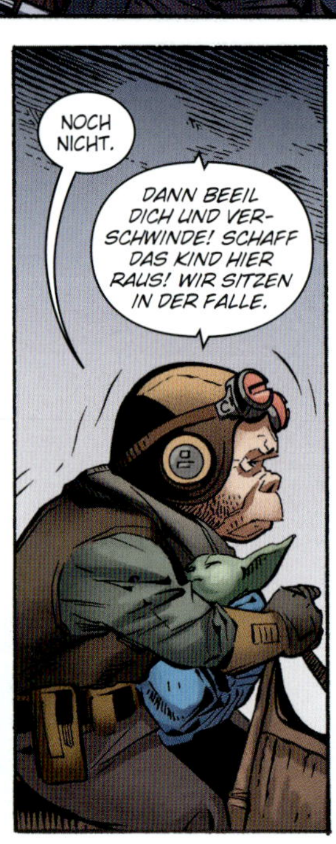

NOCH NICHT.
DANN BEEIL DICH UND VER-SCHWINDE! SCHAFF DAS KIND HIER RAUS! WIR SITZEN IN DER FALLE.

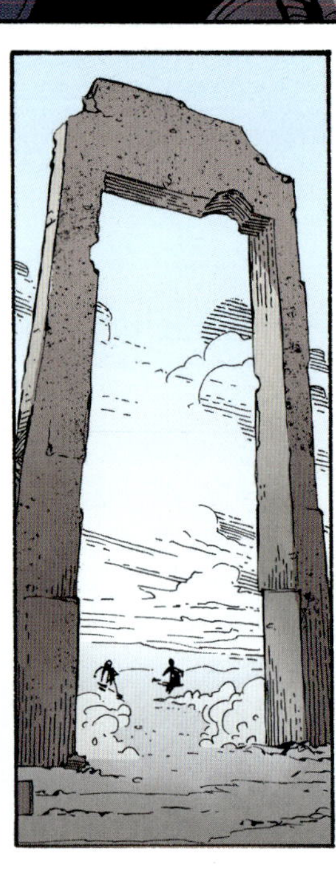

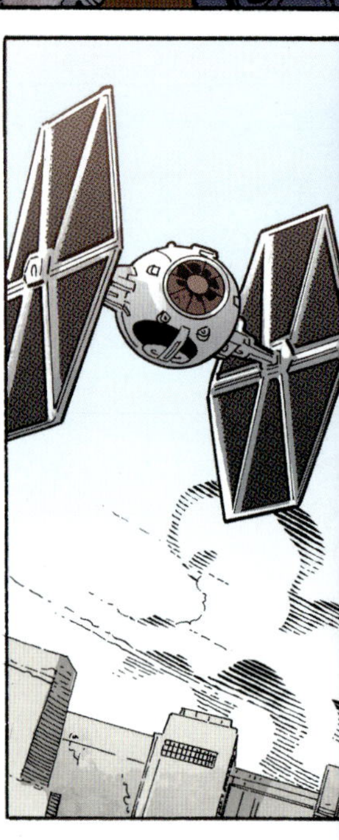

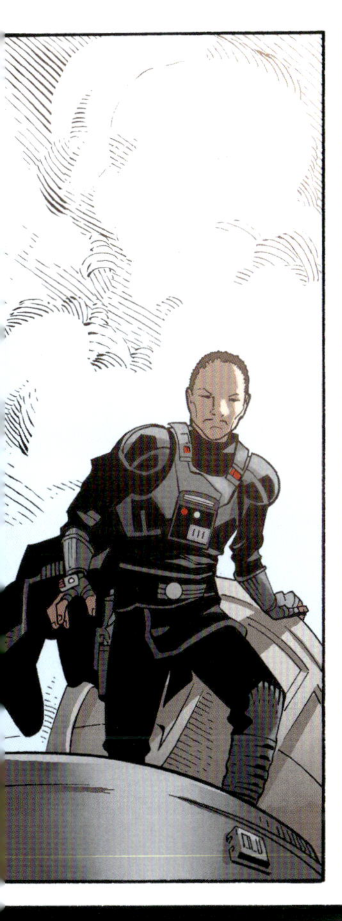

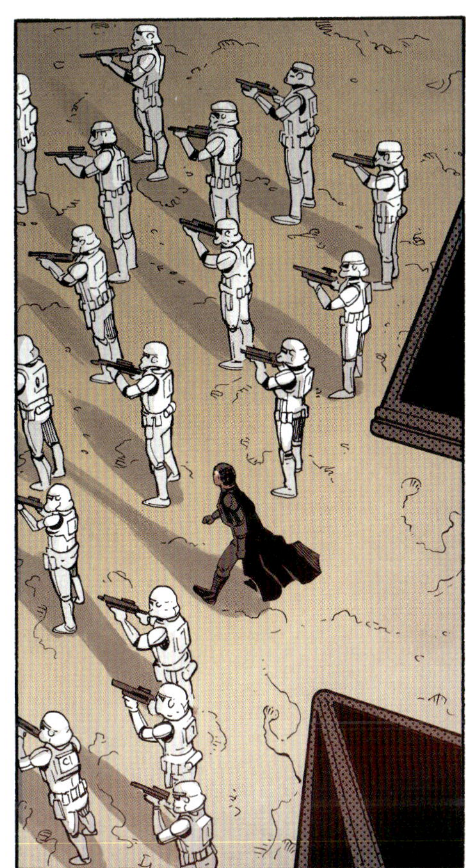

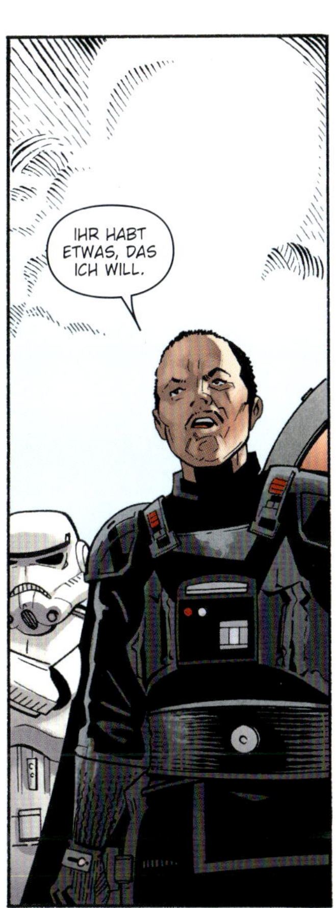

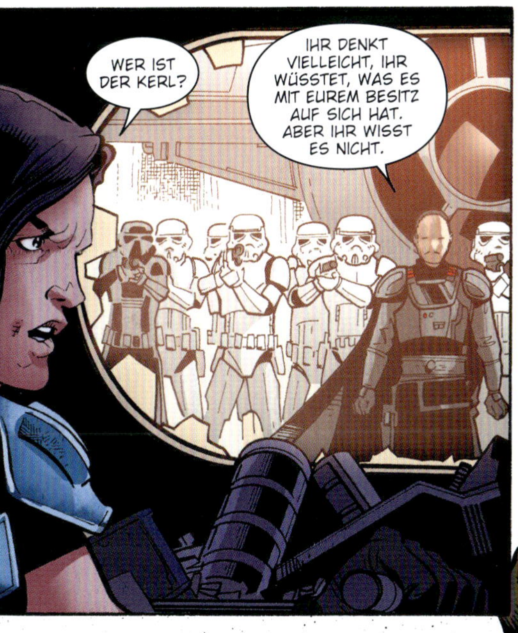

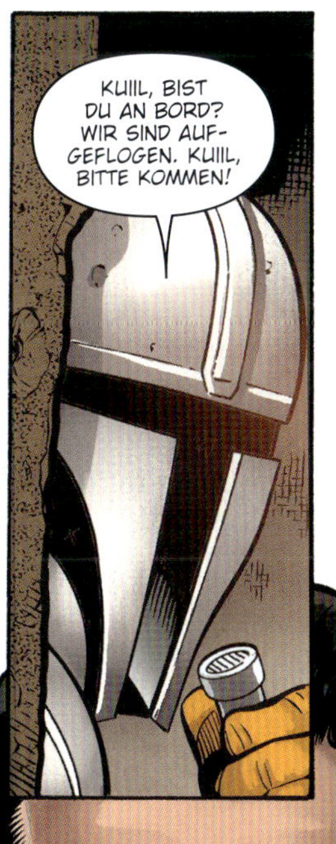

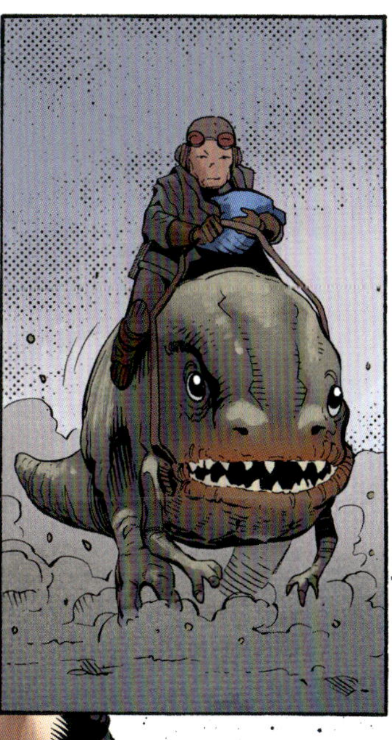

IN WENIGEN AUGENBLICKEN WIRD ES IN MEINEM BE-SITZ SEIN.

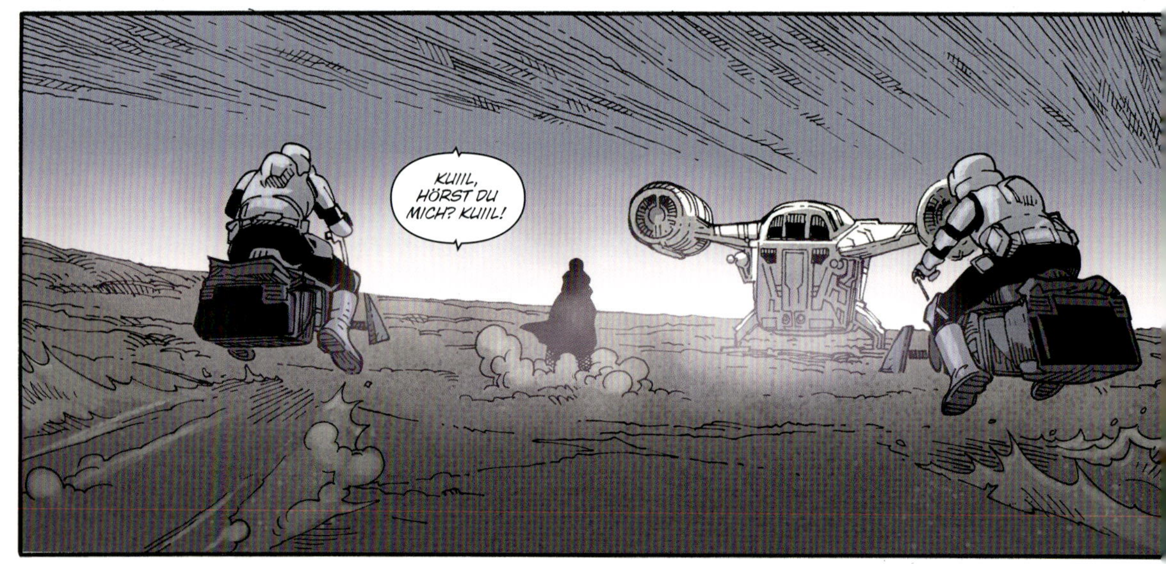
KUIIL, HÖRST DU MICH? KUIIL!

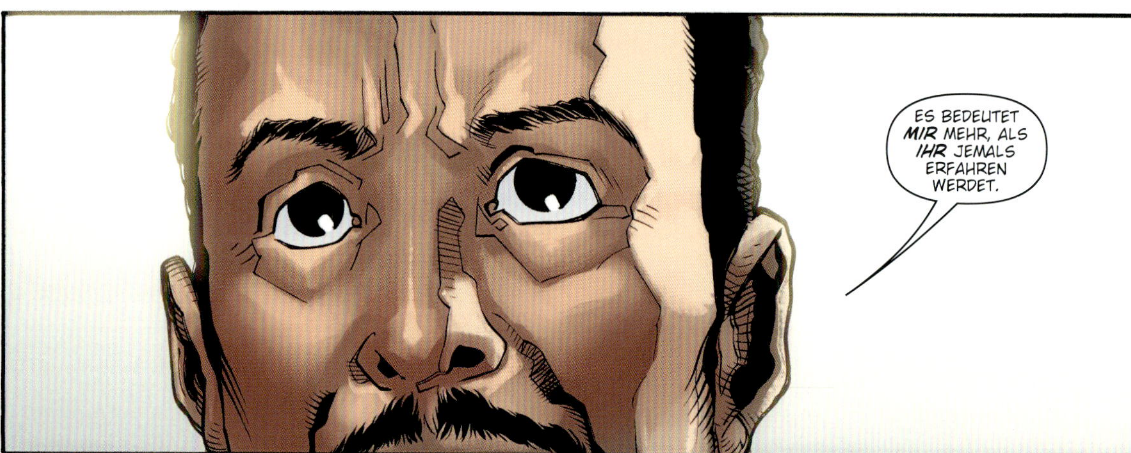
ES BEDEUTET MIR MEHR, ALS IHR JEMALS ERFAHREN WERDET.

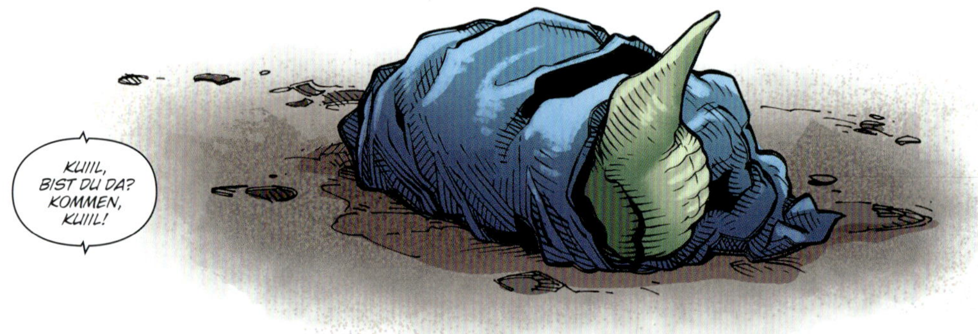
KUIIL, BIST DU DA? KOMMEN, KUIIL!

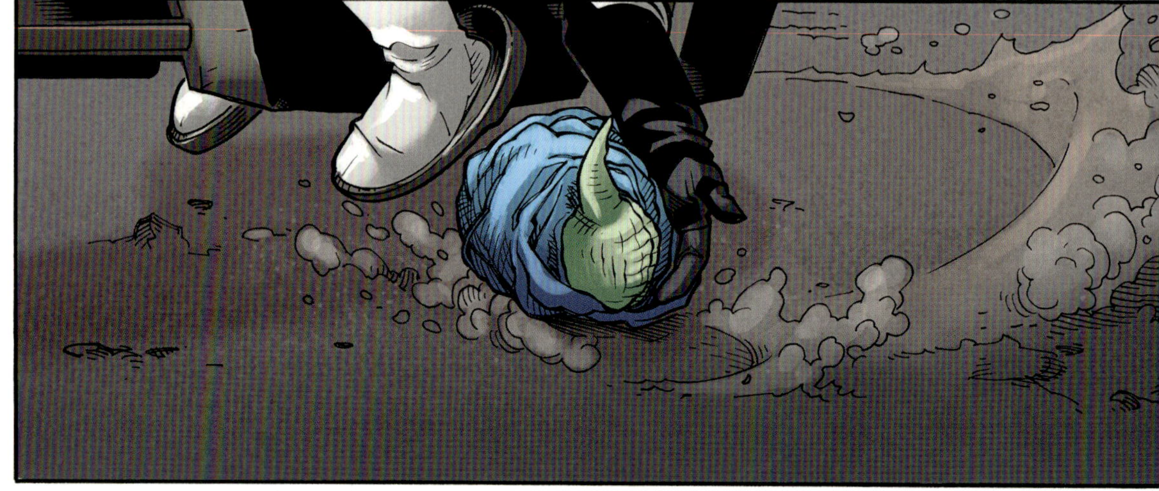

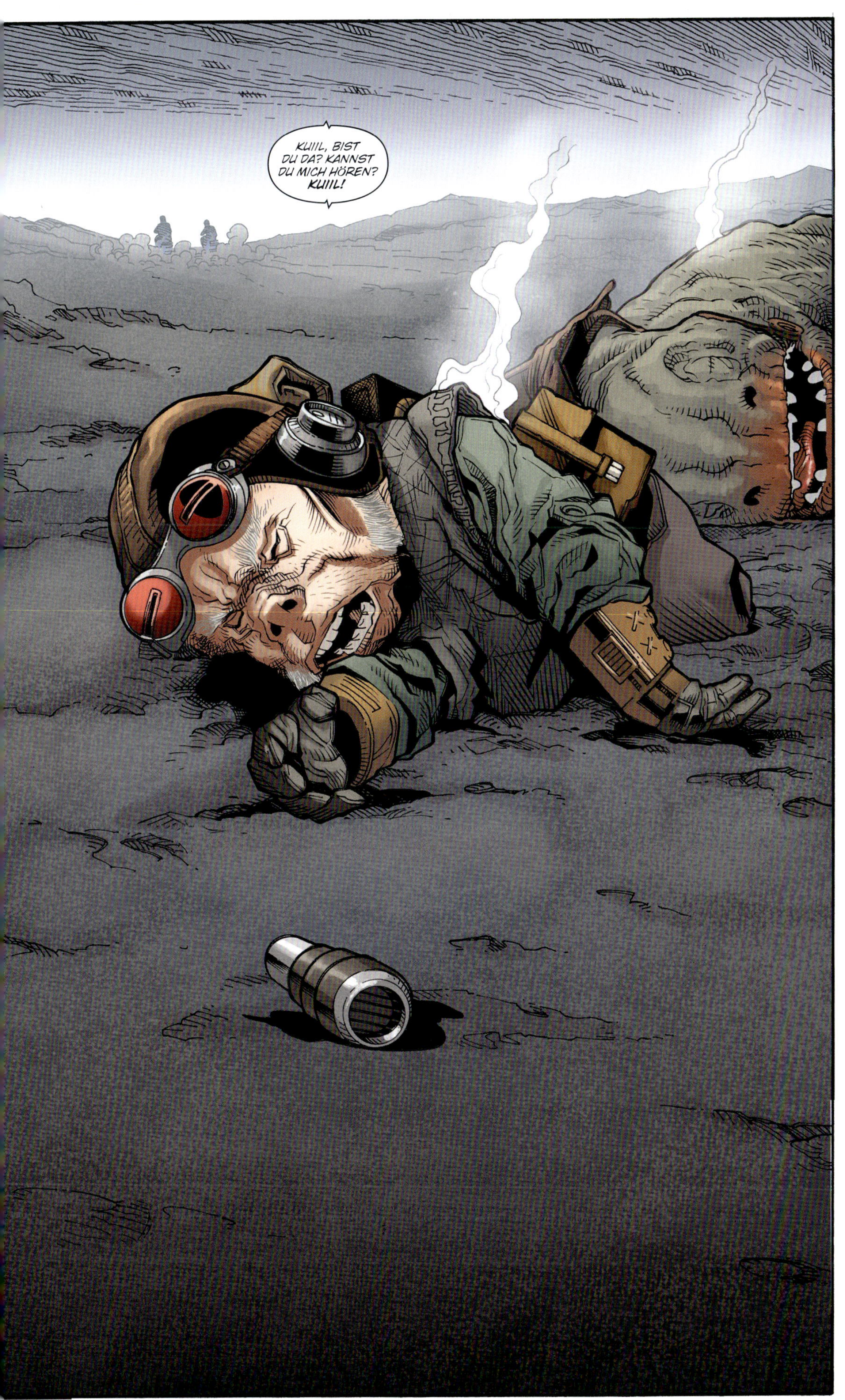
KUIIL, BIST DU DA? KANNST DU MICH HÖREN? KUIIL!

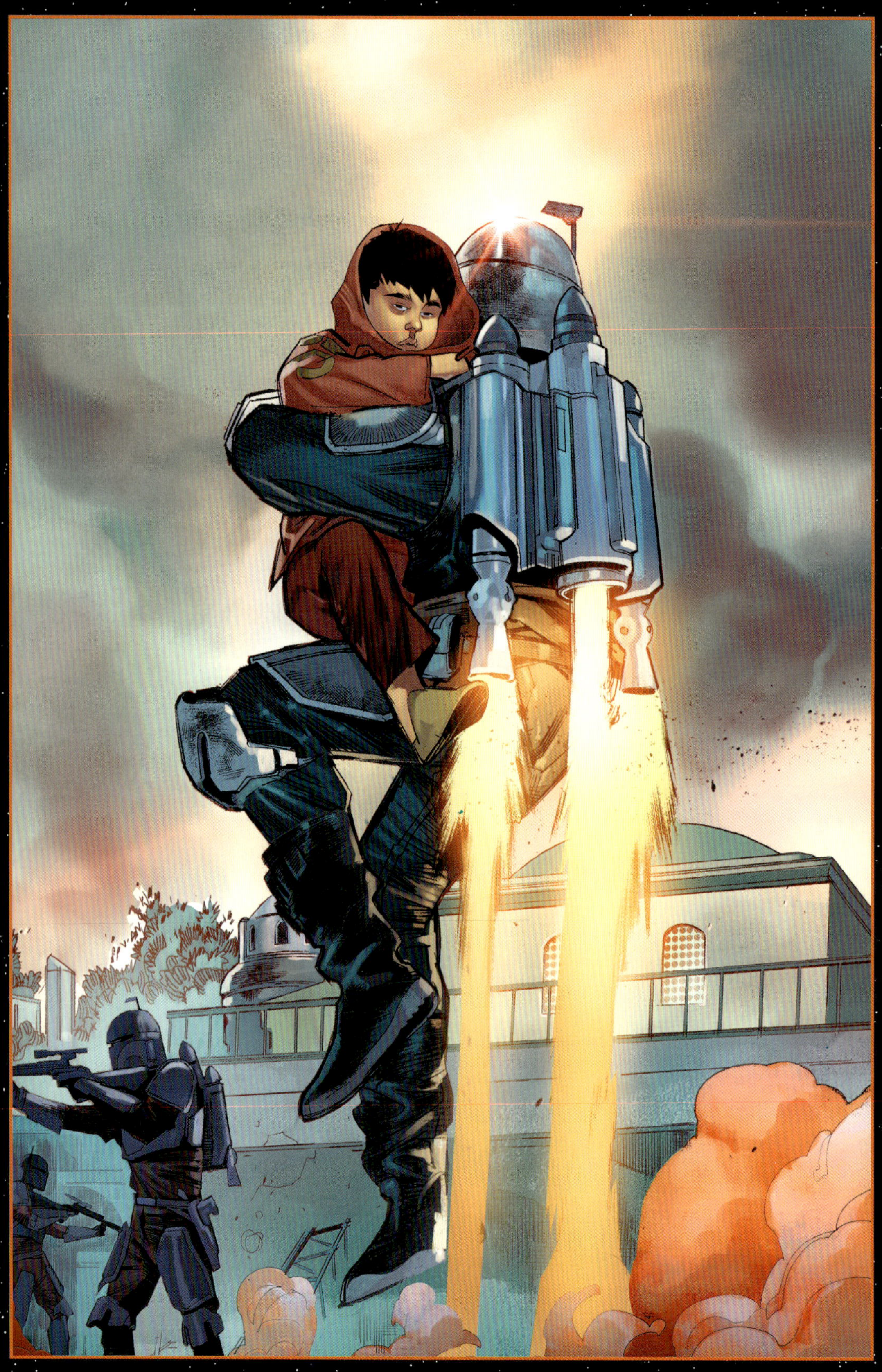

US-*Star Wars: The Mandalorian* #8,
Cover: **SARA PICHELLI** und **FEDERICO BLEE**

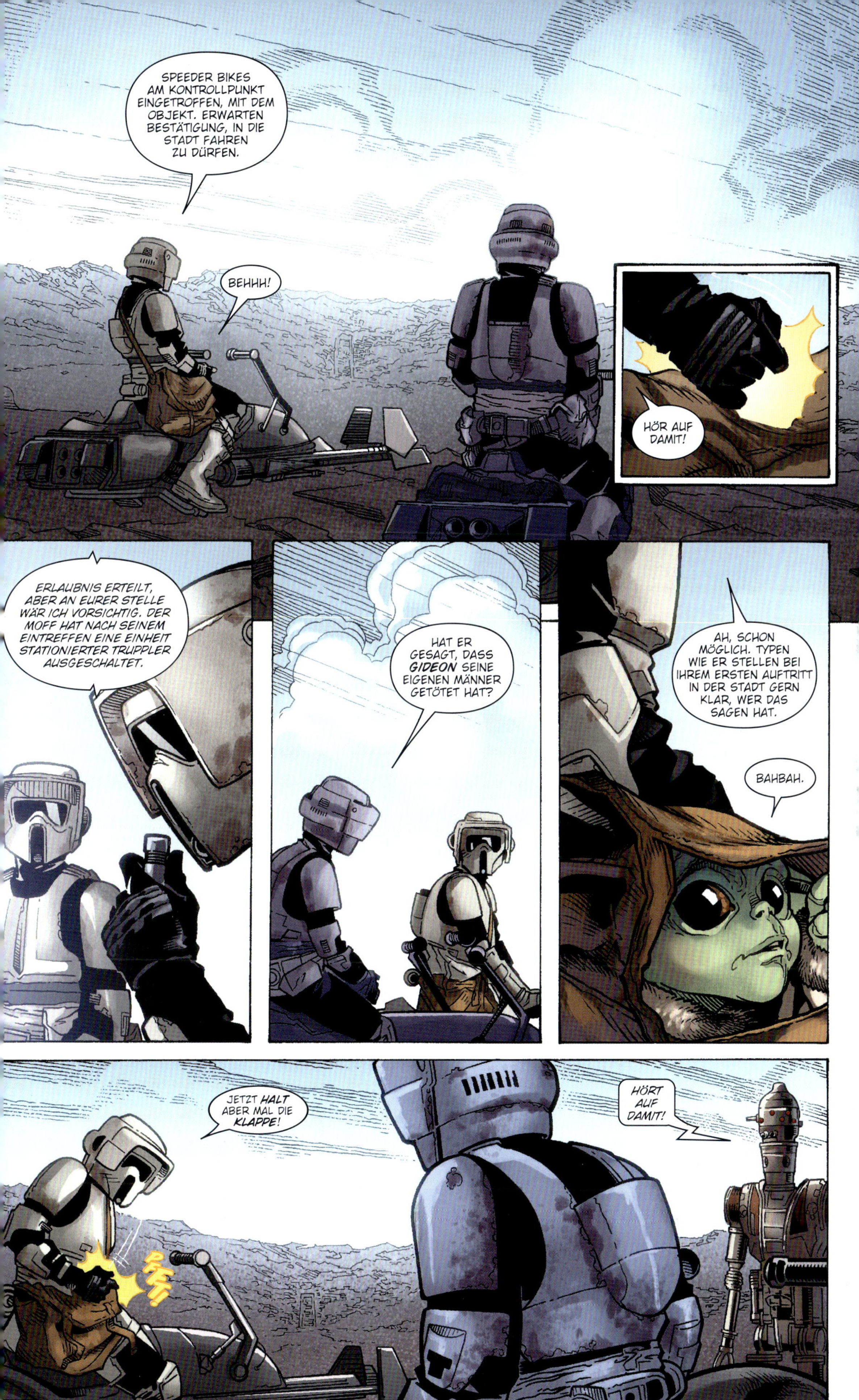

SPEEDER BIKES AM KONTROLLPUNKT EINGETROFFEN, MIT DEM OBJEKT. ERWARTEN BESTÄTIGUNG, IN DIE STADT FAHREN ZU DÜRFEN.
BEHHH!
HÖR AUF DAMIT!
ERLAUBNIS ERTEILT, ABER AN EURER STELLE WÄR ICH VORSICHTIG. DER MOFF HAT NACH SEINEM EINTREFFEN EINE EINHEIT STATIONIERTER TRUPPLER AUSGESCHALTET.
HAT ER GESAGT, DASS GIDEON SEINE EIGENEN MÄNNER GETÖTET HAT?
AH, SCHON MÖGLICH. TYPEN WIE ER STELLEN BEI IHREM ERSTEN AUFTRITT IN DER STADT GERN KLAR, WER DAS SAGEN HAT.
BAHBAH.
JETZT HALT ABER MAL DIE KLAPPE!
HÖRT AUF DAMIT!
PFFT!

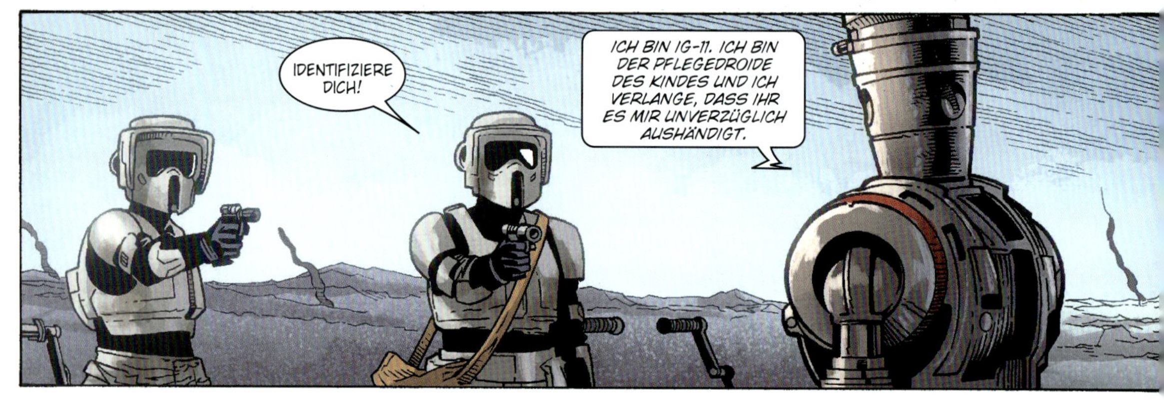
IDENTIFIZIERE DICH!
ICH BIN IG-11. ICH BIN DER PFLEGEDROIDE DES KINDES UND ICH VERLANGE, DASS IHR ES MIR UNVERZÜGLICH AUSHÄNDIGT.

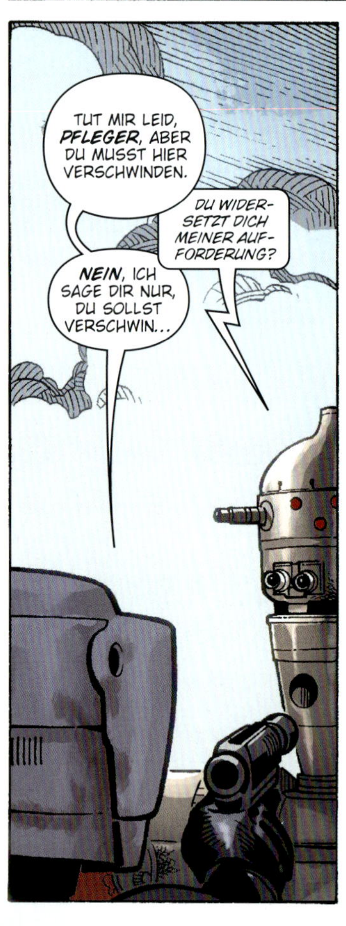
TUT MIR LEID, **PFLEGER**, ABER DU MUSST HIER VERSCHWINDEN.
DU WIDERSETZT DICH MEINER AUFFORDERUNG?
NEIN, ICH SAGE DIR NUR, DU SOLLST VERSCHWIN...

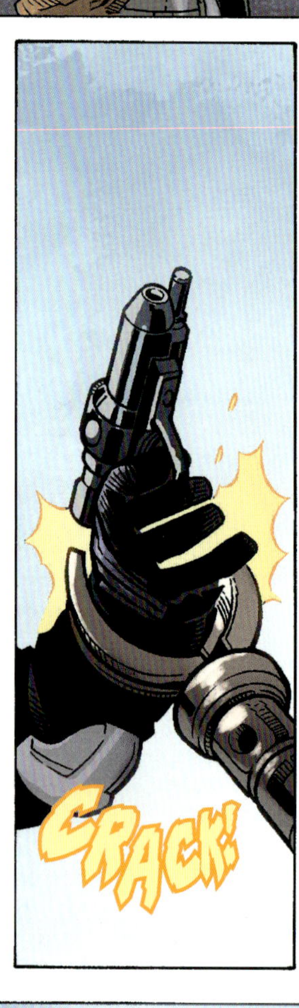
CRACK!

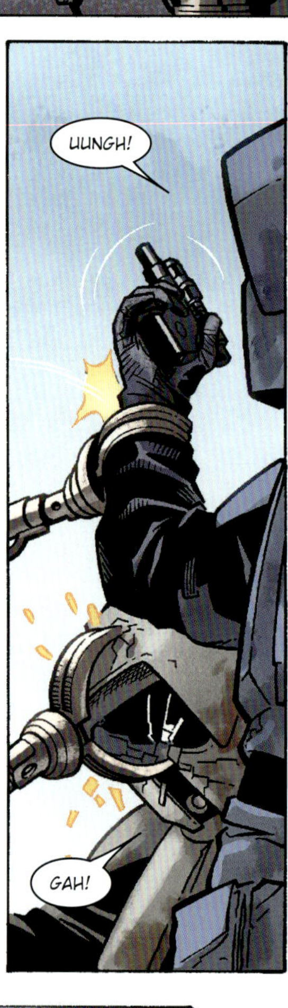
UUNGH!
GAH!

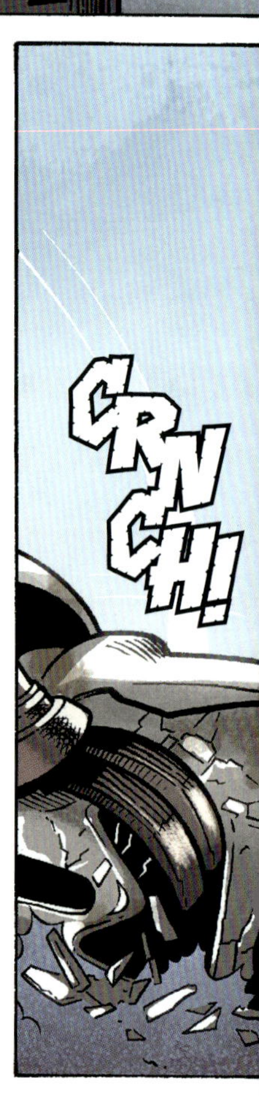
CRNCH!

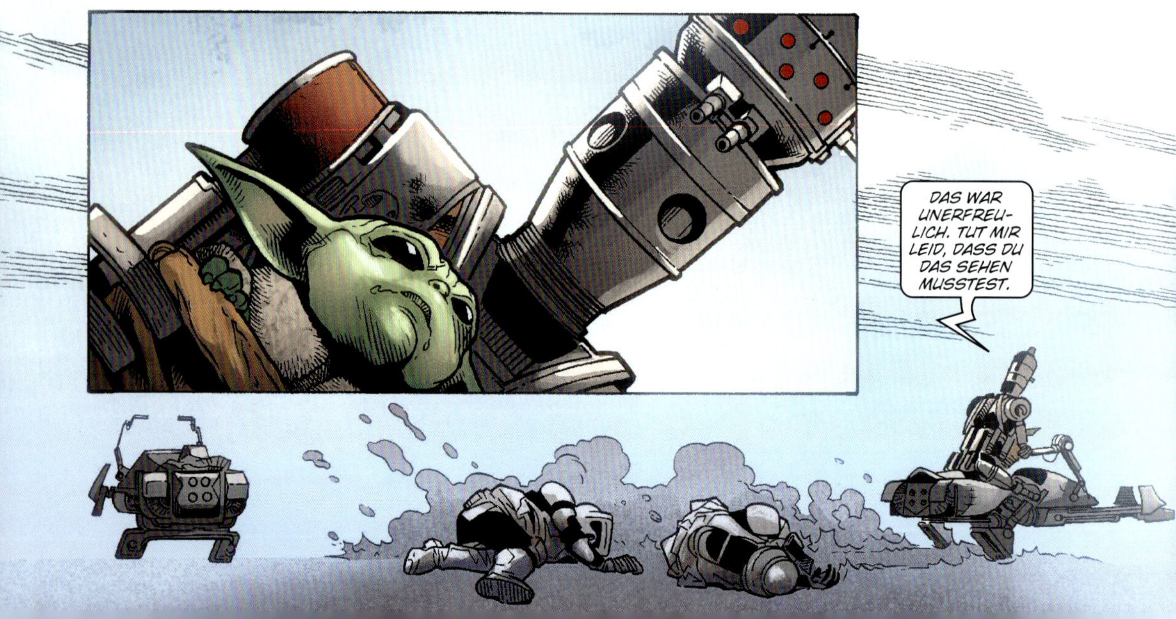
DAS WAR UNERFREULICH. TUT MIR LEID, DASS DU DAS SEHEN MUSSTEST.

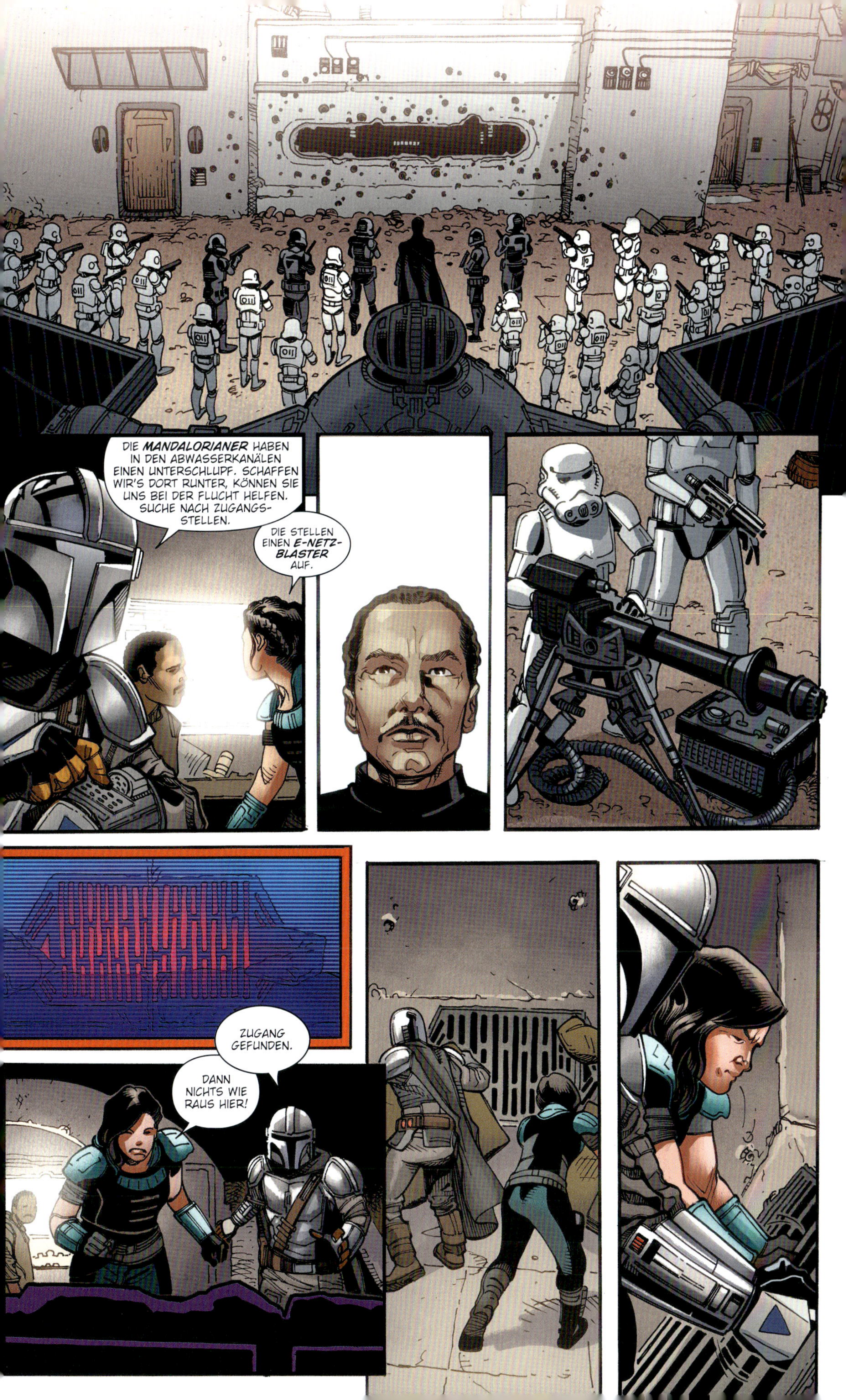

DIE MANDALORIANER HABEN IN DEN ABWASSERKANÄLEN EINEN UNTERSCHLUPF. SCHAFFEN WIR'S DORT RUNTER, KÖNNEN SIE UNS BEI DER FLUCHT HELFEN. SUCHE NACH ZUGANGS-STELLEN.
DIE STELLEN EINEN E-NETZ-BLASTER AUF.
ZUGANG GEFUNDEN.
DANN NICHTS WIE RAUS HIER!

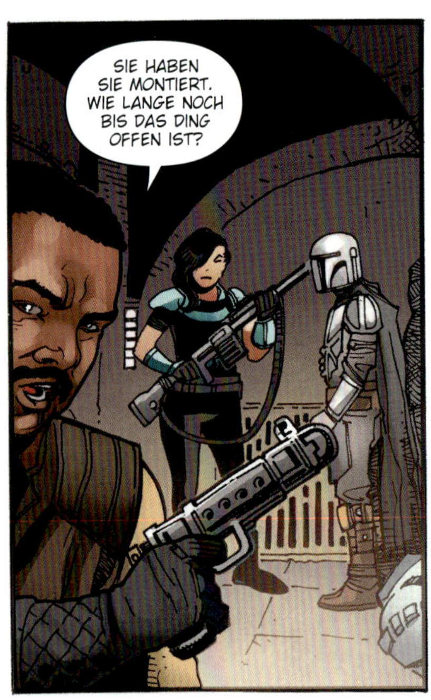
SIE HABEN SIE MONTIERT. WIE LANGE NOCH BIS DAS DING OFFEN IST?
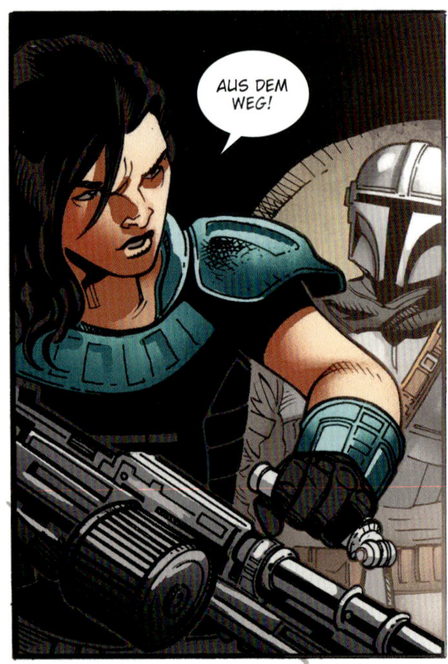
AUS DEM WEG!
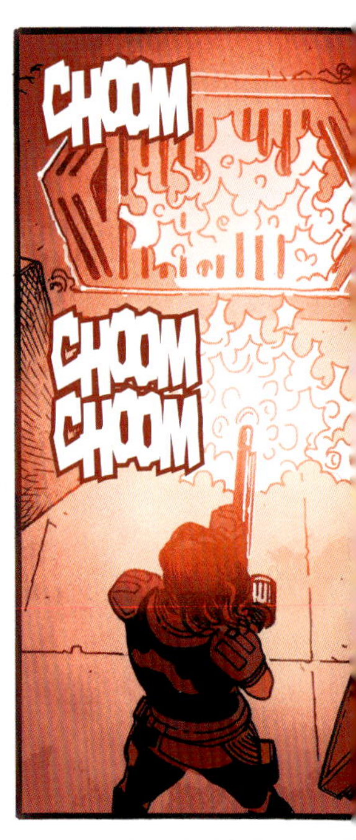
CHOOM
CHOOM CHOOM
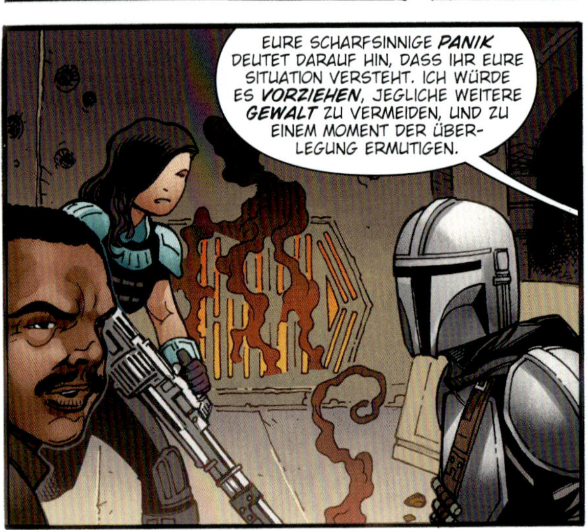
EURE SCHARFSINNIGE PANIK DEUTET DARAUF HIN, DASS IHR EURE SITUATION VERSTEHT. ICH WÜRDE ES VORZIEHEN, JEGLICHE WEITERE GEWALT ZU VERMEIDEN, UND ZU EINEM MOMENT DER ÜBERLEGUNG ERMUTIGEN.
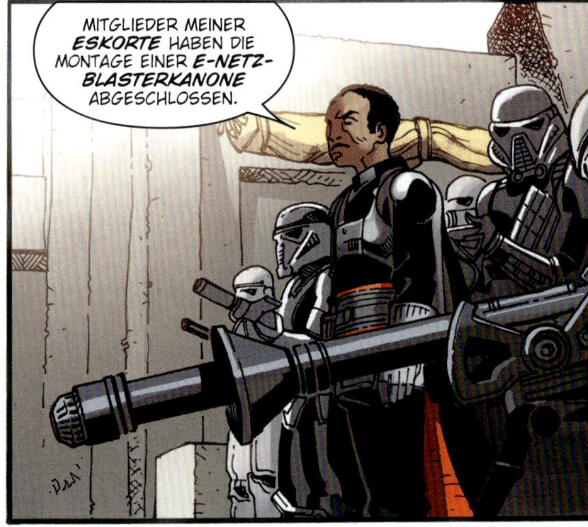
MITGLIEDER MEINER ESKORTE HABEN DIE MONTAGE EINER E-NETZ-BLASTERKANONE ABGESCHLOSSEN.
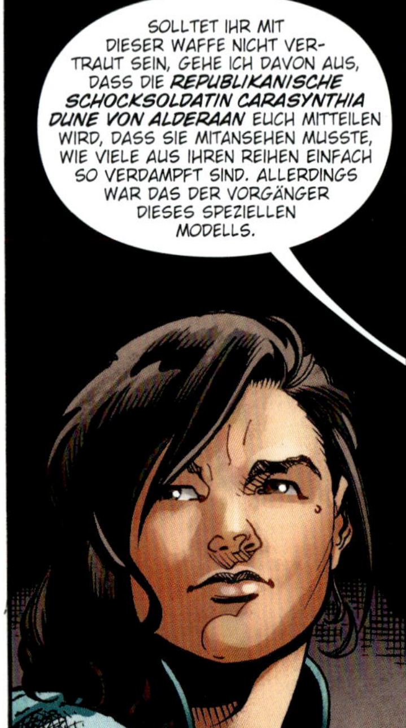
SOLLTET IHR MIT DIESER WAFFE NICHT VERTRAUT SEIN, GEHE ICH DAVON AUS, DASS DIE REPUBLIKANISCHE SCHOCKSOLDATIN CARASYNTHIA DUNE VON ALDERAAN EUCH MITTEILEN WIRD, DASS SIE MITANSEHEN MUSSTE, WIE VIELE AUS IHREN REIHEN EINFACH SO VERDAMPFT SIND. ALLERDINGS WAR DAS DER VORGÄNGER DIESES SPEZIELLEN MODELLS.
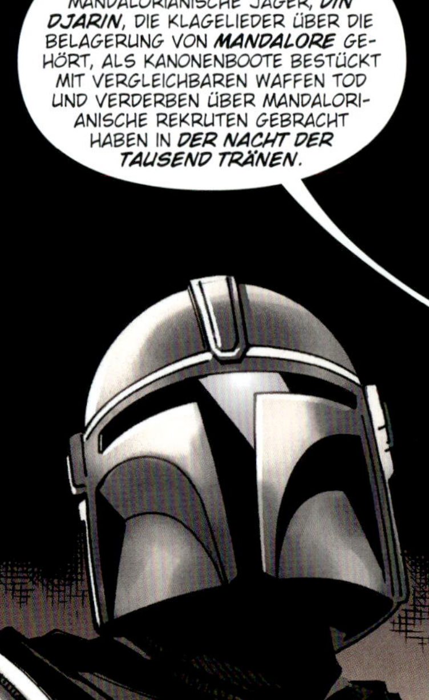
ODER VIELLEICHT HAT JA DER AUSGEMUSTERTE MANDALORIANISCHE JÄGER, DIN DJARIN, DIE KLAGELIEDER ÜBER DIE BELAGERUNG VON MANDALORE GEHÖRT, ALS KANONENBOOTE BESTÜCKT MIT VERGLEICHBAREN WAFFEN TOD UND VERDERBEN ÜBER MANDALORIANISCHE REKRUTEN GEBRACHT HABEN IN DER NACHT DER TAUSEND TRÄNEN.
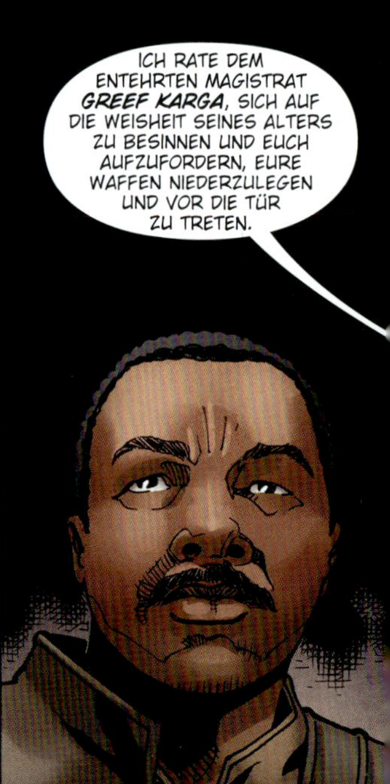
ICH RATE DEM ENTEHRTEN MAGISTRAT GREEF KARGA, SICH AUF DIE WEISHEIT SEINES ALTERS ZU BESINNEN UND EUCH AUFZUFORDERN, EURE WAFFEN NIEDERZULEGEN UND VOR DIE TÜR ZU TRETEN.

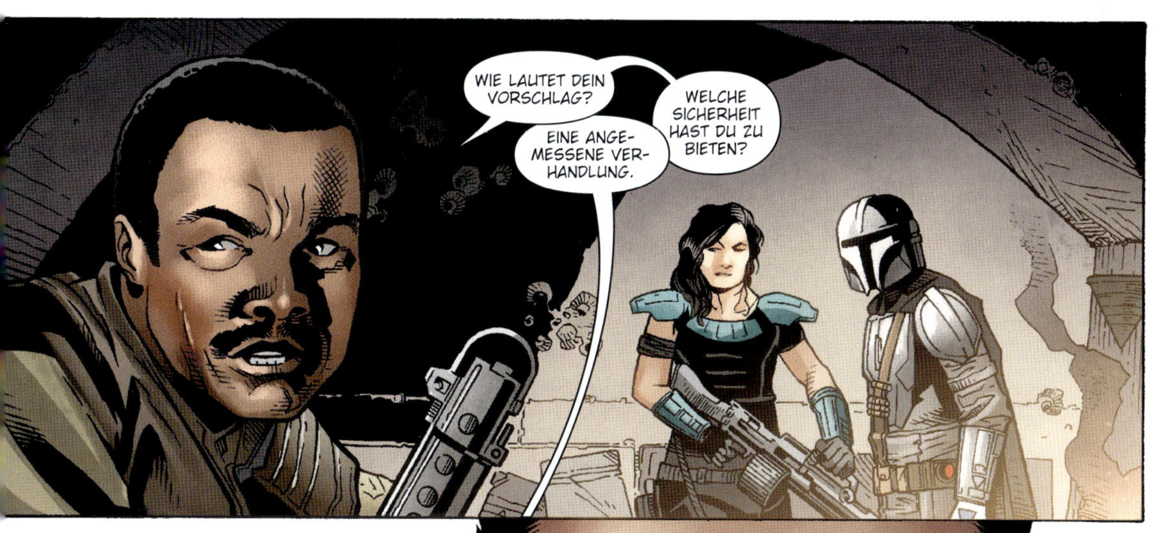
WIE LAUTET DEIN VORSCHLAG?
EINE ANGE-MESSENE VER-HANDLUNG.
WELCHE SICHERHEIT HAST DU ZU BIETEN?

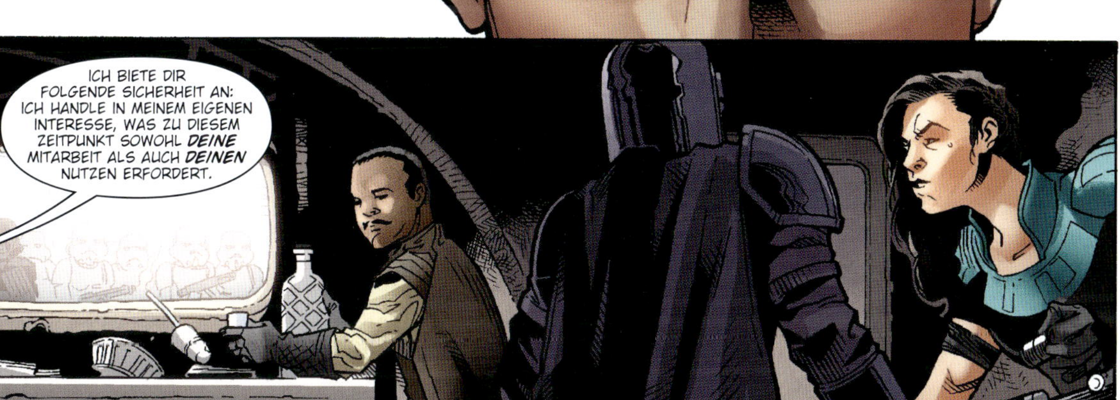
WENN DU WISSEN WILLST, OB DU MIR TRAUEN KANNST, DAS KANNST DU NICHT. SO WIE DU UNSERE GESCHÄFTS-VEREINBARUNGEN GEBROCHEN HAST, WÜRDE ICH NUR ZU GERN JEDES VERSPRECHEN BRECHEN UND ZUSEHEN, WIE DU DURCH MEINE HAND STIRBST.
ICH BIETE DIR FOLGENDE SICHERHEIT AN: ICH HANDLE IN MEINEM EIGENEN INTERESSE, WAS ZU DIESEM ZEITPUNKT SOWOHL DEINE MITARBEIT ALS AUCH DEINEN NUTZEN ERFORDERT.

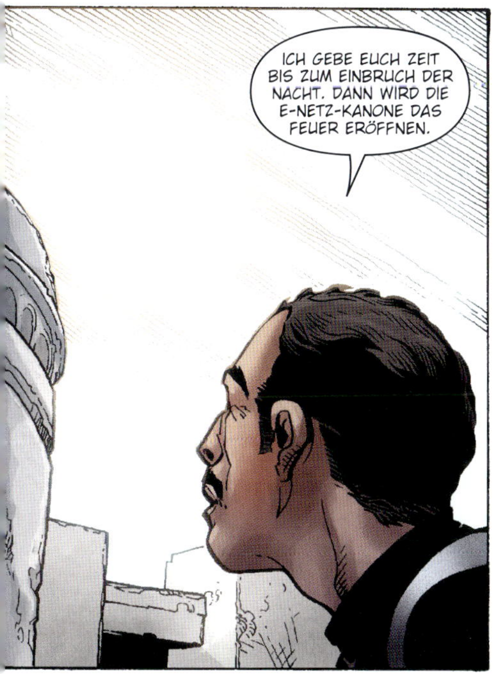
ICH GEBE EUCH ZEIT BIS ZUM EINBRUCH DER NACHT. DANN WIRD DIE E-NETZ-KANONE DAS FEUER ERÖFFNEN.

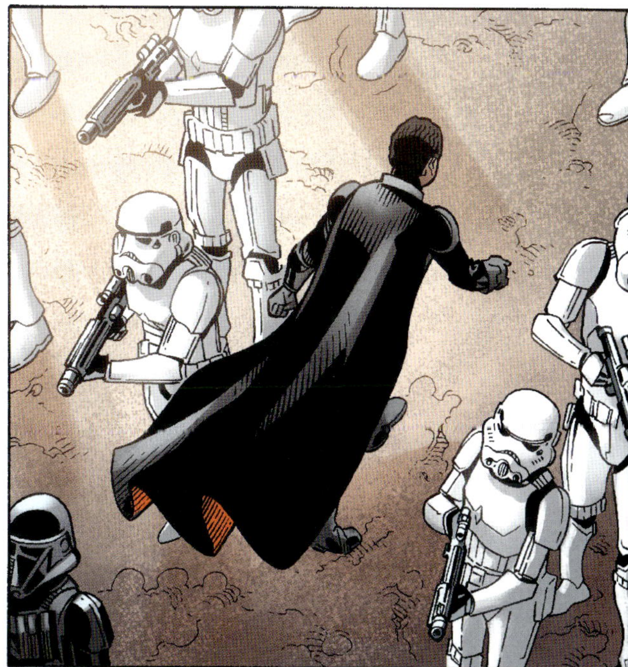

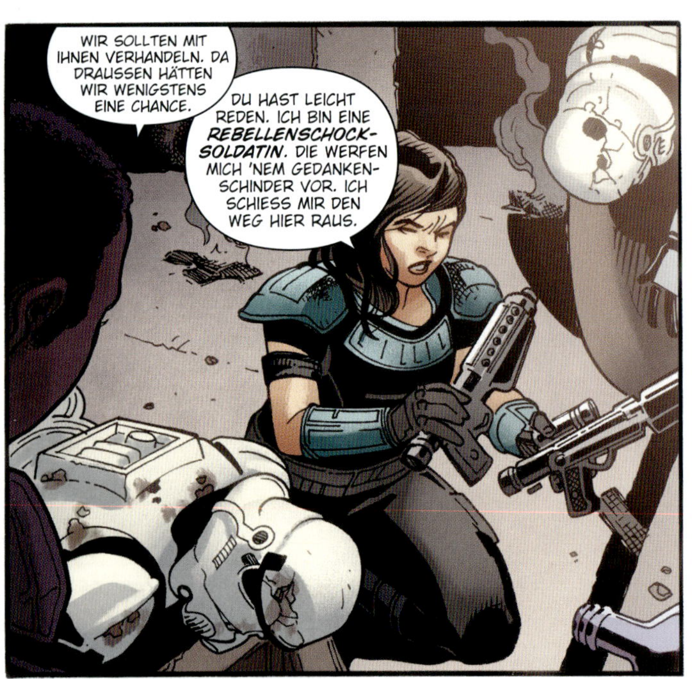
WIR SOLLTEN MIT IHNEN VERHANDELN. DA DRAUSSEN HÄTTEN WIR WENIGSTENS EINE CHANCE.
DU HAST LEICHT REDEN. ICH BIN EINE **REBELLENSCHOCK-SOLDATIN**. DIE WERFEN MICH 'NEM GEDANKEN-SCHINDER VOR. ICH SCHIESS MIR DEN WEG HIER RAUS.

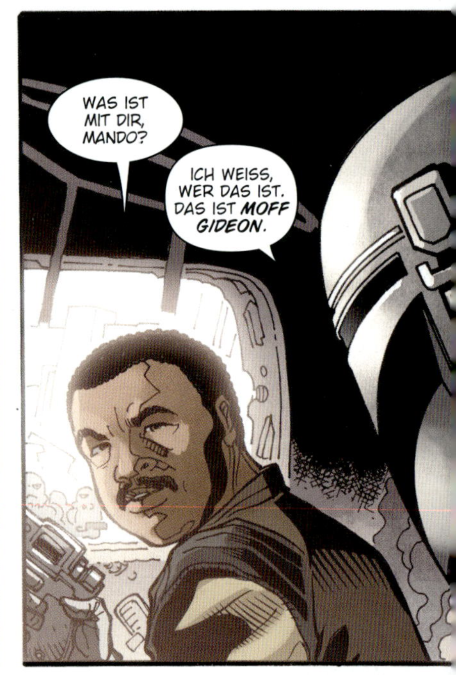
WAS IST MIT DIR, MANDO?
ICH WEISS, WER DAS IST. DAS IST **MOFF GIDEON**.

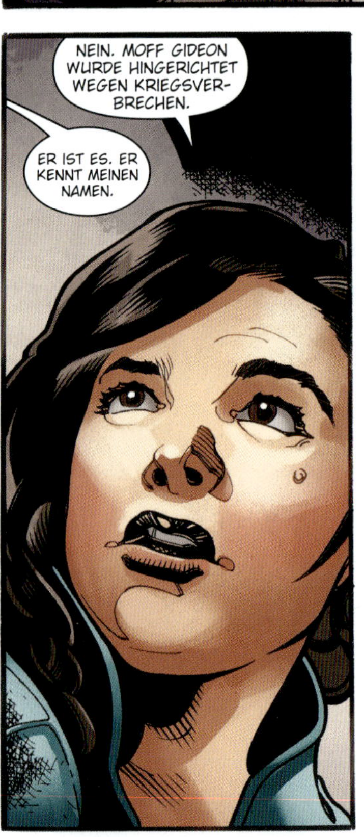
NEIN. MOFF GIDEON WURDE HINGERICHTET WEGEN KRIEGSVER-BRECHEN.
ER IST ES. ER KENNT MEINEN NAMEN.

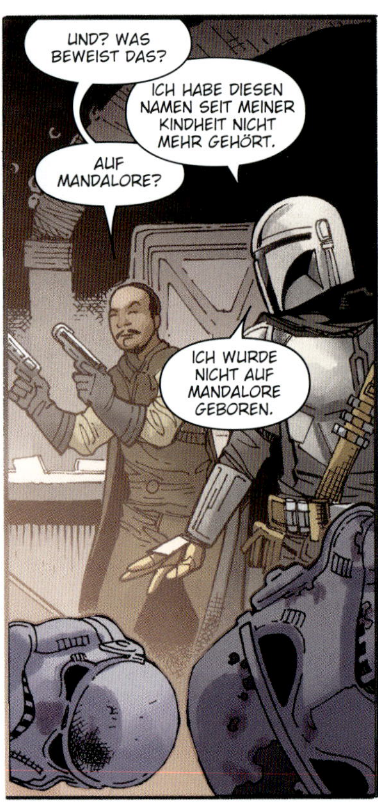
UND? WAS BEWEIST DAS?
ICH HABE DIESEN NAMEN SEIT MEINER KINDHEIT NICHT MEHR GEHÖRT.
AUF MANDALORE?
ICH WURDE NICHT AUF MANDALORE GEBOREN.

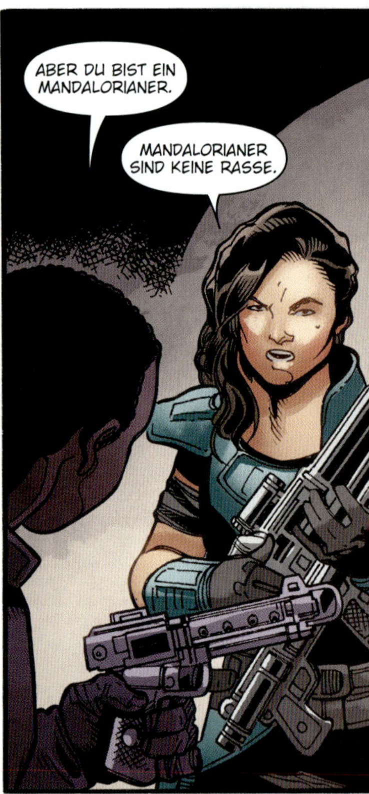
ABER DU BIST EIN MANDALORIANER.
MANDALORIANER SIND KEINE RASSE.

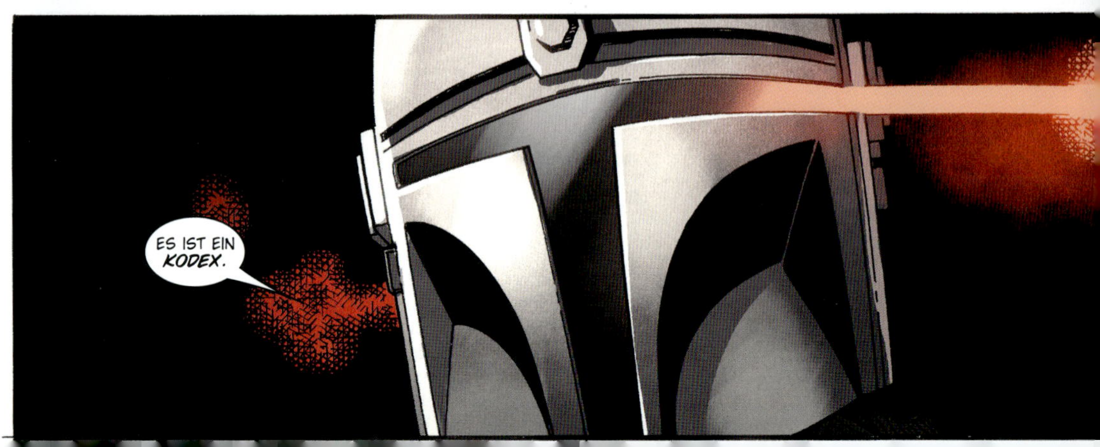
ES IST EIN **KODEX**.

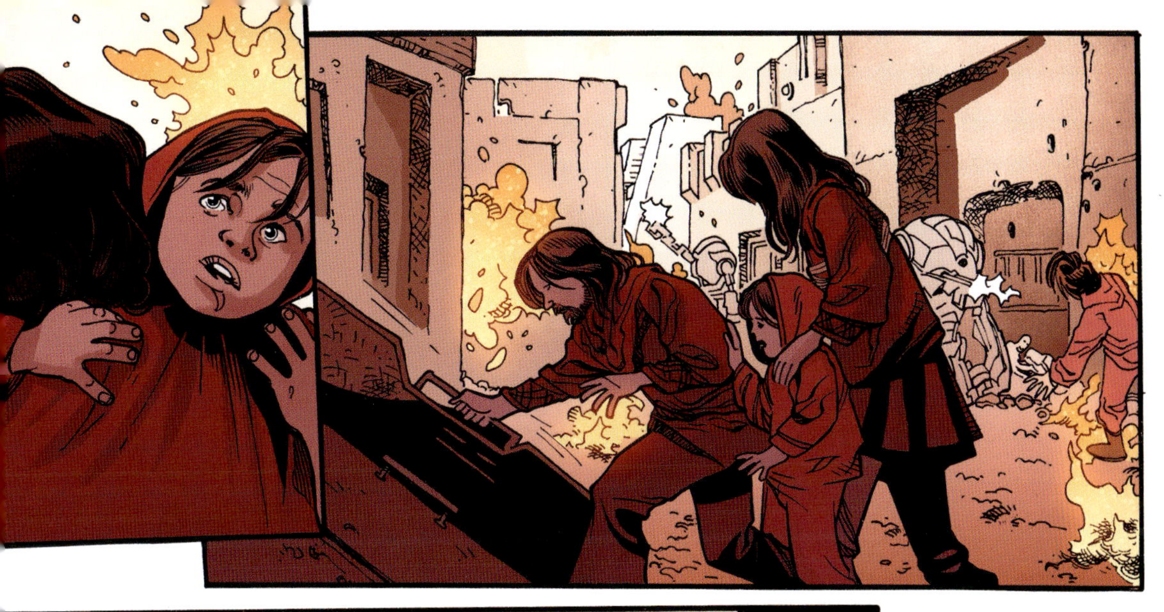

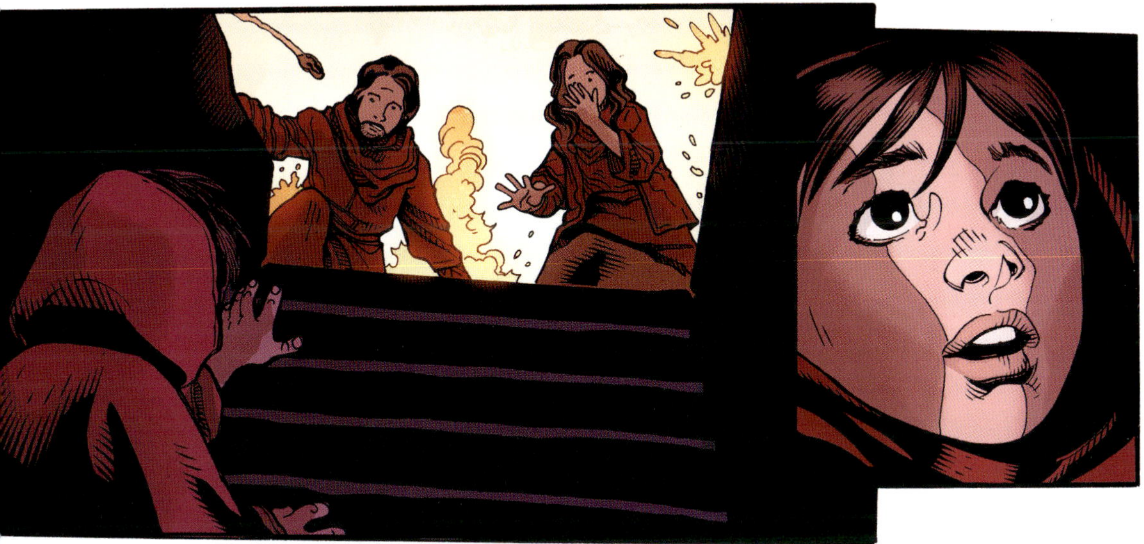

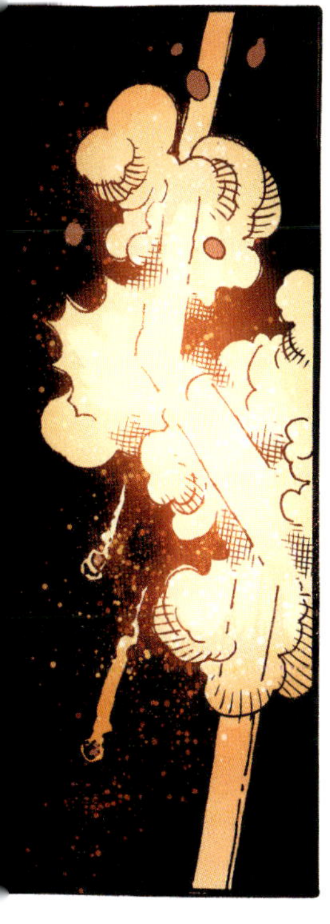

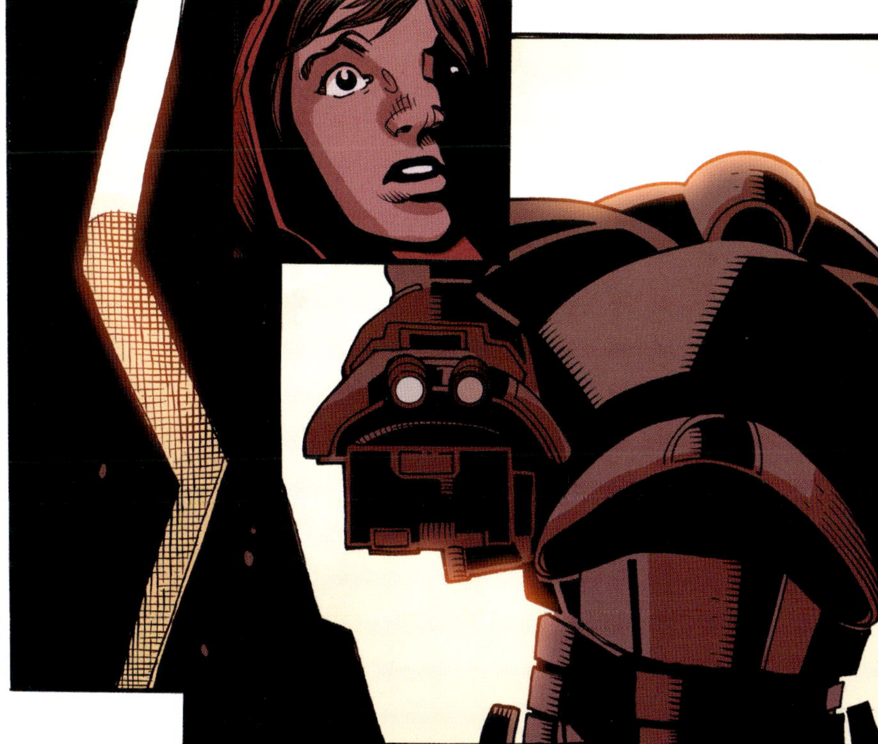

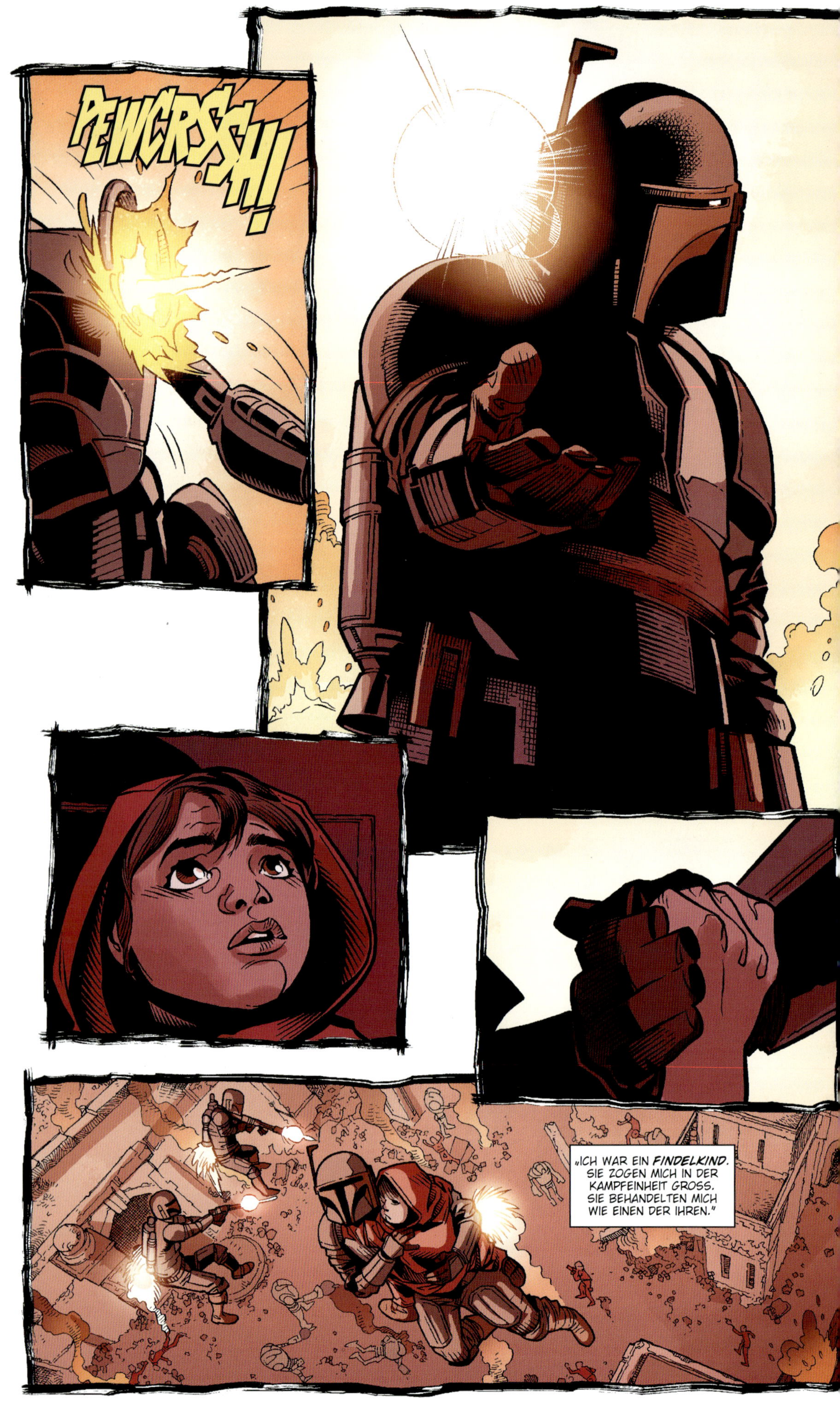
PEWCRSSH!
„ICH WAR EIN FINDELKIND. SIE ZOGEN MICH IN DER KAMPFEINHEIT GROSS. SIE BEHANDELTEN MICH WIE EINEN DER IHREN."

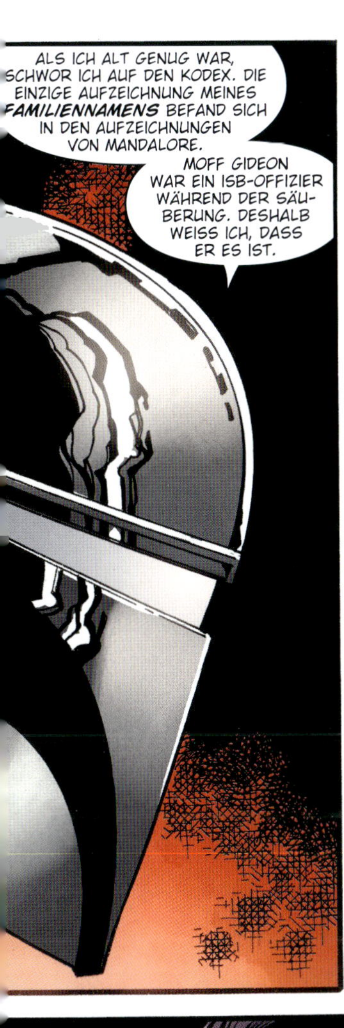
ALS ICH ALT GENUG WAR, SCHWOR ICH AUF DEN KODEX. DIE EINZIGE AUFZEICHNUNG MEINES FAMILIENNAMENS BEFAND SICH IN DEN AUFZEICHNUNGEN VON MANDALORE.
MOFF GIDEON WAR EIN ISB-OFFIZIER WÄHREND DER SÄUBERUNG. DESHALB WEISS ICH, DASS ER ES IST.

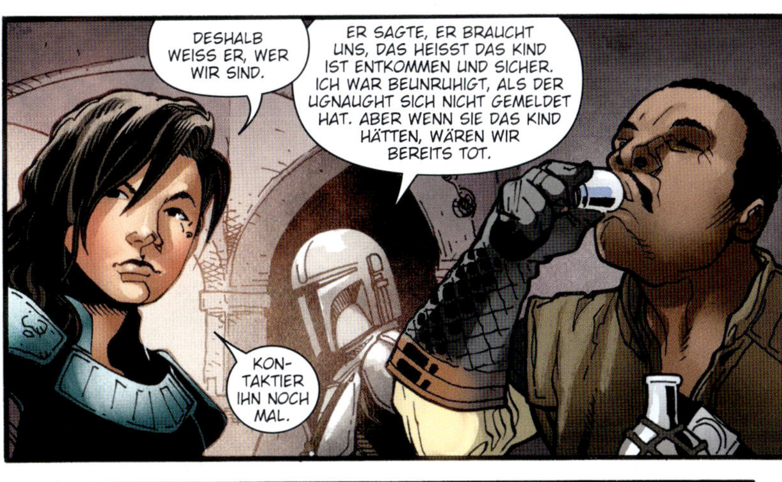
DESHALB WEISS ER, WER WIR SIND.
ER SAGTE, ER BRAUCHT UNS, DAS HEISST DAS KIND IST ENTKOMMEN UND SICHER. ICH WAR BEUNRUHIGT, ALS DER UGNAUGHT SICH NICHT GEMELDET HAT. ABER WENN SIE DAS KIND HÄTTEN, WÄREN WIR BEREITS TOT.
KONTAKTIER IHN NOCH MAL.

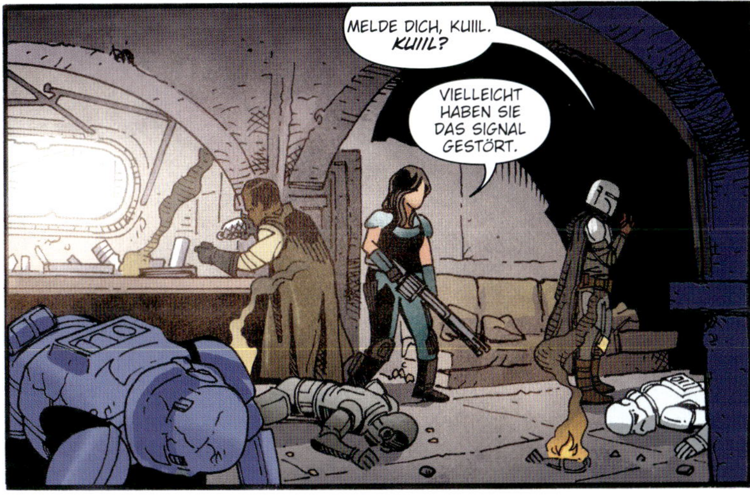
MELDE DICH, KUIIL. KUIIL?
VIELLEICHT HABEN SIE DAS SIGNAL GESTÖRT.

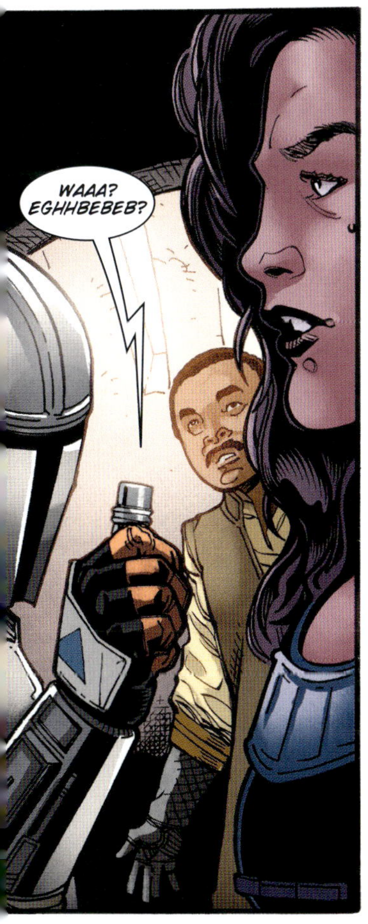
WAAA? EGHHBEBEB?

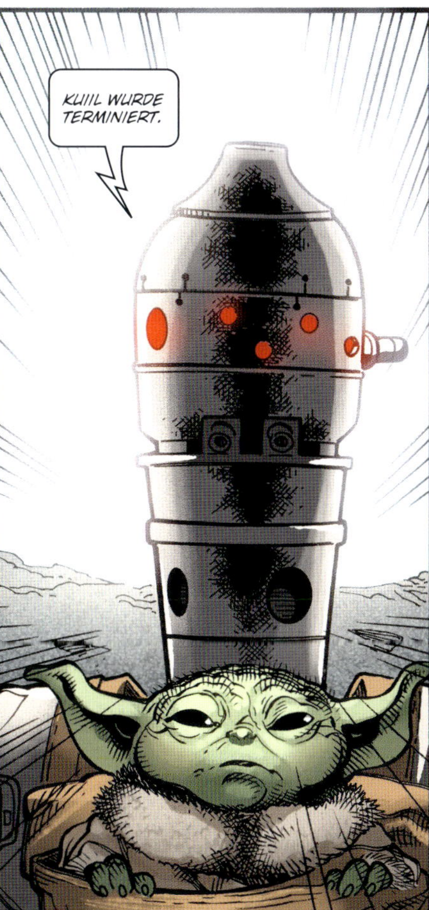
KUIIL WURDE TERMINIERT.

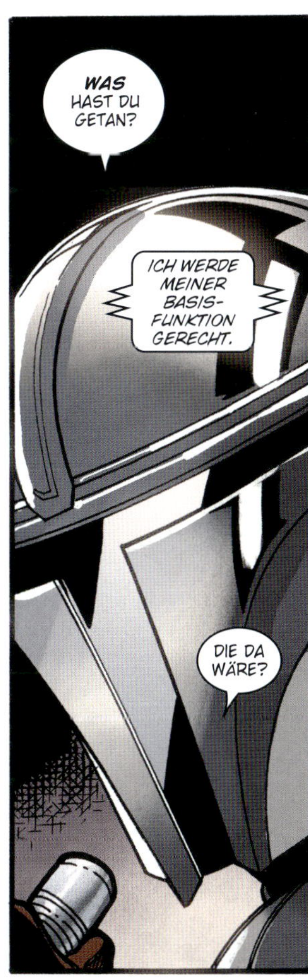
WAS HAST DU GETAN?
ICH WERDE MEINER BASISFUNKTION GERECHT.
DIE DA WÄRE?

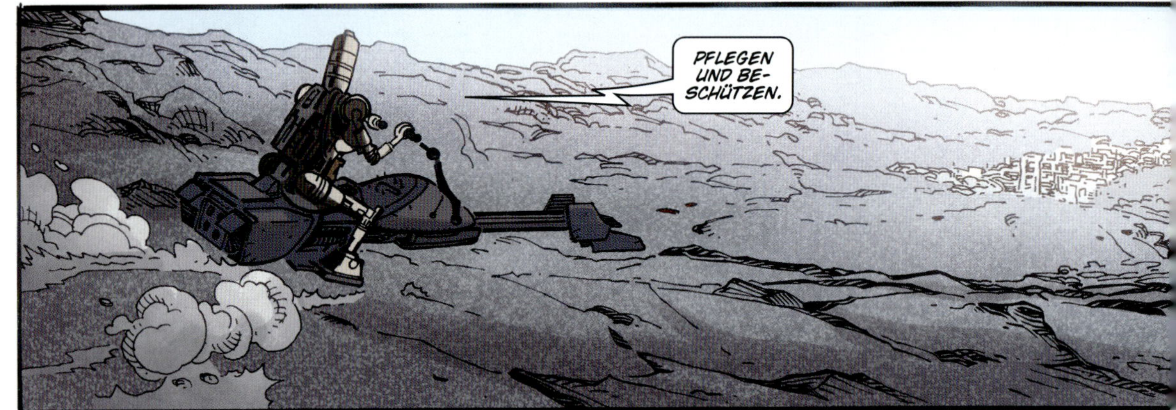
PFLEGEN UND BE-SCHÜTZEN.

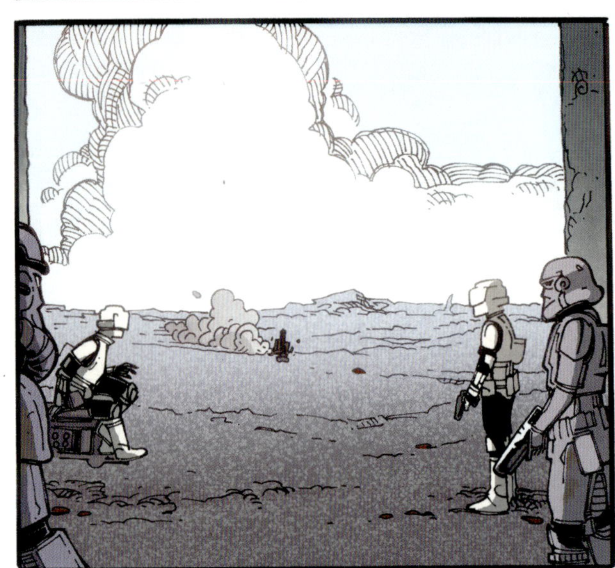

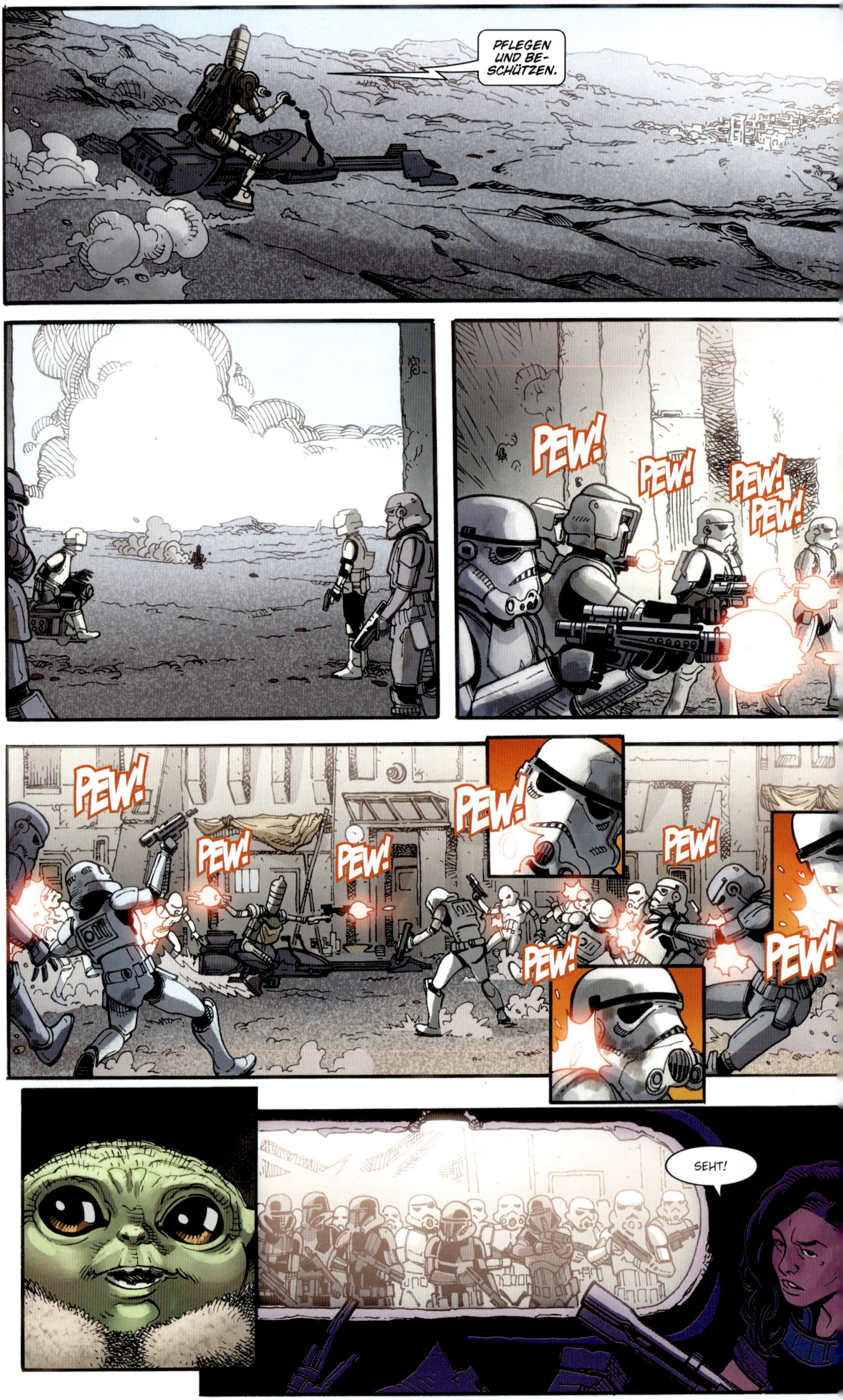

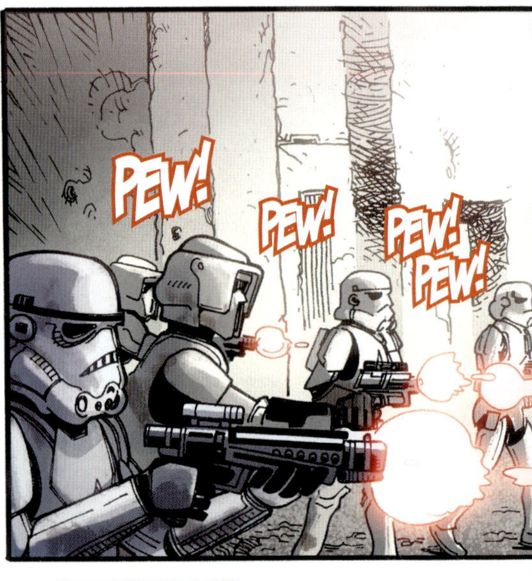
PEW!
PEW!
PEW!
PEW!

PEW!
PEW!
PEW!
PEW!
PEW!
PEW!
PEW!

SEHT!

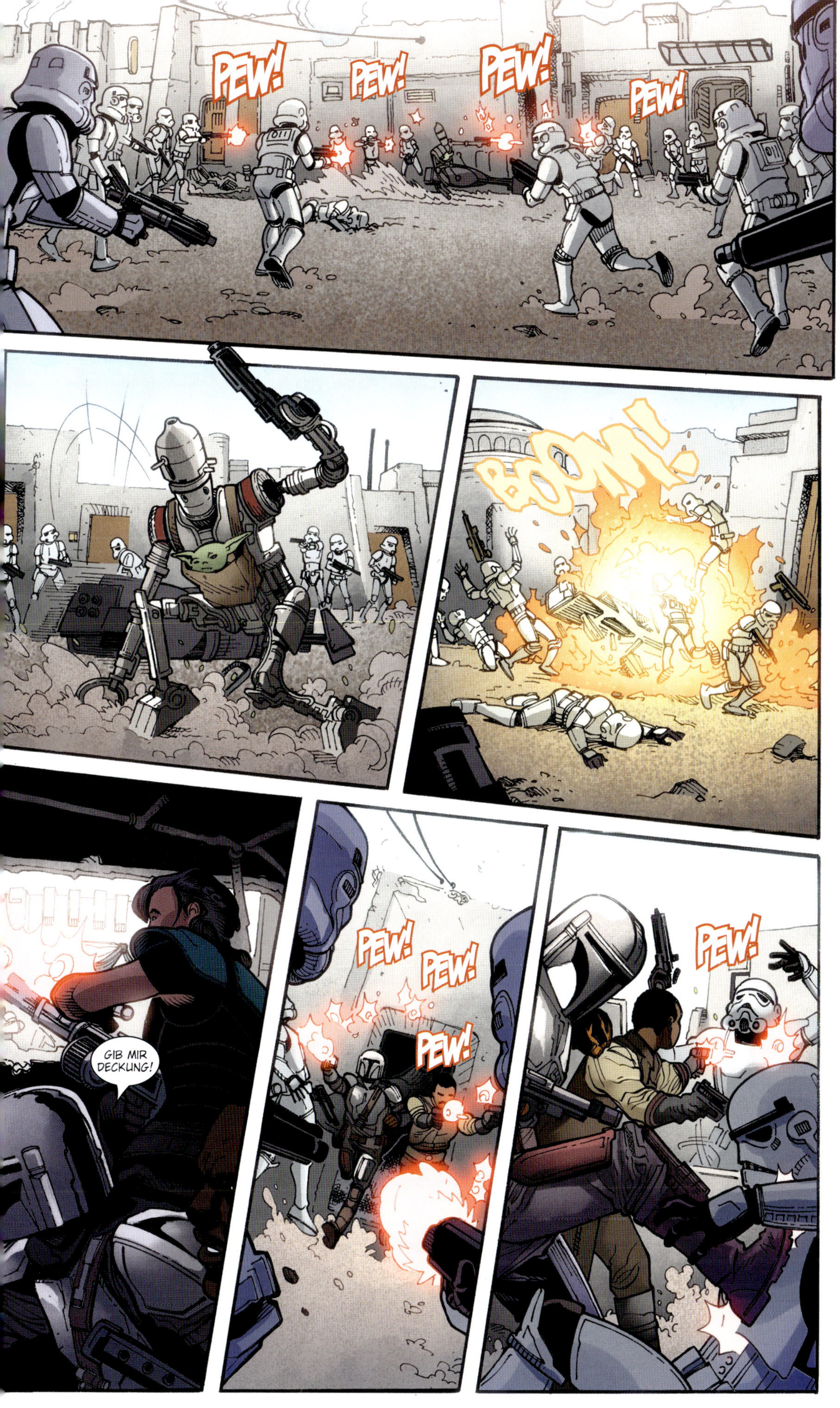
PEW!
PEW!
PEW!
PEW!
BOOM!
GIB MIR DECKUNG!
PEW!
PEW!
PEW!
PEW!

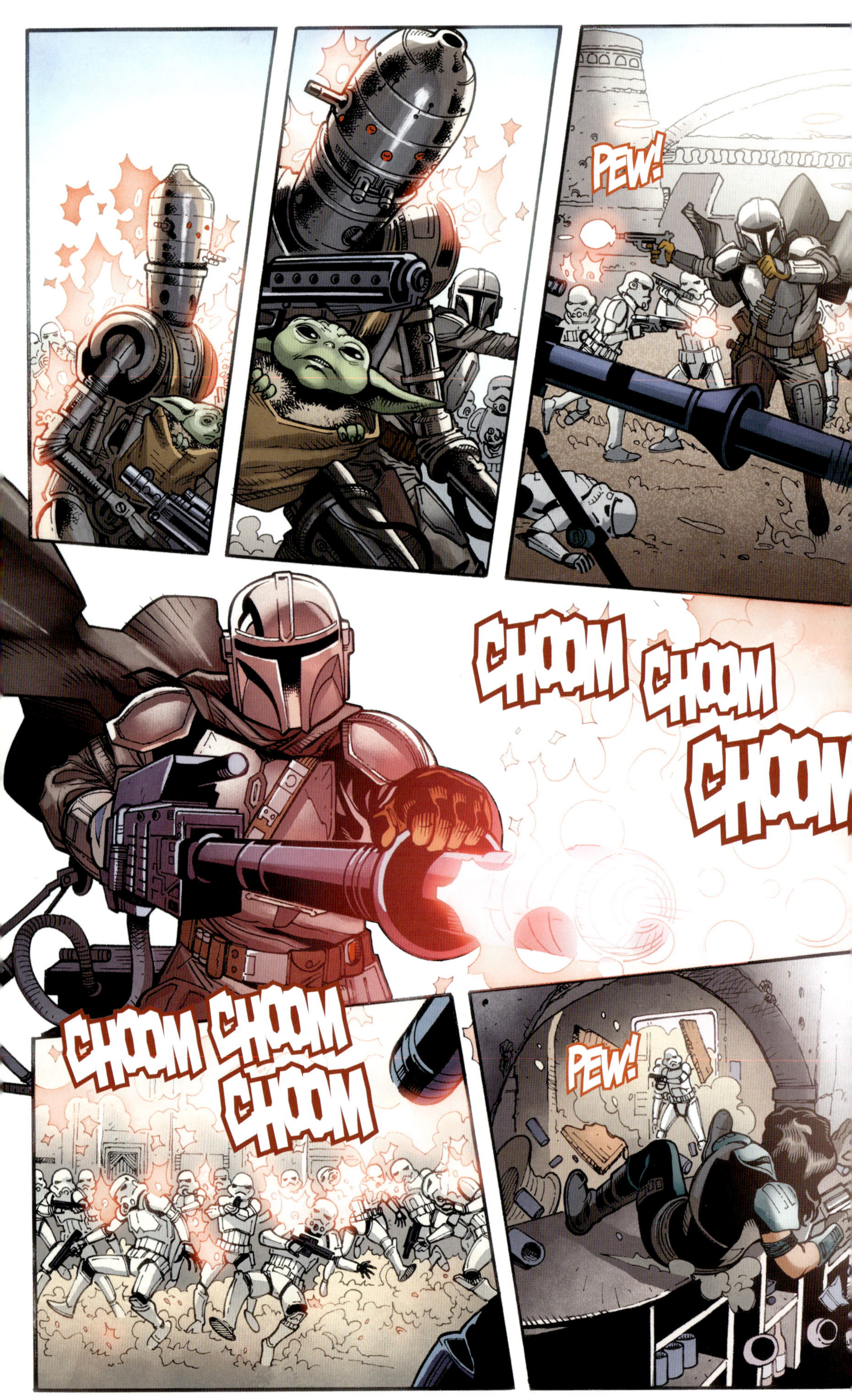
PEW!
CHOOM CHOOM CHOOM
CHOOM CHOOM CHOOM
PEW!

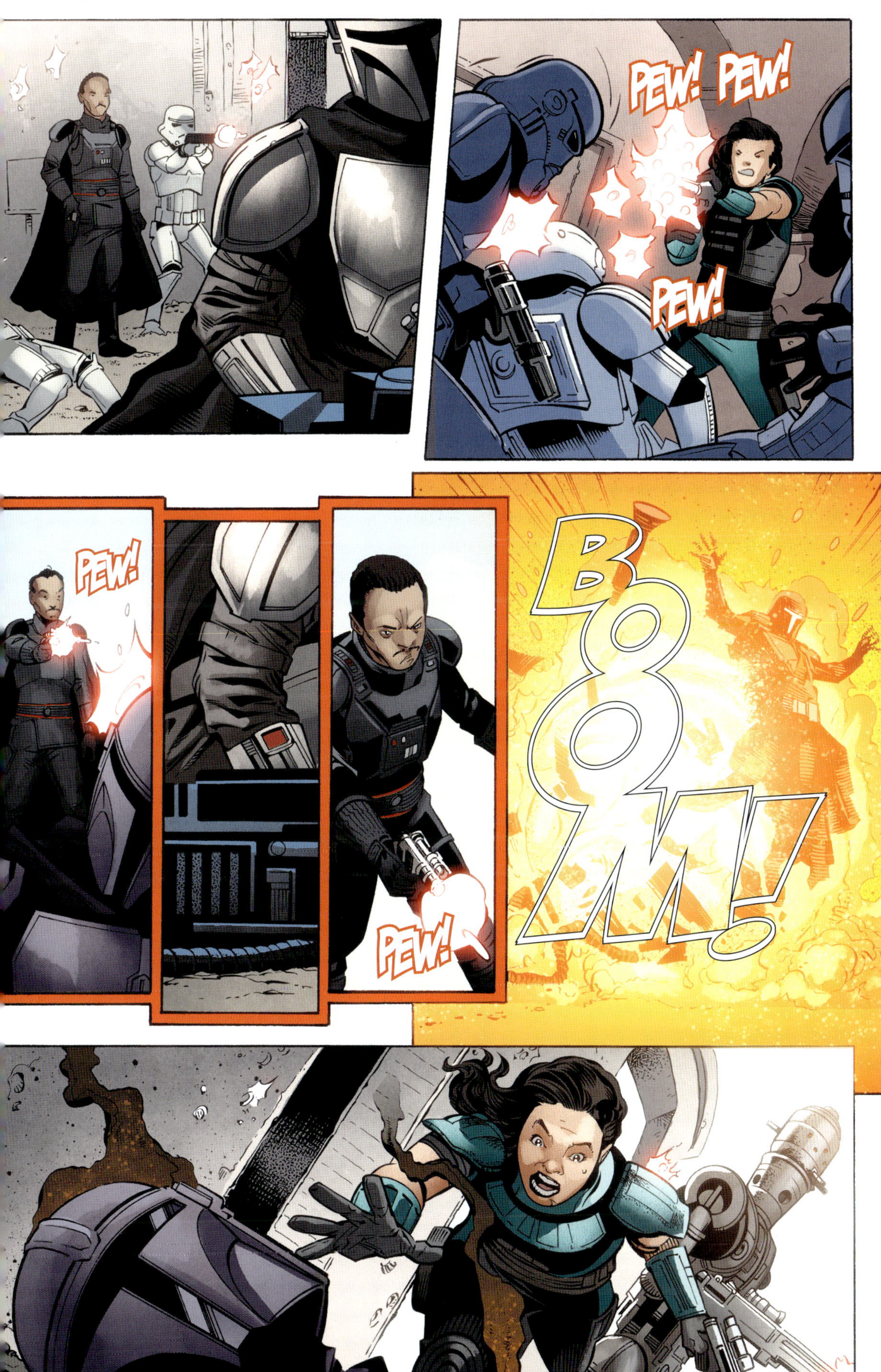
PEW! PEW!
PEW!
PEW!
PEW!
BOOM!

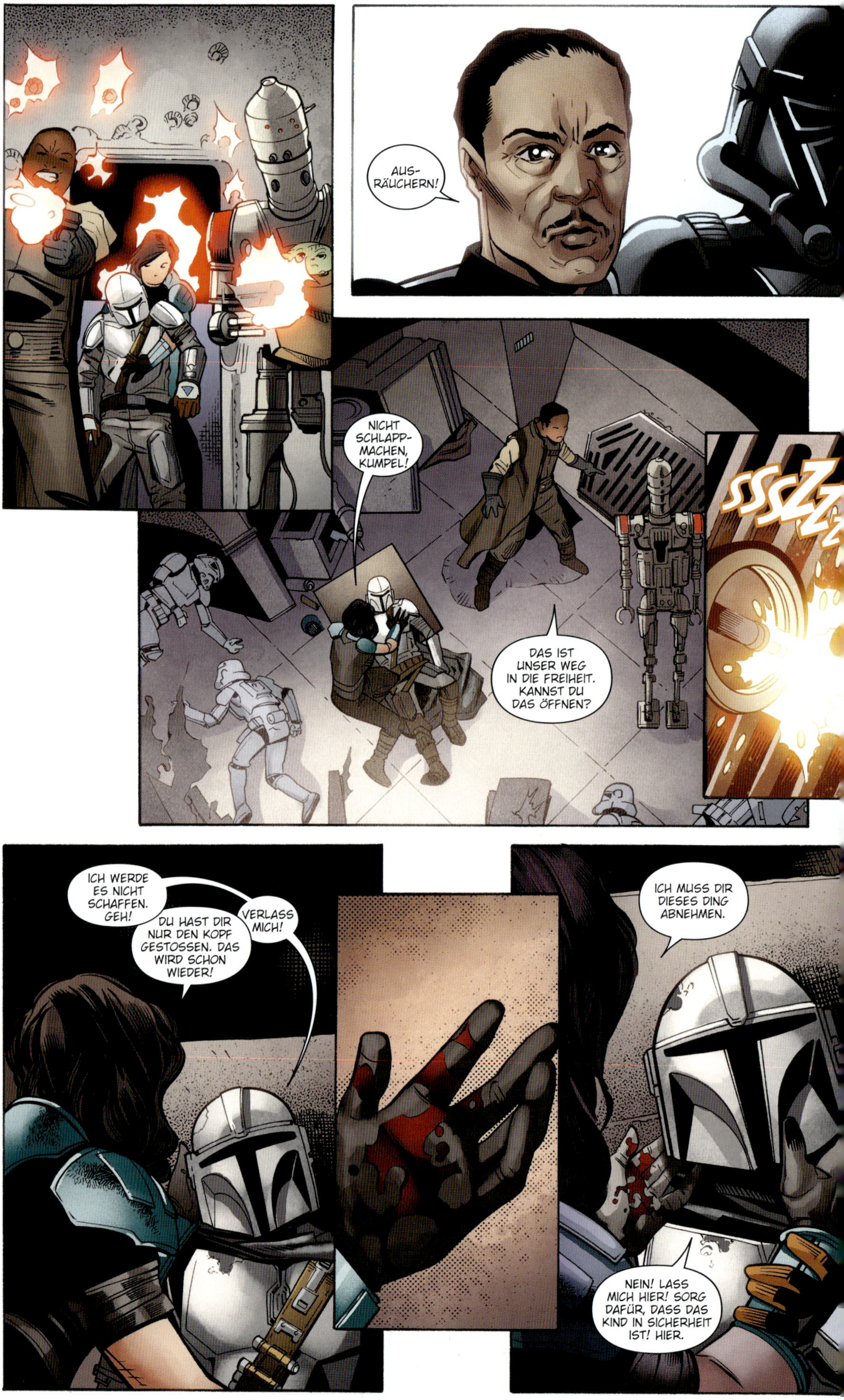

AUS-RÄUCHERN!

NICHT SCHLAPP-MACHEN, KUMPEL!

DAS IST UNSER WEG IN DIE FREIHEIT. KANNST DU DAS ÖFFNEN?

SSSZZZ

ICH WERDE ES NICHT SCHAFFEN. GEH!

DU HAST DIR NUR DEN KOPF GESTOSSEN. DAS WIRD SCHON WIEDER!

VERLASS MICH!

ICH MUSS DIR DIESES DING ABNEHMEN.

NEIN! LASS MICH HIER! SORG DAFÜR, DASS DAS KIND IN SICHERHEIT IST! HIER.

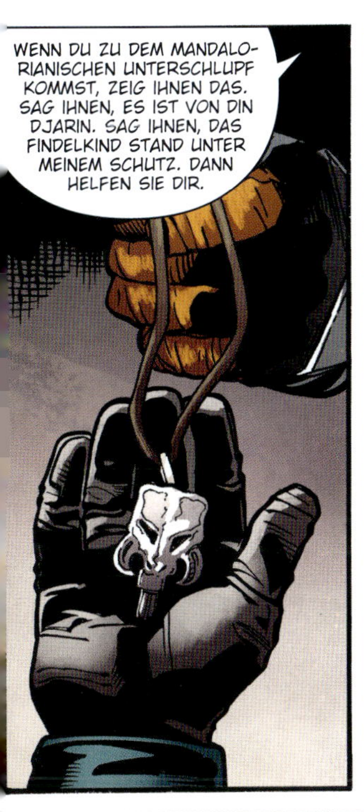
WENN DU ZU DEM MANDALORIANISCHEN UNTERSCHLUPF KOMMST, ZEIG IHNEN DAS. SAG IHNEN, ES IST VON DIN DJARIN. SAG IHNEN, DAS FINDELKIND STAND UNTER MEINEM SCHUTZ. DANN HELFEN SIE DIR.
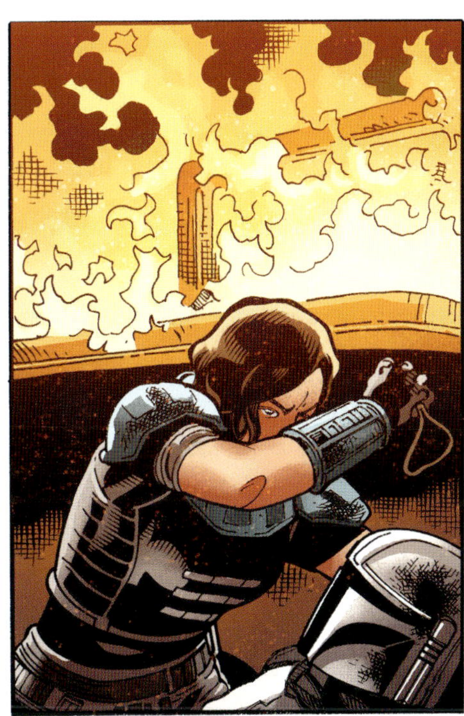
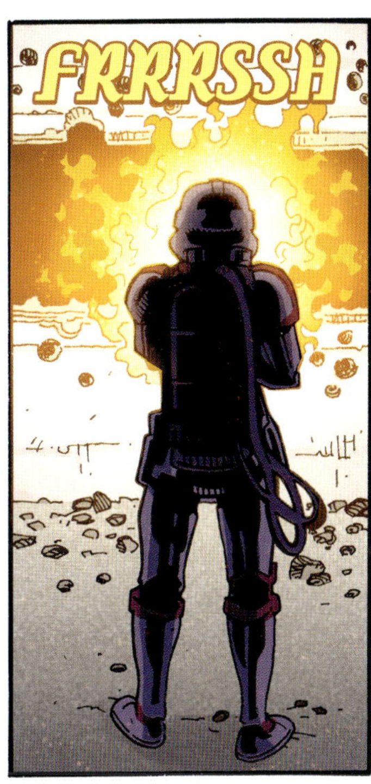
FRRRSSH
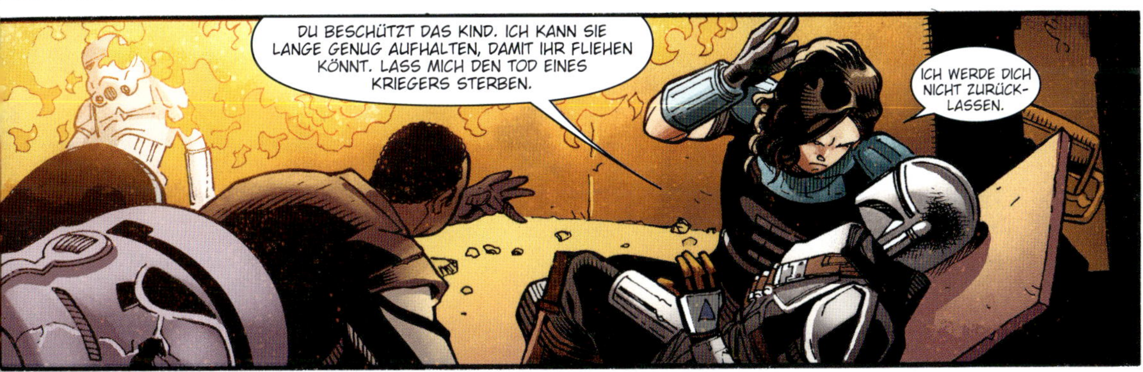
DU BESCHÜTZT DAS KIND. ICH KANN SIE LANGE GENUG AUFHALTEN, DAMIT IHR FLIEHEN KÖNNT. LASS MICH DEN TOD EINES KRIEGERS STERBEN.
ICH WERDE DICH NICHT ZURÜCKLASSEN.
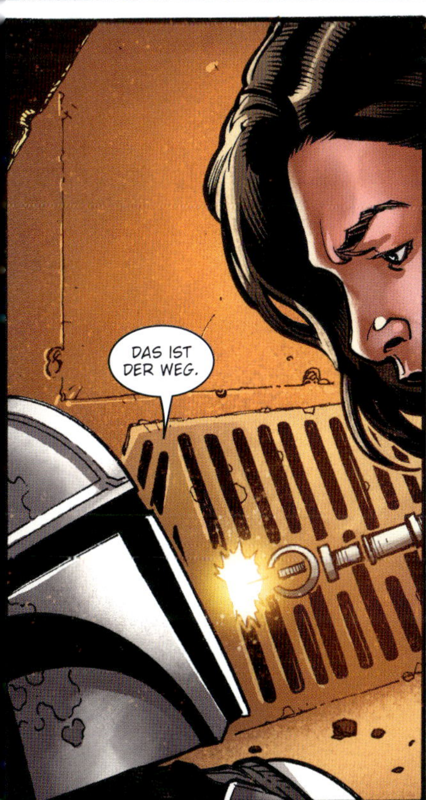
DAS IST DER WEG.
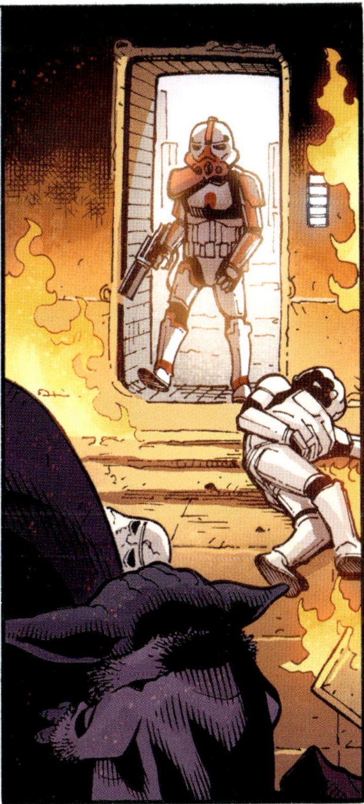
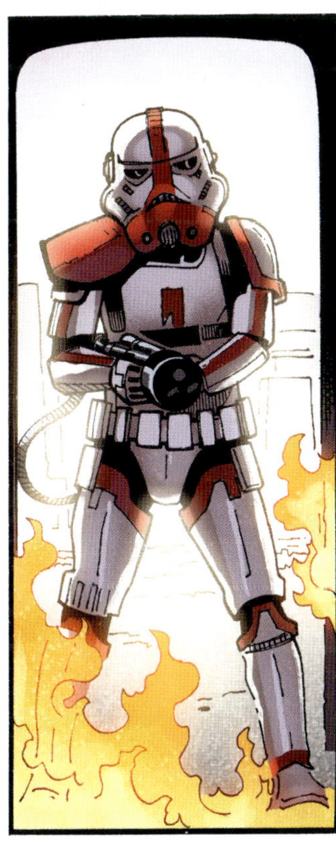

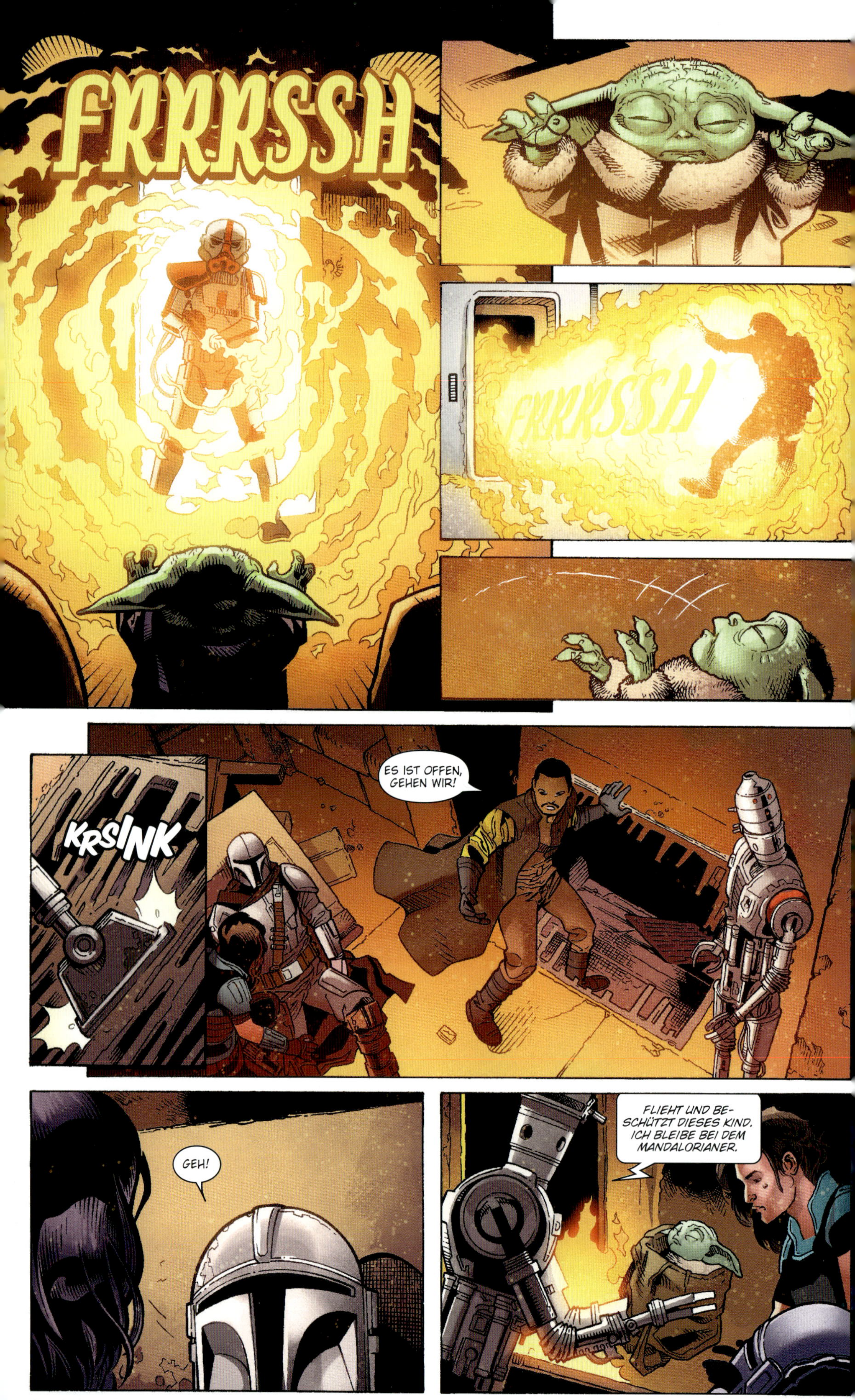

FRRRSSH

FRRRSSH

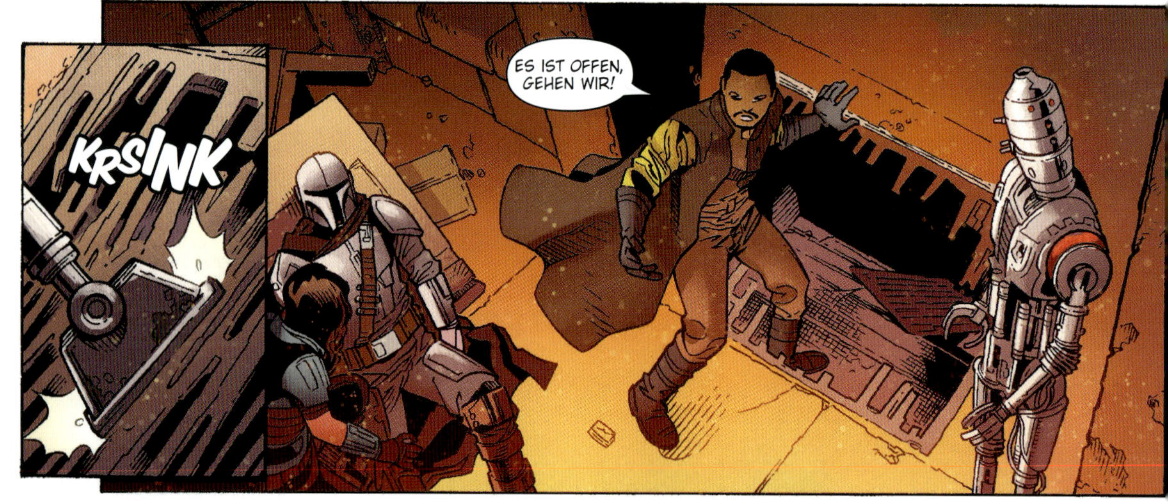

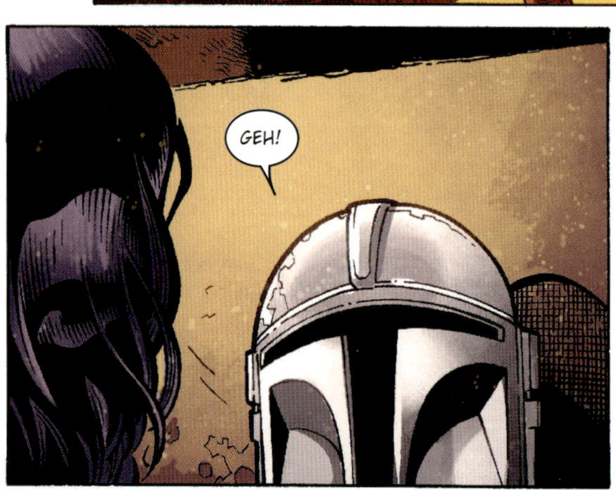

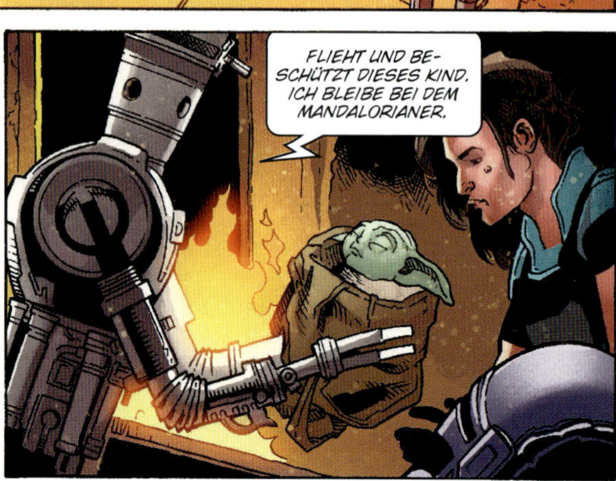

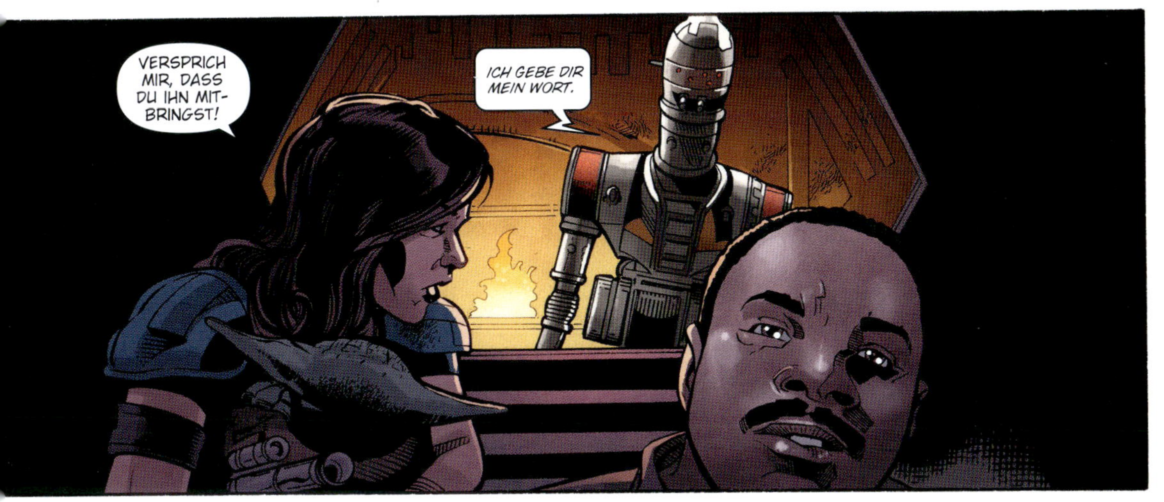
VERSPRICH MIR, DASS DU IHN MIT-BRINGST!
ICH GEBE DIR MEIN WORT.

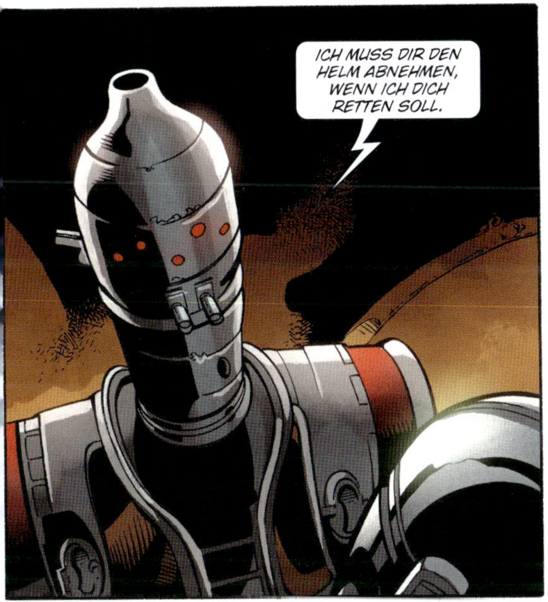
ICH MUSS DIR DEN HELM ABNEHMEN, WENN ICH DICH RETTEN SOLL.

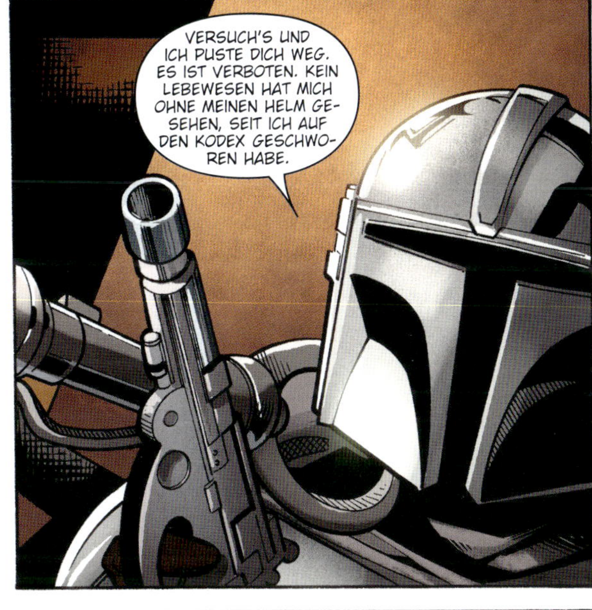
VERSUCH'S UND ICH PUSTE DICH WEG. ES IST VERBOTEN. KEIN LEBEWESEN HAT MICH OHNE MEINEN HELM GE-SEHEN, SEIT ICH AUF DEN KODEX GESCHWO-REN HABE.

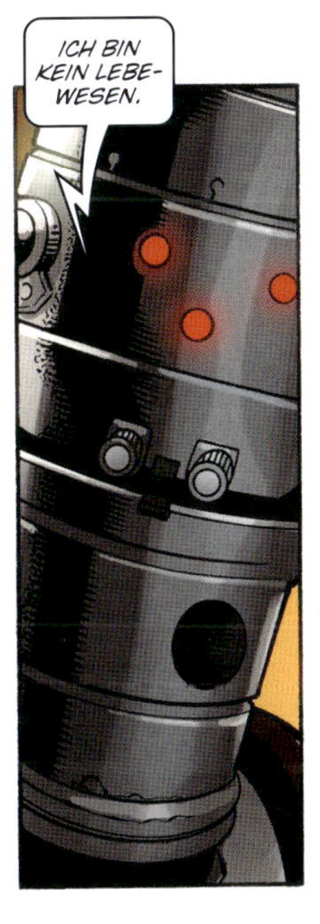
ICH BIN KEIN LEBE-WESEN.

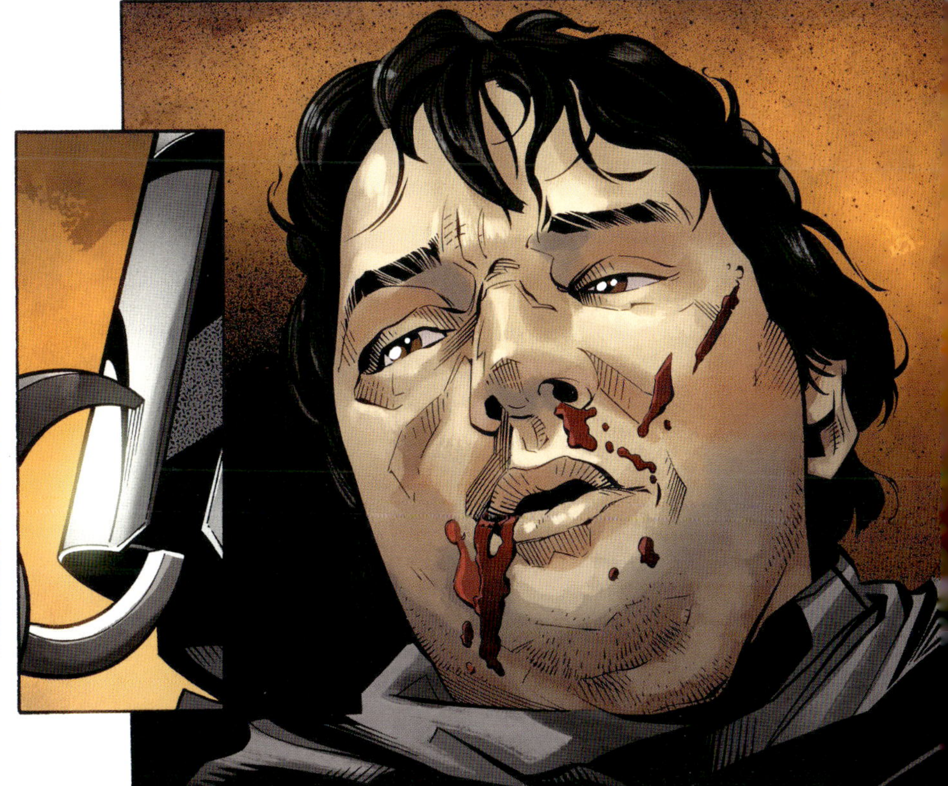

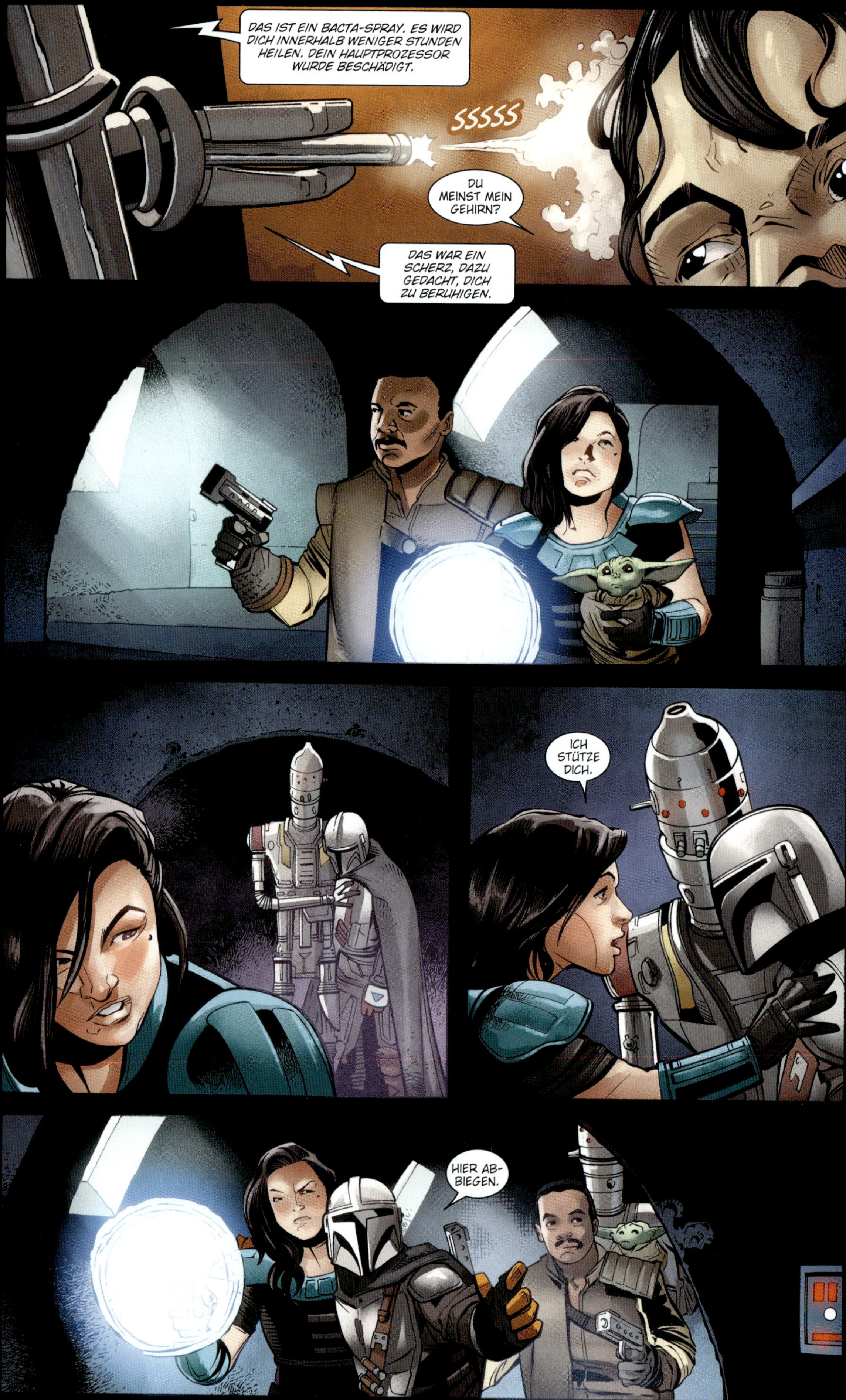

DAS IST EIN BACTA-SPRAY. ES WIRD DICH INNERHALB WENIGER STUNDEN HEILEN. DEIN HAUPTPROZESSOR WURDE BESCHÄDIGT.

SSSSS

DU MEINST MEIN GEHIRN?

DAS WAR EIN SCHERZ, DAZU GEDACHT, DICH ZU BERUHIGEN.

ICH STÜTZE DICH.

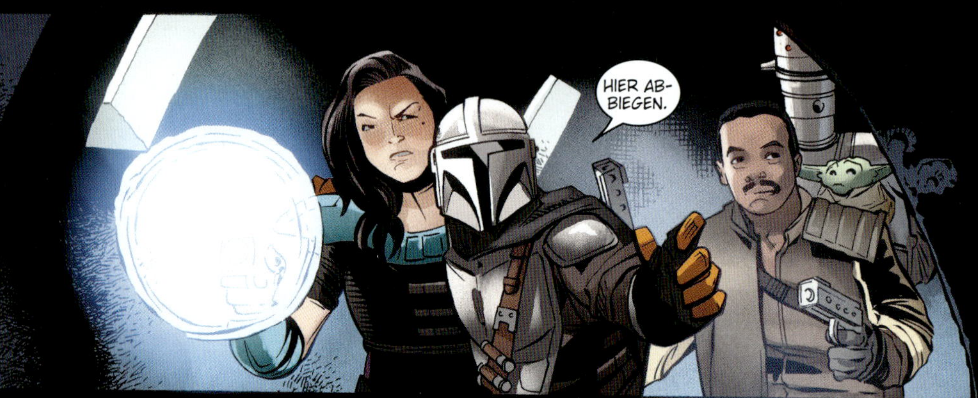

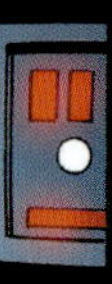

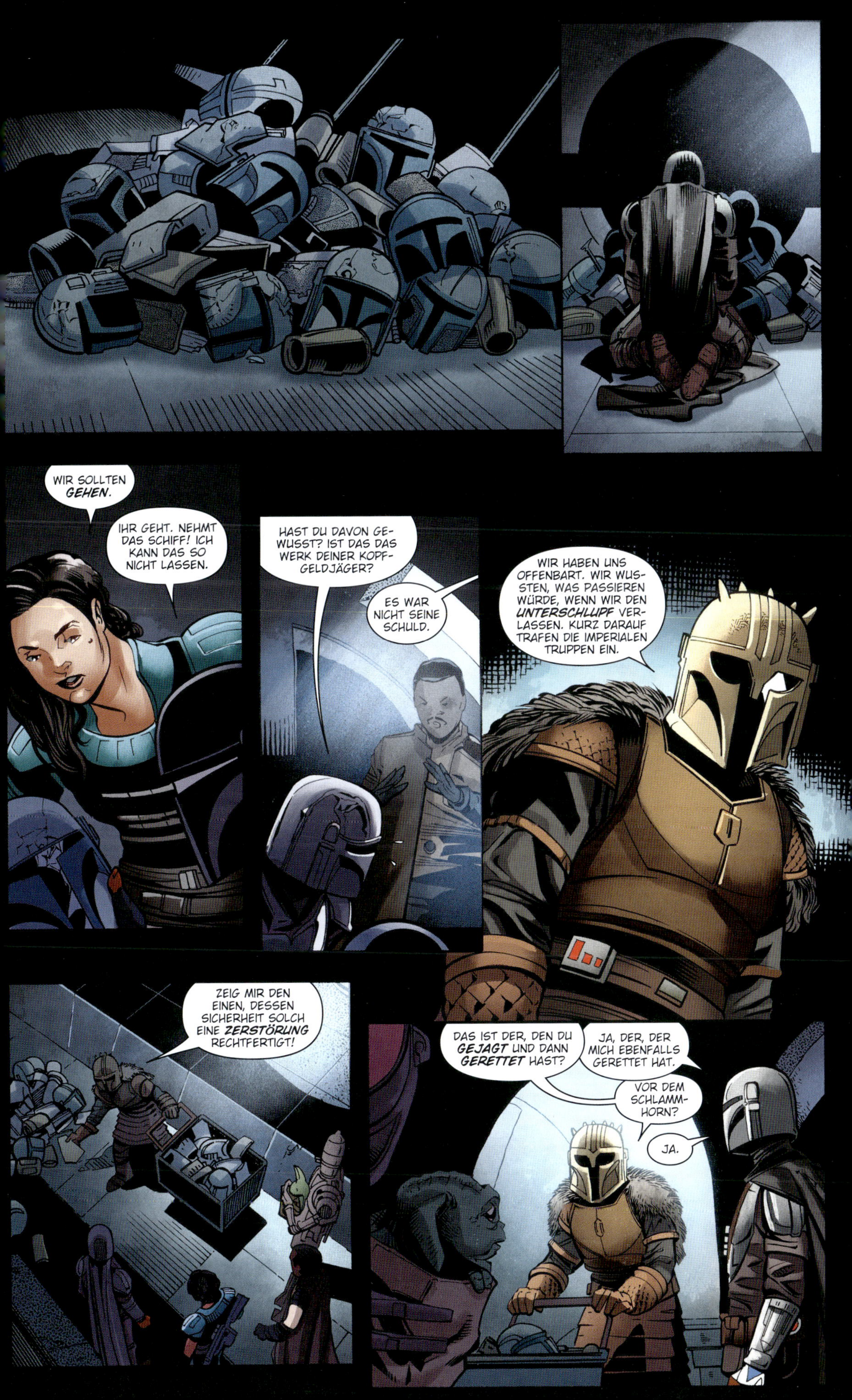
WIR SOLLTEN GEHEN.
IHR GEHT. NEHMT DAS SCHIFF! ICH KANN DAS SO NICHT LASSEN.
HAST DU DAVON GEWUSST? IST DAS DAS WERK DEINER KOPFGELDJÄGER?
ES WAR NICHT SEINE SCHULD.
WIR HABEN UNS OFFENBART. WIR WUSSTEN, WAS PASSIEREN WÜRDE, WENN WIR DEN UNTERSCHLUPF VERLASSEN. KURZ DARAUF TRAFEN DIE IMPERIALEN TRUPPEN EIN.
ZEIG MIR DEN EINEN, DESSEN SICHERHEIT SOLCH EINE ZERSTÖRUNG RECHTFERTIGT!
DAS IST DER, DEN DU GEJAGT UND DANN GERETTET HAST?
JA, DER, DER MICH EBENFALLS GERETTET HAT.
VOR DEM SCHLAMMHORN?
JA.

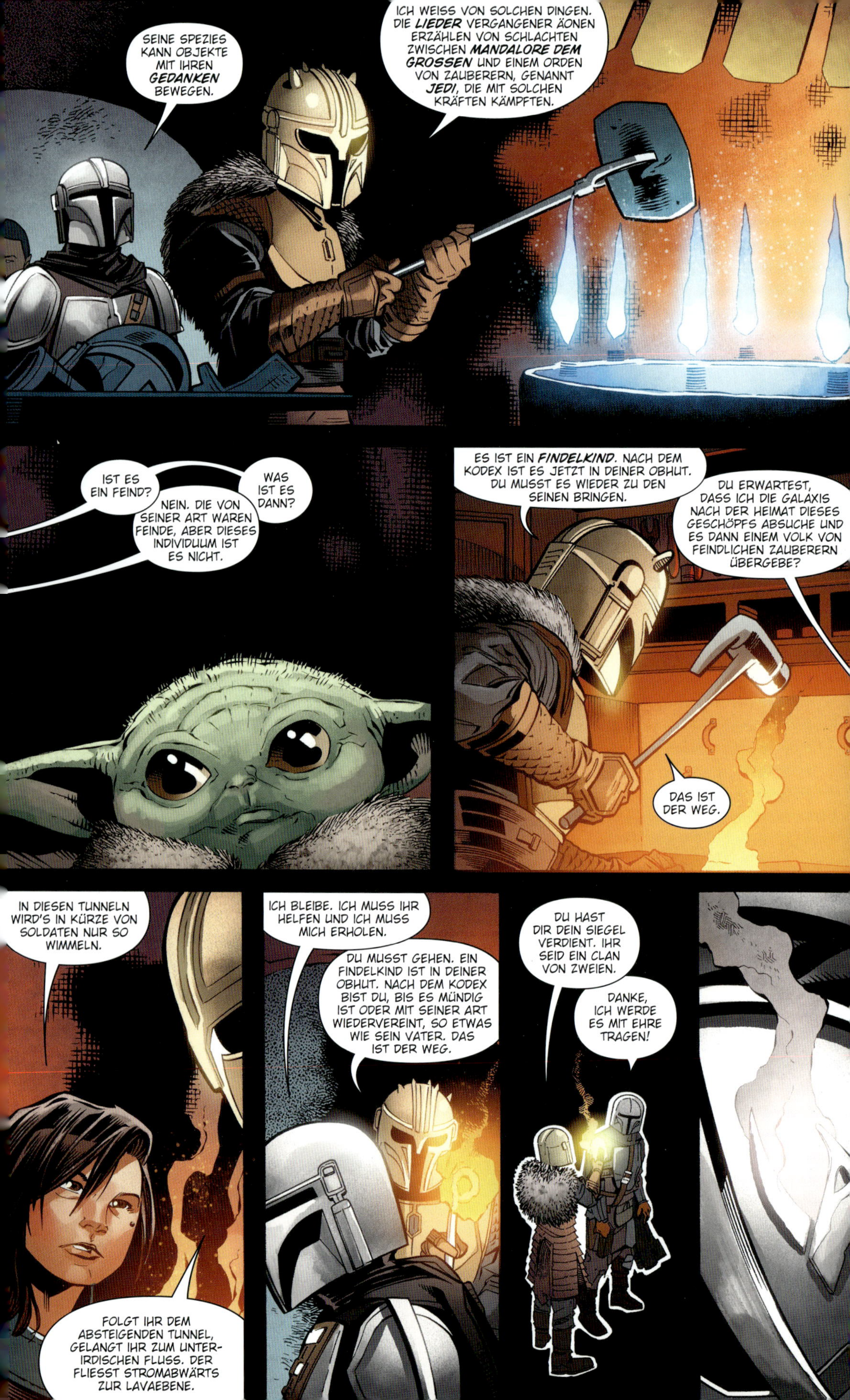
SEINE SPEZIES KANN OBJEKTE MIT IHREN GEDANKEN BEWEGEN.
ICH WEISS VON SOLCHEN DINGEN. DIE LIEDER VERGANGENER ÄONEN ERZÄHLEN VON SCHLACHTEN ZWISCHEN MANDALORE DEM GROSSEN UND EINEM ORDEN VON ZAUBERERN, GENANNT JEDI, DIE MIT SOLCHEN KRÄFTEN KÄMPFTEN.
IST ES EIN FEIND?
WAS IST ES DANN?
NEIN. DIE VON SEINER ART WAREN FEINDE, ABER DIESES INDIVIDUUM IST ES NICHT.
ES IST EIN FINDELKIND. NACH DEM KODEX IST ES JETZT IN DEINER OBHUT. DU MUSST ES WIEDER ZU DEN SEINEN BRINGEN.
DU ERWARTEST, DASS ICH DIE GALAXIS NACH DER HEIMAT DIESES GESCHÖPFS ABSUCHE UND ES DANN EINEM VOLK VON FEINDLICHEN ZAUBERERN ÜBERGEBE?
DAS IST DER WEG.
IN DIESEN TUNNELN WIRD'S IN KÜRZE VON SOLDATEN NUR SO WIMMELN.
FOLGT IHR DEM ABSTEIGENDEN TUNNEL, GELANGT IHR ZUM UNTER-IRDISCHEN FLUSS. DER FLIESST STROMABWÄRTS ZUR LAVAEBENE.
ICH BLEIBE. ICH MUSS IHR HELFEN UND ICH MUSS MICH ERHOLEN.
DU MUSST GEHEN. EIN FINDELKIND IST IN DEINER OBHUT. NACH DEM KODEX BIST DU, BIS ES MÜNDIG IST ODER MIT SEINER ART WIEDERVEREINT, SO ETWAS WIE SEIN VATER. DAS IST DER WEG.
DU HAST DIR DEIN SIEGEL VERDIENT. IHR SEID EIN CLAN VON ZWEIEN.
DANKE, ICH WERDE ES MIT EHRE TRAGEN!

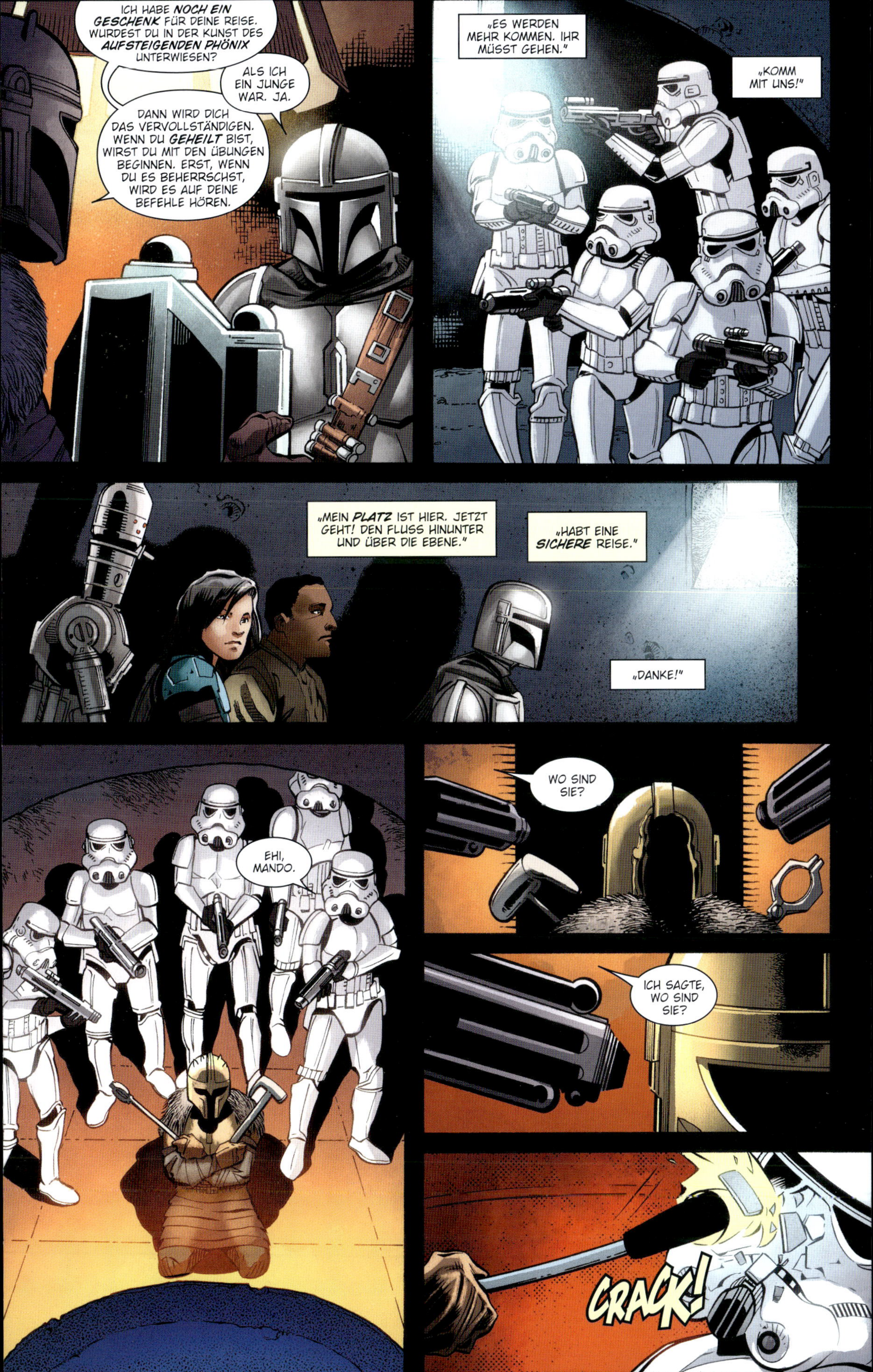

ICH HABE **NOCH EIN GESCHENK** FÜR DEINE REISE. WURDEST DU IN DER KUNST DES **AUFSTEIGENDEN PHÖNIX** UNTERWIESEN?

ALS ICH EIN JUNGE WAR, JA.

DANN WIRD DICH DAS VERVOLLSTÄNDIGEN. WENN DU **GEHEILT** BIST, WIRST DU MIT DEN ÜBUNGEN BEGINNEN. ERST, WENN DU ES BEHERRSCHST, WIRD ES AUF DEINE BEFEHLE HÖREN.

„ES WERDEN MEHR KOMMEN. IHR MÜSST GEHEN."

„KOMM MIT UNS!"

„MEIN **PLATZ** IST HIER. JETZT GEHT! DEN FLUSS HINUNTER UND ÜBER DIE EBENE."

„HABT EINE **SICHERE** REISE."

„DANKE!"

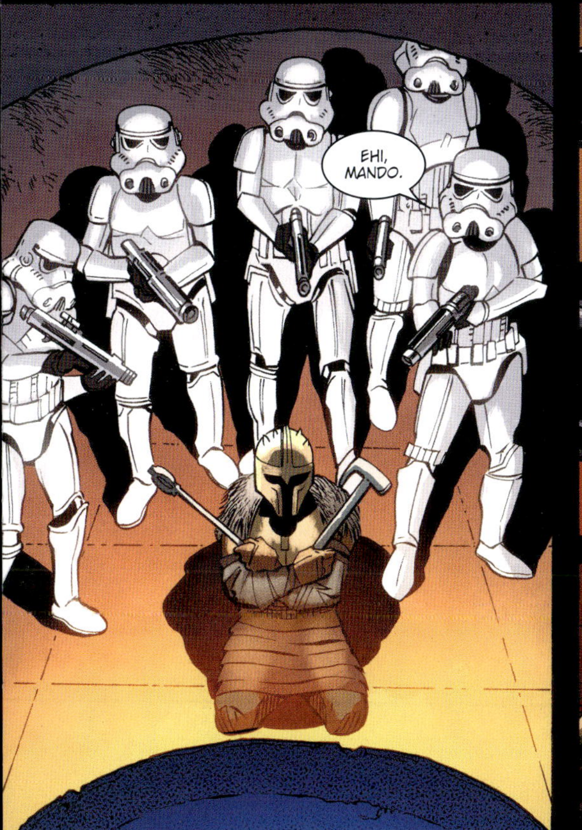

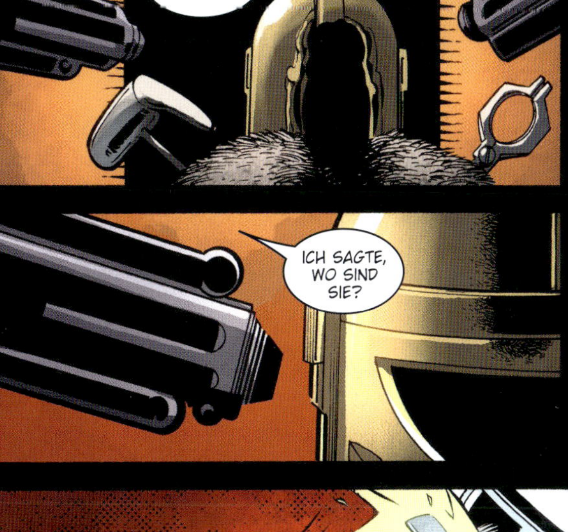

CRACK!

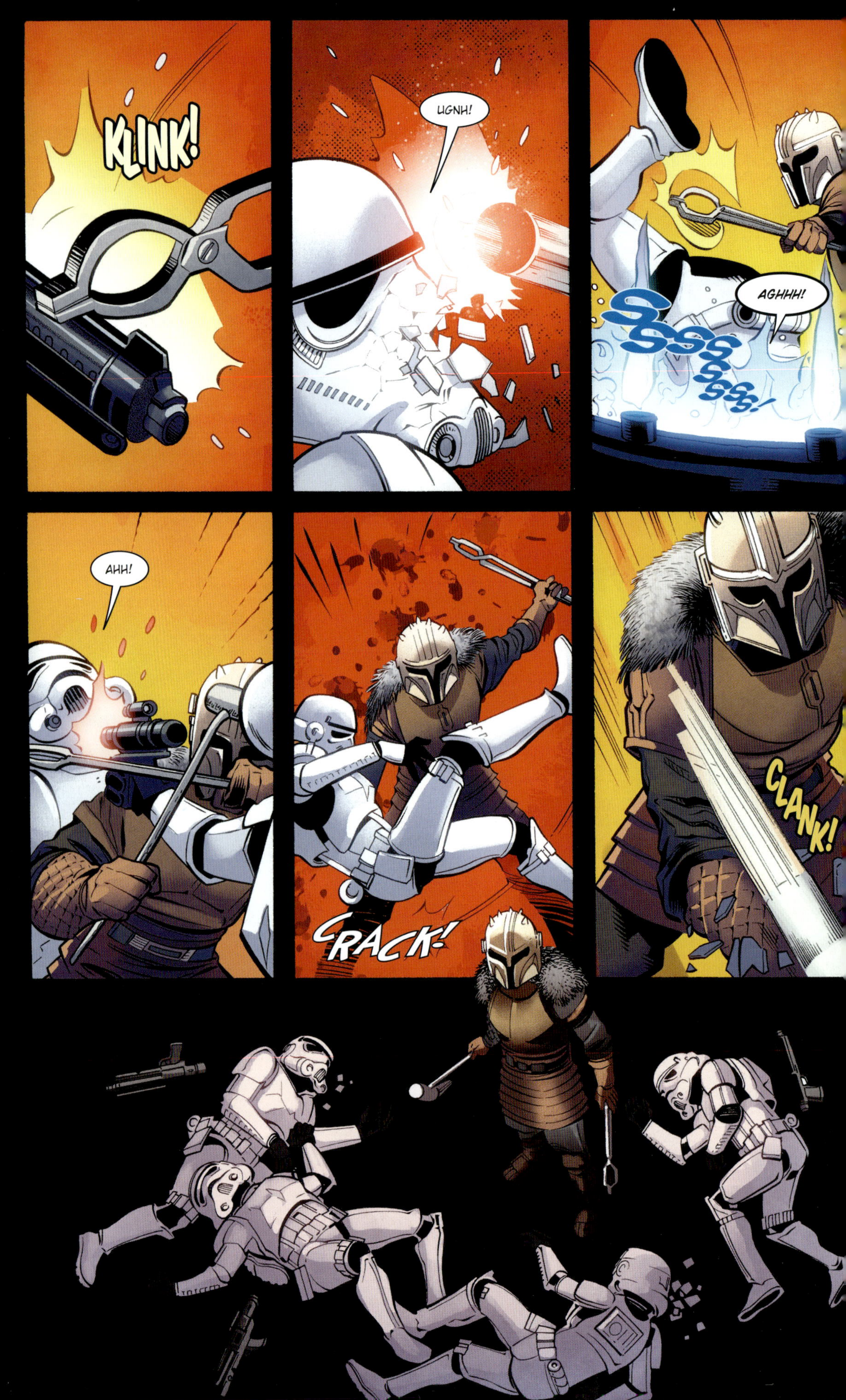
KLINK!
UGNH!
AGHHH!
SSSSSSSS!
AHH!
CRACK!
CLANK!

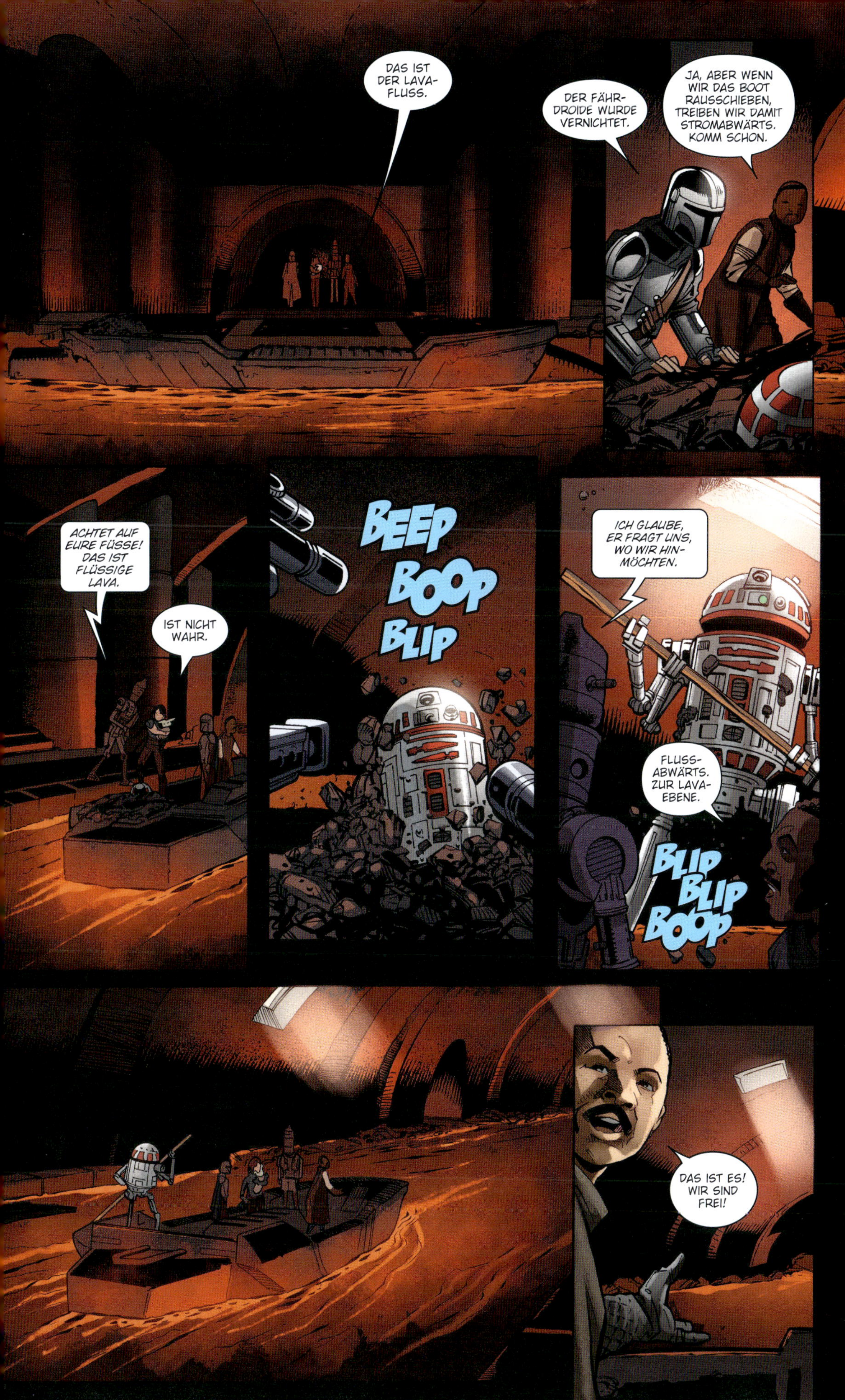
DAS IST DER LAVA-FLUSS.
DER FÄHR-DROIDE WURDE VERNICHTET.
JA, ABER WENN WIR DAS BOOT RAUSSCHIEBEN, TREIBEN WIR DAMIT STROMABWÄRTS. KOMM SCHON.
ACHTET AUF EURE FÜSSE! DAS IST FLÜSSIGE LAVA.
IST NICHT WAHR.
BEEP BOOP BLIP
ICH GLAUBE, ER FRAGT UNS, WO WIR HIN-MÖCHTEN.
FLUSS-ABWÄRTS. ZUR LAVA-EBENE.
BLIP BLIP BOOP
DAS IST ES! WIR SIND FREI!

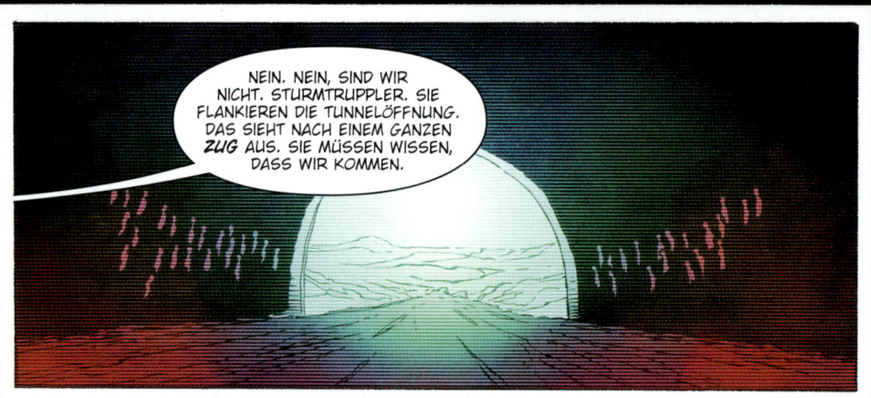
NEIN. NEIN, SIND WIR NICHT. STURMTRUPPLER. SIE FLANKIEREN DIE TUNNELÖFFNUNG. DAS SIEHT NACH EINEM GANZEN ZUG AUS. SIE MÜSSEN WISSEN, DASS WIR KOMMEN.

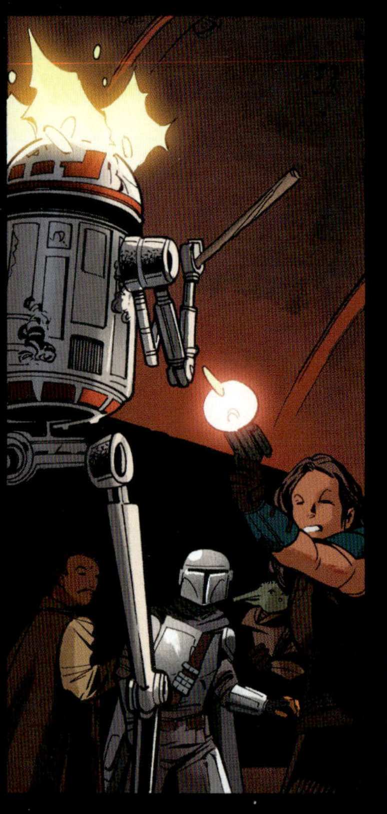

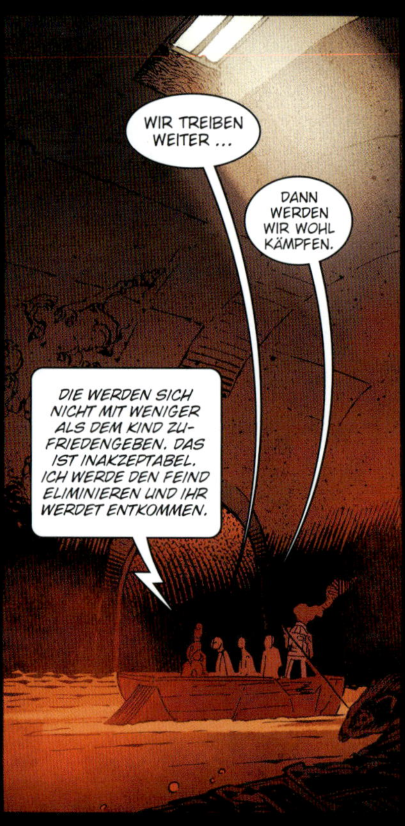
WIR TREIBEN WEITER …
DANN WERDEN WIR WOHL KÄMPFEN.
DIE WERDEN SICH NICHT MIT WENIGER ALS DEM KIND ZUFRIEDENGEBEN. DAS IST INAKZEPTABEL. ICH WERDE DEN FEIND ELIMINIEREN UND IHR WERDET ENTKOMMEN.

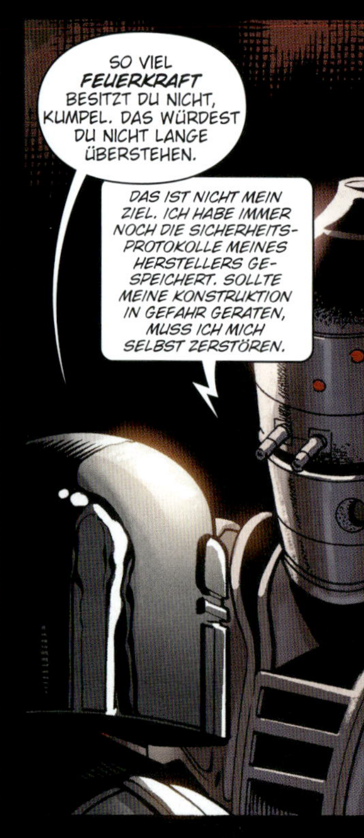
SO VIEL FEUERKRAFT BESITZT DU NICHT, KUMPEL. DAS WÜRDEST DU NICHT LANGE ÜBERSTEHEN.
DAS IST NICHT MEIN ZIEL. ICH HABE IMMER NOCH DIE SICHERHEITSPROTOKOLLE MEINES HERSTELLERS GESPEICHERT. SOLLTE MEINE KONSTRUKTION IN GEFAHR GERATEN, MUSS ICH MICH SELBST ZERSTÖREN.

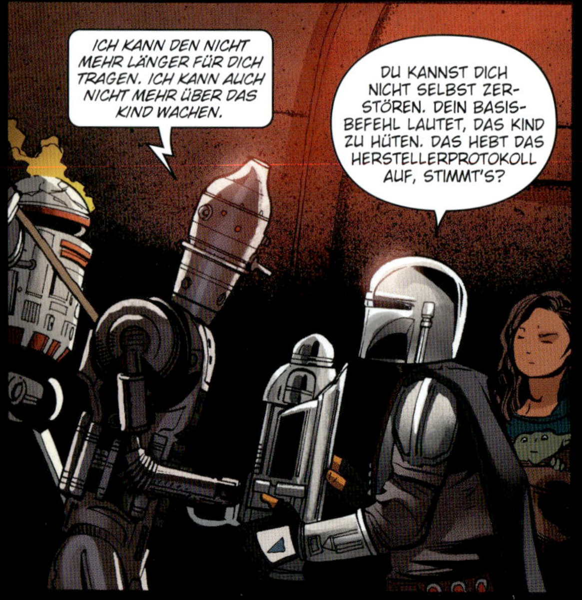
ICH KANN DEN NICHT MEHR LÄNGER FÜR DICH TRAGEN. ICH KANN AUCH NICHT MEHR ÜBER DAS KIND WACHEN.
DU KANNST DICH NICHT SELBST ZERSTÖREN. DEIN BASISBEFEHL LAUTET, DAS KIND ZU HÜTEN. DAS HEBT DAS HERSTELLERPROTOKOLL AUF, STIMMT'S?

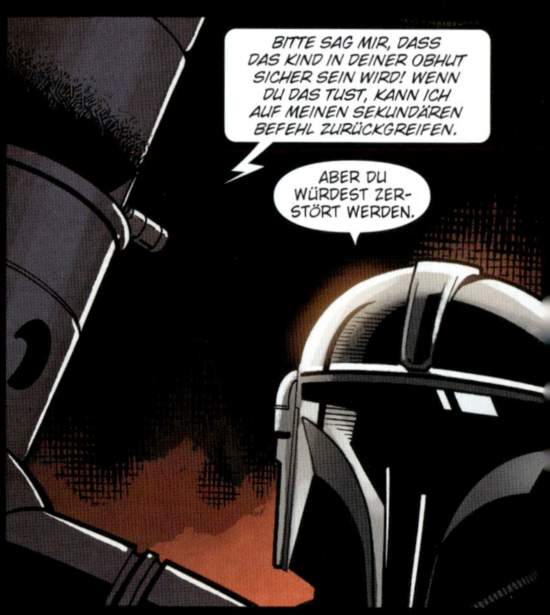
BITTE SAG MIR, DASS DAS KIND IN DEINER OBHUT SICHER SEIN WIRD! WENN DU DAS TUST, KANN ICH AUF MEINEN SEKUNDÄREN BEFEHL ZURÜCKGREIFEN.
ABER DU WÜRDEST ZERSTÖRT WERDEN.

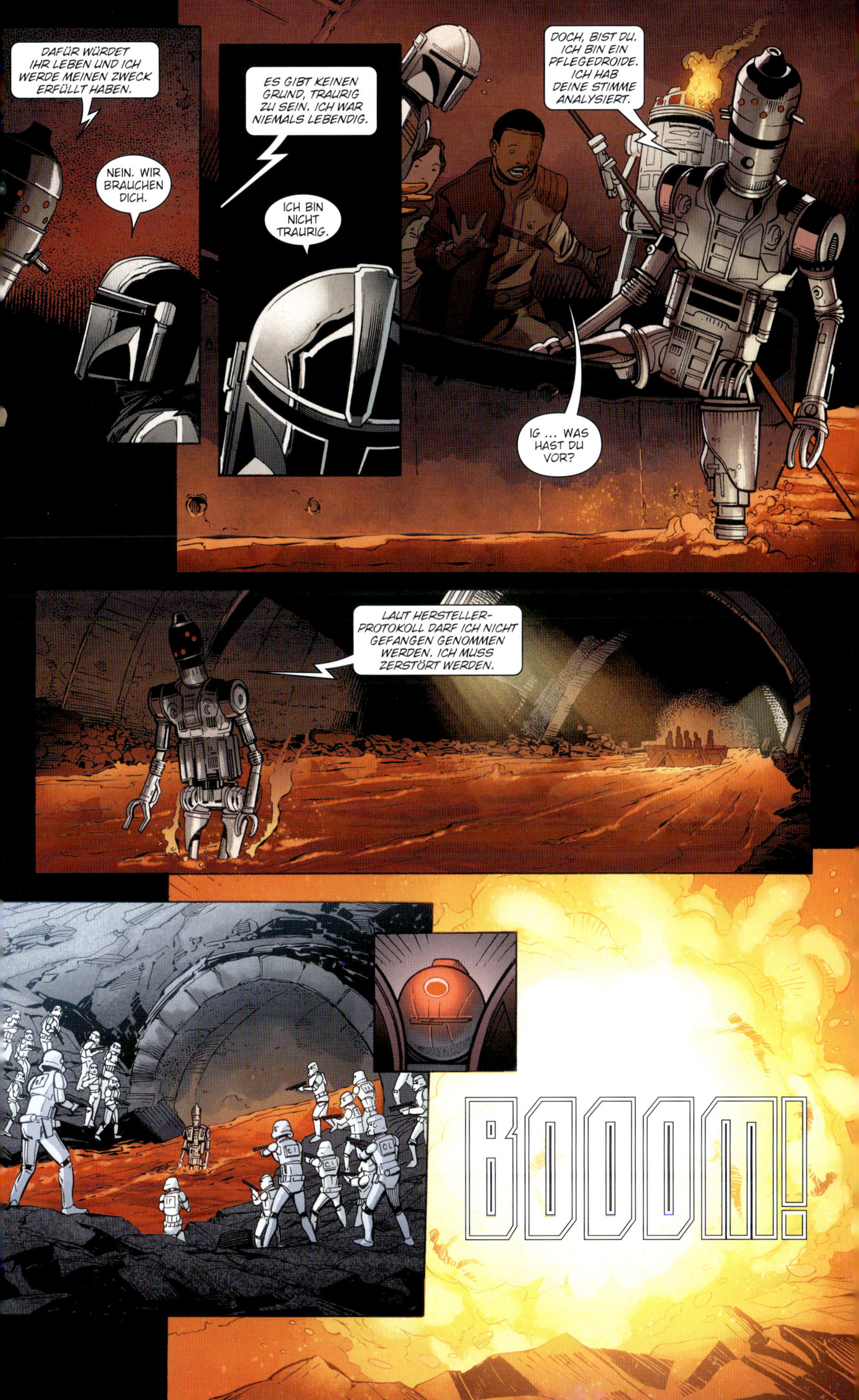
DAFÜR WÜRDET IHR LEBEN UND ICH WERDE MEINEN ZWECK ERFÜLLT HABEN.
NEIN. WIR BRAUCHEN DICH.
ES GIBT KEINEN GRUND, TRAURIG ZU SEIN. ICH WAR NIEMALS LEBENDIG.
ICH BIN NICHT TRAURIG.
DOCH, BIST DU. ICH BIN EIN PFLEGEDROIDE. ICH HAB DEINE STIMME ANALYSIERT.
IG ... WAS HAST DU VOR?
LAUT HERSTELLER-PROTOKOLL DARF ICH NICHT GEFANGEN GENOMMEN WERDEN. ICH MUSS ZERSTÖRT WERDEN.
BOOOM!

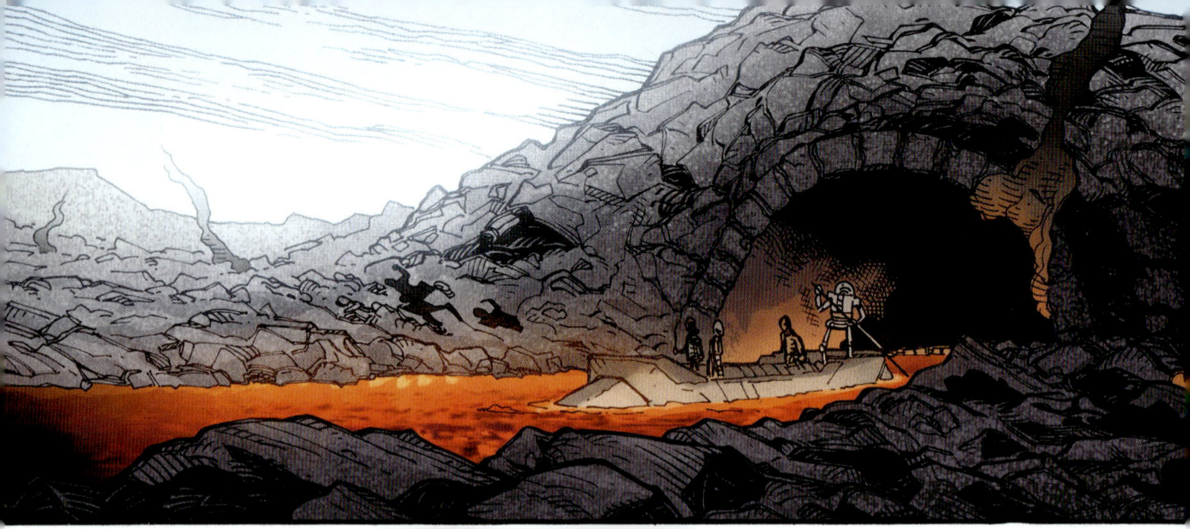
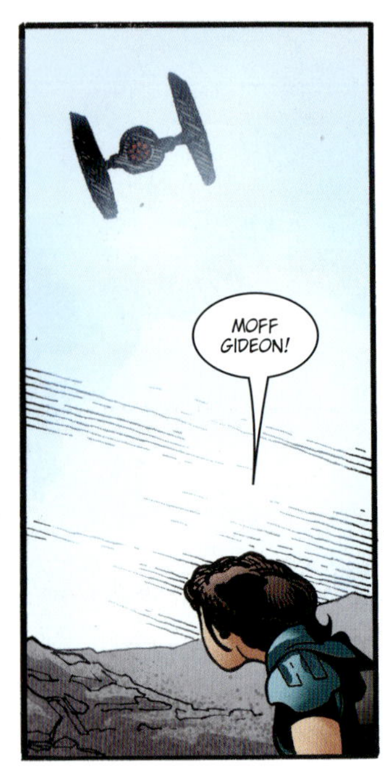
MOFF GIDEON!
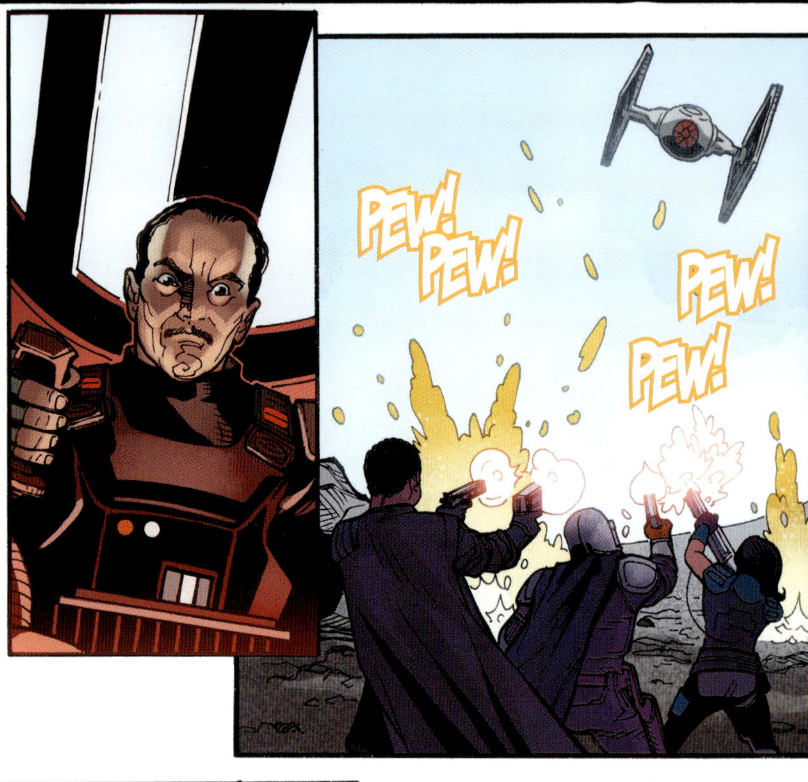
PEW! PEW!
PEW! PEW!
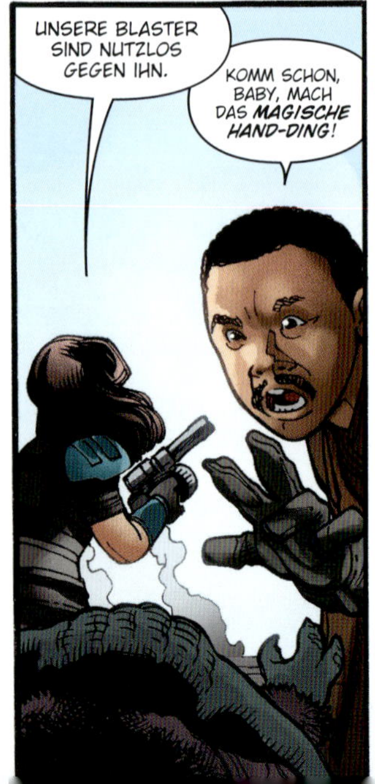
UNSERE BLASTER SIND NUTZLOS GEGEN IHN.
KOMM SCHON, BABY, MACH DAS *MAGISCHE HAND-DING*!
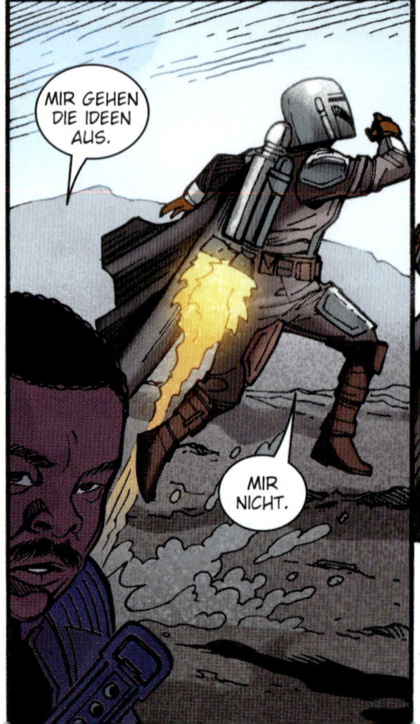
MIR GEHEN DIE IDEEN AUS.
MIR NICHT.
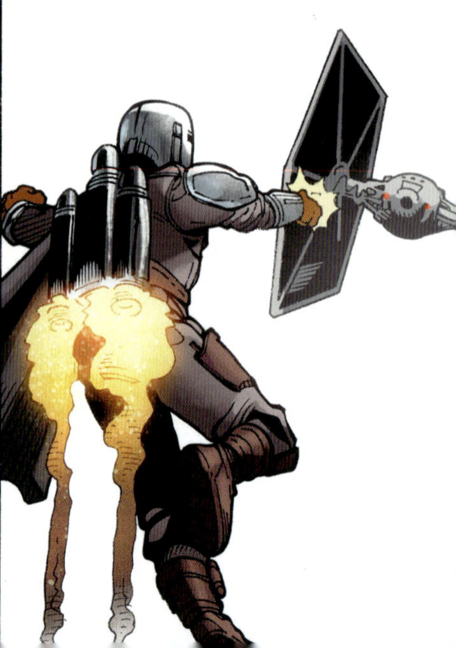

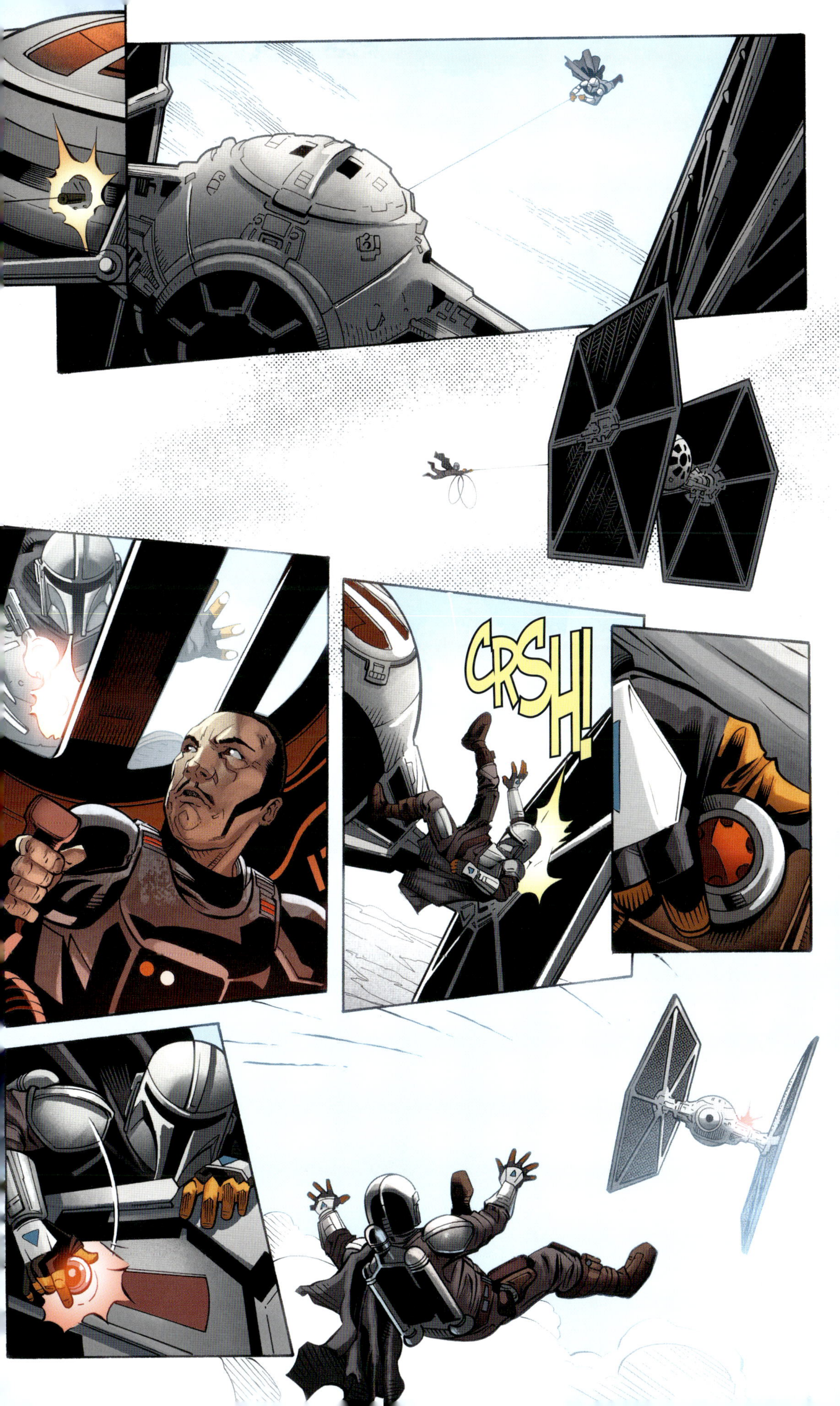
CRSH!

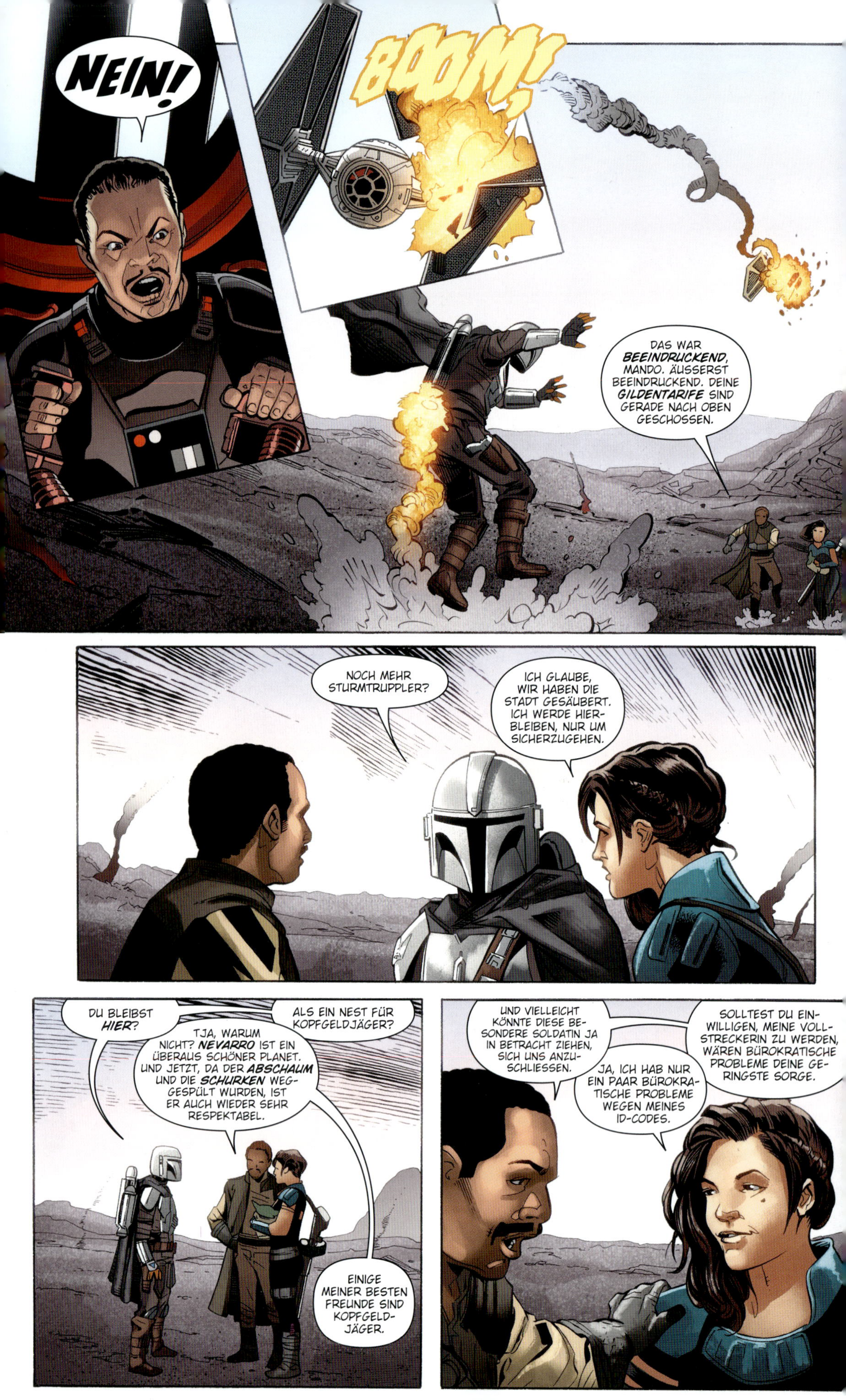

NEIN!
BOOM!
DAS WAR **BEEINDRUCKEND**, MANDO. ÄUSSERST BEEINDRUCKEND. DEINE **GILDENTARIFE** SIND GERADE NACH OBEN GESCHOSSEN.

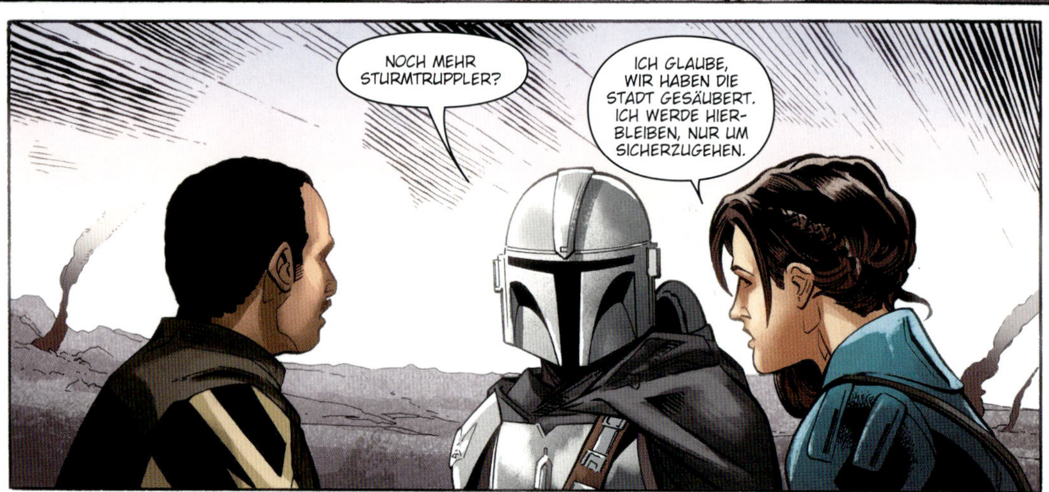

NOCH MEHR STURMTRUPPLER?
ICH GLAUBE, WIR HABEN DIE STADT GESÄUBERT. ICH WERDE HIERBLEIBEN, NUR UM SICHERZUGEHEN.

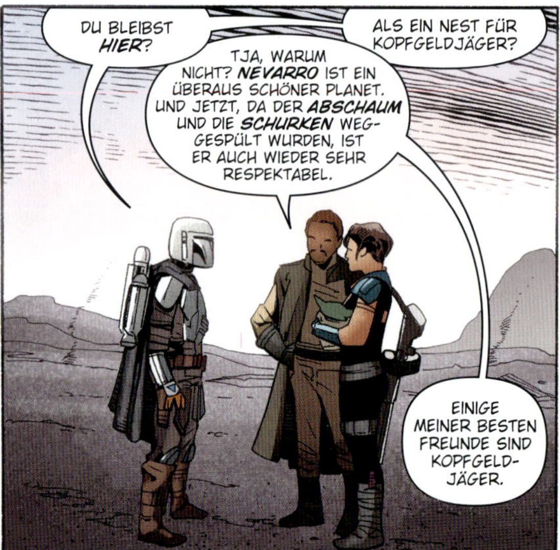

DU BLEIBST **HIER**?
ALS EIN NEST FÜR KOPFGELDJÄGER?
TJA, WARUM NICHT? **NEVARRO** IST EIN ÜBERAUS SCHÖNER PLANET. UND JETZT, DA DER **ABSCHAUM** UND DIE **SCHURKEN** WEGGESPÜLT WURDEN, IST ER AUCH WIEDER SEHR RESPEKTABEL.
EINIGE MEINER BESTEN FREUNDE SIND KOPFGELDJÄGER.

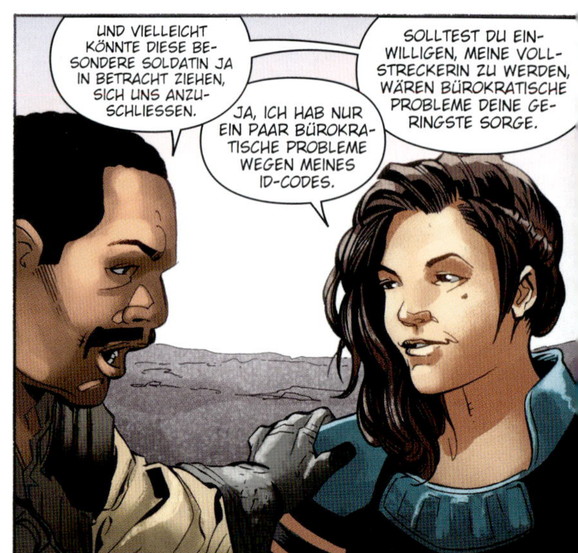

UND VIELLEICHT KÖNNTE DIESE BESONDERE SOLDATIN JA IN BETRACHT ZIEHEN, SICH UNS ANZUSCHLIESSEN.
JA, ICH HAB NUR EIN PAAR BÜROKRATISCHE PROBLEME WEGEN MEINES ID-CODES.
SOLLTEST DU EINWILLIGEN, MEINE VOLLSTRECKERIN ZU WERDEN, WÄREN BÜROKRATISCHE PROBLEME DEINE GERINGSTE SORGE.

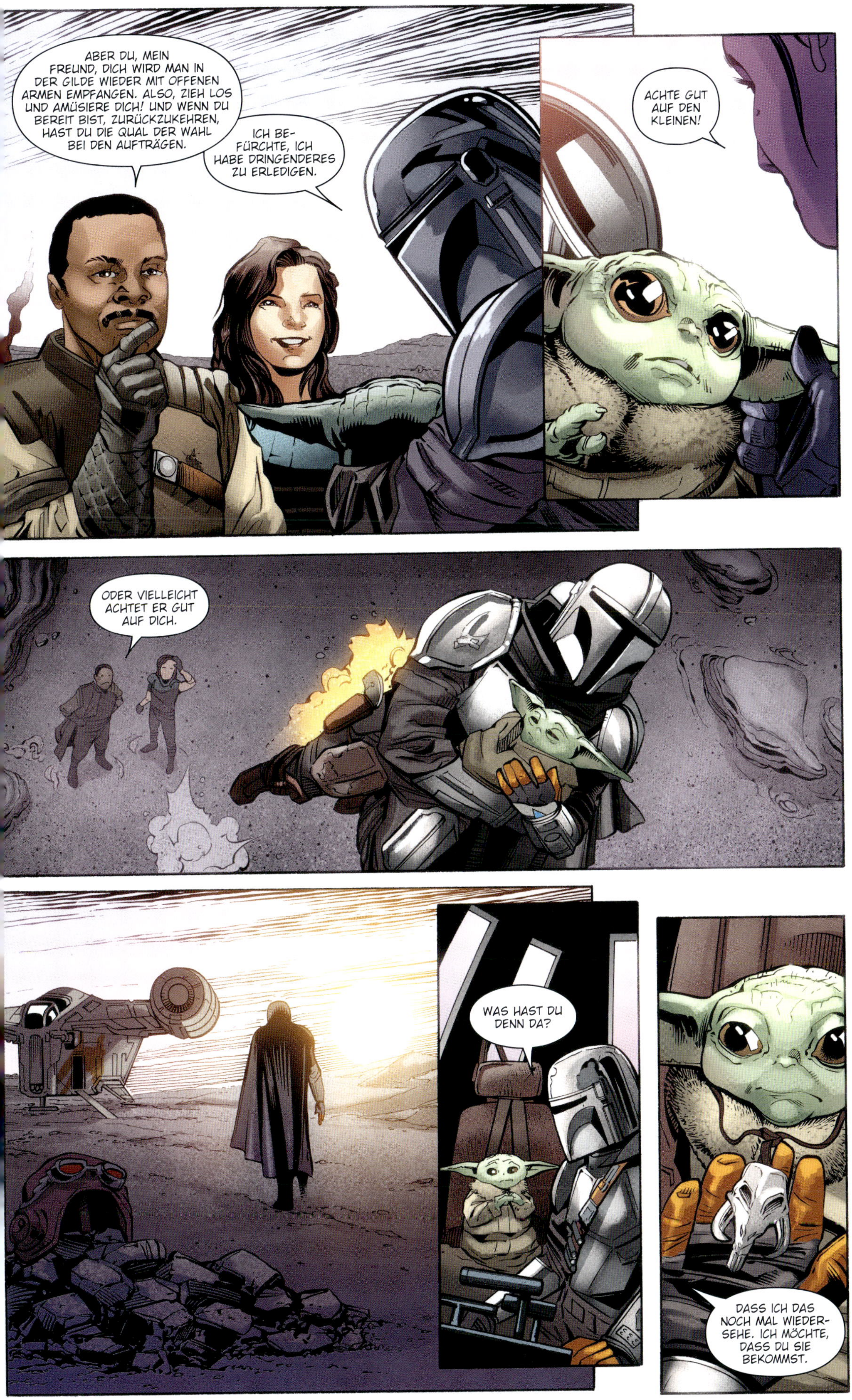

ABER DU, MEIN FREUND, DICH WIRD MAN IN DER GILDE WIEDER MIT OFFENEN ARMEN EMPFANGEN. ALSO, ZIEH LOS UND AMÜSIERE DICH! UND WENN DU BEREIT BIST, ZURÜCKZUKEHREN, HAST DU DIE QUAL DER WAHL BEI DEN AUFTRÄGEN.
ICH BEFÜRCHTE, ICH HABE DRINGENDERES ZU ERLEDIGEN.
ACHTE GUT AUF DEN KLEINEN!

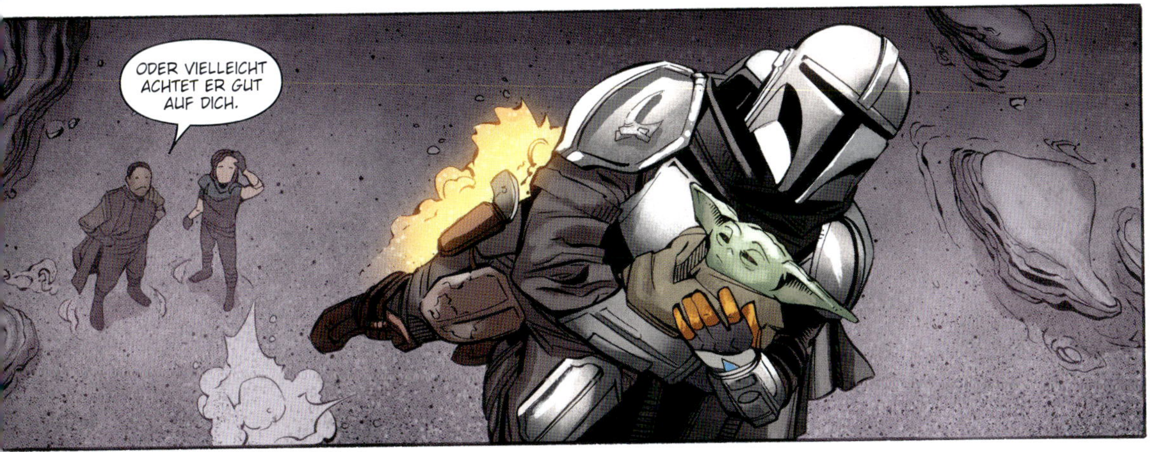

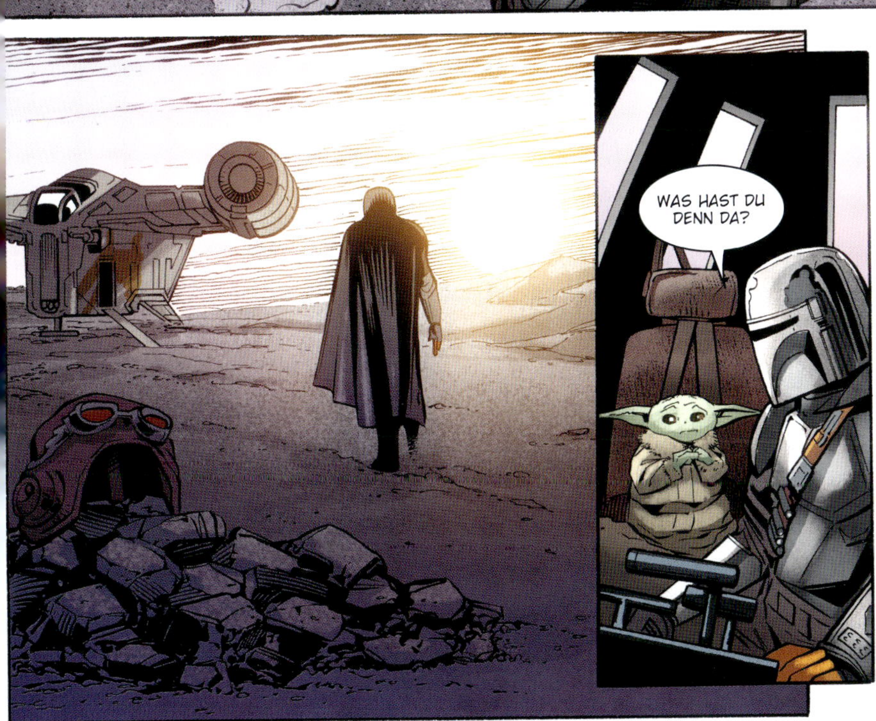

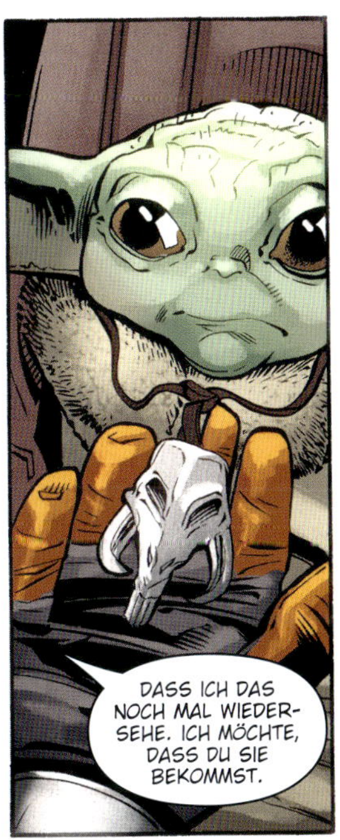

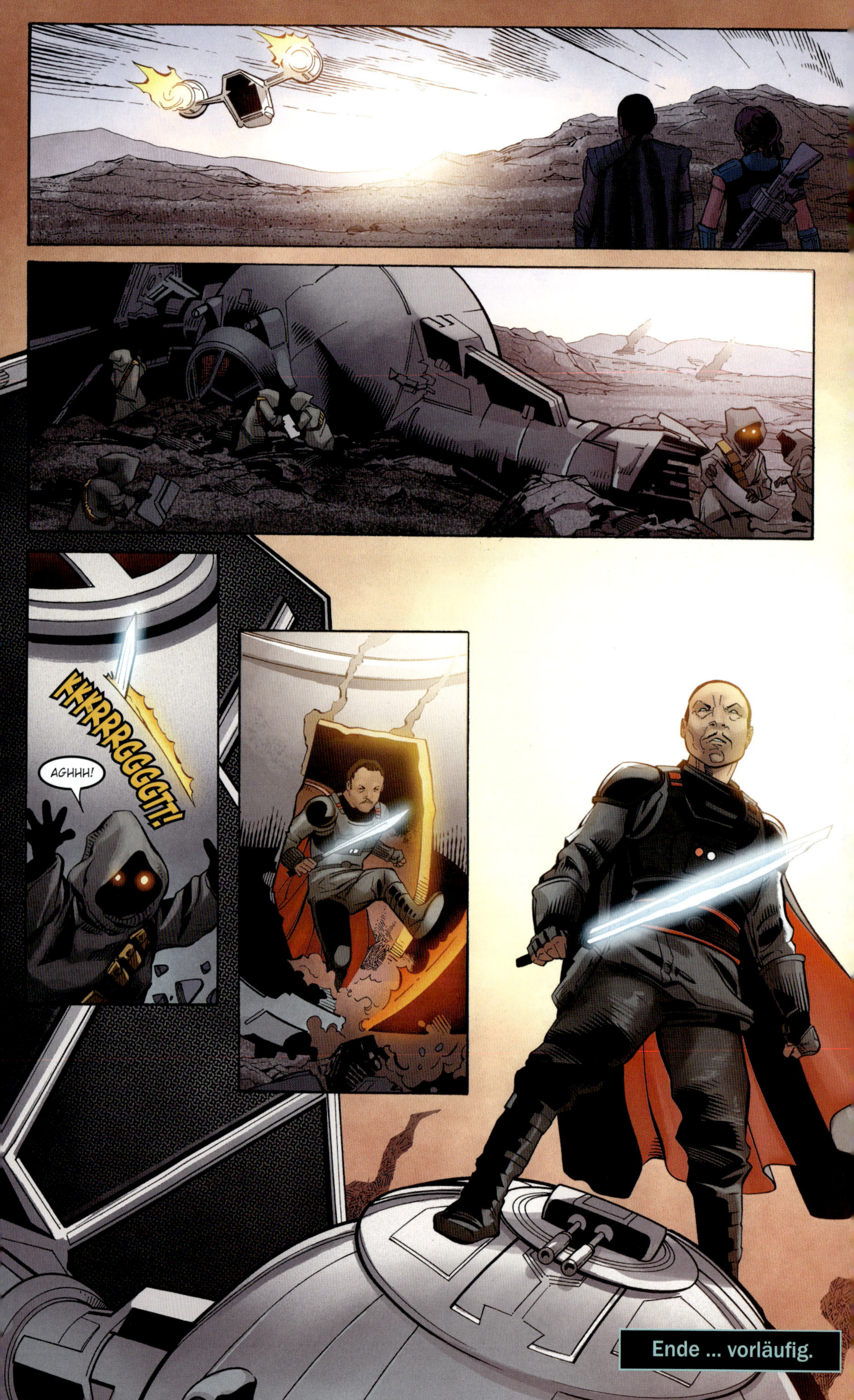
KKKRRRGGGGT!
AGHHH!
Ende ... vorläufig.

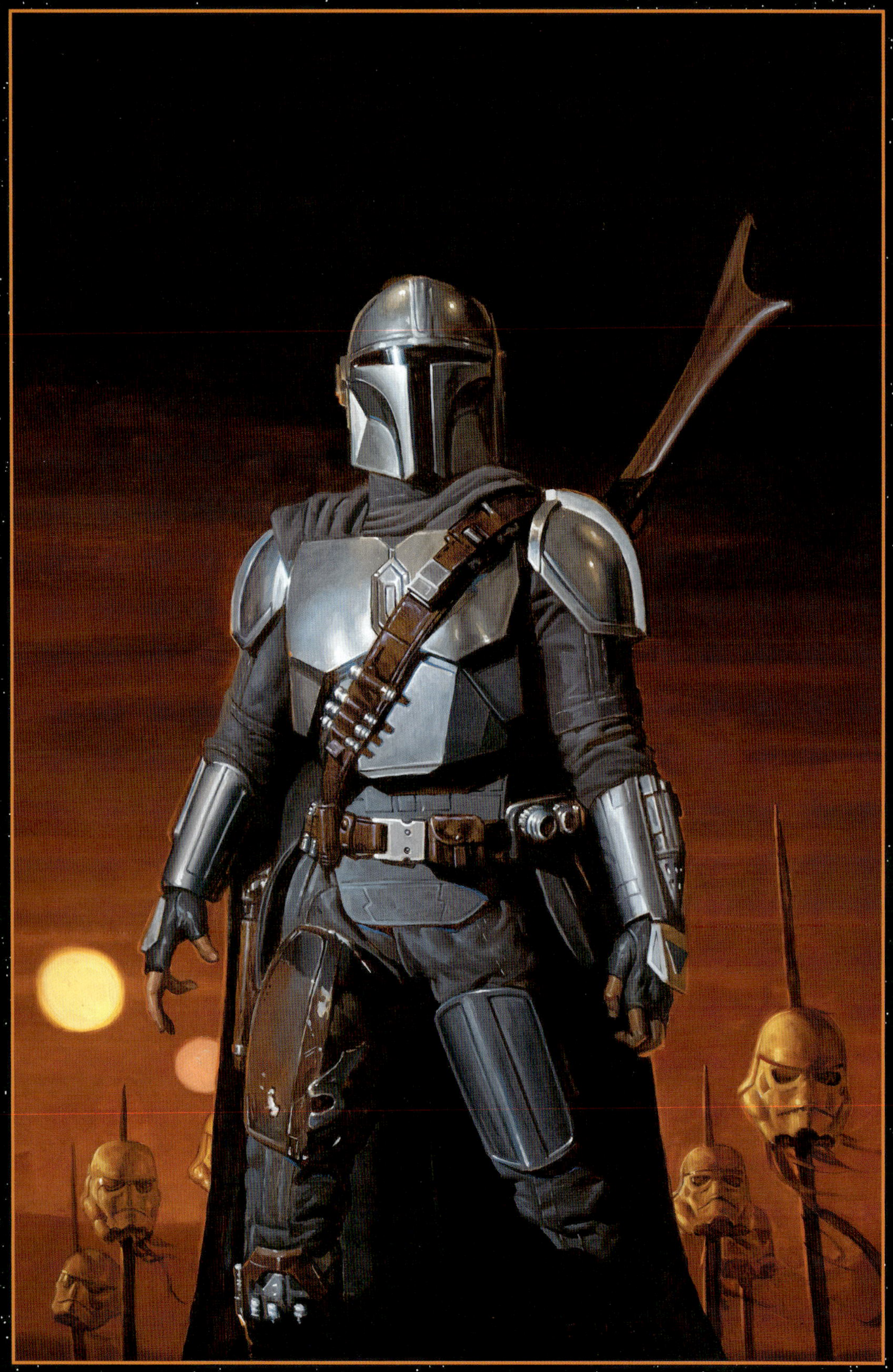

US-*Star Wars: The Mandalorian* #5,
Variant-Cover: **E.M. GIST**

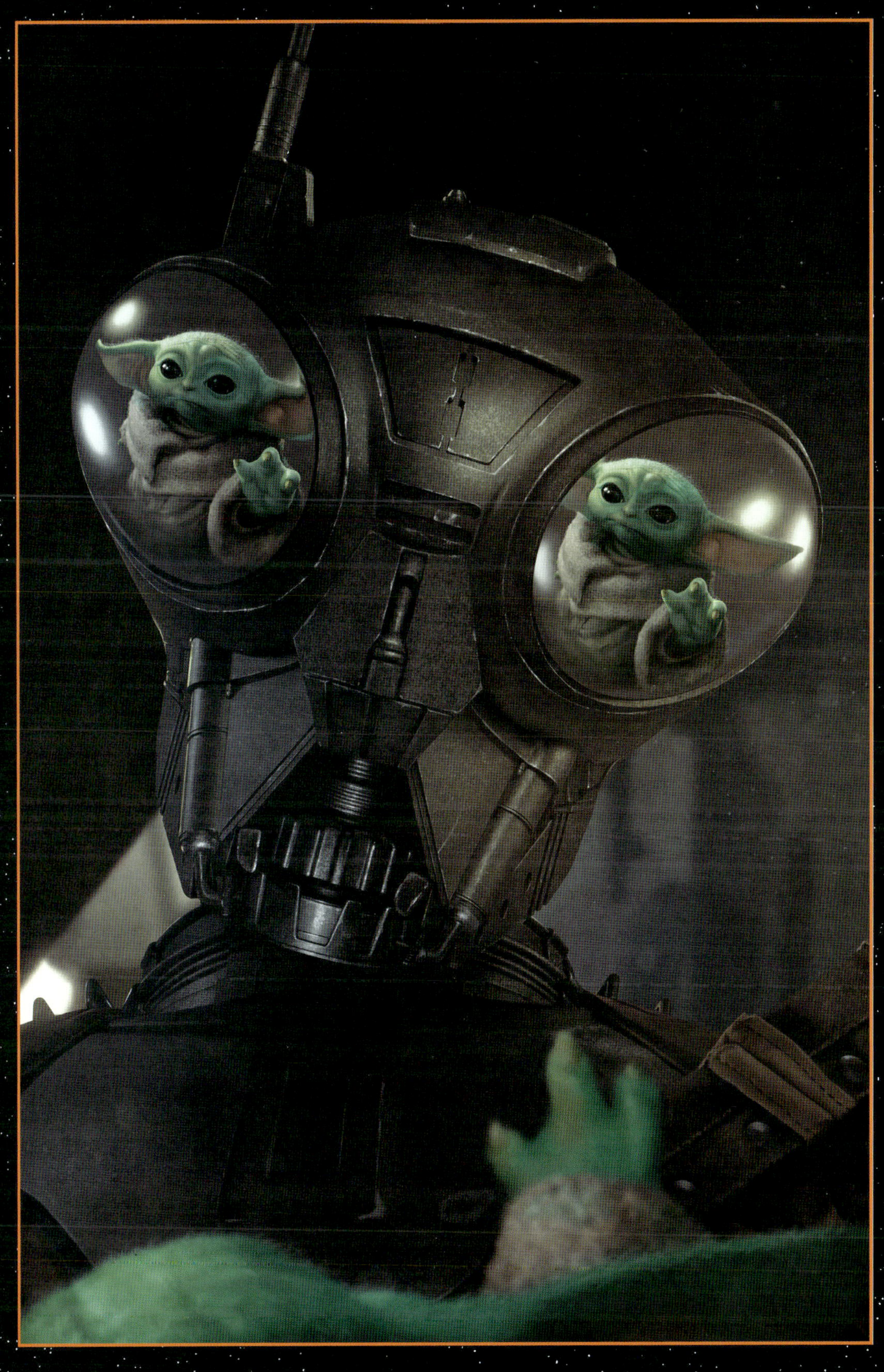

US-*Star Wars: The Mandalorian* #6,
Variant-Cover: **RAHZZAH**

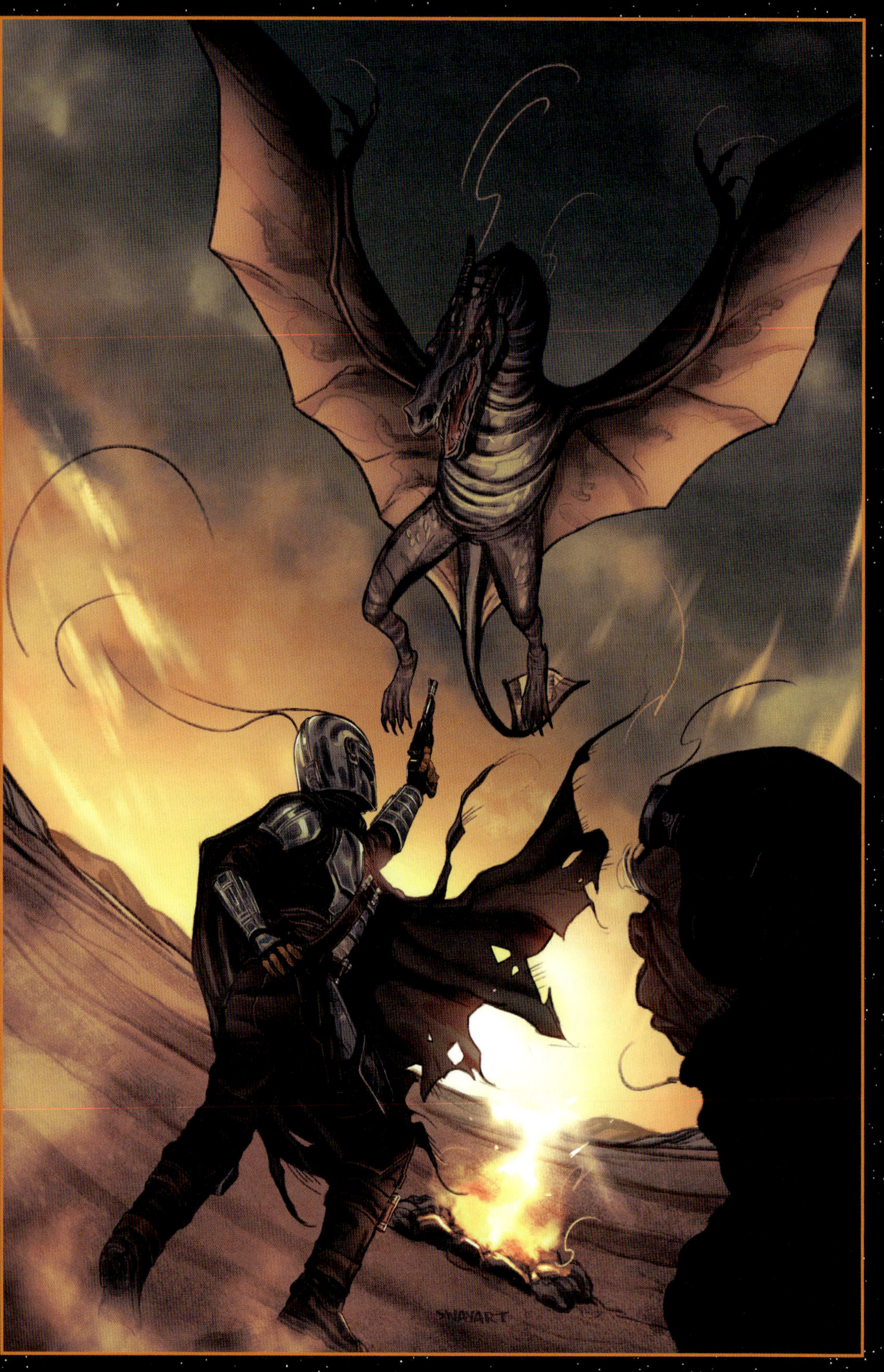

US-*Star Wars: The Mandalorian* #7,
Variant-Cover: **JOSHUA „SWAY“ SWABY**

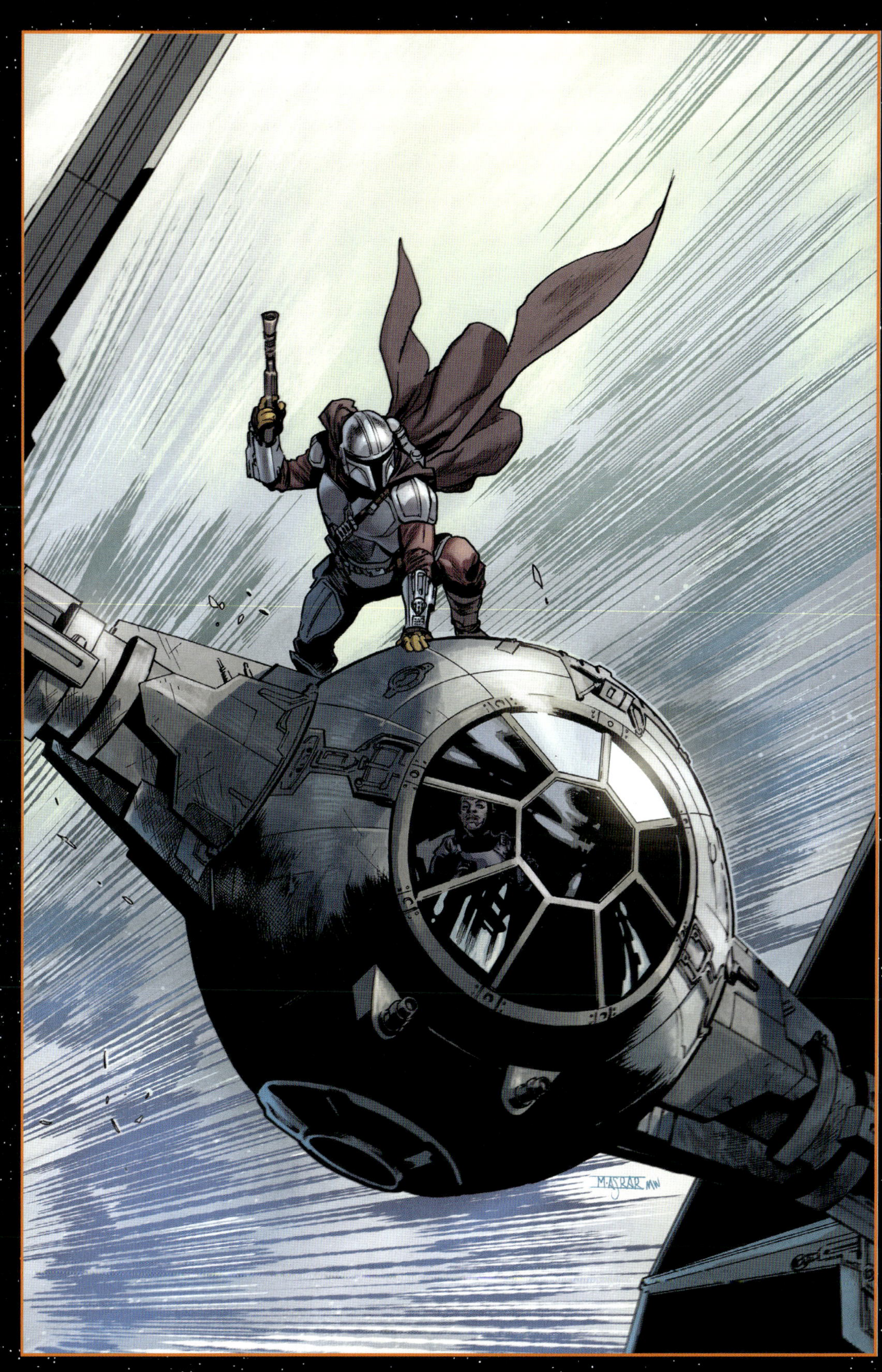

US-*Star Wars: The Mandalorian* #8,
Variant-Cover: **MAHMUD ASRAR** und **MATTHEW**

BIOGRAPHIEN

Rodney Barnes begeistert sich schon früh für Comics. Nach seiner Ausbildung zieht er 1995 nach Los Angeles, um seinen Traum zu verwirklichen und Drehbuchautor zu werden. Nachdem er sich hochgearbeitet hat, wird er Produzent und Autor für die Sitcom *All in the Family* und dann ausführender Produzent von Chris Rocks TV-Serie *Alle hassen Chris*. Danach folgt die gefeierte Zeichentrickserie *The Boondocks* (bei der er der Hauptautor aller vier Staffeln ist), bis er Co-Executive Producer von *Runaways* wird, der jüngsten Marvel-Serie. Es folgen die reguläre *Falcon*-Serie und für das *Star Wars*-Universum die Miniserie *Lando: Doppelt oder Nichts* sowie ein Special für das Event *Krieg der Kopfgeldjäger*.

Der amerikanische Karikaturist **Georges Jeanty** debütiert Mitte der neunziger Jahre bei kleinen unabhängigen Verlagen. Seine ersten Jobs für einen großen Verlag sind für DC. Er arbeitet an Serien wie *Green Lantern*, *Superboy* und *Superman* und wechselt dann zu Marvel, wo er an *Gambit*, *Deadpool* und **Weapon X** arbeitet. Im Jahr 2008 beginnt sein Engagement für die Serie, die ihn bekannt macht: die Comic-Fortsetzung der berühmten TV-Serie *Buffy – Im Bann der Dämonen*, veröffentlicht von Dark Horse. Was das *Star Wars*-Universum betrifft, so ist er neben Ario Anindito einer der beiden regulären Künstler von *Die Hohe Republik*.

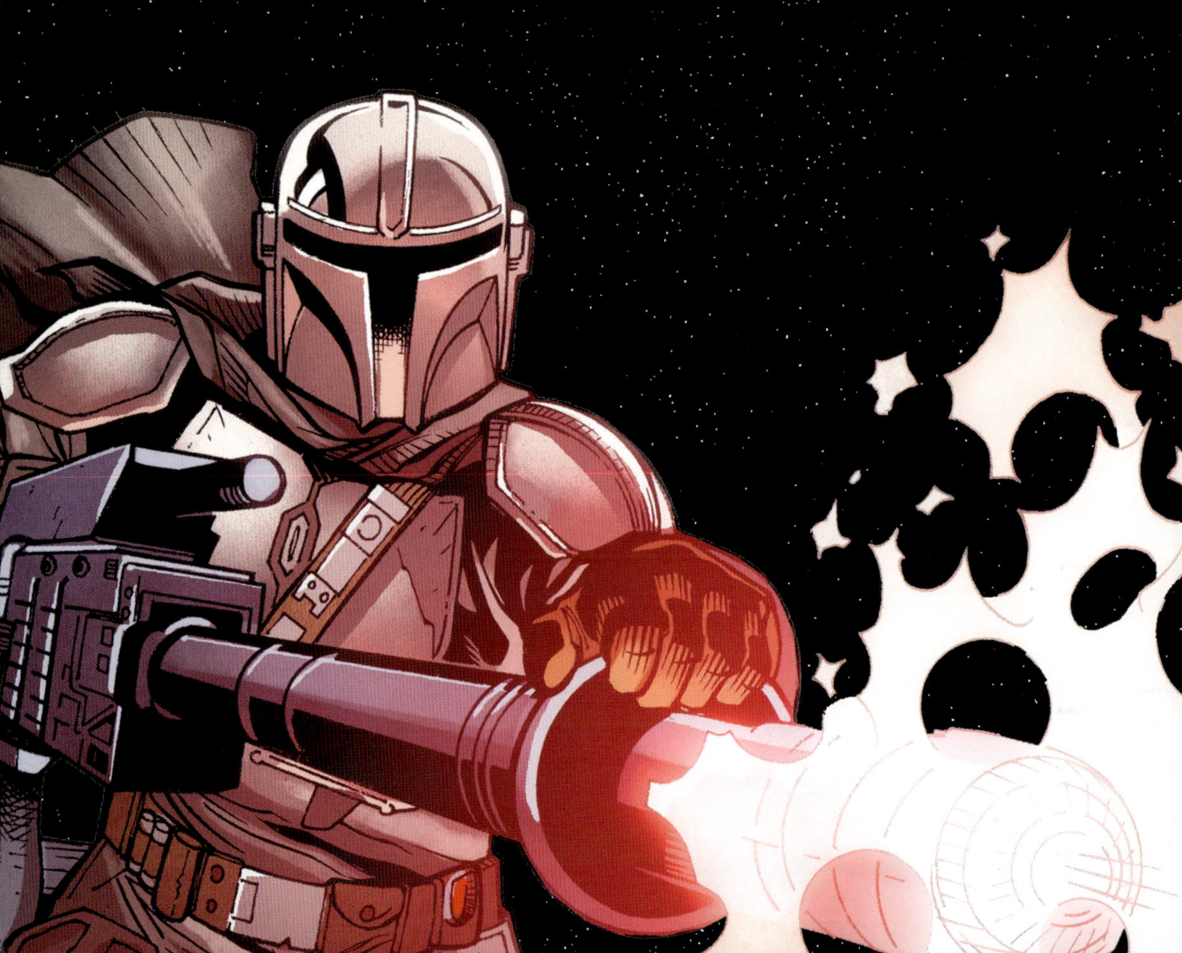